JN233374

The Routledge Critical Dictionary of Postmodern Thought

ポストモダン事典

スチュアート・シム＝編●杉野健太郎／下楠昌哉＝監訳

相原優子／土井良子／西 能史／日臺晴子／山口和彦＝訳

松柏社

The Routledge Critical Dictionary of Postmodern Thought
(II NAMES AND TERMS)
Edited by Stuart Sim
Copyright © 1998 by Stuart Sim
Japanese translation rights arranged with Icon Books Ltd through
Japan UNI Agency, Inc., Tokyo.

編者序

モダンからポストモダンへ

「われわれはポストモダンな世界に住んでいる」と言うことは，今や決まり文句となっている。実際，「ポストモダン」は，最も頻繁に，しかもむやみに使用されると同時に誤用される言葉の一つとなった。日常生活の出来事について「それはポストモダンだ」という言葉が使われるのを聞いたことがない人はいないだろう。また，それに応えて知ったような顔をしたり，少し笑ったり，ふふっと言ったりしたことが間違いなくあるだろう。それにもかかわらず，「ポストモダン」という言葉が実際何を意味し何を含意するかをいささかなりとも確信を持って言える人がほとんどいないのは驚きである。ポストモダンとは単なるムードあるいは気分にすぎないと主張する理論家もいる。しかし，それにもかかわらず，そのムードあるいは気分が何からできているのかを知りたいというのも否定しがたい願望である。本書が答えようとするのは，その願望に対してである。

一般的に，ポストモダニズムとは，過去数世紀にわたって西洋を形成してきた文化の確かな基盤の（ほとんどではないにせよ）多くを否定することだとみなされることが多かった。例えば，ポストモダニズムは，文化的「進歩」に対するわれわれの信仰（経済は成長し続けるに違いない，生活の質は無限に改善し続ける，など）に異議をとなえる。また，この信仰を支えてきた政治体制にも異議を唱える。ポストモダニストは，しばしば「啓蒙のプロジェクト」に言及する。「啓蒙のプロジェクト」とは，18世紀以来ずっと西洋文化を支配することになったリベラル・ヒューマニズム的なイデオロギーであり，経済的窮乏ならびに政治的抑圧から人類を解放しようと努力してきたイデオロギーである。ポストモダニストによれば，このプロジェクトは，一時期は賞賛に値するものであったかもしれないが，次第に人間を抑圧し，ある型にはまった思考や行動に人間を押し込めようとするようになったのである。したがって，啓蒙のプロジェクトは抵抗すべきものなのであり，ポストモダニストは，反権威主義的見解を持つだけではなく，普遍化傾向のある理論（哲学者ジャン=フランソワ・リオタールが「大きな物語」「メタ物語」と呼んだものである）には絶えず批判的である。モダンからポストモダンへ移行することは，われわれの文化が支持し追い求めているものに懐疑を抱くことである。本書は，まさにその懐疑の原因となっているものを確認しようと試みるものである。

本書の構成とねらい

事典というものは，参考となる情報をもたらすものである。もちろん本書もそういった情報をもたらす。しかし，タイトルのクリティカルという言葉（訳注：原タイトルは*The Icon Critical Dictionary of Postmodern Thought*である）が示唆するように，本書は，ふつうの事典よりも野心的であろうとしている。

本書には，ポストモダニズム界とその論争を形づくってきた主要な人物と創造的なアーティスト（100人はゆうにリストアップされている）の簡潔な紹介が収められている。そのなかには，その理論をポストモダニズムが再専有化して（自分たちのものにして）しまった人物，あるいはポストモダニズムの論争を意義深い仕方で形づくってきた影響力のある人物も含まれている。すなわち，たとえばマルクス，カント，ニーチェなどの理論と関わることなしにポストモダニズムと関わることは難しいのである。簡潔だが，それぞれの人物の経歴と思想の最も重要で役に立つ詳細を提示し，ポストモダニズム運動の展開のなかでその人物を位置付けているので，その紹介は核心をつき有益な情報をもたらすと言えるだろう。また，その紹介とともに，ポストモダニズム思想と関連があるキーワードの簡潔な定義も収めた。本書の目的は，近寄りがたいほど複雑で多岐にわたるように見えることもあるものを近づきやすいものにすることである。すなわち，ポストモダニズムの人物と事項へのガイドの役割を果たすことである。

本書の利用法

相互参照を容易にするために，本書の全ての見出し項目は，その項目外に現れたときには太字で示した。また，ある特定の名前や用語が本書のどこに出てくるかを知りたいと思えば，包括的な索引を引いていただきたい。例えば，「ポストモダニズム」の項目を引けば，哲学者ジャン＝フランソワ・リオタールの「リオタール」という名前が太字になっている。これは，「リオタール」という見出し項目があることを示している。また，この項目は，リオタールがポストモダニズム哲学の展開における重要人物であることを示しており，第Ⅰ部（訳注：日本では別の本として刊行される）の巻頭論文「ポストモダニズムと哲学」も参照いただければ幸いである。さらに，本書の索引は，見出し項目などに関するさらに多くの参照項目を示してくれるだろう。

ポストモダニズムとポスト構造主義

本書は，ポストモダニズムはポスト構造主義の人物や論争も包含するものだと考えている。ポスト構造主義は，20世紀の半ばにフランス思想を支配した構造主義のパラダイムに対する広範囲の反応を指す用語である。その反応には，ジャック・デリダの哲学的志向の強い「ディコンストラクション」，ミシェル・フーコーの文化史

の「系譜学」的探究，リュース・イリガライなどの「差異のフェミニズム」などが含まれる。このような運動の時期を正確に確定することには絶えず困難がつきまとうが，1960年代以来ずっとポスト構造主義が文化シーンにおいて影響力を持ち続けていることは確かである。しかし，今日では，ポスト構造主義は，権威的イデオロギーと政治体制に対する更に全般的な反応であるポストモダニズムの一部とみなすことができる。ポストモダニズムはポスト構造主義を下位概念として包含すると言ってもいいだろう。したがって，本書は，ポスト構造主義を必然的に包含している。

執筆者
本書の執筆者は，学界関係者ならびに専門家から選ばれており，その専門分野において定評のある専門家である。執筆者全員に共通する目標は，一般読者がポストモダンの豊かさ，多様性，文化的意義を十分理解できるように紹介することである。アルファベット順に執筆者を紹介しておく。パメラ・アンダーソン，エイドリアン・ベイカー，ピーター・デンプシー，ブライアン・ディロン，セーラ・ドッド，アントニー・イーストホープ，ピーター・エヴリィ，セーラ・ギャンブル，イアン・ハミルトン・グラント，ショーン・グリフィス，スタン・ホーキンズ，ヴァレリー・ヒル，ステファニー・ホジスン＝ライト，サム・ジェイコブ，バリー・ルイス，カーリン・リトゥ，アントニー・マガワン，ダイアン・モーガン，マーク・オデイ，エリサ・オリヴァー，ダニエル・ラムジー，デレク・スコット，スチュアート・シム，ロイド・スペンサー，ジョン・ストーリー，ジョン・ストローン，スー・ソーナム，コリン・トロッド，デイヴィッド・ウォーカー，ナイジェル・ワトソン，アリソン・ヤンガー，である。

目　次

編者序 …………………………………………………………… 1

見出し語一覧（和欧）………………………………………… 5

見出し語一覧（欧和）………………………………………… 15

本書の使用法 …………………………………………………… 24

本文 ……………………………………………………………… 25

訳者あとがき …………………………………………………… 337

参考文献一覧 …………………………………………………… 339

索引 ……………………………………………………………… 342

見出し語一覧
(和欧　五十音順)

あ

アイゼンマン，ピーター	EISENMAN, PETER
アイロニー	IRONY
アウラ	AURA
アクロイド，ピーター	ACKROYD, PETER
アダムズ，ジョン	ADAMS, JOHN
アッカー，キャシー	ACKER, KATHY
アドルノ，テオドール・ヴィーゼングルント	ADORNO, THEODOR WIESENGRUND
アブジェクション	ABJECTION
アプロプリエーション・アート	APPROPRIATION ART
アポリア	APORIA
アメリカ版ディコンストラクション	AMERICAN DECONSTRUCTION
アンダーソン，ローリー	ANDERSON, LAURIE

い

イェール学派	YALE SCHOOL
異教	PAGANISM
イーグルトン，テリー	EAGLETON, TERRY
イーノ，ブライアン	ENO, BRIAN
イリガライ，リュース	IRIGARAY, LUCE
インターネット	INTERNET

う

ヴァーチャル・リアリティ	VIRTUAL REALITY
ヴァッティモ，ジャンニ	VATTIMO, GIANNI
ヴィリリオ，ポール	VIRILIO, PAUL
ヴェンチューリ，ロバート	VENTURI, ROBERT
ヴォネガット，カート	VONNEGUT, KURT
ウルフ，ナオミ	WOLF, NAOMI

え

エイミス, マーティン	AMIS, MARTIN
エーコ, ウンベルト	ECO, UMBERTO
エディプス	OEDIPUS
エリス, ブレット・イーストン	ELLIS, BRET EASTON

お

大きな物語	GRAND NARRATIVE
オースター, ポール	AUSTER, PAUL
オリエンタリズム	ORIENTALISM

か

ガイノクリティシズム	GYNOCRITICISM
カオス理論	CHAOS THEORY
書きうるテクスト	WRITERLY TEXT
カーター, アンジェラ	CARTER, ANGELA
カタストロフィー理論	CATASTROPHE THEORY
ガタリ, フェリックス	GUATTARI, FÉLIX
カルヴィーノ, イタロ	CALVINO, ITALO
カルチュラル・スタディーズ	CULTURAL STUDIES
間テクスト性	INTERTEXTUALITY
カント, イマヌエル	KANT, IMMANUEL

き

ギアーツ, クリフォード	GEERTZ, CLIFFORD
器官なき身体	BODY WITHOUT ORGANS
記号	SIGN
記号論	SEMIOTICS
記号分析	SEMANALYSIS
ギデンズ, アンソニー	GIDDENS, ANTHONY
キーファー, アンゼルム	KIEFER, ANSELM
ギブスン, ウィリアム	GIBSON, WILLIAM
ギルバート・アンド・ジョージ	GILBERT AND GEORGE

く

クィア理論	QUEER THEORY

クーヴァー，ロバート	COOVER, ROBERT
クープランド，ダグラス	COUPLAND, DOUGLAS
グラス，フィリップ	GLASS, PHILIP
グラマトロジー	GRAMMATOLOGY
クリステヴァ，ジュリア	KRISTEVA, JULIA
グリーナウェイ，ピーター	GREENAWAY, PETER
グリーンブラット，スティーヴン	GREENBLATT, STEPHEN
クローカー，アーサー	KROKER, ARTHUR
クーン，ジェフ	KOONS, JEFF
クーン，トマス	KUHN, THOMAS

け

ゲイツ，ヘンリー・ルイス	GATES, HENRY LOUIS
系譜学	GENEALOGY
啓蒙のプロジェクト	ENLIGHTENMENT PROJECT
言説分析	DISCOURSE ANALYSIS
現前	PRESENCE
現前の形而上学	METAPHYSICS OF PRESENCE

こ

考古学	ARCHAEOLOGY
抗争	DIFFEREND
構造主義	STRUCTURALISM
黒人批評	BLACK CRITICISM
コミュニケーション行為	COMMUNICATIVE ACTION
コーラ	CHORA
コールハース，レム	KOOLHAAS, REM
痕跡	TRACE

さ

差異	DIFFERENCE
サイト	SITE
サイード，エドワード・W	SAID, EDWARD W.
差異のフェミニズム	DIFFERENCE FEMINISM
サイバースペース	CYBERSPACE
サイバーパンク	CYBERPUNK

サイボーグ	CYBORG
差延	DIFFÉRANCE
作者	AUTHOR
作者の死	DEATH OF THE AUTHOR
ザッピング	ZAPPING
砂漠化	DESERTIFICATION
サバルタン理論	SUBALTERN THEORY
散種	DISSEMINATION

し

ジェイムソン, フレドリック	JAMESON, FREDRICK
ジェネレーションX	GENERATION X
ジェンクス, チャールズ	JENCKS, CHARLES
シクスー, エレーヌ	CIXOUS, HÉLÈNE
事件	ÉVÉNEMENTS
シチュアシオニスム	SITUATIONISM
しなやかさ	SVELTENESS
シミュラークル／シミュレーション	SIMULACRUM/SIMULATION
シミュレーショニズム	SIMULATIONISM
ジャーディン, アリス	JARDINE, ALICE
シャーマン, シンディ	SHERMAN, CINDY
ジュイサンス	JOUISSANCE
終焉主義	ENDISM
主体	SUBJECT
主体の死　→　人間の死	
人工生命	ARTIFICIAL LIFE
人工知能	ARTIFICIAL INTELLIGENCE
シンフィールド, アラン	SINFIELD, ALAN

す

崇高	SUBLIME
スキゾ分析	SCHIZOANALYSIS
スケニック, ロナルド	SUKENICK, RONALD
スターリング, ジェイムズ	STIRLING, JAMES
スピヴァック, ガヤトリ・チャクラヴォーティ	SPIVAK, GAYATRI CHAKRAVORTY

スペクタクル	SPECTACLE

せ

正統化	LEGITIMATION

た

代補	SUPPLEMENT
大陸哲学	CONTINENTAL PHILOSOPHY
多元主義	PLURALISM
他者性	ALTERITY, OTHER

ち

小さな物語	LITTLE NARRATIVE
チュミ，バーナード	TSCHUMI, BERNARD
超ひも理論	SUPERSTRING THEORY

つ

通約不可能性	INCOMMENSURABILITY

て

ディコンストラクション	DECONSTRUCTION
出来事	EVENT
テクスト	TEXT
デリダ，ジャック	DERRIDA, JACQUES
デリーロ，ドン	DELILLO, DON

と

ドゥルーズ，ジル	DELEUZE, GILLES
特異点	SINGULARITY
ド・マン，ポール	DE MAN, PAUL
トム，ルネ	THOM, RENÉ
トランスアヴァンギャルド	TRANS-AVANT-GARDE
ドリモア，ジョナサン	DOLLIMORE, JONATHAN

な

ナイマン，マイケル	NYMAN, MICHAEL

に
二項対立	BINARY OPPOSITION
二重コード化	DOUBLE CODING
ニーチェ，フリードリッヒ	NIETZSCHE, FRIEDRICH
ニュー・ヒストリシズム	NEW HISTORICISM
人間の死（主体の死）	DEATH OF MAN（DEATH OF THE SUBJECT）

ね
ネオ・ジオ	NEO-GEO

の
能動的解釈	ACTIVE INTERPRETATION
ノリス，クリストファー	NORRIS, CHRISTOPHER

は
ハイデガー，マルティン	HEIDEGGER, MARTIN
ハイパーテクスト	HYPERTEXT
ハイパーリアリティ	HYPERREALITY
バウマン，ジグムント	BAUMAN, ZYGMUNT
バース，ジョン	BARTH, JOHN
ハースト，デミアン	HIRST, DAMIEN
バーセルミ，ドナルド	BARTHELME, DONALD
ハッサン，イーハブ	HASSAN, IHAB
ハートマン，ジェフリー	HARTMAN, GEOFFREY
バトラー，ジュディス	BUTLER, JUDITH
バーバ，ホミ・K	BHABHA, HOMI K.
ハーバーマス，ユルゲン	HARBERMAS, JÜRGEN
ハラウェイ，ダナ	HARAWAY, DONNA
パラダイム・シフト	PARADIGM SHIFT
ハリー，ピーター	HALLEY, PETER
パーリア，カミール	PAGLIA, CAMILLE
バーリン，アイザイア	BERLIN, ISAIAH
バルト，ロラン	BARTHES, ROLAND
バンヴィル，ジョン	BANVILLE, JOHN
反基礎づけ主義	ANTIFOUNDATIONALISM
反本質主義	ANTI-ESSENTIALISM

ひ

否定弁証法	NEGATIVE DIALECTICS
批判理論	CRITICAL THEORY
表象	REPRESENTATION
ピンチョン, トマス	PYNCHON, THOMAS

ふ

ファイヤアーベント, パウル	FEYERABEND, PAUL
ファジー論理	FUZZY LOGIC
フィットキン, グレアム	FITKIN, GRAHAM
フィリップス, トム	PHILIPS, TOM
フェダマン, レイモンド	FEDERMAN, RAYMOND
複雑系理論	COMPLEXITY THEORY
フクヤマ, フランシス	FUKUYAMA, FRANCIS
フーコー, ミシェル	FOUCAULT, MICHEL
フックス, ベル	HOOKS, BELL
フッサール, エドムント	HUSSERL, EDMUND
ブライアーズ, ギャヴィン	BRYARS, GAVIN
ブライドッチ, ロッシ	BRAIDOTTI, ROSI
フラクタル	FRACTAL
ブラックホール	BLACK HOLE
フランクフルト学派	FRANKFURT SCHOOL
プラント, セイディ	PLANT, SADIE
フランプトン, ケネス	FRAMPTON, KENNETH
プリンス, ジ・アーティスト・フォーマリィ・ノウン・アズ	PRINCE, THE ARTIST FORMERLY KNOWN AS
ブルデュー, ピエール	BOURDIEU, PIERRE
ブルーム, ハロルド	BLOOM, HAROLD
フロイト, ジークムント	FREUD, SIGMUND
文	PHRASE
文化相対主義	CULTURAL RELATIVISM
文化唯物論	CULTURAL MATERIALISM

へ

ベイカー, ニコルソン	BAKER, NICHOLSON
ヘゲモニー	HEGEMONY

ヘーゲル，ゲオルグ・ウィルヘルム・フリードリッヒ
　　　　　　　　　　　　　　　　　HEGEL, GEORG WILHELM FRIEDRICH
ベル，ダニエル　　　　　　　　　　BELL, DANIEL
ベルシー，キャサリン　　　　　　　BELSEY, CATHERINE
ベンヤミン，ヴァルター　　　　　　BENJAMIN, WALTER
ペンローズ，ロジャー　　　　　　　PENROSE, ROGER

ほ

ボイス，ヨーゼフ　　　　　　　　　BEUYS, JOSEPH
ホーキング，スティーヴン　　　　　HAWKING, STEPHEN
ポスト工業主義　　　　　　　　　　POST-INDUSTRIALISM
ポスト構造主義　　　　　　　　　　POSTSTRUCTURALISM
ポスト植民地主義　　　　　　　　　POSTCOLONIALISM
ポスト哲学　　　　　　　　　　　　POST-PHILOSOPHY
ポストヒューマニズム　　　　　　　POSTHUMANISM
ポストフェミニズム　　　　　　　　POST-FEMINISM
ポストマルクス主義　　　　　　　　POST-MARXISM
ポストモダニズム　　　　　　　　　POSTMODERNISM
ポストモダニティ　　　　　　　　　POSTMODERNITY
ポストモダン科学　　　　　　　　　POSTMODERN SCIENCE
ボードリヤール，ジャン　　　　　　BAUDRILLARD, JEAN
ボフィール，リカルド　　　　　　　BOFILL, RICARDO
ポリセミー　　　　　　　　　　　　POLYSEMY
ホルクハイマー，マックス　　　　　HORKHEIMER, MAX

ま

マクルーハン，マーシャル　　　　　McLUHAN, MARSHALL
魔術的リアリズム　　　　　　　　　MAGIC REALISM
抹消　　　　　　　　　　　　　　　ERASURE
マドンナ　　　　　　　　　　　　　MADONNA
マルクス，カール・ハインリッヒ　　MARX, KARL HEINRICH
マルクーゼ，ヘルベルト　　　　　　MARCUSE, HERBERT
マルチカルチュラリズム　　　　　　MULTICULTURALISM
マンデルブロ，ベノア　　　　　　　MANDELBROT, BENOIT

み

ミザナビーム	MISE-EN-ABYME
緑の党（緑の党運動）	GREENS(GREEN MOVEMENT)
ミニマリズム	MINIMALISM
ミラー，J・ヒリス	MILLER, J. HILLIS

む

ムフ，シャンタル	MOUFFE, CHANTAL

め

メタ物語	METANARRATIVE

も

モダニズム	MODERNISM
モダニティ	MODERNITY
モリス，ミーガン	MORRIS, MEAGHAN

や

ヤング，アイリス・マリオン	YOUNG, IRIS MARION

ゆ

誘惑	SEDUCTION

よ

欲望	DESIRE
欲望する機械	DESIRING-MACHINE
読みうるテクスト	READERLY TEXT

ら

ライヒ，スティーヴ	REICH, STEVE
ライリー，テリー	RILEY, TERRY
ラカン，ジャック	LACAN, JACQUES
ラクラウ，エルネスト	LACLAU, ERNESTO
ラシュディ，サルマン	RUSHDIE, SALMAN
ラディカル・デモクラシー	RADICAL DEMOCRACY
ラディカル・フィロソフィー	RADICAL PHILOSOPHY

り

リオタール, ジャン＝フランソワ	LYOTARD, JEAN-FRANÇOIS
リゾーム	RHIZOME
リード, イシュメール	REED, ISHMAEL
リビドー経済	LIBIDINAL ECONOMY
量子力学	QUANTUM MECHANICS
領土性	TERRITORIALITY
リンチ, デイヴィッド	LYNCH, DAVID

れ

零度	ZERO DEGREE
レヴィ＝ストロース, クロード	LÉVI-STRAUSS, CLAUDE
レヴィナス, エマニュエル	LEVINAS, EMMANUEL
レトロ	RETRO

ろ

ロゴス中心性	LOGOCENTRICITY
ローティ, リチャード	RORTY, RICHARD

見出し語一覧
(欧和　アルファベット順)

A

ABJECTION	アブジェクシオン
ACKER, KATHY	アッカー，キャシー
ACKROYD, PETER	アクロイド，ピーター
ACTIVE INTERPRETATION	能動的解釈
ADAMS, JOHN	アダムズ，ジョン
ADORNO, THEODOR WIESENGRUND	アドルノ，テオドール・ヴィーゼングルント
ALTERITY	他者性
AMERICAN DECONSTRUCTION	アメリカ版ディコンストラクション
AMIS, MARTIN	エイミス，マーティン
ANDERSON, LAURIE	アンダーソン，ローリー
ANTI-ESSENTIALISM	反本質主義
ANTIFOUNDATIONALISM	反基礎づけ主義
APORIA	アポリア
APPROPRIATION ART	アプロプリエーション・アート
ARCHAEOLOGY	考古学
ARTIFICIAL INTELLIGENCE	人工知能
ARTIFICIAL LIFE	人工生命
AURA	アウラ
AUSTER, PAUL	オースター，ポール
AUTHOR	作者

B

BAKER, NICHOLSON	ベイカー，ニコルソン
BANVILLE, JOHN	バンヴィル，ジョン
BARTH, JOHN	バース，ジョン
BARTHELME, DONALD	バーセルミ，ドナルド
BARTHES, ROLAND	バルト，ロラン
BAUDRILLARD, JEAN	ボードリヤール，ジャン
BAUMAN, ZYGMUNT	バウマン，ジグムント
BELL, DANIEL	ベル，ダニエル

BELSEY, CATHERINE	ベルシー，キャサリン
BENJAMIN, WALTER	ベンヤミン，ヴァルター
BERLIN, ISAIAH	バーリン，アイザイア
BEUYS, JOSEPH	ボイス，ヨーゼフ
BHABHA, HOMI K.	バーバ，ホミ・K
BINARY OPPOSITION	二項対立
BLACK CRITICISM	黒人批評
BLACK HOLE	ブラックホール
BLOOM, HAROLD	ブルーム，ハロルド
BODY WITHOUT ORGANS	器官なき身体
BOFILL, RICARDO	ボフィール，リカルド
BOURDIEU, PIERRE	ブルデュー，ピエール
BRAIDOTTI, ROSI	ブライドッチ，ロッシ
BRYARS, GAVIN	ブライアーズ，ギャヴィン
BUTLER, JUDITH	バトラー，ジュディス

C

CALVINO, ITALO	カルヴィーノ，イタロ
CARTER, ANGELA	カーター，アンジェラ
CATASTROPHE THEORY	カタストロフィー理論
CHAOS THEORY	カオス理論
CHORA	コーラ
CIXOUS, HÉLÈNE	シクスー，エレーヌ
COMMUNICATIVE ACTION	コミュニケーション行為
COMPLEXITY THEORY	複雑系理論
CONTINENTAL PHILOSOPHY	大陸哲学
COOVER, ROBERT	クーヴァー，ロバート
COUPLAND, DOUGLAS	クープランド，ダグラス
CRITICAL THEORY	批判理論
CULTURAL MATERIALISM	文化唯物論
CULTURAL RELATIVISM	文化相対主義
CULTURAL STUDIES	カルチュラル・スタディーズ
CYBERPUNK	サイバーパンク
CYBERSPACE	サイバースペース
CYBORG	サイボーグ

D

DEATH OF THE AUTHOR	作者の死
DEATH OF MAN (DEATH OF THE SUBJECT)	人間の死（主体の死）
DECONSTRUCTION	ディコンストラクション
DELEUZE, GILLES	ドゥルーズ，ジル
DELILLO, DON	デリーロ，ドン
DE MAN, PAUL	ド・マン，ポール
DERRIDA, JACQUES	デリダ，ジャック
DESERTIFICATION	砂漠化
DESIRE	欲望
DESIRING-MACHINE	欲望する機械
DIFFÉRANCE	差延
DIFFERENCE	差異
DIFFERENCE FEMINISM	差異のフェミニズム
DIFFEREND	抗争
DISOURSE ANALYSIS	言説分析
DISSEMINATION	散種
DOLLIMORE, JONATHAN	ドリモア，ジョナサン
DOUBLE CODING	二重コード化

E

EAGLETON, TERRY	イーグルトン，テリー
ECO, UMBERTO	エーコ，ウンベルト
EISENMAN, PETER	アイゼンマン，ピーター
ELLIS, BRET EASTON	エリス，ブレット・イーストン
ENDISM	終焉主義
ENLIGHTENMENT PROJECT	啓蒙のプロジェクト
ENO, BRIAN	イーノ，ブライアン
ERASURE	抹消
ÉVÉNEMENTS	事件
EVENT	出来事

F

FEDERMAN, RAYMOND	フェダマン，レイモンド
FEYERABEND, PAUL	ファイヤアーベント，パウル
FITKIN, GRAHAM	フィットキン，グラハム

FOUCAULT, MICHEL	フーコー，ミシェル
FRACTAL	フラクタル
FRAMPTON, KENNETH	フランプトン，ケネス
FRANKFURT SCHOOL	フランクフルト学派
FREUD, SIGMUND	フロイト，ジークムント
FUKUYAMA, FRANCIS	フクヤマ，フランシス
FUZZY LOGIC	ファジー論理

G

GATES, HENRY LOUIS	ゲイツ，ヘンリー・ルイス
GEERTZ, CLIFFORD	ギアーツ，クリフォード
GENEALOGY	系譜学
GENERATION X	ジェネレーションX
GIBSON, WILLIAM	ギブスン，ウィリアム
GIDDENS, ANTHONY	ギデンズ，アンソニー
GILBERT AND GEORGE	ギルバート・アンド・ジョージ
GLASS, PHILIP	グラス，フィリップ
GRAMMATOLOGY	グラマトロジー
GRAND NARRATIVE	大きな物語
GREENAWAY, PETER	グリーナウェイ，ピーター
GREENBLATT, STEPHEN	グリーンブラット，スティーヴン
GREENS (GREEN MOVEMENT)	緑の党（緑の党運動）
GUATTARI, FÉLIX	ガタリ，フェリックス
GYNOCRITICISM	ガイノクリティシズム

H

HABERMAS, JÜRGEN	ハーバーマス，ユルゲン
HALLEY, PETER	ハリー，ピーター
HARAWAY, DONNA	ハラウェイ，ダナ
HARTMAN, GEOFFREY	ハートマン，ジェフリー
HASSAN, IHAB	ハッサン，イーハブ
HAWKING, STEPHEN	ホーキング，スティーヴン
HEGEL, GEORG WILHELM FRIEDRICH	ヘーゲル，ゲオルグ・ウィルヘルム・フリードリッヒ
HEGEMONY	ヘゲモニー
HEIDEGGER, MARTIN	ハイデガー，マルティン
HIRST, DAMIEN	ハースト，ダミアン

HOOKS, BELL	フックス，ベル
HORKHEIMER, MAX	ホルクハイマー，マックス
HUSSERL, EDMUND	フッサール，エドムント
HYPERREALITY	ハイパーリアリティ
HYPERTEXT	ハイパーテクスト

I

INCOMMENSURABILITY	通約不可能性
INSTALLATION ART	インスタレーション・アート
INTERNET	インターネット
INTERTEXTUALITY	間テクスト性
IRIGARAY, LUCE	イリガライ，リュース
IRONY	アイロニー

J

JAMESON, FREDRIC	ジェイムスン，フレドリック
JARDINE, ALICE	ジャーディン，アリス
JENCKS, CHARLES	ジェンクス，チャールズ
JOUISSANCE	ジュイサンス

K

KANT, IMMANUEL	カント，イマヌエル
KIEFER, ANSELM	キーファー，アンゼルム
KOOLHAAS, REM	コールハース，レム
KOONS, JEFF	クーン，ジェフ
KRISTEVA, JULIA	クリステヴァ，ジュリア
KROKER, ARTHUR	クローカー，アーサー
KUHN, THOMAS	クーン，トマス

L

LACAN, JACQUES	ラカン，ジャック
LACLAU, ERNESTO	ラクラウ，エルネスト
LEGITIMATION	正統化
LÉVI-STRAUSS, CLAUDE	レヴィ＝ストロース，クロード
LEVINAS, EMMANUEL	レヴィナス，エマニュエル
LIBIDINAL ECONOMY	リビドー経済

LITTLE NARRATIVE	小さな物語
LOGOCENTRICITY	ロゴス中心性
LYNCH, DAVID	リンチ，デイヴィッド
LYOTARD, JEAN-FRANÇOIS	リオタール，ジャン＝フランソワ

M

MADONNA	マドンナ
MAGIC REALISM	魔術的リアリズム
MANDELBROT, BENOIT	マンデルブロ，ベノア
MARCUSE, HERBERT	マルクーゼ，ヘルベルト
MARX, KARL HEINRICH	マルクス，カール・ハインリッヒ
McLUHAN, MARSHALL	マクルーハン，マーシャル
METANARRATIVE	メタ物語
METAPHYSICS OF PRESENCE	現前の形而上学
MILLER, J. HILLIS	ミラー，J・ヒリス
MINIMALISM	ミニマリズム
MISE-EN-ABYME	ミザナビーム
MODERNISM	モダニズム
MODERNITY	モダニティ
MORRIS, MEAGHAN	モリス，ミーガン
MOUFFE, CHANTAL	ムフ，シャンタル
MULTICULTURALISM	マルチカルチュラリズム

N

NEGATIVE DIALECTICS	否定弁証法
NEO-GEO	ネオ・ジオ
NEW HISTORICISM	ニュー・ヒストリシズム
NIETZSCHE, FRIEDRICH	ニーチェ，フリードリッヒ
NORRIS, CHRISTOPHER	ノリス，クリストファー
NYMAN, MICHAEL	ナイマン，マイケル

O

OEDIPUS	エディプス
ORIENTALISM	オリエンタリズム
OTHER	→ALTERITY

P

PAGANISM	異教
PAGLIA, CAMILLE	パーリア，カミール
PARADIGM SHIFT	パラダイム・シフト
PENROSE, ROGER	ペンローズ，ロジャー
PHILIPS, TOM	フィリップス，トム
PHRASE	文
PLANT, SADIE	プラント，セイディ
PLURALISM	多元主義
POLYSEMY	ポリセミー
POSTCOLONIALISM	ポスト植民地主義
POST-FEMINISM	ポストフェミニズム
POSTHUMANISM	ポストヒューマニズム
POST-INDUSTRIALISM	ポスト工業主義
POST-MARXISM	ポストマルクス主義
POSTMODERN SCIENCE	ポストモダン科学
POSTMODERNISM	ポストモダニズム
POSTMODERNITY	ポストモダニティ
POST-PHILOSOPHY	ポスト哲学
POSTSTRUCTURALISM	ポスト構造主義
PRESENCE	現前
PRINCE, THE ARTIST FORMERLY KNOWN AS	プリンス，ジ・アーティスト・フォーマリィ・ノウン・アズ
PYNCHON, THOMAS	ピンチョン，トマス

Q

QUANTUM MECHANICS	量子力学
QUEER THEORY	クイア理論

R

RADICAL DEMOCRACY	ラディカル・デモクラシー
RADICAL PHILOSOPHY	ラディカル・フィロソフィー
READERLY TEXT	読みうるテクスト
REED, ISHMAEL	リード，イシュメール
REICH, STEVE	ライヒ，スティーヴ
REPRESENTATION	表象

RETRO	レトロ
RHIZOME	リゾーム
RILEY, TERRY	ライリー，テリー
RORTY, RICHARD	ローティ，リチャード
RUSHDIE, SALMAN	ラシュディ，サルマン

S

SAID, EDWARD W.	サイード，エドワード・W
SCHIZOANALYSIS	スキゾ分析
SEDUCTION	誘惑
SEMANALYSIS	記号分析
SEMIOTICS	記号論
SHERMAN, CINDY	シャーマン，シンディ
SIGN	記号
SIMULACRUM／SIMULATION	シミュラークル／シミュレーション
SIMULATIONISM	シミュレーショニズム
SINFIELD, ALAN	シンフィールド，アラン
SINGULARITY	特異点
SITE	サイト
SITUATIONISM	シチュアシオニスム
SPECTACLE	スペクタクル
SPIVAK, GAYATRI CHAKRAVORTY	スピヴァック，ガヤトリ・チャクラヴォーティ
STIRLING, JAMES	スターリング，ジェイムズ
STRUCTURALISM	構造主義
SUBALTERN THEORY	サバルタン理論
SUBJECT	主体
SUBLIME	崇高
SUKENICK, RONALD	スケニック，ロナルド
SUPERSTRING THEORY	超ひも理論
SUPPLEMENT	代補
SVELTENESS	しなやかさ

T

TERRITORIALITY	領土性
TEXT	テクスト
THOM, RENÉ	トム，ルネ

TRACE	痕跡
TRANS-AVANT-GARDE	トランスアヴァンギャルド
TSCHUMI, BERNARD	チュミ, バーナード

V
VATTIMO, GIANNI	ヴァッティモ, ジャンニ
VENTURI, ROBERT	ヴェンチューリ, ロバート
VIRILIO, PAUL	ヴィリリオ, ポール
VIRTUAL REALITY	ヴァーチャル・リアリティ
VONNEGUT, KURT	ヴォネガット, カート

W
WOLF, NAOMI	ウルフ, ナオミ
WRITERLY TEXT	書きうるテクスト

Y
YALE SCHOOL	イェール学派
YOUNG, IRIS MARION	ヤング, アイリス・マリオン

Z
ZAPPING	ザッピング
ZERO DEGREE	零度

本書の使用法

本書は，Stuart Simが編集した*The Icon Critical Dictionary of Postmodern Thought*（Icon Books, 1998）の第Ⅱ部（後半の部分）の訳である。翻訳には，Routledgeから1999年に刊行されたアメリカ版を使用した。

☆ 本文の太字は，見出し語であることを示す。

☆ 人名は以下のように表記した。
　Jean-François Lyotard　→　ジャン＝フランソワ・リオタール
　J. Hillis Miller　→　Ｊ・ヒリス・ミラー

☆ 別の訳語あるいは原語を示すと有用であると思われる場合は，カッコ内に示した。

☆ 訳注，参考文献，参考フィルモグラフィは，訳者が付け加えた。

☆ 各項目の文献は，訳者が付加した。

☆ 強調は上点で示した。　　例：欠けている

☆ 等号は，上記人名以外では，ある単語や文章が複数の意味を表していることを示す。例：開発＝搾取

あ

アイゼンマン，ピーター　Eisenman, Peter　1932-　建築家

アイゼンマンは，ドライな表現主義的建築のブランドをプロデュースしている。それは，脱構成主義（訳注参照，またディコンストラクションを参照のこと）の一ヴァージョンであるが，形式的な離れ業を楽しむことは強情にも拒絶する。彼の建築は，建築が居住者に押し付ける孤立した状態を強調する。彼が執着しているものの多くは，初期の住宅シリーズ（第1号から第9号）で明らかにされている。そこでは，出来事が怒りにまかせた形式主義のなかで発生する。その形式主義では，夫婦用ベッドが細い隙間で二つに分割されたり，居住空間の上に何もない空間があったり，構造上グリッドをなす柱のうちの一本が地面に接しないように設計されていたりするのである。彼は，困難なもの，曖昧なもの，無意味なもの（建築が一貫して無視し排除しようとしてきた諸事），陳腐さと薄情さに夢中になっているかのようだ。彼自身の（よく知られた）精神分析は，自己執着し自己嫌悪する建築を彼が生み出す助けとなってきた。彼の建築物は，建築・幾何学・秩序の諸論理を捻じ曲げて，自らの土台を揺さぶろうとする。彼の建築物は，建築的実践を問題化するように意図された仕事であり，建築物の現代における造り方に内在する解決不可能で複雑な事柄を際立たせる。彼の仕事の基礎となっているのは，ハイ・モダニズムの貧弱で抽象的な言語を他の諸コードで汚染することではなく，その言語の絶えざる形式的操作である。ウェクスナー視覚芸術センターの中心線がオハイオ州コロンバスのオハイオ空港へ入ってくる飛行経路と同一線上にあろうが，社会住宅ＩＢＡが街路のグリッドより5度離れるように並べられていようが，彼の参照点は，建物を使用する人々の理解を超えたところに注意深く配置されている。

【参考文献】
・中村敏男編『ピーター・アイゼンマン』，『a＋u』1988年8月臨時増刊号，エー・アンド・ユー。
・アイゼンマン「インデックス放蕩 ― 安藤忠男のドローイング」丸山洋志訳，『安藤忠男ディテール集1』（二川幸男企画・編集、エーディーエー・エディタ・トーキョー）所収。

【訳注】
☆脱構成主義（deconstructivism）：アイゼンマンとデリダは共同して，デリダの諸概念を建築に応用した。またアイゼンマンの作風にはロシア構成主義の影響もみられる。

アイロニー　irony

アイロニーは，われわれにとっておなじみの修辞的表現法（figure of speech）である。アイロニーにおいては，意図された意味は，使用された言葉の表わす意味と正

反対である。アイロニーは，当てこすりもしくは嘲りという形で，敵意の度合いを表現することが出来る。アイロニーはジョークによく含まれるものであり，ジョークは「インサイダー」（そのジョークを理解できる人々）と笑われる者（そのジョークが分からない，つまりそこに含まれているアイロニーを理解しない者）とをしばしば分ける。アイロニーは，（われわれ自身のことを含めて）物事をあまりまじめに取りすぎないように，あるいは，せめて物事をその表面上の価値でとらないようにとの要求につねに結びついている。アイロニックで超然とした自意識以上に，現代のポストモダン的（ポストモダニズムを参照のこと）「ムード」の特質を示すものはない。ウンベルト・エーコは，大切な希望や信念をあきらめることは出来ないが，同時にもはやそれを無条件に，あるいは心からの忠誠をもって受け入れることができなくなっているわれわれの態度として，ポストモダニズムを特徴付けている。『偶然性・アイロニー・連帯（*Contingency, Irony and Solidarity*）』のなかで，リチャード・ローティは，「リベラル・アイロニスト」という人物像を描写し，推薦している。「アイロニスト」たちは，自らの諸信念の偶然性に敢然と立ち向かう。「リベラル・アイロニスト」たちは，その偶然的な諸信念のなかにこそ「苦しみが和らいでゆくだろうという自らの希望」に類するものがあるということを意識しているのである。

【参考文献】

・ローティ『偶然性・アイロニー・連帯』齋藤純一・山岡龍一・大川正彦訳，岩波書店。
・エーコ『「バラの名前」覚書』谷口勇訳，而立書房。

アウラ　　aura

ドイツの文化批評家ヴァルター・ベンヤミンに関連する言葉。「複製技術時代の芸術作品（The Work of Art in the Age of Mechanical Reproduction）」（1936）と題された重要な論文において，機械化以前の芸術には複製不可能な特性があり，その特性が芸術に特有のステータス，すなわち「アウラ」を与えていた，とベンヤミンは述べている。このアウラは，芸術作品の自律性を示すものであるが，近代における人間味に欠けた機械使用によって破壊されてしまった。芸術特有の働きに関連するとベンヤミンが考える神秘主義的体験は，彼によれば，機械時代の結果として「弱まって」しまい，芸術と芸術的な工芸品が伝統から切り離され，「文化的遺産の伝統的価値の清算」にまで至ってしまったのである。

【参考文献】

・ベンヤミン「複製技術時代の芸術作品」，『ベンヤミン・コレクション1　近代の意味』（浅井健二郎編訳・久保哲司訳，ちくま学芸文庫）所収。「複製技術の時代における芸術作品」，『ボードレール他五篇　ベンヤミンの仕事2』（野村修編訳，岩波文庫）所収。『ヴァルター・ベンヤミン著作集2』（高木久雄・高原宏平訳，晶文社）所収。

・多木浩二『ベンヤミン「複製技術時代の芸術作品」精読』岩波現代文庫（岩波文庫と同じ野村修訳の「複製技術時代の芸術作品」［改題］を含む）。

アクロイド，ピーター　　Ackroyd, Peter　　1949-　　小説家・伝記作家・批評家

ロンドン生まれ。アクロイドは，編集者，批評家としての仕事にずっと従事している。多作な作家としての彼は，批評的にも称賛された数多くの小説を世に送り出してきた。『チャタトン偽書（Chatterton）』(1987)，『原初の光（First Light）』(1989)，『イングリッシュ・ミュージック（English Music）』(1991)，『ドクター・ディーの家（The House of Doctor Dee）』(1993)，『ダン・リーノウとライムハウス地区のゴーレム（Dan Leno and the Limehouse Golem）』(1995) といった作品は皆，何らかの点において歴史小説であり，それぞれある種の謎解きを含んでいる。アクロイドはまたT・S・エリオット，ディケンズ，ウィリアム・ブレイクの素晴らしい伝記も書いている。現在，彼は，『ユートピア（Utopia）』(1516) の作者，トマス・モアの伝記に取り組んでいる。彼の小説の大多数と同じくこれらの伝記も，ある意味で自分が生まれ育ち現在も暮らしているロンドンについての作品である。彼の三作目の小説『魔の聖堂（Hawksmoor）』(1985) は身の毛もよだつ（そして身の毛もよだつ程奇妙な）作品であり，彼の出世作でもある。この小説は，彼の作品にその後くりかえし現われるようになるテーマを典型的に示している。そのテーマとは，過去の現前，オカルトの知識，不合理なもの，である。『魔の聖堂』は18世紀と20世紀に起こる一連の殺人の物語を章ごとに交互に配置するという手法を採っており，また，それぞれの物語がリンクする仕組みになっている。アクロイドの意識的な歴史のパスティーシュは，スタイルの点では**ポストモダニズム**的と見なすことができるだろうが，情緒においては非常に反モダニズムである。『魔の聖堂』では，建築家で科学者のクリストファー・レンを登場人物に用いて，人類の進歩と人間が完全なものになりうることに対する啓蒙主義（**啓蒙のプロジェクト**を参照のこと）の確信を諷刺し批判している。そうすることによって，人をわくわくさせるような文体を持ち哲学的には保守的で大変ペシミスティックなアクロイドの小説は，**モダニティ**というものの知的・道徳的基盤に疑問を呈しているのである。

【参考文献】
・アクロイド『チャタトン偽書』真野明裕訳，文藝春秋。
・アクロイド『原初の光』井出弘之訳，新潮社。
・アクロイド『魔の聖堂』矢野浩三郎訳，新潮社。
・アクロイド『T・S・エリオット』武谷紀久雄訳，みすず書房。

アダムズ，ジョン　　Adams, John　　1947-　　作曲家・指揮者

アダムズは，ミニマリズムの伝統の発展において重要な役割を果たしており，また

その音楽活動は，スティーヴ・ライヒやフィリップ・グラスといった彼より10歳先輩の作曲家たちが作り上げた基礎の上に築かれたものである。アダムズは，**モダニズム的作曲法**（例えば，ブーレーズやストックハウゼン等のようなヨーロッパ戦後前衛音楽作曲家の作曲法）の徹底的な教育を受けた。だが，彼は，このような作曲法を自らの本能ばかりでなく音楽の本来の力に逆らったものだと感じた。アダムズがライヒ，**ライリー**，グラスのミニマリズム音楽に感化されるようになったのは，大学を卒業し（1971年ハーヴァード大卒），サンフランシスコへと移り住んだ後のことだった。豊かなポリリズミックなテクスチュア（基調）と挑戦的なほど静止した和声（訳注：ミニマリズムの訳注を参照のこと）を持つミニマリズム音楽は，アダムズの創作意欲を大いにかき立て，モダニズムの音楽言語に代わるものとなった。

少なくともその初期の時代のミニマリズムは，過程（process），漸進的な変化，音楽からの客観的な距離の設定をより重視し，自己表現やあらゆるセンチメンタリティを拒否していた。他の作曲家と同じくアダムズもミニマリズム音楽の技法の多くを取り入れることとなったが，それらの技法を彼特有のより表現豊かでクライマックスがありしばしばより不協和となる音楽言語に応用するようになった。「ポスト・ミニマリズム」という名前は，アダムズの音楽を説明するのに頻繁に使われている。アダムズの初期の作品「シェイカー・ループ（Shaker Loops）」（1978）は，安定した拍子，反復構造，調性の安定性，ポリリズムといったミニマリズム的技法を用いながらも，感情的でドラマチックな物語を展開している。

アダムズは二つのオペラを作曲した。1作目の『ニクソン・イン・チャイナ（*Nixon in China*）』（1987）の主題は，1972年のリチャード・ニクソンと中国の毛沢東主席との歴史的会談である。この全3幕作品は，ある人々からは「リアリズム」の作品と評され，また別の人々からは「シュルレアリスム」の作品と評されているが，あからさまな政治的言明はなく，政治風刺は拒否している。2作目のオペラ『クリングホッファーの死（*The Death of Klinghoffer*）』（1990）は，1985年のパレスチナ人による観光船アキレラウル号乗っ取り事件に案を得て創作された作品で，アラブ人とユダヤ人との間の継続的対立に対して内省的な見方を示している。5年ほどオペラの世界を離れたアダムズは「エル・ドラド（El Dorado）」（1991），室内交響楽（Chamber Symphony）（1992），ヴァイオリン協奏曲（Violin Concerto）（1993）といったオーケストラ作品に集中した。これらの作品によって，アダムズは，より複雑な対位法を用いた不協和の音楽スタイルを発展させることができるようになった。1995年に劇場の世界に戻り，「私は天井を見ていた，それから空を見た（I was Looking at the Ceiling then I saw the Sky）」という作品を作った。監督のピーター・セラーズと詩人のジューン・ジョーダンとの合作であるこの作品は，彼の以前のオペラよりも規模が小さくなり簡潔になっただけでなく，よりシンプルで

理解しやすい作曲のスタイルに彼が戻ることを可能にした。アダムズが，ミニマリズムのジャンルを発展させ拡大したというだけでなく，そのミニマリズムというジャンルが社会的に認められているという感覚を「クラシック音楽」という地位とともにもたらしたということもまた明白である。

アッカー，キャシー　　Acker, Kathy　　1948-97　　小説家
アッカーは，1970年代の半ばに小さなアングラ出版社から一連の著作物を出版し始めた。1980年代半ばにロンドンへ進出して，多くの読者を得るようになったが，これは一流出版社が『血みどろ臓物ハイスクール（*Blood and Guts in High School*）』(1984) を出版したのと時を同じくする。アッカーは，今ニューヨークに住んでいる。彼女の作品は，サド，バタイユ，戦後のフランス小説，そして最も明白なことに，ウィリアム・バロウズの「カット＝アップ」やコラージュの技法を利用している。彼女の作品は，さまざまな閉ざされた場所（ハーレム，家庭）で，家父長的な人物（大体において父親）とのサド・マゾ的な性的関係から始まる少女のグローバルな冒険を描くことが多く，その特徴は，一貫した性格描写，プロット，心理的動機といった普通は小説にある特色（と楽しみ）がまったく欠如していることである。アッカー作品はセックスや暴力の極端なまでに視覚的な描写でよく知られているが，セックスと暴力のどちらがより不快かを決めるのは読者にとって容易なことではない。そのような作風に沿った作品例として，『血みどろ臓物ハイスクール』『アホダラ帝国（*Empire of the Senseless*）』(1988)『ドン・キホーテ（*Don Quixote*）』(1986) が挙げられる。「私は小説のけつの穴にナイフを，小型ナイフを突き立てたい」と彼女は言っている。

　彼女の著作は，あらゆる面において，ありうる限り最もアヴァンギャルドな形のポストモダン（**ポストモダニズムを参照のこと**）小説の教科書的な見本である。われわれが彼女の作品のなかに見るのは，性倒錯，リリカルなパッセージ，「**他者性**」の空間の占拠，さまざまなジャンル（ロマンス，ＳＦ，ポルノグラフィ，冒険）の使用，高級文化とポピュラー・カルチャー（ディケンズ，セルバンテス，ウィリアム・ギブスン）の盗用，流動的な主体性の表象，オリジナリティとリアリズムという概念の疑問視，である。陽気な小説『こんにちは，私はエリカ・ジョング（*Hello, I'm Erica Jong*）』(1984) は，意識改革（consciousness-raising：訳注参照）的で性的に解放された1970年代のフェミニズム小説のパロディであり，ジョングの『飛ぶのが怖い（*Fears of Flying*）』(1973) はそういったフェミニズム小説の最たる例である。作品は，ジョングのリアリズム的な美学と戯れ，徹底して楽天的なジョングなら決してありえない流儀でセックスと死を連結する。それはまた「**作者の死**」を取り上げた寸劇でもあり，「安らかに眠りたまえ，E・J（Erica Jong）」という墓碑銘の絵で小説は終わる。『私は淫乱女になった夢を見た（*I Dreamt I was a*

Nymphomaniac)』(1975)は，アッカー曰く，「『私』という言葉に対する実験」であり，『キャシー，ハイチに行く（*Kathy Goes to Haiti*）』(1978)は，見せかけの自伝の章とポルノから盗用した素材を交互に配置している。『宝島（*Treasure Island*）』を出発点として用いたアッカーの最近作『海賊王プッシー（*Pussy, King of the Pirates*）』(1996)は，女性の身体の役割をも担わされた地形を巡る少女の冒険を再び描いている。これらの高度にメディア化された「後発の」テクストは，「われわれの現実は余りにも多くメディアを通して現れるので，今や現実そのものがまた別のテクストなのである」というアッカーの信念を反映するものである。言うまでもなく，彼女の作品は物議をかもしてきた。ある人たちにとっては，彼女の作品はただ単に「ポルノ的戯言」である。他の人たちにとっては，フィクションにおける一種のドゥルーズ的「流れ（flow）」の可能性を表している。アッカーのなかで最高の作品は，読者に現代小説の可能性を垣間見せてくれる。ジョナサン・ドリモアが言ったように，彼女の作品は，権力と快楽は互いに排除しあうものではなく互いに補強しあうのである，という人を困惑させるような示唆をわれわれに投げかけている。そしてこのことが結局は，彼女の作品の最も不愉快な面であるかもしれないのである。

【訳注】

☆意識改革（consciousness-raising）：1960年代後半に登場したラディカル・フェミニズムは「個人的なことは政治的である」をモットーにした。意識改革はその実践であり，自分の個人的経験を語り合うことによって女性の抑圧の分析に至る。1980年代後半のポルノグラフィをめぐる議論において，再び注目された。

【参考文献】

・アッカー『血みどろ臓物ハイスクール』渡辺佐智江訳，白水社。
・アッカー『アホダラ帝国』山形浩生・久霧亜子訳，ベヨトル工房。
・アッカー『ドン・キホーテ』渡辺佐智江訳，白水社。
・ジョング『飛ぶのが怖い』柳瀬尚紀訳，新潮文庫。

アドルノ，テオドール・ヴィーゼングルント

Adorno, Theodor Weisengrund　1903-69　哲学者

アドルノは，マックス・ホルクハイマー，ヘルベルト・マルクーゼと並んで，社会研究所すなわち**フランクフルト学派**のメンバーたちによって展開された「批判的思想」（**批判理論**を参照のこと）の代表者である。彼はフランクフルトの大学で哲学，社会学，心理学，音楽を研究した。それから，1925年にウィーンでアルバン・ベルクとともに作曲を研究し，アルノルト・シェーンベルクが創り出した「新しい音楽」の無調性（atonality）を深く理解するにいたった。アドルノは数多くの作曲を手がけるとともに，音楽に関するおびただしい数の著作も残している。この分野と，美学における他の分野において，アドルノは**モダニズム**の持つ急進的で批判的な衝撃

の熱心な擁護者であり続けた。しかし，哲学におけるアドルノの仕事は，(ある特定の考えや意見を考慮すると) モダニズムにも，(その行為遂行的要素，つまり批判的思考 [「思想に抵抗する思考」] そのものの動きの内省的な劇化を考慮に入れると) **ポストモダニズム**にも等しく近いものとして読むことが可能である。

アドルノが哲学的に最も強く影響を受けたのは**ヘーゲル**である。ヘーゲルのように，アドルノ自身の思考もつねに，個人と社会の間，または特殊なものと普遍的なものの間にある弁証法的緊張をめぐるものである。他方では，**マルクス**と同じく，アドルノは，ヘーゲルの (これらの弁証法的対立の和解を成し遂げたという) 根本的主張を観念論の幻想的諸形式というそしりを招くものと見なしている。アドルノは，ヘーゲル的なそれをも含む「有機体的全体性」のすべての幻想をいくつかの点において後退的であると考える。アドルノが提唱した「**否定弁証法**」は，あらゆる最終的なジンテーゼ (統合) をも絶えず突き崩し覆すことを目的とする。

ナチス政権下のドイツから社会研究所が国外逃亡を余儀なくされた時，アドルノは，アメリカ的商業形態と大衆文化との深い係わり合いを経験した。その結果，アドルノは，統合され閉ざされた，すなわち「全体的」システムへ向かう傾向を際立たせる後期資本主義の文化と社会組織の分析をすることになった。アドルノは，自らが「文化産業」と呼ぶものによる意識の操作に関する多くの研究を行った。これらの研究は，ますます「管理化が進む世界」をアドルノが糾弾する礎石となった。

不合理さと御し難さを増してゆく世界に対して，アドルノは哲学的理性のすべての力を駆使しようとする。(「われわれは，社会的自由は啓蒙された思想と不可分であるということ (中略) を完全に確信している。」) しかし，アドルノにとって，科学的合理性および手段・目的計算という形をとる理性は，それ自体問題の一部である。『啓蒙の弁証法 ― 哲学的断想 (*Dialectic of Enlightenment*)』(1947) で，アドルノは，マックス・ホルクハイマーと共同研究を行い，理性の展開の暗い側面に診断を下した。アドルノがその本のなかで構築したオデュッセイアの旅のアレゴリーによると，理性が抑圧的になる可能性は，18世紀的啓蒙主義 (**啓蒙のプロジェクトを参照のこと**) の理性概念 (この概念をアドルノは「同一性論理」もしくは，「同一性の哲学」と呼んだ) とともに現れるのではなく，西洋文化のまさに初期段階にその起源を持つことになる。同一性に縛られた理性は，独自性，差異，**他者性**を否定し抑圧し踏みにじることを強要されているように感じてきた。人間の自然に対する支配における，同一性に縛られた理性の驚くべき成功は，人間の人間に対する (そして女性に対する) 支配への道を間違いなく開くのである。

この暗いヴィジョンにもかかわらず，アドルノは，よりによって，啓蒙の最も大胆なユートピア的夢すなわち人間の苦悩の終わりを自意識的に確言する。「絶望を目の前にして責任を持って実践することのできる唯一の哲学は，すべての物事が贖(あがな)いの観点から現れてくるように沈思しようと試みることである。(中略) 世界を違

う場所に置き換え見慣れぬものにし，そして，何時の日か救世主の光の下で明らかになるであろうように現代世界は亀裂が入っており貧しく歪んでいるということを暴く見識（perspectives）をわれわれは持たなくてはならない」（訳注：『ミニマ・モラリア』より）。

【参考文献】
・アドルノ『否定弁証法』木田元ほか訳，作品社。
・アドルノ／ホルクハイマー『啓蒙の弁証法 ― 哲学的断想』徳永恂訳，岩波書店。
・アドルノ『ミニマ・モラリア ― 傷ついた生活裡の省察』三光長治訳，法政大学出版局。

アブジェクシオン　　　abjection

アブジェクシオン（英アブジェクション＝おぞましきものの棄却）とは，フランスの精神分析理論家・**記号論学者ジュリア・クリステヴァ**の造語である。彼女が1982年に出版した著書『恐怖の権力 ― アブジェクシオン試論（*Powers of Horror: An Essay on Abjection*）』によれば，象徴的な秩序＝象徴界（すなわち社会的で曖昧でない主体性の場）から排除されるあらゆるものは，「アブジェクト（おぞましきもの）」によって構成されている。そのような秩序のなかで場所を得るために，**主体**は，自らの母性を想起させるものを不浄なものあるいはおぞましきものとして類別することによって抑圧しなければならない。この排除の試みは部分的にしか成功しえない。したがって，アブジェクトは，主体の象徴的な秩序への参入を不確実にする能力を保持するのである。このことを認識させられたことを契機に主体が結果として行う反応は，一種の極端な嫌悪である。この嫌悪が，クリステヴァの言う「アブジェクシオンの行為」である。

【参考文献】
・クリステヴァ『恐怖の権力 ― アブジェクシオン試論』枝川昌雄訳，法政大学出版局。

アプロプリエーション・アート　　　appropriation art

シェリー・レヴィーン，バーバラ・クルーガー，シンディ・シャーマン，リチャード・プリンスをはじめとする芸術家たちの作品を示す言葉。彼らにとって，現実は，現代社会生活の映像世界と同一の広がりを持つ。レヴィーン，シャーマン，プリンスは，1977年ロウアー・マンハッタンにあるアーティスツ・スペース・ギャラリーで開催され後に大きな影響のあった『写真（*Pictures*）』展の代表的な出品者である。影響力の大きい芸術評論家のダグラス・クリンプは，その展覧会の目録のなかで，心を奪われるのは，エミュレーション（模倣）よりもむしろ**シミュレーション**によって，独創性よりもむしろ反復によって，そして創造よりもむしろ強引な収奪によって，純粋さを明らかにするような芸術家であると書いている。

アポリア　　aporia

アポリアはギリシャ語からきており，文字通りに言えば，「通路の不在」を意味し，そこから人を困惑させるような困難や途方に暮れた状態を指す言葉となった。アポリアは，修辞学では，一つの文彩（figure）であり，どのように，また，どこから話を始めるべきか，もしくはどのように特定の問題や障害物を克服するべきかといったことについて，話し手や書き手が疑念を表す状態のことである。**ディコンストラクション**（脱構築）批評にとって，アポリアとは，まさにそのような疑念を抱く諸瞬間や読みが関心を向ける解決不可能に見える問題のまわりにある。デリダにとっても，ポール・ド・マンやJ・ヒリス・ミラーの批評にとっても，注目しなければならないのはこれらのテクスト上のギャップや障害物なのである。

アポリアという言葉はまた，**リオタール**が崇高とアヴァンギャルドの美学に見出す判断不可能性の類を説明するのにふさわしい言葉である。リオタールは，この判断不可能性を**ポストモダニズム**と結び付ける。リオタールにとって，政治的判断がなされる瞬間はアポリア的瞬間であり，崇高における理性と想像力という働きの間の分裂と類似しており，また創造せよというアヴァンギャルドの命令とも類似している。しかし，その瞬間は，芸術創造に関するいかなる法則も不在となる瞬間なのである。

【参考文献】
・リオタール『こどもたちに語るポストモダン』管啓次郎訳，ちくま学芸文庫。

アメリカ版ディコンストラクション　　American deconstruction

ディコンストラクション（脱構築）は，1970年代からアメリカの学術界に多大な影響を及ぼしている。そのため，批評家のなかには1990年代に入ってもなおアメリカの人文学における学術的言説の支配的形態であるとみなす者もいる。ディコンストラクションの主役であるジャック・デリダは，その間に何度もイェール大学とジョンズ・ホプキンズ大学の客員教授を務めた。その際，交流があった人々に衝撃にも等しい影響を与えたのは言うまでもない。ディコンストラクションは，元来，哲学的言説の一形式であるのだが，アメリカでは文学研究の分野で最も成功した（イェール学派が顕著な例である）。文学研究において，ディコンストラクションは，言葉の語呂合わせ（pun）に注目し，大いに自由奔放で言語学的に生き生きとした批評的著作の形へと発展していった。デリダ自身は，アメリカにおいてディコンストラクションの名の下に起こったことに対して余り好感を抱いていなかった。更に，デリダはアメリカ版ディコンストラクションを自分の元々の意図を曲解したものであると言って憚らなかった。しかしながら，このことは，真理や意図といった考えに異議を唱えることをその特別な声明と受けとめていた思想運動としては，どことなく皮肉なことであった。

アンダーソン，ローリー　Anderson, Laurie　1947-

パフォーマンスアーティスト・作曲家ローリー・アンダーソンは，分類に対して挑戦している点においてポストモダニズム的である。作品を通して，アンダーソンは，さまざまな障壁に揺さぶりをかけてきた。例えば，芸術，音楽，パフォーマンスの間にある障壁，クラフトとテクノロジーの間にある障壁，アヴァンギャルドとコマーシャルの間にある障壁などである。そのパフォーマンスにおいて彼女は，ジェンダーとテクノロジーにまつわる諸前提を利用しながら，それらの伝統的な限界に挑戦する。45分間の作品『瞬間瞬間のために（*For Instants*）』（1976）は，「起こったこと（what happened）」と「起こったことについて私が言ったこと，そして書いたこと（what I said and wrote about what happened）」との間のポストモダニズム的区別を加えた作品を作る際の，技術的な困難の解説が組み込まれている。彼女は，ヴァイオフォノグラフ（ターンテーブルを本体に取り付けたヴァイオリンをレコード針を付けた弓で演奏する楽器）で自分の声を録音したものを再生しながら，生の声でそれに合わせて歌った。

後の作品において，アンダーソンは，ヴァイオリンの弓の馬毛を磁気テープに取り換え，ヴァイオリン本体に取り付けたテープレコーダーのヘッドを用いて前もって録音されている自分の言葉を再生した。未完であることが新たな意味を生み出しえるようにさまざまな効果が仕掛けられた。例えば，レーニンの言葉「道徳は未来の美学である（Ethics is the aesthetics of the future）」は，『道徳は少（来）の美学である（*Ethics is the Aesthetics of the Few[ture]*）』というアンダーソンの作品名に変わった。『台詞のための歌／波のための歌（*Songs for Lines/Songs for Waves*）』（1977）では，録音された言葉を逆回転させ，シニフィアンの恣意性をあらわにする。

1980年代のマルチメディア作品『ユナイテッド・ステイツ（*United States*）』は，アンダーソンお得意のヴォコーダ（vocoder　訳注：音を異なる周波数で送り新しい音をつくるための装置），エンドレス・テープ，シンセサイザーを使い，ジェンダーに対する固定観念を揺るがす機械的で単調な歌を生み出した。「オー・スーパーマン（O Superman）」では，テクノロジーとメディアを利用しつつ，それらによる支配の行き過ぎを批判した。『言語はウイルスである（*Language is a Virus*）』（ウィリアム・バロウズの「言語は宇宙から来たウイルスである」に由来する［訳注：バロウズの長編『爆発した切符（*The Ticket That Exploded*）』（1962）を見よ］）は，映像とコンピュータ・グラフィックスに，自分の声，スタッカートを効かせたフレージング，機械的なジェスチャーを合わせて，いわゆる「自然な」表現を転覆する。自分の声を復元（decode）し他の音を組み入れることによって生まれるアイロニカルな距離感は，コミュニケーションに介在する媒介作用を際立たせている。

【参考文献】

・バロウズ『爆発した切符』飯田隆昭訳，サンリオ文庫。

い

イェール学派　　Yale School

イェール学派は，1970年代にイェールなどいくつかのアメリカの大学で客員教授を務めていた**ディコンストラクション**（脱構築）主義者ジャック・デリダに，その時期に大きな影響を受けた文学批評家のグループである。ハロルド・ブルーム，ポール・ド・マン，ジェフリー・ハートマン，J・ヒリス・ミラーらがこのグループに含まれていた。といっても，これらの批評家が「学派」と呼ばれうるのは非常に大雑把な意味においてのみであり，各々がディコンストラクションに対して示した反応も，ディコンストラクションの諸方法を用いた仕方も，全く異なっていた。彼らの（デリダとの）共同研究の試みで最も有名なのは，ハロルド・ブルームが編集した論文集『ディコンストラクションと批評（*Deconstruction and Criticism*）』（1979）である。

【参考文献】
・『ディコンストラクションと批評』の収録論文で邦訳があるのは以下。デリダ「境界を生きる ― 物語とは何か」大橋洋一訳，『ユリイカ』1985年4月号所収。

異教　　paganism

ジャン＝フランソワ・リオタールは，われわれが基準なしに判断を行う状態を異教と名づけた。実質上，これは，ポストモダン的な（**ポストモダニズム**を参照のこと）状態を指す。なぜなら，そのような状態においては，われわれは，自らの基準の正当性を立証するための根拠となる普遍的な理論をもはや持っていないからである。そういった（真理に関する理論であれ，政治理論であれ）普遍的な理論がないとすれば，われわれは，ケース・バイ・ケースの原理で判断を行うようになる。リオタールによれば，ケース・バイ・ケースの原理は，物事を前へ進めるための唯一誠実な方法なのである。リオタールは，大いにプラグマティズム的な思想家であると自身が考えるアリストテレスの著作にこの判断法の前例を見いだす。リオタールは，このような種類のプラグマティズムをより一般的な仕方でわれわれの公的生活に導入したいと願う。なぜなら，そのようなプラグマティズムは，普遍的な理論（**大きな物語**）に対する無批判的で隷属的な依存からわれわれを引き離すからである。リオタールの現代史理解によれば，われわれの社会・政治的な問題のほとんどの源であり続けているのは，この無批判的な依存である。なぜなら，それは，アウシュヴィッツなどの悲惨な出来事，そして**マルクス主義**，共産主義，社会主義などの理論

の名の下に行われた多くの非人間的な事を是認したからである。「異教的な」社会なら、そのような権威を拒絶し、それぞれの政治的行動に対する要求をその事柄本来の理非に基づいて検討するだろう。その前提は、そういった社会は厳格な規則と規制に基づいた社会よりも正しい（just）社会になるだろうということである。このように、予め考えられた基準がない判断は、ポストモダン的な社会を定義する特徴の一つなのである。

【参考文献】
・リオタール『異教入門――中心なき周辺を求めて』山県熙ほか訳、法政大学出版局。

イーグルトン，テリー　　Eagleton, Terry　　1943-　　作家・批評家

イーグルトンは、オックスフォード大学ウォートン記念講座教授である。劇作家で小説家でもあるが、イギリスでは**マルクス主義**文芸批評の旗頭としての著述で最もよく知られている。彼の仕事の特徴は、大陸の**批判理論**との決定的な関係であり、美学の歴史のマルクス主義的読みである注目すべき著作『美のイデオロギー（*Ideology of the Aesthetic*）』（1990）ばかりでなく、『マルクス主義と文芸批評（*Marxism and Literary Criticism*）』（1976）から『文学とは何か（*Literary Theory*）』（第2版1996）に至る一般向けの著作、そして『シェイクスピアと社会（*Shakespeare and Society*）』（1967）におけるシェイクスピアや『クラリッサの凌辱（*The Rape of Clarissa*）』（1982）におけるサミュエル・リチャードソンのようなカノン（正典）的な作家の詳細な研究書も書いている。最も説得力のある左翼の批評家の一人であるイーグルトンは、『ニュー・レフト・レヴュー』誌の1985年の小論「資本主義，**モダニズム，ポストモダニズム**（Capitalism, Modernism, Postmodernism）」から、最も丹念に練り上げられたポストモダニズムに対する反応である『ポストモダニズムの幻想（*The Illusions of Postmodernism*）』に至る著作において、ポストモダニズムのほとんどの側面を論難してきた。これらの著作で、彼は、例えばアイデンティティ／差異，自然／文化といったような、ポストモダニズム的な考え方に頻出する一連の対立する組み合わせを検討している。イーグルトンは、普遍的なものと個別的なものをめぐる議論に照らして、そのような組み合わせを考えている。イーグルトンの認識では、ポストモダニズムは、権力，欲望，アイデンティティ，政治実践の間の関係の概念の再評価をわれわれに可能にし、また勇敢にも、貶められたもの、ののしられたものに声を貸し与えた。そうすることによって、ポストモダニズムは、支配的な諸政治システムの傲慢なアイデンティティ（自己同一性）を徹底的に揺さぶらんと脅しをかけてきた。しかし、それと同時に、ポストモダニズムが生み出してきたのは、活性化させつつも麻痺させるような懐疑主義である。その懐疑主義は、一連の諸概念（「差異」「文化」「転覆」「周縁性（マージナリティ）」）の束全体を形式主義的かつ反歴史主義的方法を用いて高く評価し、「アイデンティティ」「自然」

「普遍性」といった大げさな語に対置する。彼の主たる非難は，ポストモダニズムの芸術と思想が，「現代の世界というぞっとするような混乱」を黙認しているということである。

　まず第一に，イーグルトンは，アイデンティティ（自己同一性）／差異を批判する。ポストモダニズム的概念である「差異」を使って多くの周縁化された集団が政治的声を見出した。しかし，イーグルトンにとって社会主義は，さらに進んで，人間的相互関係と互恵主義のレヴェルで差異が解放されることを目の当たりにすることを欲するものである。これは，ポストモダニズム思想においてかなり議論された論題，**主体性**と主体性の脱中心化すなわち不安定化という論題を提起している。西洋思想の自己同一的主体を疑問に付すことは意義のあることである。しかし，ヒューマニズム（人間中心主義）的主体を最も効率よく不安定化させてきたのは，ポストモダニズムではなく，発展した資本主義なのである。現代社会における最も反エリート主義的な力は，市場それ自体である。市場は，交換価値の抽象的な特質の下に，あらゆる区別と等級を埋めて隠してしまっている。さらに，ポストモダニズムのディスクール（言説）の脱構築された（**ディコンストラクション**を参照のこと）主体は，支配的な社会的諸価値をさまざまに転覆させることが可能だが，何らかの意義のある方法で社会を変革するという解放的目標を不可能にする。反乱は，人間という行為体が反乱を実行し成し遂げるのに十分なほどに先見の明を持ち自己肯定的かつ自己同一的でないならば，成功しないのだろう。イーグルトンによれば，何事かを変えるような意義深い行動を取るのに十分に統一された人間主体という考えが必要なのである。彼が示すことには，偏執狂的に固定した自己に対置される理性的に安定したアイデンティティは，人間として良い状態にあること（human well-being）の必須の条件なのだ。そして，この条件を否定する者がポストモダニストのなかにあるが，これは倫理的に無責任なことなのである。搾取の諸形態の下で，差異はけっして開花することはない。というのは，そのようなさまざまな形態の搾取と戦って効果をあげるには，必然的に普遍的であるはずの人間性の観念を必要とするからである。

　第二の批判は，普遍性／特殊性と自然（nature）／文化（culture）に対してである。**啓蒙主義**哲学者たちは，ラディカルで普遍主義的な平等の権利の擁護論を以下のように主張した。すべての人々は，自由，自律，正義，政治的平等の権利を与えられている。なぜなら，われわれはみな等しく個人なのであり，共通の人間性（human nature）を共有しているからである。歴史と人間の自己に関しての全体を支配しようとする傾向と普遍化しようとする傾向を持つ諸理論に懐疑的であるポストモダニズムは，この擁護論に自然ではなく文化をみる。だが，イーグルトンは，ポストモダニズムを「文化主義（カルチュラリズム）」の一形態としてみる。なぜなら，ポストモダニズムは，異なる民族（ethnic）諸集団の解放のためには，それ

らの諸集団の文化的差異よりも諸集団が社会的・政治的に共有しているものの方が重要であるということを，認めようとしないからである。ポストモダニズムは，諸集団に共有されているものを徹底して過小評価する。「無文化」の人間は存在しない。われわれにとっては文化しか存在する意味がないからではなく，文化がわれわれの本性（nature）に属しているからである。「マージナルなもの」を美化し，権力と権威を持つ諸中心に対して懐疑的な傾向を持つポストモダニズムは，ポーランドの「連帯」やアフリカ国民議会のような多数派による大衆政治運動など思いもよらないのである。結局，ポストモダニズム的思考は，資本主義はおそろしく資力があるのに世界の人口の多数派に対して十分な資源を供給することに目を覆うほど不成功であるという事実を看過しているのである。ポストモダニズムと**ポストマルクス主義**は，逆説的にも，今までにないほど「全体的な」権力構造に対する反応なのである。しかしながら，この「全体的な」システムは，均質なものではない。イーグルトンの論によれば，ポストモダニズムは，「ホロフォビア（holophobia）」すなわち全体性に対する恐怖に苦しんでいる。そして全体性を求めないことは，ポストモダニズムの主要な誤りを暗に示す符号なのであり，資本主義を求めないことは，まさに人間を解放する道に立ちふさがるものとなってしまっているのである。

【参考文献】
・イーグルトン『マルクス主義と文芸批評』有泉学宙・高橋公雄・田形みどり・清水英之・松村美佐子訳，国書刊行会．
・イーグルトン『クラリッサの凌辱 ── エクリチュール・セクシュアリティー・階級闘争』大橋洋一訳，岩波書店．
・イーグルトン『美のイデオロギー』鈴木聡・藤巻明・新井潤美・後藤和彦訳，紀伊國屋書店．
・イーグルトン「資本主義，モダニズム，ポストモダニズム」，『批評の政治学 ── マルクス主義とポストモダン』（大橋洋一・鈴木聡・黒瀬恭子・道家英穂・岩崎徹訳，平凡社）所収．
・イーグルトン『ポストモダニズムの幻想』森田典正訳，大月書店．
・イーグルトン『文化とは何か』大橋洋一訳，松柏社．
・イーグルトン『アフター・セオリー──ポストモダニズムを超えて』小林章夫訳，筑摩書房．

イーノ，ブライアン Eno, Brian 1948- 音楽家・アーティスト
イーノ自身が熱心に指摘しているが，「イーノ（Eno）」とは「一（one）」のアナグラム（語句のつづり換え）である。しかし，彼の役割は一つというわけではない。彼は，ロック・ミュージシャン，プロデューサー，画家，ビデオ・アーティスト，香水や壁紙のデザイナー，ビジネス・コンサルタント，とオールラウンドの水平思考的人物である。ビートルズのジョン・レノン，ザ・フーのピート・タウンゼンド，キンクスのレイ・デイヴィズのように，彼は芸術学校で学び，基礎をイプスウィッチで修め（1964～66年），ウィンチェスターで卒業証書を得た（1969年）。こうした

学校制度における彼の指導教員たち（ポストモダン［**ポストモダニズムを参照のこと**］・マルチメディア・アーティストのトム・**フィリップス**もその一人である）は，多くのラディカルな考えを彼に開陳した。それゆえ，イーノの最初の音楽的冒険には照明の金属製の笠をさまざまなもので叩いて録音し，それを速度に変化をつけて再生するというようなことが含まれていた。スティーヴ・**ライヒ**とフィリップ・**グラス**のミニマリズムは，音楽は最もシンプルな材料でも作れるということと，生み出されたものより過程（process）の方が重要であるということをイーノに確信させた。

イーノは，1970年代はじめ，グラムロック・バンドのロキシー・ミュージックのシンセサイザー奏者として名声を得た。ただ，このことは，彼のキーボードのテクニックというより，凝った目のメイキャップと壮麗な羽のボア襟巻きのおかげだった（けれども，彼は，実際には1970年に『音楽家でない人たちのための音楽（*Music for Non-Musicians*）』なるパンフレットを私的に刊行してはいた）。ソロ活動で成功するためにバンドを離れた彼は，『ヒア・カム・ザ・ウォーム・ジェッツ（*Here Come the Warm Jets*）』(1973) や『ビフォー・アンド・アフター・サイレンス（*Before and After Silence*）』(1977) のようなアルバムで，ひたすらに実験し，予想もつかないような歌詞を書くということで賞賛された。歌詞はこんな具合である。「ダライラマはラマ。プス，プス／星ハ我等ガ海ニ流レシ／ディナーをミスれよ，ミス・シャプリオ／シャンプー，ポットポット，ピンキー連はパンパード」（「ミス・シャプリオ（Miss Shaprio）」）イーノがチャートのトップになることが決してなかったのは，間違いなくこのような歌詞のためであった。

イーノの主要な楽器は，レコーディング・スタジオそのものである。そこで彼は，伝統的な諸楽器をそれとわからないように操作し，普通ではないエレクトロニックなサウンドを創出できるのだ。彼はしばしばコラボレーションしたり（トーキング・ヘッズやデイヴィッド・ボウイやクラスター），プロデューサーをしたり（U2やディーヴォやジェイムズ）するのだが，そのような場での彼の役割は挑発者のそれである。彼は人々を，彼らが行きたくないようなところへ押しやるのが大好きで，ピーター・シュミット（訳注：イギリスの画家）と共に編み出した「斜めの戦略（Oblique Strategies）」と呼んでいる一セットの占いカードの助けを借りてそれを行う。それらの指示は，古い諸ジレンマに，まったく新しい解決諸策を思いつかせるよう意図されている。状況の枠組みを考慮することを思いつかせるものもあれば（例えば「諸要素のいくつかを集めて一つの集団をつくり，その集団を扱え。」），構成的行動に非連続性を導入する方法として，はっきりした助言（「外へ出て…ドアを閉めろ。」）を与えるものもある。

イーノの最も挑戦的な仕事は，音楽を聴く新しい諸方法を見出すことに関わるものである。彼はエリック・サティの概念である「家具の音楽」（無視したり，聞こ

えてきたときに耳を傾けてみるようなことができる音楽）を，1978年から1982年の間に，一連のいわゆる「環境音楽（ambient music）」によって，現代化したのである。だが，『ミュージック・フォー・エア・ポーツ（*Music for Airports*）』（1979）と『オン・ランド（*On Land*）』（1980）の濃密なテクスチュア（基調）と環境への感受性は，スーパーマーケットのミューザック（訳注：商標。レストランや会社などで流されるＢＧＭ）とは非常に異なるものである。1970年代を通じてイーノのオブスキュア・レコードからリリースされた10枚のアルバムは，イギリスの最もポストモダニズム的な音楽家たちのうちの何人かの，さしずめショー・ケースであった。ギャヴィン・ブライアーズ，ジョン・ケージ，マイケル・ナイマン，ペンギン・カフェ・オーケストラ。こうした音楽は，無視をしたり，しっかり集中しないで聞くことなどできないことは明々白々な音楽であった。

イリガライ，リュース　　Irigaray, Luce　　1932-　　哲学者・精神科医
リュース・イリガライは，国立科学研究センターの哲学の主任研究員であり，1964年以来そこに勤務している。以前は，ジャック・ラカンのパリ・フロイト学派の一員であったが，精神分析に対するフェミニズム的批判を行った結果，追放されてしまい，それ以来，彼女はフェミニズム理論において最も能弁な批評家の一人となり，現在でも，男性的な哲学思考から女性的なるものを解放しようとしている。イリガライの仕事は，挑戦的かつ多様であり，その方法論においては，精神分析的な色彩の濃いものからディコンストラクション（脱構築）的なもの，幻視的，叙情的，そして表出的なものにまで及んでいる。彼女のフェミニズム的著作の最初の代表作である『検視鏡，他の女について（*Speculum of the Other Women*）』（1974）では，フロイト的精神分析とプラトン以後の西洋哲学についての批判を行っている。このなかで，イリガライは，主体としての女性が西洋哲学から排除されており，このような思考様式はひとつの性すなわち男性にしか完全な**主体性**を与えない，と論じる。ファルスに優位性が与えられることから，女性は不在，欠如，否定として特徴付けられてきた。女性は，男性自らを映し出す鏡としての役割しかあてがわれないので，われわれは男性の視線を通してしか女性を知ることができない。イリガライは，この著作『検視鏡，他の女について』をはじめとして，言語と性的差異に関する一連の著作を出版することになる。その著作には，『ひとつではない女の性（*This Sex Which is Not One*）』（1977），『性的差異のエチカ（*Ethics of Sexual Difference*）』（1984），『性と親族性（*Sexes and Genealogies*）』（1987）が含まれる。それらの著作を通して，イリガライは，女性的な声，女性的な象徴秩序の探求を続け，女性という性の多元性（多元主義を参照のこと）を強調するのである。

『ひとつではない女の性』は，イリガライの最も主要な論文三編を収めている。「わたしたちの唇が語りあうとき（When our lips speak together）」，「商品たちの間

の商品（Commodities among themselves）」，そして同名エッセイの「ひとつではない女の性」である。この本は，そして特にこの三編の論文は，イリガライが自らのフェミニズム的プロジェクトを多様に応用していることを証明するものである。最後の二編は，特に家父長制の経済に焦点を当てている。この経済のなかで，女性は，男性間で行われる交換のための使用価値のみを付与されたものという役割をあてがわれているのである。このような交換は家父長制の同性愛的本質の証明である，とイリガライは論争を巻き起こしながらも主張している。このような交換のシステムにおいて，女性は行為体性（agency）を持たず，女性特有の欲望は家父長的言語によって誤って表象され誤って構築されている。しかしながら，この論文集と同名の論文は，イリガライ自身による女性特有の**欲望**の構築と**表象**を素晴らしい抒情的散文を用いて探求する。この論文集のなかで，イリガライは，彼女の最も印象深い二つの唇（two lips）というメタファー（隠喩）を用いている。このメタファーは，女性のセクシュアリティの流動性，複数性，曖昧性を象徴する。というのもその言葉遊び（pun）は，西洋哲学の言説においては性（one）で（さえ）ない性に関するものであり，文化的表象に関するイリガライの新しい方法においては，性はひとつ［one］（だけ）ではないからなのだ。

　西洋哲学一般，そのなかでも特にフロイトとラカンを攻撃し批評するとき，結局，イリガライは，精神分析と西洋哲学の言説における女性の非主体性（non-subjectivity）を，自分自身で自らの主体性を構築するために女性が利用すべき機会と見なしているのである。男性の象徴秩序において女性的なるものが無視され抑圧されるなか，女性たちが自らの象徴秩序のなかで女性的なるものを解放し再構築するために非主体性を利用できる，とイリガライは論じる。そのために，彼女は，エクリチュール・フェミニン，すなわち女性特有のエクリチュールを主唱するのである。

　リュース・イリガライの仕事そのものも，批評家たち，とりわけ，アン・ロザリンド・ジョーンズ，トリル・モイ，マーガレット・ホイットフォード，エリザベス・グロースなど（訳注：フランスにおけるフェミニズムの展開に注目している女性批評家たち）によって大いに注目の的になってきた。イリガライは，ジュリア・**クリステヴァ**や**エレーヌ・シクスー**などと一緒のグループにしばしば分類されるが，彼女たちの間には理論上の差異がかなりある。イリガライに批判が向けられるときに主にその拠り所になっているのは，彼女の著作が，余りに本質主義的で，女性の身体的あり方に余りに焦点を当てすぎ，世界の女性の経験を分割する人種的，経済的，政治的な諸力を考慮に入れていないことである。しかしながら，彼女の本質主義的立場は，女性性や女性特有の性的差異という問題が**ポストモダニズムの反本質主義**的主体の主張によって抹消されてしまうことをフェミニストたちが防ごうとする気運が高まるにつれて，その価値を取り戻しつつある。「女性 — 平等それと

も異質（Women: Equal or Different?）」（ジャクソンほか編『女性研究読本 [*Women's Studies: A Reader*]』[1993]）のなかでイリガライが述べたように，「性的差異を抑圧しようとすることは，歴史上おこなわれたどの破壊行為よりも徹底的な組織的大量虐殺を招くことになる」のである。

【参考文献】
・イリガライ『ひとつではない女の性』棚沢直子・小野ゆり子・中島公子訳，勁草書房。
・イリガライ『性的差異のエチカ』浜名優美訳，産業図書。

インスタレーション・アート　　installation art

マルセル・ブロータス，ハンス・ハーケ，ダニエル・ビュレン，マイケル・アッシャーが参画した「インスタレーション・アート」は，1960年代後期に現れた一連の批評的実践に対して使われた用語である。芸術作品が展示される状態に関心を示したこれらのアーティストたちは，アートの世界を構成する空間的，社会的，政治的ネットワークを探った。しばしば，作品が展示された空間との構造的／建築的合成という形をとったビュレンの作品は，文化的空間としての画廊というフレーミングのシステムに注意を向けさせた（訳注：ビュレンに関しては**ハースト**も参照のこと）。対照的に，ハーケの「イメージ・アンド・テクスト・ワーク（image-and-text work）」による作品は，画廊のスポンサーたち，美術館の理事たち，法人のパトロンたちの政治的利益を暴露することによって，アートとイデオロギーの境界線を明確に描くことに関心を抱き続けている。

インターネット　　Internet

サイバーパンク作家のウィリアム・**ギブスン**が「共感覚幻想」と呼ぶ電子空間，すなわち，テクノロジー的リアリティと政治的に幻覚を生じさせるような莫大な潜在力を兼ね備えるこのインターネットこそ，多くの点で典型的な**ポストモダニズム**的なものそのものであり，おそらく，ポストモダニズム文化の構造でさえある。その技術の基礎にあるものは，アメリカの国防総省高等研究所（American Advanced Research Projects Agency）が研究所のコンピュータを一つのネットワークへとリンクさせるために開発したシステムで，それによってＡＲＰＡ（高等研究計画局）ネットが形成され1969年の終わりにかけてオンライン化された。それからというもの，インターネットは，幾何級数的に成長し，情報源として最重要視されるようになった。そしてまた，（**サイバースペース**［電脳空間］において，地理的概念は厄介なものであるけれど）新しいユートピア的政治秩序のサイト（場所）としても最重要視されるようになった。インターネットは，ハワード・ラインゴールドが，「ヴァーチャル・コミュニティ（仮想共同体）」と名付けたことでよく知られるものの出現を意味した。そこでは所有をめぐる利害関係なしに情報が流れ，皆が誰とで

もアクセスできるのである。

その結果，ポストモダニズムにまつわる政治的論争や，ポストモダニズムと**ポスト工業主義社会**のなかのどこでその論争がなされるべきかということまでもがネット上で争われている。例えば，『ポストモダンの条件』(1979)の巻末近くにおける，公衆が全てのデータベースにアクセス出来るべきだというジャン＝フランソワ・リオタールの呼びかけは，コンピュータ化された社会では情報が権力であるという彼のテーゼから生まれたものである。リオタールの意見の表明は，インターネット理論家たちの信条「情報は自由になりたがっている」を踏まえたものである。しかしながら，その一方で，企業の関心は，インターネットの商業化へと向けられ，民主化された情報が流れる時代の終わりを確実にし始めた。

しかしながら，このことは，インターネットの発祥から辿ってきた方向性の転換を意味するものではない。むしろＡＲＰＡネットの全体としての目的は，万一核攻撃を受けた場合でも，ネットワーク上のたった一つのノード（結節点）もしくはポストだけがネット全体の作動の継続の責任を負わずに済む方法を見出すことにあった。言い換えれば，インターネット活動家たちから政治的美徳の主なものとして支持されているザ・ネット（訳注：ＡＲＰＡネットの非公式な呼称。現在はインターネットも含む）における中央制御機能の不在は，ネットのノードが幾つか取り除かれても国防システムが機能し続けるという軍事的必要性に由来するものなのである。したがって，ここまで論ずると，民主主義的な勢いのあるリオタールの提案，ヴァーチャル・コミュニティの無政府主義的サンディカリズム，情報的自由主義者というイデオロギー的スローガンは，結局のところ，政治的に純真さを失う運命にあることが分かってくる。インターネットは，戦争や資本が及ばないところにあるものではない。むしろ，その領土や市場は，サイバースペースへとアップロード（転送）されたと言った方がいいだろう。

【参考文献】
・ラインゴールド『バーチャル・コミュニティ ― コンピューター・ネットワークが創る新しい社会』会津泉訳，三田出版会。
・ラインゴールド『バーチャル・リアリティ ― 幻想と現実の境界が消える日』田中啓子・宮田麻未訳，ソフトバンク。
・リオタール『ポスト・モダンの条件 ― 知・社会・言語ゲーム』小林康夫訳，水声社。

う

ヴァーチャル・リアリティ　　virtual reality

「ヴァーチャル・リアリティ（仮想現実）」という撞着語法は，コンピュータによるインタラクティヴな（双方向的な）環境をつくろうとするテクノロジーを指すためにジャーロン・ラニエ（訳注参照）が1986年に造った言葉である。ユーザーは，3D（三次元）映像用のゴーグルとコンピュータへの入力装置として機能する手袋を身につけることによって，ヴァーチャル・リアリティの世界に浸ることができる。ヴァーチャル・リアリティは，元々1960年代終わりに発達したものだが，今やエンターテインメントや芸術の場そして科学的・医学的研究においても次第によく見られる現象になりつつある。しかし，人々が想像するところではヴァーチャル・リアリティは未だにSF的な要素を相当含むものである。したがって，この概念が，現在可能だと思われる範囲をはるかに超えて，熱狂的な思索やパラノイアを引き起こす原因となりえているのも驚くには当たらない。

　ヴァーチャル・リアリティは，言うまでもなく，現代のSFでよく取りあげられるテーマであり，恐怖と賞賛の両方の対象になっている。たとえば，デイヴィッド・クローネンバーグ監督の映画『ビデオドローム（*Videodrome*）』(1982)はヴァーチャル・リアリティを，人間の頭脳を乗っ取りヴァーチャル（仮想）とリアル（現実）を識別する能力を失わせる侵略的なテクノロジーとして描くことの先鞭をつけた。『ビデオドローム』の二年後，ヴァーチャル・リアリティの世界を喚起する虚構作品としておそらく最も有名なものと言えるウィリアム・ギブスンの『ニューロマンサー（*Neuromancer*）』(1984)が出版された。しかし，ギブスンの描くコンピュータ内部の世界像はクローネンバーグの描いたものよりも肯定的な意味合いも含むものになっている。というのも，ギブスンは，めまいのするような自由の感覚をともなったコンピュータの生み出す諸世界の概念を創出しているからである。そこでは，肉体から分離した精神が，身体の「肉」から自由になり，**サイバースペース**の制限のない領域をあちこち動き回ることができるのだ。

　したがって，ヴァーチャル・リアリティの概念は，本質的に相反する二面性を持っている。この概念は，想像の世界とエキサイティングな可能性の世界への窓を開いてくれる一方で，「本物の（authentic）」現実に関するわれわれの諸前提に暗に疑いを投げかけることによって，われわれに脅威を与えもする。テクノロジーが高度に発達すれば，おそらく，どこまでがコンピュータ・シミュレーションでどこからが現実かを見分けることは誰も出来ないであろう。それに実のところ，たとえ人間

同士のインタラクション（相互作用）のある社会を犠牲にすることになるにしても，スクリーンの向こう側の世界でならなんでも好きなものになれるし好きなことができるというのに，わざわざ「現実」の諸限界を受け入れようと思う人がいるだろうか。ＳＦ作家やＳＦ映画製作者たちを活気づけ続けるのは，このような考えなのである。また，この考えによって，ヴァーチャル・リアリティは，ポストモダン（**ポストモダニズムを参照のこと**）文化の内部で「現実」が次第にその重要性を失いつつある状態を前景化し問題として意識できるようにするための，強力なモチーフとなっているのである。

【訳注】

☆ジャーロン・ラニエ：コンピュータ科学者・作曲家・視覚芸術アーティスト・作家。1980年代初期から，仮想世界のなかの対象物への働きかけに関する研究を行い，自らの会社ＶＰＬ社で，インスツルメント・グラブ（仮想の物体に触れたり動かしたりできるセンサー装着手袋）やＨＭＤ（ヘッド・マウンテッド・ディスプレイ）などの商品を開発した。

【参考文献・フィルモグラフィ】

・ギブスン『ニューロマンサー』黒丸尚訳，ハヤカワ文庫。
・クローネンバーグ『ビデオドローム』，VHS（ビクターエンタテインメント／CIC・ビクタービデオ），DVD（ユニバーサル・ピクチャーズ・ジャパン）。

ヴァッティモ，ジャンニ　　Vattimo, Gianni　　1936-　　哲学者

ジャンニ・ヴァッティモは，トリノ大学でルイージ・パレイゾン（訳注：1918-91　20世紀のイタリア美学界最高の権威）の指導の下で哲学を学び博士課程を修了した後，ハイデルベルク大学でハンス・ゲオルク・ガダマーやカール・レーヴィットの下で研究を続けた。彼の最初の著作は1963年に出版された『**ハイデガーにおける存在，歴史，言語**（*Essere, storia e linguaggio in Heidegger* [*Being, History and Language in Heidegger*]）』であり，以降ハイデガー，シュライエルマッハー，ニーチェに関する研究を出版している。ヴァッティモは1982年からトリノ大学の理論哲学の教授を勤めている。1960年代の終わりから1970年代の始めにかけて，彼は，急進党の政治活動において積極的な役割を果たした。「弱い思想（il pensiero debole)」に関する著作がヴァッティモでは最も有名なものである。1983年には，ピエール・アルド・ロヴァッティと共編で『弱い思想』という論文集を出版している。ヴァッティモは，知識人をアヴァンギャルド（前衛）の制定者とみなす啓蒙主義（**啓蒙のプロジェクトを参照のこと**）的考えの拒絶を，「弱い思想」と見なす。「弱い思想」は，**モダニティ**が前提としている意志の強さを拒否するのである。

ヴァッティモによれば，モダン（近代）とは，モダンであること自体が価値となった時代であった。彼によれば，15世紀末期，創造力に富んだ天才という芸術家に関する概念（その作品が**独創性**[originality]によって特徴づけられる）の誕生と

共に，新しいことが価値として認められるようになった。これは，前進・進歩・再形成として表現される「解放」という角度から人間の歴史を見る，より一般的な視点と結びついている，とヴァッティモは考える。このような歴史概念は，定義するならば線形のものである。ヴァッティモの考えでは，このモダニティは，歴史を単一線形と考えることがもはや不可能になった時に終焉を迎える。このような単一線形の歴史モデルに対する哲学上の挑戦は，このような歴史観はイデオロギー的なものだということを明らかにする19世紀と20世紀の試みから始まる，と彼は考えている。例えば，ヴァルター・ベンヤミンの「歴史哲学テーゼ (Theses on the Philosophy of History)」は，ヴァッティモによれば「単一線形の歴史は支配的な集団と社会階級によって構築された過去の**表象**である，と主張している」のである。しかし，ヴァッティモの思想が最も大きな発展を遂げたのは，ニーチェとハイデガーの著作との関連においてであった。

『モダニティの終焉 (*The End of Modernity*)』(1985) の中で，ヴァッティモは，彼の言う「散漫で，つじつまの合っていないことも多い**ポストモダニティの諸理論**」は，ニーチェの永遠回帰の概念とハイデガーの形而上学の克服という考えに直接結びつけた時にのみ意味を持ち始める，と主張している。彼の考えによれば，ニーチェとハイデガーの著作をポストモダニズムの著作との生産的な関係におく場合には，そのプロジェクトにおいては，ポストモダニズムの「ポスト」という接頭辞に対する細心の配慮がまず第一に必要となる。ヴァッティモにとっては，「ポスト」が意味するところは，ヨーロッパ思想史の過去（つまりモダン）との関係において，この二人の哲学者が推進したものと同じなのである。ニーチェとハイデガーはともに，ヨーロッパ形而上学の伝統に疑問を呈することと，この伝統を何らかの根本的な意味において捨てることの必要性を認識している，と彼は主張する。しかし同時に彼らは，絶え間ない発展あるいは克服の過程と自らをまず第一に見なす伝統とのあらゆるつながりを断ち切った，と主張することのパラドックスも認めている。つまり，モダンとの関係を断ったと単純に主張することは，モダンの論理をくり返すことになってしまうのである。ニーチェもハイデガーもともに，モダンの中に進歩や斬新さへ向かおうとする衝動を認めただけでなく，その衝動の基盤となるものを「起源 (origin)」や「創始 (foundation)」という考えのなかに認めている。そして，形而上学に対して彼らがそれぞれ行った批判は，こうした概念に向けられているのである。ヴァッティモによれば，ニーチェとハイデガーにおけるポストモダニズム的なものは，形而上学を突然捨てることではなく，このような起源を想起する (rethink) 試みである。これに従えば，ポストモダニズムとは，起源との関係の弱化，すなわち，哲学的にはニーチェの「完全なニヒリズム」とハイデガーの「想起 (rethinking, 独Andenken)」という概念のなかで起こる弱化とみなすべきだろう。ヴァッティモの指摘によれば，ニーチェにとってもハイデガーにとっても，美学こ

そがこの弱化の起こる場，「専有化したり伝達したりすることのできる対象としてではなく，われわれが慎重に動き回るであろう眼前の地平や背景として」の真理の修正概念を制度化する場である。

『透明な社会（*The Transparent Society*）』（1992）や『解釈を越えて（*Beyond Interpretation*）』（1997）といった最近の著作でヴァッティモはこれらの主張を発展させているが，後者においては，モダニティの考えを純粋に美学的な現象へと性急に還元してしまうことに警告を発してもいる。多くのポストモダニズム的考えに含まれる根拠のない相対主義と自らが見なすものを拒絶しつつ，ヴァッティモは，真理は解釈行為を要求するが，だからといって歴史的真実性（historicity）に注意を向けなくて良いというわけではない，と主張している。

【参考文献】
・ベンヤミン「歴史哲学テーゼ」野村修訳，『暴力批判論　ヴァルター・ベンヤミン著作集1』（晶文社）所収。「歴史の概念について」浅井健二郎訳，『ベンヤミン・コレクション1　近代の意味』（ちくま学芸文庫）所収。野村修訳，今村仁司『ベンヤミン「歴史哲学テーゼ」精読』（岩波現代文庫）・『ボードレール他五篇　ベンヤミンの仕事2』（岩波文庫）所収。
・ヴァッティモ「弁証法・差異・弱い思想」佐藤三夫訳，『現代思想』1986年7月号所収。

ヴィリリオ，ポール　Virilio, Paul　1932-　　文化批評家

ポール・ヴィリリオは，ステンドグラスの芸術家になるための教育を受け，ブラックやマチスを研究の対象とし，ソルボンヌで哲学を学んだ。彼は，ピエール神父と労働司祭たちの運動に（訳注：ピエール神父は，パリでホームレスの人々のために慈善団体を結成していた）影響を受け，18歳の時にキリスト教に入信し，戦闘的な立場をとるようになった。1975年，彼はパリ建築大学校の校長に就任した。また，ジョルジュ・ペレクと共にガリレー社から『エスパス・クリティック（*Espace critique*）』シリーズを発行し，さらに『エスプリ（*Esprit*）』や『コーズ・コミューヌ（*Cause Commune*）』といった雑誌の仕事も行なった。

ヴィリリオの思想は，モダニティは空間的領地の支配よりもむしろ「時間の支配」を特徴とするという考えから始まる。『速度と政治（*Speed and Politics*）』（1977）のなかで，ヴィリリオは，まず第一に，都市は時間的現象の上に築かれた，と論じる。その時間的現象とは，見晴らしの利く立地がもたらした速度上の優位性である。高い見張り場所から敵を見ることは，時間的優位性，つまり重要な戦術上の決断を下すことのできる時間的余裕を得ることである。ヴィリリオは，この意見を発展させてモダン都市について検討し，テクノロジーの下部構造が時間の支配と連動していると主張する。「新しい首都は，もはやニューヨークやパリ，モスクワのような空間上の首都，つまり主要道路の交差点というある特定の場所に置かれた都市ではなく，時間的な使用可能性，言い換えれば速度の交差点にある都市である。」ヴィ

リリオによれば，モダニティにおける重要な政治的諸関係は，彼が「西欧の希望」と呼ぶ速度とつながりがある。彼は，政治的なものは，かつてわれわれがしていたように地政学的あるいは空間的な視点からではなく今や「時政学（chronopolitics）」的視点から考えられるべきである，という意味でこう主張しているのである。

ヴィリリオの著作の大部分は，彼が「知覚の兵站術(へいたん)（logistics of perception）」と呼ぶものと関係がある。ミシェル・フーコーが行った権力と視覚との関係の理論付けに一部影響を受けている一連の議論のなかで，ヴィリリオは，モダン視覚テクノロジーと自らが初期の著作で扱った速度との間には密接な関係がある，と主張する。『戦争と映画（*War and Cinema*）』（1984）において，ヴィリリオは，軍事テクノロジーの発展と今や（映画，テレビ，ビデオなどの形で）日常生活の一部となっている光学テクノロジーとの間の複雑なつながりの輪郭を示している。彼によれば，このテクノロジーの論理（ならびにこのテクノロジーが一部をなしている国家の形態の論理）は，目に見えるものは破壊することもできる，という洞察から生じているものである。ここからヴィリリオは，モダニティにおける支配的な関係は，（近代哲学で考えられていたように）仮象（appearance）と実在（reality）との関係ではなく，「仮象＝見えること（appearance）」と消失（disappearance）との間に成立する関係であるという「消失の美学（aesthetics of disappearance）」を仮定するに至った。

ヴィリリオは，ジャン・ボードリヤールの立場と近い「ニヒリズム的」な立場をとっていると考えられることが時々ある。だが，ヴィリリオの著作は，**ポストモダニズム**思想における最近の知的動向や論争の外に位置している。ヴィリリオは，ポストモダニズムの事柄に関するいかなる洞察も明白に表してはいない。実際のところ，ヴィリリオの著作から，モダン／ポストモダンの区別を示す明確な記述を引き出すことは不可能であろう。むしろ，ヴィリリオは自分が描写する諸現象をさまざまな「流れ（flow）」あるいは漂流（drift）として捉えていて，その考えは彼の難解でしかも読者がだまされてしまうような魅力にあふれた著作に反映されている。ヴィリリオの論述方法は，固定した「立場」に性急に同化されてしまうことを拒否すると同時に自らの著作のいずれの境界線内にも閉じこめられないように見える一種の流れにおいて事例を積み上げるという形をとる。ヴィリリオの著作を読んでいると，彼の著作は別々の本というより全体で一つの長い**テクスト**であるという印象を受けやすいが，ヴィリリオ自身がインタビューにおいてこの印象は正しいと認めている。

必然的に，ヴィリリオの近年の著作は，**インターネット**の新しい諸テクノロジーに批判的に取り組んできた。視覚テクノロジーに関する以前の著作同様，ヴィリリオは，インターネットにも速度を求める衝動の延長を見いだしている。しかし，ここでは速度は，インターネットのおかげで達成できるかに見える同時作用性

（simultaneity）の問題となってしまう。ヴィリリオが「全域化された地球規模の偶発事故」と呼ぶものが発生するならば、同時作用性は、われわれの身体・時間・空間とわれわれとの関係を破壊してしまうだろう。ヴィリリオは、情報が瞬時に送られるということは必要不可欠な距離がありえなくなってしまうことだと考える。こうしたテクノロジーのなかに彼が見出した「時間の支配」に対して抵抗しようという呼びかけは、『視覚機械（*The Vision Machine*）』（1992）、『モーターのアート（*The Art of the Motor*）』（1996）、『オープン・スカイ（*Open Sky*）』（1997）といった著作のなかで、テクノロジーの持つ一般化された即時性に対抗して、局在的な現在という考えを守ろうとする試みとして示されている。この主張の明らかな先例は、ベンヤミンの「現在時（now-time 独Jetztzeit）」いう神秘的な祈りである。**ベンヤミンとヴィリリオの考えが似ていることは、ヴィリリオの若い頃の経歴に明らかであった神学的衝動に近い傾向が今も続いていることを示すものと言えるかもしれない。**

【参考文献】
- ヴィリリオ『戦争と映画 ― 知覚の兵站術』石井直志・千葉文夫訳、平凡社ライブラリー。
- ヴィリリオ『速度と政治 ― 地政学から時政学へ』市田良彦訳、平凡社。
- ヴィリリオ『電脳世界 ― 最悪のシナリオへの対応』本間邦男訳、産業図書。
- ヴィリリオ『幻滅への戦略』河村一郎訳、青土社。
- ヴィリリオ『情報化爆弾』丸岡高弘訳、産業図書。
- ヴィリリオ「大陸の漂流」暮沢剛巳訳、『現代思想』2001年1月号（特集　ＩＴ革命の陥穽）所収。
- ヴィリリオ「灰色のエコロジー」、『Anywhere ― 場所の諸問題』（磯崎新・浅田彰監修、ＮＴＴ出版）所収。
- ヴィリリオ／ロトランジェ『純粋戦争』細川周平訳、ユー・ピー・ユー。
- ベンヤミン「歴史哲学テーゼ」野村修訳、『暴力批判論　ヴァルター・ベンヤミン著作集1』（晶文社）所収。「歴史の概念について」浅井健二郎訳、『ベンヤミン・コレクション1　近代の意味』（ちくま学芸文庫）所収。野村修訳、今村仁司『ベンヤミン「歴史哲学テーゼ」精読』（岩波現代文庫）・『ボードレール他五篇　ベンヤミンの仕事2』（岩波文庫）所収。

ヴェンチューリ，ロバート　　Venturi, Robert　　1925-　　建築家・建築理論家

ヴェンチューリは、その作品がポストモダン（**ポストモダニズム**を参照のこと）というレッテルを貼られた最初の建築家と言えるかもしれない。彼は、建築的意味を生み出すものとして装飾や歴史的モチーフを再導入することによって物議をかもした多数の建物の設計を通して、1960年代及び70年代の建築思想に革命を起こした。このアプローチは、それまで疑問を差し挟まれたことのなかった**モダニズム建築**の信条に対する前例のない批判となるに至った。しかし、モダニズム建築を好む人々が不快に思うようなこれらの建物が巨大な一枚岩のように遍在するモダニズムの建

築実践にほとんど痛手を与えられなかったのに対し，ヴェンチューリの著した二冊の本，『建築の多様性と対立性（*Complexity and Contradiction in Architecture*）』(1966) と，デニーズ・スコット・ブラウン（訳注：ヴェンチューリ夫人）とスティーヴン・アイゼナワーとの共著『ラスベガス（*Learning from Las Vegas*）』(1972) は絶大な人気を博し，当時の建築を席巻していたモダニズムに巨大な風穴をあけた。

　ヴェンチューリは，賛否両論を巻き起こし矛盾をはらむ存在であり続けている。モダニズムの神話的な「英雄的かつ独創的」野心に反対し続ける一方で，「多様性と対立」という語句自体もまた，モダニズム建築美学が誇示する難解で聖人ぶった純粋性に反逆する人々にとっては英雄的なスローガンとなった。『建築の多様性と対立性』は革命的と言うよりむしろ進化的な変化を求めるものであり，モダニズムの唱える機能主義の単一性と一価性に対抗して，「二者択一」よりむしろ「両方とも」という姿勢を推奨している。この本でなされている提案のうち最も冒瀆（ぼうとく）的なものは，おそらく，装飾と歴史的参照を建築的コミュニケーションの手段として奨励していることであろう。「装飾は犯罪である」などのスローガンのコンテクスト（訳注：モダニズム建築の美学の特徴である無装飾主義を唱える，この建築の代表的イデオローグの一人アドルフ・ロースの言葉）に置かれるとき，ヴェンチューリの立場は，進歩というモダニズム的信条から見ると保守的であるように見える。しかし，モダニズム的ヒューマニズムで最優先されるエリート主義と権威主義と照らせば，ヴェンチューリの立場は極めて解放的であるように見える。ヴェンチューリはモダニズムのスローガンをパロディ化して楽しんでいる。ミース・ファン・デル・ローエ（訳注：1886-1969 ドイツ生まれのアメリカの建築家で，バウハウスの校長も務めた。）の言葉「より少ないことはより多いことだ（less is more）」は，ヴェンチューリによって「より少ないことはつまらないことだ（less is bore）」と言い換えられている。

　正統的な歴史建築を重視した最初の著作はモダニズム主義者たちにとって概ね受け入れられるものであったとしても，装飾の分析をストリップ大通り（訳注：90年代以降巨大ホテルが続々と建てられ，今や歓楽都市ラスベガスの象徴となっている）の象徴主義の研究にまで敷衍した『ラスベガス』は，建築界の支配者層に脳溢血を起こさせるようなものであった。しかし，商業主義のコードを受け入れたことによって暗示されていると思われる政治的アンビヴァレンスは，アーティストのダン・グラハムなどの他の建築家たちによって複雑な形の政治的注釈として読まれた。

　商業的意味作用と関わった活動をするとき，ヴェンチューリは，合理性や透明性というモダニズム的神話に従うことを拒絶する。ミース，ファン・デル・ローエなどのモダニズム建築の大御所の建築物において，この神話が，資本主義的官僚主義と経済的帝国主義を弁護するアリバイの役割を果たしたからである。彼は20世紀建

築に対し自らがなした貢献を認識しつつ，著述家としてよりむしろ建築家としての自分が果たした役割を強調しようと懸命になっている。これに関しては，おそらく後世における評判は彼をがっかりさせる結果になるだろう。しかし，これは，彼の建築作品が質も悪く注目にも値しないからでは決してない。母の家（The Vanna Venturi House）や北ペンシルヴェニア看護団体ビル（North Penn Nurses Association Building）は，慣習的建築の諸コードと当時支配的なモダニズム建築の諸コードとの間の高度に洗練された対話である。フィラデルフィアのベンジャミン・フランクリン博物館（The Benjamin Franklin Museum）は，住居，ポップ・アート，ミニマリズムの大衆的意味作用への参照をうまく具体化したものである（訳注：この建物はフランクリンの家をしのばせるフレームだけの構築物である）。ロンドンのナショナル・ギャラリーのセインズベリー・ウィングは，モダニズムを信奉する建築界の支配者層と皇太子との間で交わされた激しい論争（訳注：チャールズ英皇太子は，1980年代末に『英国のヴィジョン』を著して近代建築を批判し論議を呼んだ）に応えて設計されたものであるが，本館の平凡な古典主義をウィットに富み意図的に見え透いた方法で専有化し，モダニズム建築の聖人ぶった雰囲気と古典主義建築の仰々しさの両方を弱めようとすることに成功した。ヴェンチューリがはるばるイギリスの建築シーンに姿を現したのはこの時だけであるが，この作品は，彼の経歴や評判に満ちあふれている多様性と対立性（矛盾）を示す最高の例となっている。

【参考文献】
・ヴェンチューリ『建築の多様性と対立性』伊藤公文訳，鹿島出版会。
・ヴェンチューリほか『ラスベガス』石井和紘・伊藤公文訳，鹿島出版会。
・ヴェンチューリ『建築のイコノグラフィとエレクトロニクス』安山宣之訳，鹿島出版会。

ヴォネガット，カート　　Vonnegut, Kurt　　1922-2007　　小説家
カート・ヴォネガットはインディアナポリスで生まれた。このように中西部生まれであることが，彼の小説に見られる高級芸術とパルプ，重々しさと軽さとの間の不安定なバランスをうまく説明しているだろう。病気のためコーネル大学での科学の勉強を断念した後の1943年，ヴォネガットはアメリカ陸軍に徴兵された。そしてバルジの会戦中にドイツ軍の捕虜となったため，ドレスデンの屠殺場に抑留され，同盟国軍による1945年2月の集中爆撃を経験することになった。この経験が，ヴォネガットの作品中最も人気の高い『スローターハウス5（*Slaughterhouse-Five*）』（1969）を執筆するきっかけとなった。テクノロジーに幻滅した彼は，戦後シカゴ大学で人類学を学び，ゼネラル・エレクトリック社にしばらく勤めた後，1950年代にフリーランスの作家となった。ヴォネガットの小説修行中の作品である『プレイヤー・ピアノ（*Player Piano*）』（1952）と『タイタンの妖女（*The Sirens of Titan*）』

(1959) はどちらも，ＳＦ小説のテーマの定番といえるものを追求している。前者は機械化された社会に対するＨ・Ｇ・ウェルズ風の見方を表した作品であり，後者は喜劇仕立てのスペースオペラである。

しかし，ヴォネガットが自らのポストモダニズム的な声 (voice) を見出したのは，次の作品においてであった。『母なる夜 (*Mother Night*)』(1961) は，風変わりなタイトルをつけた数多くの短い章という形式で書かれている。『猫のゆりかご (*Cat's Cradle*)』(1963) や『ローズウォーターさん，あなたに神のお恵みを (*God Bless You, Mr. Rosewater*)』(1965) を含む1960年代のその他の作品も，この断片化されたスタイルを用いて書かれている。また，『チャンピオンたちの朝食 (*Breakfast of Champions*)』(1973)，『スラップスティック (*Slapstick*)』(1976)，『デッドアイ・ディック (*Deadeye Dick*)』(1982) など，1970年代と80年代に書かれた小説にもこのスタイルのものがある。ヴォネガットは，作品構成に関する自分の好みについてこのように説明している。「私の作品は，基本的に，ごく小さな木ぎれの山からできている寄せ木細工のようなものです。その木ぎれの一つ一つがジョークなのです。」

ヴォネガットの非常に断片化された諸構造は，くり返しによって補われている。どの本にも，印刷上の活字の組み方を利用するなどしたタイポグラフィカルなジョークがそれぞれ決まっていて，それがくり返し現れる。例えば『スラップスティック』では全編を通じて，フィート・インチ法ではなくメートル法で測った寸法についての言及が見られる（ヴォネガットは，メートル法を用いたのはこの本がおそらくアメリカで最初だろうと自慢している）。『ジェイルバード (*Jailbird*)』(1979) では，どの年号も，数字ではなく文字で省略せずに書き出され，最後には便利な索引までついている。『ガラパゴスの箱舟 (*Galapagos*)』(1989) では，遠からず死ぬことになる登場人物の名前の前にアステリスク（＊）がつけられている。

ヴォネガットの本の中には，特定のキャッチフレーズが頻繁に用いられているものがある。『スローターハウス５』では，人間でも動物でも他のものでも，一つ何かの死が語られるたびに，続けて「そういうものだ (So it goes)」というフレーズがくり返される。『チャンピオンたちの朝食』の中には，「その他いろいろ (And so on)」というフレーズがしつこく飛び出してきて，最後は巨大な手書きの「ETC」で締めくくられる。同様に，何気ない感じの「ハイホー (Hi ho)」が『スラップスティック』を生き生きさせている。これらのフレーズは本から本へと渡り移っていく。また，ヴォネガットの描く登場人物の多くも同様である。キルゴア・トラウトは少なくとも５つの作品に登場しているし，エリオット・ローズウォーターも数冊の小説で重要な役割を演じている。以前の作品では端役だった登場人物が，後の作品でスター級の役を与えられることもある。たとえば，アルメニア系の抽象表現主義画家ラボー・カラベキアンは，『チャンピオンたちの朝食』ではほんのちょっと

顔を出していたにすぎないが,『青ひげ (*Bluebeard*)』(1987) では詳細な伝記の題材となっている。さらに, ヴォネガットの小説の舞台もくり返し同じ場所が使われることがある。ヴォネガットが特に好んで使うのは, イリアムとミッドランド・シティという都市と, トラルファマドール星という地球とは全く異なる惑星である。

このように, タイポグラフィ, 言い回し, 登場人物, 場所設定をくり返し用いる方法はポストモダニズム的と言える。というのは, これらのくり返し用いられるものの描写は, 本が違えば, お互いに矛盾するものになっていることが多いからだ。ヴォネガットのテクストは, トラルファマドール星語で全ての宇宙と時間が結合する場所を意味する言葉,「時間等曲率漏斗 (chrono-synclastic infundibulum)」なのである。

【参考文献】
- ヴォネガット『青ひげ』浅倉久志訳, ハヤカワ文庫。
- ヴォネガット『ガラパゴスの箱舟』浅倉久志訳, ハヤカワ文庫。
- ヴォネガット『ジェイルバード』浅倉久志訳, ハヤカワ文庫。
- ヴォネガット『スラップスティック』浅倉久志訳, ハヤカワ文庫。
- ヴォネガット『スローターハウス5』伊藤典夫訳, ハヤカワ文庫。
- ヴォネガット『タイタンの妖女』浅倉久志訳, ハヤカワ文庫。
- ヴォネガット『チャンピオンたちの朝食』浅倉久志訳, ハヤカワ文庫。
- ヴォネガット『デッドアイ・ディック』浅倉久志訳, ハヤカワ文庫。
- ヴォネガット『猫のゆりかご』伊藤典夫訳, ハヤカワ文庫。
- ヴォネガット『母なる夜』池澤夏樹訳, 白水uブックス。飛田茂雄訳, ハヤカワ文庫。
- ヴォネガット『プレイヤー・ピアノ』浅倉久志訳, ハヤカワ文庫。
- ヴォネガット『ローズウォーターさん, あなたに神のお恵みを』浅倉久志訳, ハヤカワ文庫。

ウルフ, ナオミ　　Wolf, Naomi　　1962-　　フェミニズム理論家

ウルフの最初の著書『美の神話 (*The Beauty Myth*)』(1990)(訳注:邦題は『美の陰謀』)はパラドックスで始まる。1960年代後半から, 西側の裕福な女性たちは, 次第に大きな政治的・社会的自律性を獲得してきた。女性たちは, 取締役会議室にも, オフィスにも, 主要政治機関にも, 店の売り場にも, 戦力の一員として参加するようになった。さらに彼女たちは, リプロダクティブ・ライツ(自分の身体の性と生殖に関する権利)を獲得し, 今や, 人類の歴史におけるいかなる時代の女性よりも大きな財力と権力を手にしている。しかし同時に, 摂食障害に悩む女性の数は激増し, 美容外科は医学のなかで最も急成長をとげた分野となった。このように, 周囲からの尊敬と自尊心の両方を勝ち得たにもかかわらず, 女性は, 自分自身の身体との関係においては「(彼女たちの)祖母の時代よりも暮し向きが悪くなった」。ウルフは, このパラドックスを「美の神話」という考えによって説明する。「美の

神話」とは，女性への激しいバックラッシュ（反発）であり，女性の美の諸イメージを武器として女性の進出に攻撃をしかけるものである。これは女性を支配するための最後に残された方法の一つである。この神話では，「美」と呼ばれる性質は自然で普遍的なものであるとされる。女性は美しくなければならない。というのも，男性は女性の美を自分のものにしたいと願うからである。ウルフは，以上の考えのどれもが真実ではない，と述べる。美のあるべき理想の姿とは，文化によって異なる相対的なものである。女性を圧迫する「美」という概念は女性に関するものではまったくなく，男性社会の制度化した権力に関わるものなのだ。この本は，「美の神話」そのものと同じ前提，すなわち黒人女性の不在という前提によって批判を受けてきた（この前提に最も激しい批判を行ったのはベル・フックスである）。多数のフェミニストが独創性に欠けると批判したが，それでも『美の神話』は各国でベストセラーとなった。

ウルフの二冊目の著書にあたる『火には火を（Fire with Fire）』(1993) は，彼女が「パワー・フェミニズム」と呼ぶものを示す好例と言える。ウルフの主張では，フェミニストは自分たちの行っている運動について批判の眼を向けることが必要である。ウルフはラディカル・フェミニズム（訳注参照）の「反動的な反資本主義」と「がちがちのイデオロギー」を批判し，「再び多数派の地位につけるよう要求するためのしなやかなフェミニズム（flexible feminism）」を唱える。そして，アドリエンヌ・リッチ，アンドレア・ドウォーキン，キャサリン・マッキノン，オードリ・ロード（訳注：ポルノグラフィと男性の女性への暴力に対する反対運動を中心に活動したアメリカのフェミニストたち）らの著作を，「犠牲者のフェミニズム（victim feminism）」のさまざまなバージョンにすぎないと退ける。彼女たちの男性を非難する姿勢のために女性の運動の進歩が遅れてしまったというのである。女性の権利獲得への道に立ちふさがるのは，女性たち自身だけなのである。女性たちは，「悪い娘（bad girl）」というペルソナを身につけ，物心つく頃から内面化されてきた「良い娘（good girl）」のイメージを脱ぎ捨てなければならない。女性たちは，自分は男性と同じくらい攻撃的・暴力的になれるという事実の責任を負う必要がある。ここから，したがって女性が政治的・経済的権力を手に入れるためには男性と同じ戦法を用いる必要があるという主張が出てくる。「やけどさせて傷跡を残すために使われようが照らすために使われようが，男性によって使われようが女性によって使われようが，火は火である。」フェミニストたちはこのような立場を以前議論したことがある。だがその一方で，ウルフ一流の女性の連帯（sisterhood）という修辞にもかかわらず，彼女の「火」は，まったくもって他の女性たちにやけどを負わせて傷つけかねないものである。社会主義フェミニズム（訳注参照）的視点から見ると，女性が労働者としてだけでなく管理職としても労働力に参加することを求める女性の連帯という考えは，政治的に混乱している。このようなアプローチを

象徴するのが，ウルフがこの本の中で黒人のパワー・フェミニストとして唯一挙げている女性，マダム・C・J・ウォーカーである。かつて奴隷であったこの女性は，縮毛矯正のための整髪剤を売る商売によって，19世紀アメリカの女性（黒人白人を問わず）で一番の大金持ちになった。この縮毛矯正用商品は，ベル・フックスが指摘するように，少なくとも1960年代後半まで，まさに白人の優越と黒人女性の抑圧とを示す記号であった。したがってこの本は，過去の世代の主として中流階級のフェミニストたちによる黒人女性の周縁化を再生産しているのである。『性体験(*Promiscuities*)』(1997)は，自らの，そして友人たちの過去の性体験をもとに，女性のセクシュアリティについての一般化を行っている。批評家たちによれば，ウルフは，この他の著書でもこれと同じことを行ってきた。つまり，自分自身のどちらかといえば特権的な経験を女性一般の例として用いている，というのである。

【訳注】

☆ラディカル・フェミニズム（radical feminism）：第二波フェミニズム（差異のフェミニズムの訳注参照のこと）から生まれ，「個人的なことは政治的である」と主張し，結婚，家事労働，異性愛などが私的な活動ではなく家父長制的制度であることを示した。そして法律・政治制度などの公的領域だけでなく，家族や教会などの社会・文化的制度の見直しを訴え，全く新しい社会体制を作ることを模索した。

☆社会主義フェミニズム（socialist feminism）：1970年代，ラディカル・フェミニズムとリベラル・フェミニズムと並行して登場した。マルクス主義の階級関係の分析とラディカル・フェミニズム的なジェンダー関係の分析とを結びつけた理論で，両者の欠点に取り組むことで双方を再定義しようとした。資本主義社会の構造のみならず，男性による女性支配も女性の抑圧の原因であるとして，階級社会だけでなくすべての社会制度の変革の必要性を訴えた。

【参考文献】

・ウルフ『美の陰謀』曽田和子訳，ＴＢＳブリタニカ。
・ウルフ『性体験』実川元子訳，文藝春秋。

え

エイミス，マーティン　Amis, Martin　1949-　小説家

エイミスはこれまでブラックな8編の風刺小説を書いており，それらはすべて，同時代の他の作家の追随を許さない卓越した技巧と言葉の素晴らしさを披露している。彼はポストモダニズムの小説家に期待される形式的なトリックをすべて作品に盛り込んでいる。例えば，信用できない語り手（そのうちの二人は『サクセス（*Success*）』に登場），作家の風変わりな介入（エイミスは『マネー（*Money*）』でジョン・セルフ（Self）という主人公とチェスをする），時間操作（最も目を見張るのは『時間の矢 ― あるいは罪の性質（*Time's Arrow*）』で，その作品の中で強制収容所の医師の人生の時間を逆戻りさせる）である。

エイミスの最初の2編の小説，『二十歳への時間割（*The Rachel Papers*）』（1973）と『死体（*Dead Bodies*）』（1975）はともに，伝統的な道徳観を持たない世界で自己本位に快楽を追求する若者たちを描いている。続く2編の小説，『サクセス』と『他人 ― あるミステリー（*Other People: A Mystery Story*）』では，さらに大胆な形式上の実験を行っている。後者において，世界は記憶喪失者の異化効果を起こすような無邪気な目を通して眺められている。『マネー ― 自殺遺書（*Money: A Suicide Note*）』（1984）と『ロンドン・フィールズ（*London Fields*）』（1989）はエイミス文学の最上のものであり，複雑な形式的諸構造に痛烈な道徳的風刺を融合している。前者ではレーガン・サッチャー時代の貪欲と退廃を，後者では下層階級の犯罪者の醜い道徳的堕落を，エイミスの見事な表現法が捉えている。エイミスの最新作『情報（*The Information*）』（1995）は，ロンドンの文学エリートたちの間に蔓延する恐怖と嫌悪を暴露している。

エイミスがよく使う多彩なテクニックに見られるポストモダニズム的美学は，慎重に考慮されたポストモダニズム的倫理観に調和している。**啓蒙主義**の価値観，自己という崩壊しつつある概念，権力と知の結合，エイミスは，これらに対する批判を十分意識しているのである。

【参考文献】
・エイミス『サクセス』大熊栄訳，白水社。
・エイミス『時の矢―あるいは罪の性質』大熊栄訳，角川書店。
・エイミス『二十歳への時間割』藤井かよ訳，早川書房。
・エイミス『モロニック・インフェルノ』古屋美登里訳，筑摩書房。

・エイミス『ナボコフ夫人を訪ねて ― 現代英米文化の旅』大熊栄・西垣学訳，河出書房新社。

エーコ，ウンベルト　　Eco, Umberto　　1932-　　作家・理論家

ポストモダニズムの興味深い側面は，理論家たちが自分たちの唱導することを実践しようとする欲望，芸術家たちが自分たちの実践することを唱導しようとする欲望である。このことを証明するには，デリダの文学的ポーズやリチャード・ロングのようなアーティストたちの哲学的傾向を考えれば十分である。別個の言説領域間の諸境界をこのようにあやふやにすることこそが，ウンベルト・エーコを現代シーンにおける中心的人物としているのである。彼は，低級文化においても高級文化においても同じようにしっくりくる作家である。1954年から1959年までの間，彼はＲＡＩ（イタリア国営テレビ）の論説委員として働いたし，イタリアの新聞や雑誌（『ラ・スタンパ [*La Stampa*]』や『ラ・レプッブリカ [*La Repubblica*]』といった全国紙を含む）に広範に寄稿してきている。こうした寄稿文のうち最良のものは『誤読（*Misreadings*）』（1993）と『鮭とともにいかに旅行するか（*How to Travel with a Salmon*）』（1994）に集められている。現在はボローニャ大学の記号論の講座主任である彼は，大学人として文学と言語学に関する著作を多数刊行している（『物語における読者 [*The Role of the Reader*]』[1981]『いんちきへの信仰 [*Faith in Fakes*]』[1984]『解釈の諸限界 [*Limits of Interpretation*]』[1990] を含む）。

　トリノ大学へ提出したエーコの博士論文は，神学者トマス・アクィナスに関するものだった。そして，彼は，そのキャリアを通して中世の事柄への関心を追究してきた。これは驚くべきことではない。というのは，中世とポストモダン期を結びつける多くの類似点があるからだ。両方の時代とも，間にある時代であり，継承する前の時代と先取りする後の時代との関係によって定義される中間的状態なのである。両方の時代とも，意味の層を積み重ねることと意味の差異の世界を解釈することに魅了されている。

　そのような諸類似点は，すばらしい巧妙さでもって世界中でベストセラーとなったエーコの小説『薔薇の名前（*The Name of the Rose*）』（1984）で探究されている。この書は，殺人ミステリーであると同時に，記号論的ミステリーでもある。殺人のプロットは，イタリア北部のベネディクト修道会の修道院に関わるものである。そこで1327年に，清貧の誓いの採否に関して相争う二つのフランチェスコ修道会の会派同士の重要な会合が予定されている。この濃密な歴史的背景（エーコによる多くの明快で博学的な説明的文章によって創り出されている）に伴われ，崖下で発見された若い修道士を皮切りに，連続殺人事件が発生する。バスカヴィルのウィリアムは，これらの犯罪をアドソと呼ばれる修練士（ウィリアムがホームズであるとすれば，ワトソン役）とともに調査する。記号論的プロットは，修道院の図書館を中心に展開する。図書館は，殺人者の動機のための重要な鍵を提供しているようにみえ

る。図書館はまた迷宮でもある。そしてエーコは，盲目の司書ホルヘという人物を登場させることによって，解釈学的な錯綜というこのイメージをポストモダニズム的アルゼンチン作家のボルヘスに負っていることを認めているのである。それらの犯罪の解決は，喜劇についてのアリストテレス著の有名だが失われてしまった本に関わっている。その本は，ユーモアを悲劇的なうぬぼれを矯正するものであると擁護することによって教会の権力を脅かしているのである。

『薔薇の名前』の仮題は，『犯罪の寺院 (*The Abbey of the Crime*)』という全てにおいて劣った題名であった。というのは，その題名では，読者を推理小説に特有のものの見方へ方向付けてしまうからだ。一方，実際の題名は，薔薇の複雑な象徴体系 (symbology) を基盤とした多くの可能な解釈を示唆する。それゆえ，これら二つの題名の間の対照は，閉じられた諸**テクスト**と開かれた諸テクストの間のエーコの区別の好例となっている。この区別を彼が行っているのは，『開かれた作品 (*The Open Work*)』(1989) においてである。

『薔薇の名前』が，ポストモダニズムの精髄を究めた小説として記憶されることを運命づけられているとしても，『フーコーの振り子 (*Foucault's Pendulum*)』(1989) や『前日島 (*The Island of the Day Before*)』(1995) といったエーコのその後に続く小説は，『薔薇の名前』と同じくらいの目もくらむような高度の学問的・大衆的受容をされているというわけでは必ずしもない。しかしながら，少なくともエーコのノンフィクション的諸声明のうちの一つは，ポストモダニズムそのものの定義としてカノン（正典）的な地位をすでに獲得している。ここにその『薔薇の名前に関する覚書 (*Reflections on the Name of the Rose*)』(1985) から全てを引用する。

> 思うに，ポストモダンの態度とは，次のような男のとる態度である。その男はとても教養ある女性を愛しているのだが，彼女に「狂おしいほど愛してる」とは言うことができない。というのは，この台詞はすでにバーバラ・カートランド（訳注：多作な英国恋愛小説家。2000年98才で没。）によってすでに書かれていることを彼女が知っていること（そして，彼本人が知っていると彼女が知っていること）を彼本人が知っているからである。それでも，解決策はある。彼はこう言うことができるのだ。「バーバラ・カートランドなら言うように，狂おしいほど愛してる。」この時点で，虚偽の無垢を避けて，無垢にしゃべることなどもはやできないことをはっきりと述べたうえで，にもかかわらずこの男は女に言いたかったことを言ったことになるだろう。すなわち，彼は彼女を愛している，と。しかし彼は，無垢を喪失した時代において彼女を愛しているのである，と。もしその女性がこれに付き合うならば，彼女はやはり愛の宣言を受け入れたことになるであろう。

この一節はポストモダニズムの鍵となる諸属性の多くを要約している。つまりポス

トモダニズムがアイロニーを知っていること，引用を好むこと，ポピュラー・カルチャーと戯れること，そして，その遊び心に富んだポリセミーすなわち意味の多元性（**多元主義**を参照のこと）である。

【参考文献】
・エーコ『物語における読者』篠原資明訳，青土社。
・エーコ『薔薇の名前』（上）（下）河島英昭訳，東京創元社。
・エーコ『開かれた作品』篠原資明・和田忠彦訳，青土社。
・エーコ『フーコーの振り子』（上）（下）藤村昌昭訳，文春文庫。
・エーコ『前日島』藤村昌昭訳，文春文庫。
・エーコ『「バラの名前」覚書』谷口勇訳，而立書房。

エディプス　　Oedipus

ドゥルーズとガタリの用語。近代の精神分析が**欲望**（個々の人間を指す場合は，**欲望する機械**）を抑圧する手段とする諸理論，諸過程，制度的諸構造の総体を指す。エディプス（オイディプス）・コンプレックス（その起源は古典的神話である）そのものは，このような抑圧メカニズムの一つの要素にすぎず，個人を社会体制に従順な行動へと強制し政治的諸機関がより容易にコントロールできるようにしようと試みる。このように理解すると，精神分析は，イデオロギー的な動機を持った活動となる。また，エディプスは，ドゥルーズとガタリが近代の社会的存在に特有のものだと考えた権威主義（さらにはファシズム）の象徴となる。

【参考文献】
・ドゥルーズ／ガタリ『アンチ・オイディプス――資本主義と分裂症』市倉宏祐訳，河出文庫（河出書房新社）。

エリス，ブレット・イーストン　　Ellis, Bret Easton　　1964-　　小説家

1985年の処女作出版と同時に，この21歳のアメリカの小説家は，彼の先達バイロン卿のごとく，目が覚めたら有名になっていた。『レス・ザン・ゼロ（*Less Than Zero*）』(1985)，『ルールズ・オブ・アトラクション（*The Rules of Attraction*）』(1987)，『アメリカン・サイコ（*American Psycho*）』(1991) という3編の小説は，形式的にはポストモダニズム的ではないが，連作の短編集『インフォーマーズ（*Informers*）』(1994) とともに，ポストモダニズム文化を消費する若い裕福な白人たちの生活を克明に描いている。その若者たちは，ジャン＝フランソワ・リオタールが「パリの香水を東京で身にふりかけ，『レトロ』な服をホンコンで着る。知っていることといったらＴＶゲームのためのこと」（訳注：『こどもたちに語るポストモダン』より）と描写したような輩なのである。『レス・ザン・ゼロ』には，パーティ，友人たちの家，飲酒，ドラッグの乱用を遍歴してゆく18才の姿が描かれているが，それだけではなく，野心的にも「空白のジェネレーション（blank generation）」を，本

のタイトルに明らかに読みとれる哲学的空虚さを表すメタファー（隠喩）としても使用した。

　エリスの道徳的なことには知らんふりをするような調子に多くの人々が怒りを感じていたのだが，ブラック・コメディ『アメリカン・サイコ』の出版に際して，彼らの怒りは手がつけられんばかりに燃え上がった。『アメリカン・サイコ』は，究極の消費者の一人称の語りの物語，カニバリズム（食人）に及ぶほど残虐なウォール街のヤッピーである連続殺人鬼の物語である。しかしながら，語り手は，極端に頼りにならない夢想者でもある（訳注：食人の場面は語り手の夢想との解釈も成り立つ）。われわれは語り手の諸行動の心理学的説明を与えられることは決してなく，小説における消費物資・体位・拷問の徹底的でうんざりするほど消耗的なカタログは，社会的階層全体の疎外と日用品フェティシズムの目録となるのである。『レス・ザン・ゼロ』の始まり，「ロスのフリーウェイって，合流するのが怖いわね」は，E・M・フォースターのリベラルな嘆願「ただ結びつけることさえすれば」（訳注：『ハワーズ・エンド（*Howards End*）』［1910］の有名な台詞）の残響である。しかしながら，エリスの愛のないポストモダン世界では，そのような結びつきがなされるであろう望みはほとんどないのである。

【参考文献】
・エリス『レス・ザン・ゼロ』中江昌彦訳，中央公論社・ハヤカワepi文庫（早川書房）。
・エリス『ルールズ・オブ・アトラクション』中江昌彦訳，中央公論社（単行本），ソニー・マガジンズ（文庫）。
・エリス『アメリカン・サイコ』（上）（下）小川高義訳，角川文庫。
・エリス『インフォーマーズ』小川高義訳，角川書店。
・リオタール『こどもたちに語るポストモダン』管啓次郎訳，ちくま学芸文庫。
・フォースター『ハワーズ・エンド』小池滋訳，フォースター著作集（みすず書房）3所収，世界の文学 ― 新集（中央公論社）28所収。吉田健一訳，集英社（単行本），世界文学全集 ― 20世紀の文学（集英社）16所収。『ハワーズ・エンド邸』鈴木幸康訳，八潮出版社。

お

大きな物語　　grand narrative

ジャン＝フランソワ・リオタールが大きな物語と呼ぶのは，普遍的な説明をすると公言し，そう公言することによって与えられる権威を利用する諸理論のことである。一例をあげれば**マルクス主義**である。マルクス主義は，人間の歴史と社会行動の全てを弁証法的唯物論という理論によって処理する。弁証法的唯物論によると，あらゆる人間の歴史は階級闘争の歴史であり，また，唯一の真理をもたらすものである弁証法的唯物論は，その他のあらゆる説明の妥当性を否定する。人間の歴史の究極的な到達点は「プロレタリアート独裁」であり，そこでは公益のために階級闘争は除去され，個々人はもはや搾取されることはない。大部分の宗教も，それぞれの教義体系に合うような同様の包括的説明を人間の歴史に提示する。リオタールの主張によれば，そのような諸体系は潜在的に権威主義的であり，20世紀後半までに個人的な行動に及ぼす権威をすっかり喪失してしまったのである。そのような大きな物語（**メタ物語**とも言い換えられる）をもはやあてにできないということは，われわれが**ポストモダニズム**的世界において生活するということの一部なのである。しかし，もしわれわれが権威主義に反抗しようと望んでいるのなら，われわれは大きな物語の代わりにより戦術志向の「**小さな物語**」を打ち立てなければならない。リオタールの見解によると，われわれは今や大きな物語を看破しており，権威に対する大きな物語の主張が虚偽であり擁護できないものであるということに気づいてしまったのだ。

【参考文献】

・リオタール『ポスト・モダンの条件 ― 知・社会・言語ゲーム』小林康夫訳，水声社。

オースター，ポール　　Auster, Paul　　1947-　　小説家

オースターは，第一線で活躍中のアメリカ人小説家の一人である。詩，批評，フランス文学の膨大な翻訳に携わった後，『ニューヨーク三部作（*The New York Trilogy*）』(1987) として知られている3編の連続小説で評価を得た。これらの作品は，ベケット，フランスの戦後の実験的小説，**ポストモダニズム**理論に影響を受けた反推理小説である。三作品は全てプロットとして著述家に類する人物の追跡劇を有しているが，その人物が追跡するのはまた別の著述家である。二作目の『幽霊たち（*Ghosts*）』(1986) と三作目の『鍵のかかった部屋（*The Locked Room*）』(1986) では，追跡される人物は，主人公の不気味な分身である。一作目の『シティ・オヴ・

グラス（*City of Glass*）』（1985）は，ニューヨークという都市における断片化した自己の描写という点において，ポーやヴァルター・ベンヤミンへの間接的な言及である。シティ・オヴ・グラス，ガラスのように透明な都市という言葉は，**記号の複雑さを推理探偵的に理解し把握することを示している**。だが，この言葉がわれわれにもたらす底知れぬ可能性は，都市読解どころか鏡（mirror-glass）がクィン（訳注：作家にして主人公）の関心を単に彼に対して映し返しているだけだ，ということなのである。これらの小説は一見心理研究のように見える。だが，例えば『シティ・オヴ・グラス』がその幕切れにおいて断片化しているのは，（モダニズム小説の多くが心理的であるように）心理的ではなく，**テクスト的である**。小説の最後でクィンは自分のノートが終わるといなくなってしまう。

『幽霊たち』は三部作のなかで最も形式にこだわった作品である。ブルーは，ホワイトに雇われてブラックを尾行する。ブルーはメモを取りながら，自分の部屋から通りの向かいにある建物のなかでものを書くブラックを見張る。ブラックは彼，ブルーについて書いているのかもしれない。ブラックは実際はホワイトかもしれないからである。またもや，日常の存在から離脱して妄想を追及するあまり，社会的なつながりを蔑ろにする人の話である。『鍵のかかった部屋』は初期の作品ではもっとも具体的な作品であり，これらの小説に対してなされた主な批判を免れている。文体のコントロールや入れ子構造になっているストーリーの充実を賞賛して，これらの小説はつまるところポストモダニズムの文体の実践練習である，と言う人もいる。ただし，その「つまるところ」まで辿り着くことが興味深いことなのである。

オースターは自ら認めていたベケットの影響を離れ，反ユートピア的『最後の物たちの国で（*In the Country of Last Things*）』（1987）の後，いくつかの点において彼の最も優れた小説である『ムーン・パレス（*Moon Palace*）』（1989）を出版した。この小説ではマーコ・スタンリー・フォッグという人物の物語において，探求という彼の最初の作品のテーマを続行している。『偶然の音楽（*The Music of Chance*）』（1990）は，ロード・ノヴェルとして始まり，自由意志についての寓話として終わる。また，この小説は彼の小説全てと同じく欧米文学への言及であふれているが，それらの言及はこれらの比較的最近のオースターの小説の表面的なリアリズムを少しずつ剥がしてゆく文学的テクニックの一つである。『リヴァイアサン（*Leviathan*）』（1992）は，公に書くということの政治的な意味合いに関する作品で，ドン・デリーロの『マオII（*Mao II*）』（1990）にある複数のテーマを反映している。『ミスター・ヴァーティゴ（*Mr Vertigo*）』（1994）は，アメリカに古くからあるほら話の形式を使い，空を飛べる少年の話を語っている。『ニューヨーク三部作』後のオースターの小説は，同じことのくりかえしを避けたいという情熱を賞賛に値するほど維持しており，また，人生を物語りテクスト化するその手腕によってまとまりが保たれる（もしくは保たれない）流動的な自己というオースターにとっての継続中のテ

ーマを具現化している。

【参考文献】
・オースター『幽霊たち』柴田元幸訳，新潮文庫。
・オースター『鍵のかかった部屋』柴田元幸訳，白水uブックス。
・オースター『シティ・オブ・グラス』山本楡美子ほか訳，角川文庫。
・オースター『最後の物たちの国で』柴田元幸訳，白水社。
・オースター『偶然の音楽』柴田元幸訳，新潮文庫。
・オースター『リヴァイアサン』柴田元幸訳，新潮文庫。
・飯野友幸（編著）・栩木玲子・秋元孝文『ポール・オースター』現代作家ガイド1，彩流社。
・『ユリイカ』1999年1月号（特集 ポール・オースター）。
・デリーロ『マオII』渡辺克昭訳，本の友社。

オリエンタリズム　　orientalism

エドワード・サイードの先覚的な著作『オリエンタリズム（*Orientalism*）』（1978）は，われわれは特権化された二項対立をディコンストラクト（脱構築）しなけらばならない（ディコンストラクションを参照のこと）というジャック・デリダの主張に負うところ大であるが，また，フーコーの知／権力（knowledge/power）の理論にも多くを負っている。「オリエント」と「オクシデント」という言葉は，ラテン語の昇る太陽（oriens）と沈む太陽（occidens）に由来するに過ぎない。したがって，オリエントとオクシデントは，性質上，観察者の位置によって変わるまったく相対的なものにすぎない（東京の住人にとって，太陽はハワイ上空の東の空に昇る）。しかし，サイードが説明するように，古くからの巨大な歴史制度は，この必ず移動する相対的位置関係を（例えば，ヨーロッパに想定された起源点の正反対に位置する「近東」「中東」「極東」というように）還元し固定化してしまった。

　この想像上の中心に位置するヨーロッパは，「オリエント」すなわち非西洋世界全体を客体として認識できる主体であると自称し，「オリエント」に対して権力を行使する（サイードは，『オリエンタリズム』のエピグラフでマルクスを引用する。「彼らは自分自身を代表［represent］できず，他の誰かに代表してもらわなければならない」［訳注：『ルイ・ボナパルトのブリュメール18日』より］）。「オリエント」に関して何が真実で何が真実でないかという問いをカッコに入れることによって，サイードは，途方もなく広い範囲にわたる著作（「学問的な著作ばかりでなく，文学作品，政治パンフレット，ジャーナリズム的なテクスト，旅行書，宗教・哲学的研究」）を世に問うた。

　オリエントをカテゴリーに押しこみ差別するための方策は，アイデンティティに関する特別な考えを西洋にもたらす。「ヨーロッパ文化は，一種の代用的自己，それどころか隠された自己であるオリエントから自らを隔離することによって強度と

アイデンティティを増す」。サイードが言うように，西洋人が「理性的で，平和的で，リベラルで，論理的で，真の価値を所有することができ，生まれつき懐疑を持たない」とすれば，彼の言う「アラブ＝オリエント人」はこれらのどれでもない。もちろん，オリエント人がこれらのどれでもないとすれば，西洋の主体は確実に「理性的で，平和的で，リベラルで」などということになるのである。

　このように，西洋は，非理性的な感情を否定し，その感情をオリエンタルな**他者**に投影することによって，良い自己イメージを確立した。しかし，抑圧されたものは回帰する。すなわち，西洋にとって，オリエントは無意識そのものの場所となるのである。サイードが指摘するように，その場所は，「恐怖，快楽，欲望」という，魅惑的であると同時に恐ろしい他者に通じているに違いないのである。

　サイードは敢えて機能主義を非難しなければならない。なぜなら，彼の説明によれば，残念ながらオリエンタリズムは良く機能しており，主体は，（西洋人あるいは東洋人としての）固定した立場へとすっかり迎え入れられ，その立場を取るように強制されるのである。ホミ・バーバは，「サイードには，植民地の権力と言説はすっかり植民者のものになってしまうと示唆する部分がつねにある」と主張し，それに対する応答として，オリエンタリズム的な権力に対する抵抗を探し求める。精神分析を用いて，バーバは，植民地的主体は「対立する諸ポジション」において構築されるので，オリエンタル化は絶えず失敗の可能性にさらされた闘争である，と主張する。これらの立場は，不規則的で分裂し不完全であらざるをえないプロセスで植民地的主体を「固定化と空想（fantasy）の場」にする（バーバは，オリエンタリズムが自己解体するおそれを絶えずもたらすような諸メカニズムを詳述している〔訳注：論文「他者の問題」より〕）。

　サイードの分析は，ある文化的，民族的，人種的グループがどのように「知られ」，そしてより強いブロック（bloc，訳注：共通の利害を持つグループやグループの集まりのことを指す）にどのように支配されるかを理解する方法として拡大応用されてきた。例えば，どのような（「人種，タイプ，肌の色，メンタリティ」に関する）一般化も中立的な記述ではありえないのは，一般化が必ず「評価的解釈」をともなうからである，という彼の主張は，アメリカでは**マルチカルチュラリズム**の根拠であり続けている。

【参考文献】
・サイード『オリエンタリズム』（上）（下）板垣雄三・杉田英明監修，今沢紀子訳，平凡社ライブラリー。
・バーバ「他者の問題」富山太佳夫訳，富山太佳夫編『文学の境界線』現代批評のプラクティス 4（研究社出版）所収。「差異，差別，植民地の言説」上岡伸雄訳，『現代思想』1992年10月号所収。
・マルクス『ルイ・ボナパルトのブリュメール18日』植村邦彦訳，太田出版。『ルイ・ボナパルトのブリュメール18日』村田陽一訳，国民文庫（大月書店）。『ルイ・ボナパルトのブリュメール18日』伊藤新一・北条元一訳，岩波文庫，ほか。

か

ガイノクリティシズム　　gynocriticism

「ガイノクリティシズム（女の批評）」という用語は，アメリカ人の文学批評家，エレイン・ショーウォーターが「フェミニズム詩学に向けて（Towards a Feminist Poetics）」(1979) において造り出したものであり，この用語は，**テクスト**の受容者と生産者の双方としての女性に焦点を合わせるフェミニズム批評の実践を意味する。ショーウォーターは，その実践の究極的な目的を「女性文学の分析のための女性の枠組みを構築すること，（そして）女性体験の研究に基づいて新しいモデルを作り出すことである」と概説している。この企てにおける重要な要素は，作者としての女性（female authorship）の伝統を回復させることである。『女性自身の文学（*A Literature of Their Own*)』(1977) 以降，ショーウォーターが特に深く関わったのはこうした活動である。『女性自身の文学』は，女性たちの出版物の隠された歴史に光を投げかける。そのような出版物は，男性作家（male author）たちに支配された文学的カノン（正典）によってそのほとんどが覆い隠されてきたのだった。ショーウォーターの著作のタイトル自体が示しているように，ガイノクリティシズムの最も重要な女系先祖の一人はヴァージニア・ウルフである。ウルフは，『自分だけの部屋（*A Room of One's Own*）』(1929) おいて，女性たちの「限りなく覆い隠された生涯」の記録を回復させる必要を同じく求めていた。

　ガイノクリティシズムは，フェミニズム思想の「アングロ＝アメリカン（英米）」学派の基礎となっている。この思想は，集合的な女性の経験という考えに訴えているが，その考えは，言語を通して理解可能となりうる統一された**主体性**という概念に何の吟味もなくその根拠を求めている。そのため，フランスの**ディコンストラクション**（脱構築）理論の影響を受けた批評家たちからの批判を受けやすい。というのも，ディコンストラクション理論は，そのような前提の根拠をまさに疑問視するからである。

【訳注】
☆論文中において厳密には「ガイノクリティックス」(gynocritics) という用語を用いている。gyno-もしくはgyn-という接頭辞は女を意味する。ジャーディンも参照のこと。

【参考文献】
・ショーウォーター「フェミニズム詩学に向けて」，ショーウォーター編『新フェミニズム批評 ── 女性・文学・理論』（青山誠子訳，岩波書店）所収。
・ショーウォーター『女性自身の文学 ── ブロンテからレッシングまで』川本静子ほか訳，みすず書房。

・ウルフ『自分だけの部屋』川本静子訳，みすず書房．『私ひとりの部屋 — 女性と小説』村松加代子訳，松香堂書店．『私だけの部屋 — 女性と文学』西川正身・安藤一郎訳，新潮文庫．

カオス理論　　chaos theory

カオスのシステムは，初期条件に敏感に依存するシステムである。カオス理論に始まりがあるとすれば，それは，気象の諸システムをモデル化するのに使っていた等式の小さな誤差が一見予測不可能でかつ大きな変動という結果に至ることを，1960年にエドワード・ローレンツ（訳注：1917-　米国の気象学者）が発見したことである。その結果は，長期的な天気予測を行おうとするあらゆる試みにとって致命的であるように見えた。初期条件での微小な違いが，洪水と干ばつの違いを意味するかもしれないからである。これはバタフライ効果として知られている。つまり，中国での蝶の羽ばたきが，インドネシアのハリケーンという最終結果になる因果の連鎖を作り出すかもしれないのである。

　ポストモダニズムの信奉者たちは，科学があらゆることについて真理を明らかにしうると主張を拡大することへの反論としてカオスを支持した。表面的には，カオスは，物質界の活動に不確実性の要素を投げ込むようにみえる。物質界の活動が含むすべてのカオスのシステムの動きを予測するには，宇宙そのものよりも大きいコンピュータを要するだろうと言われている。

　しかし，これはカオス理論の建設的側面を無視している。カオスの諸システムからのデータが座標で示されると，複雑だが認識可能な諸パターンが現れる。これは，ストレンジアトラクターとして知られる結果である。カオス的動きにおけるこれらのパターンは，短期的予測と全般的流れの予測を可能にする。カオスのなかに秩序を見つける探求は，複雑系科学（**複雑系理論を参照のこと**）という別の新しい分野の創造へと至った。

　カオス理論は，ある衛星の理解しがたい軌道の説明の補助，また動物の数の変動の理解，市場の動きの追跡，人間の心臓の鼓動のモデル化に使われてきた。しかし，その誇大宣伝に見合うだけの貴重な実際的功績はほとんど今までのところはない，と言う人もいる。

書きうるテクスト　　writerly text

ロラン・バルトは，ポスト構造主義的な研究『S／Z（S/Z）』（1970）の中で，小説を二つの主要なタイプ，「書きうる」テクストと「読みうる」テクスト（**読みうるテクストを参照のこと**）に分けている。読みうるテクストは読者の側での受動的消費を促すような語りのことであるが，書きうるテクストは**テクスト**の意味創出に参加するよう読者に呼びかけるものである。モダニズムのテクストはこの「書きうる」方の範疇に入る好例と言える。というのは，これらのテクストを読む際，読者

は語りにある隙間を頻繁に埋めなければならないからである。つまり，バルトの言葉で言えば，読者はテクストの意味創出の一部となるのである。これらのテクストは，読者の発想や想像という行為に対して「開かれて」いると見なされる。一方，読みうるテクストは，そのような発想や想像の戯れを妨げるように書かれている。こちらの範疇に属するものとしては，19世紀のリアリズム小説が候補に挙げられるだろう。そういう小説は，緻密に構想されたプロット，全知の語り手，明白な道徳的テーマによって，読者の反応の性質を厳しく制限する。したがって，読みうるテクストは，その時代の文化の現状を肯定するのに役立つ。しかし，書きうるテクストの方は，解釈に対する**作者**の支配の範囲に疑問を提示することによって現状の土台を揺るがす一助となる。バルトは，読みうるテクストはイデオロギー的に疑わしいとして非難した。だが，多くの批評家は，読みうるテクストと同じく，書きうるテクストも独自の方法で読者を操ろうとしているという考え方を採ってきている。

【参考文献】
・バルト『S／Z—バルザック「サラジーヌ」の構造分析』沢崎浩平訳，みすず書房．

カーター，アンジェラ　　Carter, Angela　　1940-92　　作家

現在，アンジェラ・カーターは，近年最も革新的な作家の一人として広く受け入れられている。彼女は，サルマン・ラシュディとともに，イギリスの**魔術的リアリズム**の唱道者としてしばしば分類される。小説と短編集で最もよく知られている彼女だが，その非常に多作なキャリアのなかで，ジャーナリスト，書評家，劇作家，文化解説者としての地位を確立した。

　ブリストル大学で英文学の学位取得に向けて研究中に，カーターは，最初の小説『シャドー・ダンス（*Shadow Dance*）』を執筆した。その作品は卒業の翌年の1966年に出版され，すぐに彼女の作品に顕著な特徴を確立した。その小説は，精巧で華麗な散文体で書かれ，1960年代の地方のボヘミアンたちの世界をゴシック的な物語として再現している。衣装，芝居じみた言動，狂気の諸状態や諸状況に対する強い関心は，生得されたというよりは構築された**主体**の流動性と順応性を強調する点において，**ポストモダニズム**の流れに沿っていることになる。その特徴は，ジョン・ルーウェリン・リース賞を受賞した『魔法の玩具店（*The Magic Toyshop*）』（1967），1968年度サマセット・モーム賞を受賞した『いくつかの知覚（*Several Perceptions*）』，『英雄と悪者（*Heroes and Villains*）』（1969），『ラブ（*Love*）』（1971）できっちりと受け継がれている。

　カーターはサマセット・モーム賞の賞金で日本を旅行し，1972年まで日本に住んだ。彼女は『ニュー・ソサエティ（*New Society*）』という定期刊行物に記事を書いて生計を立てた。記事の多くは，自らの文化的疎外の経験を記録したものである。日本滞在中，彼女は『花火（*Fireworks*）』（1974）に収められている短編物語とシ

ュルレアリスムに深く影響された気味の悪いファンタジーの一編『ホフマン博士の地獄の欲望装置（*The Infernal Desire Machines of Doctor Hoffman*）』という小説（1972）を書いた。

後に，カーターは，日本在住がきっかけとなりフェミニズムに目覚めたことを認めた。イギリスに帰国してすぐにサド侯爵の作品の研究に取り組み始め論議を呼んだことが，フェミニズムの影響の表れである。結局1979年に出版された『サド的な女（*The Sadeian Woman*）』は，一部のフェミニズム批評家たち，特にアンドレア・ドウォーキン（訳注：1946-2005 アメリカの作家。ナオミ・**ウルフ**も参照のこと）から，ポルノグラフィの許しがたい擁護であるとして非難された。カーターの次の小説『新しいイヴの情熱（*The Passion of New Eve*）』（1977）は，彼女がまだサド侯爵の研究をしている間に書かれた作品で，抑圧に関するフェミニズム分析と欲望の諸極限に対する途切れのない関心とを結びつけようとする試みから生ずる緊張を活用している。

カーターが書き直したおとぎ話の短編集『血染めの部屋 ─ 大人のための幻想童話（*The Bloody Chamber*）』（1979）では，馴染み深い童話に潜む転覆的な可能性を暴き出そうとした。彼女の作品を広く読者の注目するところとしたのは，主にこの短編集のおかげであった。本自体と同様，赤頭巾ちゃんの話のカーター版，「狼たちの仲間（The Company of Wolves）」も，カーター本人によってラジオ劇とニール・ジョーダン監督の映画（訳注：『狼の血族（*The Company of Wolves*）』1984年製作）の脚本に書き直された。

晩年，彼女は2編の偉大な小説を発表した。一編は，主人公が翼を持ったブランコ乗りの『夜ごとのサーカス（*Nights at the Circus*）』（1984）であり，もう一編は，『ワイズ・チルドレン（*Wise Children*）』（1991）という作品である。後者の作品は，シェイクスピア作品への言及やほのめかしを次々と並べたてることでカーニバル的な騒々しい作品になっているだけでなく，カーターがその出版後一年足らずで他界したことも考えると，老化と死の避け難さに関する不気味な予見的瞑想にもなっている。カーターの評論集『削除された補足（*Expletives Deleted*）』は没後の1992年，最後の短編集『シンデレラあるいは母親の霊魂（*American Ghosts and Old World Wonders*）』は1993年に刊行された。

【参考文献・フィルモグラフィ】

・カーター『魔法の玩具店』植松みどり訳，河出書房新社。
・カーター『ラブ』伊藤欣二訳，講談社。
・カーター『血染めの部屋 ─ 大人のための幻想童話』富士川義之訳，ちくま文庫。
・カーター『夜ごとのサーカス』加藤光也訳，国書刊行会。
・カーター『ワイズ・チルドレン』太田良子訳，ハヤカワepi文庫（早川書房）。
・カーター『シンデレラあるいは母親の霊魂』富士川義之ほか訳，筑摩書房。

・ジョーダン監督・カーター原作脚本『狼の血族』，DVD（東北新社）。

カタストロフィー理論　　catastrophe theory

カタストロフィー理論は，黙示録的ないくつかの類似点にもかかわらず，**カオス理論**との共通点はほとんどない。あるとしても，20世紀末に数学が魅惑的なまでに衝突炎上的な黙示録の分析に従事する技術的なコードとなったことを，二つの名前がともにほのめかすくらいである。カタストロフィー理論は，『構造安定性と形態形成（*Structural Stability and Morphogenesis*）』（1972）において数学の「魔術師」ルネ・トムによって創案されたが，実際その理論にはほとんどカタストロフィー的なところはない。代わりに，カタストロフィー理論の明白な戦略は，ダイナミカル・システム（訳注：世の中の時間とともに変化するあらゆるプロセスのこと）における諸状態が明らかに不連続に見えるにもかかわらず，形式的で数式化することのできる連続性がそれらの状態間にあるということを示すことである。例えば，氷河期は，穏やかな地球に存在する生命の相互に関連しあう諸システムの網目の一部には一見すると見えず，むしろその終焉に見える。カタストロフィー理論は，すべてを変えるカタストロフィーに見えるものが数学の形式のレベルでは（つまり形態形成上は），大いに連続的であるということを示そうと努める。一つのカタストロフィーは，一つのシステムの終わりではなく，システムに内在する予測可能で数式化可能な構成要素なのである。このように述べると，不連続よりも連続性を強調しているので，カタストロフィー理論は，**ポストモダニズム**とはまったく無縁のものに見える。そうすると，ジャン＝フランソワ・リオタールが『ポストモダンの条件（*The Postmodern Condition*）』（1979）の諸テーゼのうちでもより有名なもののいくつかをこの理論から導き出しているのは逆説的である。例えばリオタールが「**ポストモダニティはメタ物語に対する疑い深さである**」と有名な主張をするように，トムも，「偉大な全宇宙的総合の世紀は幕を閉じた」（訳注：『構造安定性と形態形成』より）のであり，科学は現実の究極的本質の調査とはもはや見なされえないと宣言する。それゆえ，カタストロフィー理論は，ユークリッド幾何学が熱望した量的な地球モデルの不可能性を認め，研究対象となっているダイナミカル・システムの局所的変数の枠内で分析を行う。したがって，カタストロフィー理論の形式的連続性の強調は局所的かつ抽象的であり，諸モデルの連続は「純粋な諸形式の戯れ」すなわち形態形成にすぎないものになる。このように，この抽象的な考えの流れにしたがっていくならば，カタストロフィー理論は，社会学，言語学，**記号論**を含む，それまでの長い間数学には門が閉じられていた分野を切り開き，その結果，ポストモダニズムが現在論議されている諸領域へと直接的に送り込まれることとなるのである。

【参考文献】

・トム『構造安定性と形態形成』弥永昌吉ほか訳，岩波書店。

・リオタール『ポスト・モダンの条件 ― 知・社会・言語ゲーム』小林康夫訳，水声社．

ガタリ，フェリックス　　Guattari, Félix　1930-92　精神科医・哲学者・政治活動家
ラ・ボルド精神病院の精神科医であり**ラカン**の反抗的な弟子でもあったガタリは，1960年代に反精神医学運動となるものの多くを予見していた．この運動は，英語圏においてR・D・レイン（訳注：1927-89　英国の精神科医）と深い関わりを持っている．しかしながら，ガタリが最もよく知られているのは，多作な哲学著作家や政治活動家としてであり，アントニオ・ネグリ（訳注：1933-　イタリアの政治哲学者）やイタリアのアウトノミア運動（訳注：労働者自治を要求する運動）に協力した．さらに名高いのは，ジル・ドゥルーズとの共著である．ドゥルーズとの共著『アンチ・オイディプス ― 資本主義と分裂症（*Capitalism and Schizophrenia 1: Anti-Oedipus*）』は，1968年の**事件**後の**ポストマルクス**主義的なフランスの知的活動における哲学領域を規定した．ガタリの後期の仕事は，『資本主義と分裂症』の2巻目，『千のプラトー ― 資本主義と分裂症（*Capitalism and Schizophrenia 2: A Thousand Plateaus*）』をきっかけにして，『カオスモーズ（*Chaosmosis*）』（1992）などの著作において次第に諸科学（特に，分子化学，物理学，地質学）へと傾いていく．さらに，イリヤ・プリゴジン（訳注：1917-2003　ソビエト生まれのベルギーの科学者．ノーベル化学賞を受賞）やフランチェスコ・ヴァレラ（訳注：1946-2001　チリの生物学者）のような科学者ばかりでなくドゥルーズやポール・ヴィリリオのような哲学者や社会理論家が寄稿する雑誌『キマイラ（*Chimères*）』を創刊した．しかしながら，長い間政治にコミットしつつ豊かで雑多な経歴から彼が得たものは，新しい政治の道筋を生み出すために，いわば「底」から立ち現れた自己組織化する「少数者」集団にしたがって，政治的自己と現実生活の自己を作り直す諸方法である．それゆえ，精神の内面的管理つまり「自己批判」の諸メカニズムを通して，「トップ・ダウンの」もしくは「モル的な」主体性を強要し強化する左右両派の拘束的政治活動ドグマを拒否することによって（実のところ定期的に攻撃することによって），ガタリは，アントニオ・ネグリとの共著『自由の新たな空間（*Communists Like Us: New Spaces of Liberty, New Lines of Alliance*）』（1990）（訳注：出版年は英訳版のもの．フランスでの刊行は1985年）において，共産主義形態の修復を試みた．その共産主義は，かつて**マルクス**がおこなったような資本主義の下に既に存在する「自然な」主体性の破壊を強調する共産主義ではなく，諸行動から主体性を直接的に創造することを強調する共産主義である．「ポストモダニズムの袋小路」を悪意を持って批判するものの，おそらくガタリは，いくつかのポストモダニズムの主要なテーマに貢献してきた．彼がそれらのテーマにもたらしたものは，そのテーマの多くが目を覆いがちな政治との接点だった．

【参考文献】

- ガタリ／ドゥルーズ『アンチ・オイディプス ― 資本主義と分裂症』市倉宏祐訳，河出書房新社．宇野邦一訳，河出文庫．
- ガタリ／ドゥルーズ『千のプラトー ― 資本主義と分裂症』宇野邦一ほか訳，河出書房新社．
- ガタリ／ネグリ『自由の新たな空間 ― 闘争機械』丹生谷貴志訳，朝日出版社．

カルヴィーノ，イタロ　　Calvino, Italo　　1923-87　　小説家

イタロ・カルヴィーノは，キューバのある村のイタリア人家庭に生まれ，サン・レモ（訳注：イタリア北西部の港市）で育った。第二次世界大戦中はレジスタンス運動に参加して戦い，戦後トリノ大学でコンラッドに関する博士号論文を書いた。出版業界に入り，パリに定住後もその仕事を続けた。フランスで暮らした後，1980年にイタリアに戻り，7年後に亡くなった。

　カルヴィーノの初期の小説は，左翼政治とネオ・リアリズムの美学を特徴としている。たとえば，最初の小説『くもの巣の小道（*The Path to the Nest of Spiders*）』(1947) は，14歳のピン少年が戦時中パルチザンに参加するという冒険物語である。『ある午後，アダムは ― 短編集（*Adam, One Afternoon and Other Stories*）』(1949) のなかの短編小説の多くはリアリスティックであるが，この小説集ではファンタジーの要素もまた顕著である。しかし，彼は，実験と大胆な語りの才能によって最も記憶されるだろう。例えば，『冬の夜ひとりの旅人が（*If on a Winter's Night a Traveller*）』(1979) において，彼は二人称の語りの観点を採用する。さらに状況を複雑にしているのは，聞き手が読みのプロセスに参加している「読者」だということである。初めにその「読者」はカルヴィーノの本を読んでいる。しかし，その「読者」は，すぐにその本が欠陥本で，第一章を数回くり返していることに気づく。そこでその「読者」は本を取り替えてもらうのだが，結局新しい本はまったく異なった語りになっていることを知る。本屋でその「読者」は，「別の読者」と出会う。それは男性「読者」の「あなた」に相当する立場の女性「読者」，ルドミッラである。それから，語りは，二つのまったく異なったレベルの間で交互に入れ替わる。一つは二人の「読者」の関係に関するもので，もう一つは最初の「読者」が取り替えてもらった本で「読む」（それぞれが異なった文体の）さまざまな第1章をめぐるものである（訳注：「読者」は『冬の夜ひとりの旅人が』と異なるさまざまな本の第1章を読んでゆくこととなるが，最終章で「読者」はもう少しで『冬の夜ひとりの旅人が』を読み終えることを告げる。つまり「読者」は最初に取り替えてもらった『冬の夜ひとりの旅人が』と題された本をずっと読んでいたとも解釈しうるし，また，実際に『冬の夜ひとりの旅人が』を読者は読了することになる。)

　この複雑で手の込んだテクストはカルヴィーノの傑作であり，彼をこのうえない**ポストモダニズム作家**の一人にした技術とテーマの多くを示している。第一に，プロットと内容の入れ替えに対する興味がある。組み合わせのゲームをしている他の

作品には，一組のタロット・カードを基にした『宿命の交わる城（*The Castle of Crossed Destinies*）』(1969) とマルコ・ポーロが忽必烈汗(フビライハーン)の帝国内で訪れたさまざまな都市の説明を彼にする『マルコ・ポーロの見えない都市（*Invisible Cities*）』(1972) がある。第二に，ジャンルの諸慣例に対する諸実験がある。初期の小説の『まっぷたつの子爵（*The Cloven Viscount*）』(1952)，『木のぼり男爵（*The Baron in the Trees*）』(1957)，『不在の騎士（*The Non-Existent Knight*）』(1959) は，ファンタジーとロマンスを器用にいっしょにしている。宇宙の諸起源がＱｆｗｆｑと呼ばれる生命の本源（訳注：語り部Ｑｆｗｆｑ「じいさん」は，自ら説くところによると宇宙創世以来の存在である。）によって観察される『レ・コスミコミケ（*Cosmicomics*）』(1965) と，カオスと秩序のような抽象的な二項対立が擬人化されている『柔かい月（*t zero*）』(1967) においては，ＳＦが探究されている。カルヴィーノの短編小説の多くは，民話や寓話からのモチーフを下敷きにしている。第三に，哲学的，理論的思索を志向するにもかかわらず，カルヴィーノの小説の各々は，人間の諸価値観を豊かにすることと愛の救済力への傾倒に基づいている。かつて，ジョン・バースは，書くことを愛の行為に喩(たと)えた。妙技のない情熱は不恰好であり，一方情熱のない妙技は冷たく客観的である，と。カルヴィーノは作品において情熱そして妙技の両方を示すことを成し遂げたのである。

【参考文献】
・カルヴィーノ『くもの巣の小道』米川良夫訳，福武文庫。
・カルヴィーノ『冬の夜ひとりの旅人が』脇功訳，ちくま文庫。松籟社。
・カルヴィーノ『宿命の交わる城』河島英昭訳，講談社。
・カルヴィーノ『マルコ・ポーロの見えない都市』米川良夫訳，河出書房新社。
・カルヴィーノ『まっぷたつの子爵』河島英昭訳，晶文社。
・カルヴィーノ『木のぼり男爵』米川良夫訳，白水ｕブックス。
・カルヴィーノ『不在の騎士』米川良夫訳，国書刊行会。脇功訳，松籟社。
・カルヴィーノ『レ・コスミコミケ』米川良夫訳，ハヤカワ文庫。
・カルヴィーノ『柔かい月』脇功訳，早川文庫。河出書房新社。

カルチュラル・スタディーズ　　cultural studies

カルチュラル・スタディーズの研究対象は，美学的卓越性を持つもの（「高級芸術」）として定義される狭義の文化ではなく，日常生活の中の諸テクストや諸実践として理解される文化である。これは，最初の定義をも包含することのできる文化の定義ではあるが，また極めて重要なことには，最初の定義の社会的排他性を超える広がりを持ち，ポピュラー・カルチャーの研究を含む。

　カルチュラル・スタディーズは，文化的テクストや実践を理解するには，そのテクストや実践を社会構造とその歴史的偶然性との関係のなかにつねに置かなければ

ならない，と主張する。文化は，特定の歴史をともなう特定の社会構造によって構成されるにもかかわらず，この構造と歴史の反映として研究されていない。文化の重要性は，文化が社会構造構成ならびに歴史形成を助けるという事実に由来する。資本主義工業社会は，民族，ジェンダー，階級によって不当に分けられた社会である。文化は，これらの分割が確立され，また競い合う最も重要な場の一つである。

人々は，文化産業（映画，テレビ，音楽，出版など）によって供給される産物のレパートリーから文化をつくる。文化をつくること（「日常行われている生産」）は，優勢な世界解釈を支配することに力を貸すこともできれば，またその優勢な世界解釈に抵抗することもできる。しかし，このことは，文化をつくることがつねに力を貸したり抵抗的であるということを言っているのではない。ポピュラー・カルチャーの消費者が文化の餌食であるということを否定するからといって，文化産業が彼らを操ろうとしているということまで否定することにはならない。しかし，それを否定することは，ポピュラー・カルチャーが利益を追求しイデオロギー統制を確実にするために上から押し付けられる商業的・イデオロギー的操作の堕落した光景にすぎないということを否定することではあるのだ。これらの事柄を判断するには，文化の生産・分配・消費の細部にまで用心し注意を払わなければならない。これらの事柄は，エリート主義的一瞥と人を見下したような冷笑とともに，一回で全てが（歴史と政治の偶然性の外側で）決定されうることではない。また，生産の瞬間（意味・快楽・イデオロギーの効果などを，生産意図に，生産手段に，生産そのものに，とさまざまに位置付けること）からすぐに全てが読み取れるものでもない。これらは，「日常行われている生産」の諸コンテクストの諸局面にすぎない。そして，意味・快楽・イデオロギーの効果などに対する諸問題が（偶然に）決定されうるのは，結局のところ「日常行われている生産」においてなのである。

間テクスト性　　intertextuality

ラブレーの『ガルガンチュワ物語（*Gargantua*）』や『パンタグリュエル物語（*Pantagurel*）』から始まり，ロバート・バートンの『憂鬱の解剖（*Anatomy of Melancholy*）』を経て，スターンの『トリストラム・シャンディ（*Tristram Shandy*）』に至るまで，古典文学の**テクスト**の多くは，他の諸テクストを織り合わせたものである。つまり，言及，引証，引用が，方向性を失わせるような過剰な豊かさのなかで一緒くたに混ぜ合わされるのである。しかしながら，「テクストは全て，さまざまな引用のモザイクとして形成され，他の諸テクストの吸収と変形にほかならない」ということをやっと初めて主張したのは，ジュリア・クリステヴァの『セメイオチケ ── 記号分析の研究（*Semeiotike, Recherches pour une semanlyse*）』（1969）であった。

間テクスト性（インターテクスチュアリティ）という概念は，シニフィアンが別

のシニフィアンをつねに指示するにすぎないという**ポスト構造主義**の主張からきたものである。つまり，言語というものは変形され翻訳され変化させられることはあっても，超越されることは絶対にないのである。言葉の意味は，その言語を使用する人間の精神に現前する何らかの対象を指示することによって得られるのではなく，果てしない意味作用の戯れによって得られるのである。「愛」という言葉を使うということは，言語外の何らかの生物学的もしくは心理学的対象を指示することではなく，意識するにせよ意識しないにせよ，吟遊詩人たちの物語詩，シェイクスピア悲劇，恋愛叙情詩，そしてビートルズの歌などを織り糸として含む言葉の交わり（conversation）に参加することなのである。

ポストモダニズムは，間テクスト性の極端な考えを取り入れる。その考えによれば，意味の戯れは無限であり，どんな意味でもありなのである。解釈の限界を定めるのは，想像力の限界だけなのである。

【参考文献】

・ラブレー『ガルガンチュワ物語』渡辺一夫訳，岩波文庫。白水社。『チョーサー・ラブレー』西脇順三郎・渡辺一夫訳（筑摩世界文学大系8［筑摩書房］）（筑摩世界文学大系12［筑摩書房］）所収。
・ラブレー『パンタグリュエル物語』渡辺一夫訳，岩波文庫。
・スターン『トリストラム・シャンディ』（全3冊）朱牟田夏雄訳，岩波書店。『紳士トリストラム・シャンディの生涯と意見』朱牟田夏雄訳，筑摩書房。
・クリステヴァ『セメイオチケ ─ 記号分析の研究』は，日本では二分冊で刊行されている。クリステヴァ『記号の解体学　セメイオチケ1』原田邦夫訳，せりか書房。クリステヴァ『記号の生成論　セメイオチケ2』中沢新一・原田邦夫・松浦寿夫・松枝到訳，せりか書房。

カント，イマヌエル　　Kant, Immanuel　　1724-1804　　哲学者

カントは全生涯をケーニヒスベルクで過ごした。広範囲の科目を教える無給の私講師（Privatdozent）を15年間勤めた後，1770年に論理学と形而上学の教授に任命された。1781年，カントは『純粋理性批判（*Critique of Pure Reason*）』を出版した。それから10年間もしないうちに，この極めて複雑で難解な本は，ドイツ中で論議されることになった。その後数十年間は，批判哲学と呼ばれるものをめぐるさまざまな反応は，フィヒテとロマン主義者，シェリング，**ヘーゲル**，フリース（訳注：1773-1843　ドイツの哲学者），そしてショーペンハウアーたちの著作において展開されるドイツ哲学の並はずれた豊かさにきわめて重要な貢献を果たした。

『純粋理性批判』によれば，われわれが認識し経験しているようなこの世界，また，科学者たちによって研究されているような世界は，われわれの認識の諸形式あるいは諸カテゴリーによって構造化されている。われわれの感性的経験は，空間と時間などのカテゴリー的決定要因によって構造化され組織化されている。因果性，実体性，相互性，全体性などの他の諸カテゴリーは，あらゆる「ものごと」につい

てともかく考えてみようとするわれわれの試みに関与している。このように，カントにとって，単なる主観的印象に対立するものとしての客体であることは，諸カテゴリーに従属していることを意味する。客観性というものは，このように，**主体**という精神的装置に基づいている。自分が（人間性の）普遍的（部分）であると信じていた諸カテゴリーを根拠にすることができたので，カントは，客観的知識の可能性を確かに擁護できたと信じた。カントの用いた用語を最新化することにより彼の業績を救い出し守ろうとする多くの試みが，**フッサール**と現象学の哲学者たちを含むポスト・カント派の面々によって，そしてまた，アングロ＝サクソン分析哲学の伝統の流れを汲む多くの哲学者たちによってなされてきた。

カントの「批判哲学」は，批判という概念を哲学の前面に押し出した格好となった。20世紀に，「批判」の伝統は，哲学における支配的なモチーフとなっている。しかし，絶えず言語に気を取られていることが，客観的知識のための「基礎」を提供したいというカントの希望を削ぐ結果となっている。

ポストモダニズム的な見方をすれば，かつて「批判哲学」として呈示されたものは，知識に基礎を提供するという野心のために，そしてまた，体系性を気取っているために，評価を落としているように見える。実際，カントの3冊の重要な著作のそれぞれは「批判」という題名の下に出版された。だが，それぞれの本において，カントは，分析という手段を用いて，人間の知識のある特定の領域に諸境界を設定するだけでなく，その知識の領域のための基礎を築こうと試みたのである。

カントは，『純粋理性批判』において，外的世界に関する理論的すなわち学問的知識の基礎を分析し，『実践理性批判（*Critique of Practical Reason*）』においては，われわれの道徳的理解の基礎を分析し，そして『判断力批判（*Critique of Judgement*）』のなかでは，美学の基礎を分析した。最初の二つの批判書は，何が問題事実か（純粋理性）と，何が問題であるべきか（実践理性）に関するわれわれの客観的な諸判断において前提とされている諸原理を取り扱っている。『判断力批判』は，体系的な衝動の下，ならびに，われわれの美の理解の下にある主観的諸原理を明らかにしようと努めている。

カントは，全ての道徳律の根本的基礎を演繹的に導き出した。それは，彼が「定言命法」と呼ぶものであり，人は自分の行動が普遍的法則の基礎となりえるようにいつも行動すべきだという考えである。このように，定着した一連のいかなる教訓よりもむしろ，普遍性への意志が道徳律の基礎と見なされる。カントは，「人にしてもらいたいと思うことを，人にもしなさい」（訳注：ルカ6：31，マタイ7：12）というナザレのイエスの教訓を哲学用語で再定式化しようと試みていたのである。

【参考文献】
・カント『純粋理性批判』有福孝岳訳，カント全集（岩波書店）4・5・6。原佑訳，カント選書（理想社）全3巻・カント全集（理想社）6・平凡社ライブラリー。高峰一愚訳，河出書房新社。天野貞祐訳，講談

カント，イマヌエル

社学術文庫。篠田英雄訳，岩波文庫。宇都宮芳明訳（以文社）。
・カント『実践理性批判』坂部恵・平田俊博・伊古田理訳，カント全集（岩波書店）7。カント全集（理想社）3。宇都宮芳明訳，『訳注・カント実践理性批判』（以文社）所収。樫山欽四郎訳，『実践理性批判　判断力批判　永遠の平和のために』（樫山欽四郎ほか訳，河出書房新社）所収。宇都宮芳明訳，以文社。
・カント『判断力批判』牧野英二訳，カント全集（岩波書店）8・9。原佑訳，理想社（カント選書）・カント全集（理想社）8。宇都宮芳明訳・注，以文社。坂田徳男訳，『実践理性批判　判断力批判　永遠の平和のために』（樫山欽四郎ほか訳，河出書房新社）所収。篠田英雄訳，全2冊，岩波文庫。

き

ギアーツ，クリフォード　　Geertz, Clifford　　1926-　　人類学者

ギアーツは，シカゴ大学ならびにプリンストン大学高等研究所のポストに就いている著名な学者であり，彼の仕事は「文化人類学」という研究分野の確立に役立ってきた。文化人類学とは，多くの人類学的研究に組み込まれている自民族中心主義的諸前提に異議を唱え，また，文化の記述をただ単に提示するというよりは，（ギアーツがインドネシアや北アフリカにおけるフィールドワーク研究で示しているように）文化の理解に到達しようと試みるものである。

　ギアーツは，人間の行動が生じて意味を持つコンテクストの研究を通して，諸文化を解釈することに関心がある。これが，彼のいわゆる「厚い記述（thick description）」であり，その要点は，きわめて影響力の強い彼の著作，『文化の解釈学（*The Interpretation of Cultures*）』(1973) のなかで，特に「厚い記述 — 文化の解釈学的理論をめざして（Thick Description: Towards an Interpretive Theory of Culture）」で述べられている。他方，「薄い記述（thin description）」とは，調査対象となっている文化の真の解釈をもたらすことができず，その文化の客観的特徴の目録作成に甘んじていることを指す。諸文化にまたがる共通の客観的特徴を探ろうとする**クロード・レヴィ＝ストロース**の構造主義人類学は，「薄い記述」の一例であろう。

　ギアーツは，反自民族中心主義者である。彼が信じるところによれば，人類学研究は，研究を行っている研究者自身が属する文化を優越的に考えてしまうという暗黙の前提をあまりに多くの場合含んでしまい，また，少なくとも，いかに他の文化が機能しているのかを説明する参照点として自分自身の文化を用いてしまう。解釈の観点においてはいかなる文化も特権化されるべきではないと主張するこの反自民族中心主義は，ギアーツが，**ポストモダニズム**や，その**多元主義**への加担と同列の位置にいることを示している。ギアーツの文化の概念とは，一連の**テクスト**としての文化であり，そのテクストの意味がいかにして作られるかが理解される以前にその意味体系は解明されなくてはならない。このこともポストモダニズムや多元主義と同様の傾向である。

　文化とは一連の物語であり，その物語は，われわれの注意をひく特権的な資格を持っているとみなされるべきではなく，修辞的戦略の観点から理解される必要がある。このようなポストモダニズム的傾向は，ギアーツのアプローチと明らかな類似性がある。『ローカル・ノレッジ（*Local Knowledge*）』(1983) においても，ギアーツは，多元主義への傾倒を示すと同時に，「大きな理論（grand theories）」への反

発をくり返し述べており，これによって彼はポストモダニズム思想の共通の流れに身をおくことになる。このポストモダニズム思想においては，大きな理論（もしくは，ジャン＝フランソワ・リオタールが名付けたような「**大きな物語**」）は，その権威主義的主張ゆえに懐疑とあからさまな敵意さえ持って見られている。ギアーツの方法論から着想を得たニュー・ヒストリシズム［新歴史主義］（その例はスティーヴン・グリーンブラットのルネサンスの文学的文化分析）などの解釈理論に見られるように，文化人類学が与えた衝撃は人文諸科学全般にわたって感じられる。

【参考文献】
・ギアーツ『文化の解釈学』吉田禎吾ほか訳，岩波書店（全2冊）。
・ギアーツ『ローカル・ノレッジ ── 解釈人類学論集』梶原景昭ほか訳，岩波書店。

器官なき身体　　body without organs

欲望と**リビドー**のエネルギー（**リビドー経済**を参照のこと）の自由な表現を妨げる全ての力を説明するために，**ドゥルーズ**と**ガタリ**が用いる言葉。彼ら二人は，器官なき身体（彼らはまた，「イマージュをもたない身体」とも呼ぶ）を不毛で非生産的であると考え，社会における抑圧の諸力と同一視する。たとえば，資本は，資本主義者の器官なき身体とみなされる。つまり，資本は，自らの諸目的のために，**個々の欲望する機械**（この場合，賃金労働者を指す）の生産を専有化する。生産（欲望とリビドーのエネルギーの表現を包括する言葉）は，ドゥルーズとガタリにとっては肯定的な力である。だが，器官なき身体は，余剰を自らの諸企図（たとえば，利益のために利益を生むこと）へと誘導して生産の範囲を制限するものなので，反抗されることになるであろう。

【参考文献】
・ドゥルーズ／ガタリ『アンチ・オイディプス ── 資本主義と分裂症』市倉宏祐訳，河出書房新社。宇野邦一訳，河出文庫。

記号　　sign

ソシュール言語学において，記号は，シニフィアン（語）とシニフィエ（概念）との結合によって構成される。この結びつきは個人の心の中で起こり，その最終的な産物が，当該の語の意味についての認識となる。ここで言う意味は概ね安定した存在であり，恣意的にも，あるいはいかなる特定の個人の気まぐれによっても変わるものではないと考えられる。したがって，時間が経つにつれて変化しうるとはいえ，意味は，ある特定の歴史的時期のある定められた言語共同体の全ての構成員の間で共有されるものである。ソシュールは，言語は記号体系であり，個々の人間から共通した反応を引き出すものだと考えた。彼の言語に関する諸理論は，後の**構造主義**の基礎となった。構造主義の理論家たちは，ソシュール言語学を他の全ての記号体

系の研究のモデルとし，例えば，読者にある特定の仕方で反応するように信号を送る諸記号（あるいは物語の諸慣例）によっていかに文学のジャンルが成り立っているかを明らかにした。

ジャック・デリダのような**ポスト構造主義**の理論家たちは，記号について全く異なる見解を示した。彼らによれば，記号は，語の「余すところのない完全な」意味を捉えることなど決してできない裂け目の入った存在である。デリダの注釈者の一人であるガヤトリ・チャクラヴォーティ・**スピヴァック**（訳注：デリダの『根源の彼方に ― グラマトロジーについて』を英訳し，90ページほどの「訳者序」を付した）はこう述べた。記号は「半ばそこに存在しないし，半ばそれではない」もので，個々の人間による幅広い解釈に対して開かれている。したがって，ポスト構造主義の考えでは，記号は不安定な存在であり，意味には曖昧さがあふれている。

【参考文献】
・ソシュール『一般言語学講義』小林英夫訳，岩波書店。
・デリダ『根源の彼方に ― グラマトロジーについて』（上）（下）足立和浩訳，現代思潮社。

記号分析　　semanalysis

記号分析とは，ジュリア・**クリステヴァ**が，彼女の主要理論書のうち最初の著作と言える『セメイオチケ ― 記号分析の研究（*Semiotike, Recherches pour une sémanalyse*)』（1969）のなかで示したもので，**記号論・マルクス主義・フロイト**の精神分析理論を総合した考えである。クリステヴァによると，記号論は，それ自体批判の学問であるが，同時に学問そのものへの批判でもある。彼女は，記号論の新たな役割は批評的・政治的役割だと考えた。「記号分析」という用語を新しく造ったのは，この批評的・政治的役割という観点から記号論を新たに捉え直すためであった。また，彼女は，記号分析という自分の試みが，ルイ・アルチュセールと彼の弟子たちの**構造主義的マルクス主義**に本質的に酷似していると考えていたが，それは，構造主義的マルクス主義がマルクス主義を徹底的に現実志向の「社会の科学」として再解釈するものであることと関連していた。記号分析は，全ての**記号体系**の研究に科学的な根拠を与えようという目的で考え出されたものであり，その発展の背後にある着想の源は，数学や論理学といった形式主義的科学である。

【参考文献】
・クリステヴァ『セメイオチケ ― 記号分析の研究』は，日本では二分冊で刊行されている。クリステヴァ『記号の解体学　セメイオチケ1』原田邦夫訳，せりか書房。クリステヴァ『記号の生成論　セメイオチケ2』中沢新一・原田邦夫・松浦寿夫・松枝到訳，せりか書房。

記号論　　semiotics

記号論あるいは記号学（semiology）は，**構造主義者**にとっては記号の「科学」を

意味するが，**ポストモダニズム**主義者にとっては，単に，記号に関する研究を指す用語でしかない。言語を主に歴史的観点から研究する史的言語学（philology）と袂を分かち，初めて言語を構造として捉える研究（linguistics）を行ったのはフェルディナン・ド・ソシュールである。（訳注：記号学と呼ばれることが多いのは，この言語学者の記号論である。）ソシュールと彼の考えを受け継ぐ全ての記号論者たちの主張によると，語というものは二つの要素から成り立っている。一つは音声や紙に記された表記といった物質的な構成要素で，ソシュールはそれをシニフィアンと呼んでいる。もう一つの構成要素は心的な部分，つまりシニフィアンによって表象される考えや概念であり，シニフィエと呼ばれる。シニフィアンとシニフィエが統合される時，記号が形成される。ソシュール言語学は，言語学という分野を越えて，あらゆる型の人間のコミュニケーションに関する研究のモデルとなった。例えば，ある記号論者が恋人の男性にバラの花束を贈るとする。その時彼女はその花束がシニフィアンとシニフィエに分解できる記号であると知っている。すなわち，シニフィアンは，バラという植物，その花びらや葉といった物質的な部分であり，シニフィエは，こういった物体が伝達する「愛してるわ」というメッセージなのである。

ソシュール以後，記号学者たちは記号の与える影響，記号の持つ力や記号の遍在性を示すことに力を注いできた。ロラン・バルトの『神話作用（*Mythologies*）』(1957) は，記号論的な方法を用いた研究例の古典といえる。バルトは，この本のなかで，自動車の広告，プロレスや粉石鹸といったフランスのポピュラー・カルチャーのさまざまな側面を取りあげて分析し，そこで伝達される微妙な（そして多くの場合，悪意が込められていたり，保守的であったり抑圧的であったりする）メッセージを明らかにしてみせた。

1960年代終わり頃になって**ポスト構造主義**が登場すると，それまでシニフィエに寄せられることの多かった関心がシニフィアンに向けられるようになった。ジャック・デリダやジュリア・クリステヴァの著作においては，シニフィアンとシニフィエの間の結びつきはばらばらにされ，シニフィアンの間テクスト的（インターテクスチュアル）な（**間テクスト性**を参照のこと）自由な相互作用に取って代わられている。構造主義者は**テクスト**の生み出す決定的な一つの意味を追求した。一方，ポスト構造主義者はテクストに複数の意味を見いだして満足する。その複数の意味のうちどれ一つとして，他の意味より優先的に扱われることはない。

ポストモダニズムでは，この考えをさらに一歩押し進めている。ジャン・ボードリヤールによれば，現代の社会では，メディアによって汲み上げられた記号があまりにも氾濫しすぎていて，記号と現実とを区別することはもはや不可能なのである。

【参考文献】
・ソシュール『一般言語学講義』小林英夫訳，岩波書店。
・バルト『神話作用』篠沢秀夫訳，現代思潮社。

ギデンズ，アンソニー　　Giddens, Anthony　　1938-　　社会学者

　ギデンズは，おそらく最も著名な英国の社会学者である。学者としての経歴は1960年代はじめに始まり，レスター大学講師，ケンブリッジ大学社会学教授を経て，1997年にはロンドン・スクール・オヴ・エコノミックス（訳注：ロンドン大学のカレッジの一つ）の校長となる。このような経歴を通し，ギデンズは一貫して，社会学の理論の中心的諸問題に取り組んできた。初期の仕事で，彼は古典的な社会学のテクスト解釈に対し多大な貢献をしており，その貢献には，ウェーバー，デュルケム，社会階級についての著作，史的唯物論に関する3巻の批評書が含まれている。

　ギデンズが最もよく知られているのは，彼の「構造化（structuration）」という概念ゆえであろう。この概念は，社会理論がかかえている根本的ジレンマの一つを解決しようとする試みである。社会学は，伝統的に，マクロな（巨視的な）見方をする人々とミクロな（微視的）見方をする人々の間で意見が対立してきた。言い換えるならば，批評家たちは社会の説明をする際，能動的個人と人間の主体的行為（行為理論［action theories］）か，社会構造や社会的慣行の強制（構造理論［structural theories］）かのいずれかを著しく強調してきたのである。ギデンズは，この単純な二元論に橋を架けることが不可欠であると提案し，そして，たとえ特定の社会的諸コンテクストによって限定されているとしても，人間は社会環境を変化させる能力を必ずや持っている，と主張する。先行理論を分析し，それらを自らの理論を立証するために総合するという詳細かつ精緻な分析方法のために，彼は絶賛されてきた。この彼の姿勢は，よりラディカルな理論家たちの仕事とは対照的である。なぜなら彼らは，先行するものを全て拒絶し，その結果自らが生じさせた真空状態を新しいが根拠のない正統性で満たすからである。。ギデンズは，中立的な立場の批評家であり，最近のほとんどの著作においては，**ポストモダニズム**理論の挑戦と折り合いをつけようとしてきた。このようにするとき，彼は，ポストモダニズム理論と理論的空間を共有しようとしていたのである。

　メタ物語の凋落が事実であるという論を擁護したり，われわれのアイデンティティが本質的に購買能力にあるような世界を記述したりする際，ポストモダニズムの理論家たちは，歴史や社会学の終焉，さらにあらゆる確実性の終焉を多種多様に主張する。ポストモダニズム的諸見解を批判する者たちは，その理論に内在する理論的無力さとニヒリズムを指摘してきた。こうした批判者のなかには古い考え方へ単純に回帰しようとするものもいるが，ギデンズは独特の中立を保っている。ギデンズは，この分裂の双方から，現代のことを（訳注：「ポスト」という代わりに）「後期」あるいは「ハイ」**モダニティ**と呼ぶような諸概念を具体的に作り上げている。

　ギデンズは，社会的な経験・アイデンティティ・知識の再構成をもたらした大規模な諸変化が20世紀後期に起こったという**ポストモダニティ**の理論家たちの意見に同意している。しかしながら，ギデンズは，これらの諸変化がモダニティとの完全

な断絶をもたらしたということには同意していない。ギデンズは，以前にはなかったような用法で反省性（reflexivity，訳注：もしくは再帰性）という概念を発展させている。ギデンズが示唆するのは，個人にとっての現代生活の特徴は自己を省みる（reflect）非常に単純な能力にあるということであるが，そう示唆するために彼はこう論じる。後期モダニティにおいて反省（reflection）の対象になったのは反省自体の過程である，と。このことはポストモダニズムの自意識とアイロニーにあてはまり，また自己がどれほど反省的プロジェクトになったかを明らかにしている。さらに，このことは，社会アイデンティティと社会構造の関係についての初期のギデンズ自身の関心事にも結びついている。このようなギデンズの主張がわれわれにもたらすのは，われわれが現代生活で見つけることのできる唯一の安寧（security）はあらゆることが不確かであるという確かさである，というパラドックスである。

　ギデンズは，現代生活における親密さの基盤を考察したり，変化する結婚パターンや個人関係を記述したり説明したりしようとする際にも，自己に関するこのような考えをさらに深めている。また，彼が論じているところによれば，人間関係は，家族，コミュニティ，生殖といった規則や規範との伝統的な結びつきを欠いているために，ホックをはずしてゆるんだ状態にある。相互行為は，個人中心で，個人の必要性の充足に基づくのである。したがって，このような必要性がもはや十分に満たされなくなるときに，われわれは自由に動き出すことができると感じる。ここにも，愛と結婚へのポストモダンな消費の精神の応用が垣間見られる。

　ギデンズは，学術的著作を通して，ある一貫してまとまった関心を持ち続けている。最近の著作では，現代的な経験についての主要な諸問題のいくつかを統合することを試みている。彼は，安全と危険，危険と信頼という対になるテーマを強調することによって，個人と社会構造の相互依存について探究し続けている。彼が同意している点は，20世紀後半の生活は，不安定で危険ではあるが，個人が単なるファッション（流行）の奴隷以上になる可能性を残している，ということである。たとえわれわれが，企業資本主義の強制と共謀する道を選んだとしても，少なくともわれわれは，そのような強制について反省することができる。ハイ・モダニティにおける自己の主要な目的は，固定されてしまうという罠から逃れることにある。われわれは動き続けなくてはならないのである。

【参考文献】
・ギデンズ『ウェーバー思想における政治と社会学』岩野弘一ほか訳，未来社。
・ギデンズ『近代とはいかなる時代か？ ─ モダニティの帰結』松尾精文ほか訳，而立書房。
・ギデンズ，ウルリッヒ・ベック，スコット・ラッシュ共著『再帰的近代化 ─ 近現代における政治，伝統，美的原理』松尾精文ほか訳，而立書房。
・ギデンズ『社会学』松尾精文ほか訳，而立書房。
・ギデンズ『社会学の新しい方法基準 ─ 理解社会学の共感的批判』松尾精文ほか訳，而立書房。

- ギデンズ『社会理論と現代社会学』藤田弘夫監訳，青木書店．
- ギデンズ『社会理論の現代像 — デュルケム，ウェーバー，解釈学，エスノメソドロジー』宮島喬ほか訳，みすず書房．
- ギデンズ『社会理論の最前線』友枝敏雄ほか訳，ハーベスト社．
- ギデンズ『親密性の変容 — 近代社会におけるセクシュアリティ，愛情，エロティシズム』松尾精文ほか訳，而立書房．
- ギデンズ『先進社会の階級構造』市川統洋訳，みすず書房．

キーファー，アンゼルム　　Kiefer, Anselm　　1945-　　アーティスト

キーファーの芸術は，彼の先生であり良き理解者でもあるヨーゼフ・ボイスと同じく，媒体としてのアーティストの立場を通して芸術と世界の神秘的融和を肯定するロマン派の美学によって特徴付けられる．魔術的豊穣性つまり文化的伝統のなかに埋め込まれた力によって生み出される豊かなエネルギーの一形式としての芸術を主張する点において，キーファーは，ボイスの後を継いでいる．というのは，ある意味，創造的力を吟遊詩人的な魔術の一形式と考えているのである．すなわち，この芸術家は，しずく，刻印，抹消，封鎖を有機的に格子模様としてキャンバスで再造形することによって，国の歴史や神話の記憶を呼び起すのである．再現（**表象**）と抽象の間をさまよいながら，荒々しく凶暴で生々しいキーファーの絵画の表面は，ノマド（遊牧民）的で粘着性があり血を流している存在へと絵の具が生まれ変わる空間を刻んでいる．批評家たちは，キーファーの一連の作品を変質性と超越性の概念に結びつけながら，彼の絵の構成のなかに錬金術の一形式を見出した．その錬金術においては，絵は，古代の神話やシンボルのなかに埋もれている真理を顕在化する．1980年代はじめなら，文化的表現の神話的・宗教的起源に向けられたであろうこのような関心は，芸術活動における伝統的諸様式への回帰の一端だと解釈されただろう．イタリアの批評家アキッレ・ボニト・オリーヴァは，**トランスアヴァンギャルド**と自ら名づけた一派の最も重要な人物の一人だとキーファーを見なした．しかしながら，クレメンテやバゼリッツ（訳注：**トランスアヴァンギャルド**を参照こと）とは違って，キーファーの作品は，その「拡大的な」技法を特徴とする．油絵，アクリル絵の具，エマルジョン・ペンキ，クレヨン，シェラック，写真，羊歯，藁，鉛，鉄，ガラスなどの使用が，「ニジェール（Niger）」（1984），「鉄道（Iron Path）」（1986），「土星の時（Saturn Time）」（1986）などの彼の作品に見られる．

ギブスン，ウィリアム　　Gibson, William　　1948-　　小説家

1980年代はじめに卓越した短編を数多く出版した後，ギブスンは『ニューロマンサー（*Neuromancer*）』（1984）という作品で近年のSF界に華々しいデビューを果たし，その作品で主要なSF賞を二つ獲得した（訳注：ヒューゴー賞とネビュラ賞）．

『ニューロマンサー』が他のＳＦ作品と異なる点は，影響を受けた諸作品の折衷的パスティーシュから成るそのスタイルである．パスティーシュされているものとしては，映画『ブレードランナー（*Blade Runner*）』（訳注：**サイバーパンクを参照のこと**），ウィリアム・バロウズ，トマス・ピンチョン，レイモンド・チャンドラー，フィルム・ノワールそしてＪ・Ｇ・バラード，フィリップ・Ｋ・ディック，サミュエル・ディレイニーに代表される1960年代後期カウンター・カルチャーの「心理的」ＳＦ（訳注：思弁小説［Speculative Fiction］とも称される）などが挙げられる．自意識過剰気味の「安っぽい（pulp）」筋立てときらびやかで引喩が多い散文体のために，そのスタイルは「**サイバーパンク**」と呼ばれるようになった．「サイバー」という語は，制御・通信システムに由来し，「パンク」は作者が相対的に若いということ（訳注： punk には「青二才」「若造」の意味がある）と，ヴェルヴェット・アンダーグラウンド（訳注:1965-73　アメリカの前衛的ロック・グループ．後述のガレージ・パンクもしくはガレージ・ロックの一翼を担い，イギリスのパンク音楽に影響を与えた）やガレージ・パンク・バンドの音楽に見られる感性に作者が負っていることに由来する．『ニューロマンサー』は，大企業の情報システム網を破壊するために集められた専門家グループの典型的な「犯罪（caper）」小説である．サイバーパンクが主として関心を寄せるのは，人間と**ヴァーチャル・リアリティ**やクローニングのような新しいテクノロジーとの間のインターフェイス，人間／機械や虚構／現実のような諸境界が曖昧になったことによる心理的・哲学的な結果である．多くの批評家によって典型的なポストモダン（**ポストモダニズムを参照のこと**）であると見なされているように，サイバーパンクの世界は，荒涼たる**ボードリヤール**的なシミュレーションの世界であり，イメージと現実が内破する**ハイパーリアリティ**の世界でもある．

　ギブスンによると（**サイバースペース**［電脳空間］という用語を生み出したのは彼である），サイバースペースとは，「あらゆる国の何十億という正規のコンピュータ・オペレーターたちが日々経験している共感覚幻想．人間のコンピュータ・システムの全バンクから引き出したデータの視覚的再現．考えられない複雑さ」（訳注：『ニューロマンサー』より）である．サイバースペースとは，あらゆるところにあるが，どこにもない，非空間（non-space）である．アクションの大半が行われることとなる夜の街（Night city，訳注：『ニューロマンサー』の現実世界での舞台．東京湾沿いの無法地帯）は，記憶されるべきものとして次のように描写される．夜の街とは，「社会ダーウィニズムの狂った実験に似ている．退屈しきった研究者が計画し，片手の親指で早送りボタンを押しっぱなしにしているようなものだ」，と．ギブスンは，『カウント・ゼロ（*Count Zero*）』(1986) と『モナリザ・オーヴァドライヴ（*Mona Lisa Overdrive*）』(1988) の二つの著作で，このテーマをより詳細に発展させている．上記の三作品は，「擬験（simstim）」，「肉人形（meat puppet)」,「補綴器官（prosthetic limbs）」,「頭蓋窩（cranial sockets）」,「擬似ポリカーボン（mimetic polycarbon）」といったような，人体／人間工学のインターフェイスにおける浸透的な性質と，人体を拡張可能，変形可能にする方法に取り付かれている。ブルース・スターリングとの共著『ディファレンス・エンジン（*The Difference Engine*）』(1990) は，バベッジ（訳注参照）の初期型コンピュータの発明を含む，瞠目すべきもう一つの歴史（alternative history）である。おそらくギブスンの最良の作品，もの悲しい近未来小説『ヴァーチャル・ライト（*Virtual Light*）』(1993) は，ゴールデン・ゲート・ブリッジ下の貧民街の住民を扱っており，他の作品に比べて暗い社会派作品である。『あいどる（*Idoru*）』(1997)（Idolを意味する日本語で，英語で発音するとI adore You［私はあなたが大好き］となる）では，ある「女性の仮想人格」を題材にしている（訳注：この小説はヴァーチャル・アイドル投影麗とロックスターの結婚をめぐる物語である）。日本を舞台にしたこの小説は，ギブスンを彼の最もポピュラーな小説風景に回帰させている。最初の批評的・商業的な成功の後すぐに相手にされなくなってしまうような動きの早い業界で，1984年にデビューして以来出版活動を続けてきた今でも，ギブスンの小説は，最も独創的で影響力のあるＳＦ小説であり続けている。

【訳注】

☆チャールズ・バベッジ：1792-1871　英国の数学者・機械工学者。現実の歴史の上でも，今日のコンピュータの原型とされるアナリティカル・エンジン（解析機関）を開発した。

【参考文献・フィルモグラフィ】

・ギブスン『ニューロマンサー』黒丸尚訳，ハヤカワ文庫。
・ギブスン『カウント・ゼロ』黒丸尚訳，ハヤカワ文庫。
・ギブスン『モナリザ・オーヴァドライヴ』黒丸尚訳，ハヤカワ文庫。
・ギブスン『クローム襲撃』浅倉久志ほか訳，ハヤカワ文庫。
・ギブスン＆スターリング『ディファレンス・エンジン』黒丸尚訳，角川文庫（全2冊）。
・ギブスン『ヴァーチャル・ライト』浅倉久志訳，角川文庫。
・ギブスン『あいどる』浅倉久志訳，角川文庫。
・巽孝之編『ウィリアム・ギブスン』現代作家ガイド3, 彩流社。
・スコット『ブレードランナー』, VHS（ワーナー・ホーム・ビデオ），DVD（ワーナー・ホーム・ビデオ）。
・ディック『アンドロイドは電気羊の夢を見るか？』浅倉久志訳，ハヤカワ文庫。

ギルバート・アンド・ジョージ　　Gilbert and George　1943-, 1942-　アーティスト
ギルバート・アンド・ジョージの記念碑的な芸術には，伝統，習慣，儀礼が深く絡み合っている。彼らの芸術が有名になったのは，1960年代後半の「歌う彫刻（Singing Sculputure）」という表現形式においてであった。ギルバート・アンド・ジョージ自身が作品であるこの作品には，戦前のポピュラー・カルチャーとパーフ

ォーマンス・アート（訳注:身体の所作を音楽・映像などの媒体を通じて表現する芸術様式）が結合されており，彼らは匿名性を示すビジネススーツを着て，フラナガン・アンド・アレン（訳注：1930・40年代に人気を博した英国のコメディーコンビ）の1932年の歌「アーチの下で（Underneath the Arches）」を歌う。1969年から1973年の間にヨーロッパ，オーストラリア，アメリカで行われたこのような一日がかりのパフォーマンスでは，「行為（act）」のロボット的特徴が彼らの機械のような動きによって補強されているかのようであった。ロバート・ローゼンブラム（訳注：美術史家・評論家。抽象表現主義を北方美術から見直したことで有名）は，1971年のニューヨークのソナベンド・ギャラリーでの彼らのショーに言及して，「アイロニックあるいはノスタルジック」（アイロニーを参照のこと）であると同時にポストモダニズム的でもあるそのような作品は，「短命かつ永久，人間的かつ機械的な」特徴の分類不可能な結合である，と主張している（訳注参照）。

1970年代になると，他の批評家たちも，そのような実践をポストモダンであるとみなすことができた。なぜなら，そのような実践は，後期モダニズム的なミニマリズム彫刻が空虚で無意味であるという合図を発し，多くのパフォーマンス芸術に見られた「男性的で精力的な（virile）」レトリックを萎えさせてしまったからである。「歌う彫刻」の空虚さを考察して，モダニズム的創造性が機械的な匿名性に置き換えられてしまった，と断言することが可能となったのである。つまり，彫刻したり，建築したり，ものを作ったりする代わりに，ギルバートとジョージは，金属のマネキンになること（訳注：「歌う彫刻」には後により彫刻に見えるように顔と手を銀色に塗る演出が加わった）によって後期モダニズム芸術の終わりなき停滞を演じたのだ。そして，彼らのパフォーマンスの硬直した様子には，後期モダニズム彫刻の「生命のなさ（lifelessness）」の追認が見受けられる。

「衝撃的な」主題と伝統的なイコノグラフィ，疎外と賞賛，といったようなアヴァンギャルドとアンティーク（古風）なものとの奇妙な結合は，彼らのその後の全ての写真ベースの作品の特徴となった。そのなかでも最近の作品のほとんどは，明と暗，静と動という劇的な対極に基づいて有機的に構成されている。商業写真の手法を取り入れた『聖戦（*Crusade*）』（1982），『現代の信仰（*Modern Faith*）』（1983），『信仰世界（*The Believing World*）』（1984），『新道徳作品（*New Moral Works*）』（1985），『宇宙論的作品（*The Cosmological Pictures*）』といった作品群は，ポップ・アート，キリスト教美術，ソビエト社会主義リアリズム，広告などの影響を含んでいる。このような全ての要素が構図の中で駆使されているのだが，モーカム・アンド・ワイズ（訳注：英国のコメディーコンビ。1960・70年代のTVショーで人気を博した）の中産階級版のようにも見えるギルバート・アンド・ジョージは，自ら絵の中に入り込み，憂鬱そうで寡黙な十代の少年たちが花綱のように飾られている「紋章学的な（heraldic）」風景を取り仕切るのである。もしこのひどく不自然な

(camp)［訳注：ソンタグ「キャンプについてのノート」を参照のこと］豊穣さがモダニズムの非現実的でユートピア的な性質を否定するものであるとしても，それでもやはりこのことは，贖<ruby>贖<rt>あがな</rt></ruby>いの美学（aesthetics of redemption）といったものを包含している。つまり，「濃密で」「難解な」芸術を創造する難解なアウトサイダーとしての芸術家の代わりに，この芸術家は，自己という同性愛的でポストモダン的な宗教を創設するために，歴史的かつ同時代的材料をつなぎ合わせるのである。

『宇宙論的作品』では，ある種のキッチュな豊かさといったものが，初期の作品に見られた白黒のイメージを持つ映画のような荒涼さに取って代わっている。さらにアメリカのポストモダニズムを連想させる構成的・コラージュ的スタイルによって，形式的なくり返しが，縮尺上の劇的な対比や自然の諸形相（その多くは鮮明で生気に満ちた色使いによって描かれている）の並置を通じて生き生きしたものになっている。テクニカラー（訳注：商標。3原色フィルターを使った天然色映画作成法）によるこうした試みの効果は，画面と並行する絵画内の平面（frontal plane）が圧倒的な存在感をもつことによって高められている。そこでは，人物が中世の教会のステンドグラスに見られるようなデザインで，気味悪く迫ってくる。しかしながら，たとえこのような人物たちのポーズが献身，従順，崇敬を暗示していたとしても，光の強烈さ，色使いのキッチュな性質，顔の表情の演劇的性質が，荘厳さの不可能性と儀礼，システム，儀式に対する不信（それらはギルバート＆ジョージとその脇役たちによって演じられている）を伝えている。立っていたり，横になっていたり，かがんでいたり，ひざまずいていたりするこのような画中の人物たちは，今はもう失われてしまった物語の行為を反復するよう運命付けられている。これは一種独特な芸術である。われわれは人物の姿勢や身振りがミケランジェロ，ウィリアム・ブレイク，ムンクと結び付けられていることに気がつくが，物語の内容は，見すぼらしいゴシック的主題，マンガに出てくるようなデイグロー・カラー（訳注：商標。蛍光着色剤）の衣を身にまとったひどく不自然な天使像，人物の表情（彼らの多くはホラー映画を見ているかのようである）を介してキッチュと薄気味悪さを融合する背景といった，それ自体が空虚さを生む反復の下に葬られている。つまり，ポストモダニズムのこのような形式において，難解かつポピュラー，神学的かつアイロニック，活気がありかつ空虚といった矛盾の芸術が，モダニズム芸術の超越的真実性に取って代わったように思われる。

【訳注】

☆「歌う彫刻」：このパフォーマンスは，「アーチの下で」をくり返しレコードやカセットテープに合わせて歌うことで成り立っている。曲が終わると，ステッキと手袋を交換し，同じ歌を最初からくり返し，時には7時間にわたって「展示」された（彼ら自身が述べているように，この行為は「彫刻」であるので，「演じる」のではなく「展示／提示」がふさわしい）。

【参考文献】
・セゾン美術館編『現代イギリス美術界の異才 ― ギルバート＆ジョージ』セゾン美術館，1997年（同年に開催された同名の展覧会のカタログ）．
・峯村敏明「ギルバート・アンド・ジョージへのインタヴュー ― 生きた彫刻が口を開けば」，『美術手帖』402号 1976年1月号所収．
・デーナ・フリース＝ハンセン「『生きている彫刻(リビングスカルプチャー)』は世界に佇む」，『Switch』11巻6号 1994年1月号所収．
・ソンタグ「《キャンプ》についてのノート」喜志哲雄訳，『反解釈』（高橋康也・喜志哲雄ほか訳），ちくま学芸文庫．竹内書房新社．

く

クイア理論　queer theory

スティグマ的な言葉である「クイア」を用いてレズビアンとゲイ文化を扱った論文，学会，雑誌の特集号などが1990年代初期に多数現れた。このことは，読者にホモフォビア（同性愛嫌悪）的な偏見を思い起こさせるきっかけとなると同時に，逸脱的な欲望と性的不安定を表す侮蔑的シニフィアン（訳注：「クイア」には，日本語で言えば「変態」「ホモ」といった意味がある）が，諸カテゴリーを超えるカテゴリーを記述するためのメタファー（隠喩）として用いられるような批評の形式が登場するきっかけとなった。ディコンストラクション（脱構築）から大いに影響を受けたクイア・リーディングは，ジュデイス・バトラーが論じるように「性に関する規制の全システムを不安定化するために，ゲイ／ストレートといった二項対立を解体する」多様なポストモダニズム理論を用いる。アイデンティティは，われわれの存在の本質ではなく，「シミュレーション」，偶然的で暫定的なパフォーマンスなのである。クイア理論は，アイデンティティの代替形式ではなくてアイデンティティの混乱を支持する哲学的に深みはあるが平穏をかき乱す種類の批評を生み出している。バトラー，そしてイヴ・コゾフスキー・セジウィックやD・A・ミラーなどのその他のクイア・リーディングの有力な理論家にとって，アイデンティティ，特に性的アイデンティティは，非本質主義的なものであり，ディスクール（言説）によって媒介される物質的現実において形成されるものなのである。しかし，人を不安にさせるこのような一連の批評は性的差異を軽視しており，その懐疑的スタンスからは有効あるいは解放的な知は生まれてこない，と論じる批評家もいる。

【参考文献】
・バトラー『ジェンダー・トラブル─フェミニズムとアイデンティティの攪乱』竹村和子訳，青土社．
・バトラー「批判的にクイア」クレア・マリィ訳・解題，『現代思想』1997年5月号臨時増刊（総特集　レズビアン／ゲイ・スタディーズ）所収．
・セジウィック『クローゼットの認識論』外岡尚美訳，青土社．
・セジウィック『男同士の絆─イギリス文学とホモソーシャルな欲望』上原早苗・亀澤美由紀訳，名古屋大学出版会．
・セジウィック「クィア理論をとおして考える」竹村和子・大橋洋一訳，『現代思想』2000年12月号（特集　ジュディス・バトラー）所収．
・マリノウィッツ「クィア・セオリー：誰のセオリー？」三村千恵子訳・解題，『現代思想』1997年5月号臨時増刊（総特集　レズビアン／ゲイ・スタディーズ）所収．

クーヴァー，ロバート Coover, Robert 1932- 作家

ロバート・クーヴァーは『プリックソングズとデスカンツ (*Pricksongs and Descants*)』(1969)，『ある夜ベッドで，そして他のちょっとした出会い (*In Bed One Night and Other Brief Encounters*)』(1983)『映画の宵 (*A Night at the Movies*)』(1987) を含む数冊の短編集を出版している。彼の小説には，『ブルーノ教団の興隆 (*The Origin of Brunists*)』(1966)，『ユニヴァーサル野球協会 (*The Universal Baseball Association*)』(1968)，『火刑 (*The Public Burning*)』(1977)，『女中の臀 (*Spanking the Maid*)』(1982)，『ジェラルドのパーティ (*Gerald's Party*)』(1986)，『ヴェニスのピノキオ (*Pinocchio in Venice*)』(1991) などがある。クーヴァーの作品はラテン・アメリカの魔術的リアリズムの影響を受けている。彼は，「常軌を逸したもの，珍妙なもののごく平凡な描写，またその逆，すなわち日常的なものを誇張し様式化したヴァージョン」とサルマン・ラシュディが呼んでいるもの（訳注：『真夜中の子どもたち』より）を生み出す。

『ユニヴァーサル野球協会』では，孤独な会計士 J・ヘンリー・ウォーは，余暇のほとんどを空想の卓上野球ゲームに捧げる。その野球協会はさいころによって統制されており，ウォーにとってのスター・プレーヤー，デイモン・ラザーフォードがワイルド・ピッチによって殺された時に問題が発生する。ウォーは復讐の感情で偏屈になる。彼は後のゲームでさいころを替え，ジョック・ケイシーというピッチャーを「殺害する」。最終章では，野球の世界は完全に，その創造者(彼のイニシャル J・H・W は，聖書の中のヤハウェとの明らかな相似を示している) の手から自由になる。選手たちは，ラザーフォードとケイシーの死後数世代にわたって「デイモンズ・デイ」を自律的に祝うのである。

クーヴァーは『プリックソングズとデスカンツ』(訳注：どちらも多声曲のアドリブの部分のこと) の中の短編小説「兄 (The Brother)」と「Jの結婚 (J's Marriage)」において，二つの宗教的エピソードを同じような方法で非神話化している。最初の物語では，ノアは，動物を洪水から救うために箱舟を作ることを弟にバカにされる。語り手のいい加減な句読法と現代アメリカのイディオムが，ノアの使命の大げささを埋没させてしまう。それでも彼のボートは浮いたままでいるのだが。「Jの結婚」では，夫婦がいくつかの通過儀礼 (求婚，婚姻，第一子の誕生) を経験する。そこには，多分何も驚くべきことはない。しかし夫は，ただのジョー (Joe) ではない。彼は大工のヨゼフ (Joseph) であり，彼の妻は処女マリアで，子どもはイエス・キリストなのである。床入りをまだ済ませていないことがわかっている夫から見れば，処女のまま受胎し，出産することは，ありうべからざることなのである。

クーヴァーが最もよくからかって真似る文学形式は，お伽話や寓話の形式である。『プリックソングズとデスカンツ』の最初の話「扉 ── いい加減な序言 (The Door:

A Prologue of Sorts)」は，セックスと暴力の陶酔を赤頭巾ちゃんとジャックと豆の木の話に注入する。これは**フロイト**によって改訂されたグリム童話である。「魔法の火かき棒（The Magic Poker）」では，遠方の島を訪れた二人姉妹を，その島の管理人の息子が覗き見する話である。少女たちは草むらで鍛鉄の火かき棒を見つける。この場面は何度も立ち返る原光景となる。くり返される行為において，カレンが火かき棒を見つける時もあれば，彼女の姉妹（訳注：姉か妹かの同定はおそらく意味がない。この名前を与えられていない三度結婚を失敗した「少女」は，極めて象徴的な描かれ方をしている）が見つける時もある。火かき棒にキスをすると，その棒がハンサムな男性になる時も，錆びた棒のままである時もある。

あまりにも本物そっくりに葡萄の絵を描いたので，鳥がついばんだという逸話のあるギリシヤ神話のゼウクシスのように，クーヴァーは，芸術と現実の接点に魅了される。そしてゼウクシスがキャンバスに描いたカーテンを本物の布と思い込むように騙したパルラシウスのように，クーヴァーは枠組みで遊ぶことをことのほか好んでいる。

【参考文献】
・クーヴァー『ユニヴァーサル野球協会』越川芳明訳，新潮文庫。若林出版企画。
・クーヴァー『女中の臀』佐藤良明訳，思潮社。
・クーヴァー『ジェラルドのパーティ』越川芳明訳，講談社。
・ラシュディ『真夜中の子供たち』寺門泰彦訳，早川書房（全2冊）。

クープランド，ダグラス　Coupland, Douglas　1961-　小説家・ジャーナリスト
彫刻家そして経営の訓練を積んだ後，1988年にクープランドは，自らが「ジェネレーションX」と呼ぶ，若く不満を持ち高学歴だが能力を十分に生かしていない20代集団についての記事をバンクーバーの雑誌に書いた。翌年，出版社は，彼にこの記事を社会学の手引書に拡大することを依頼した。しかし，クープランドはそうせずに，大成功をおさめた『ジェネレーションX（*Generation X*）』（1991）という小説を書いた。この小説はその年の最も影響の大きかった本の一つとなり，何千もの新聞記事が，この小説の中の複数の章の題名（例えば，「30歳で死亡，70歳で埋葬」）について議論し，本の欄外に散りばめられた新造語や定義（例えば，「マックジョブ——サービス分野における，低賃金，低地位，低尊厳，低恩恵，未来なしの仕事」）を論じた。最終章を成す気を滅入らせるような統計は，登場人物が行う自分のまわりの世界の解釈に経験的裏付け（例えば，今やだれもがテレビを持っているのに，このポスト・ベビーブーマー世代は，第二次世界大戦以降では，親よりも暮らし向きの悪くなる最初のアメリカ人である，といった経験的裏付け）を与えている。

『ジェネレーションX』と『シャンプー・プラネット（*Shampoo Planet*）』（1992）と特に『ライフ・アフター・ゴッド（*Life After God*）』（1994）のなかの短編は，自

然が世界に意味を与えることを期待する点において，ソロー（訳注参照）の考えをなぞっている。より陽気な『マイクロサーフス（*Microserfs*）』（1995）においてでさえ，クープランドの登場人物はフクヤマの言う「歴史の終焉」の到来を経験した遅まきのポストモダンな世界（ポストモダニズムを参照のこと）に生きている。資本主義的民主主義の虚しい勝利のなかで，彼らは肩をすくめるしぐさ程度の皮肉でしか，何も目新しいことのない倦怠を遠ざける手立てを持たないのである。

【訳注】

☆ソロー，ヘンリー・デイヴィッド：1817-62 環境保護運動ならびにネイチャー・ライティングの祖と言われることも多いアメリカの著述家。マサチューセッツ州コンコード近くのウォールデン池の周りの森で2年2ヶ月余り生活。主著『ウォールデン（Walden）』（1854）は，その生活を通じての思索の書である。

【参考文献】
・クープランド『ジェネレーションＸ — 加速された文化のための物語たち』黒丸尚訳，角川文庫．
・クープランド『シャンプー・プラネット』森田義信訳，角川書店．
・クープランド『ライフ・アフター・ゴッド』江口研一訳，角川書店．
・クープランド『マイクロサーフス』江口研一訳，角川書店．

グラス，フィリップ　　Glass, Philip　　1937-　　作曲家

グラスは，ミニマル・ミュージック（ミニマリズムを参照のこと）の発展において鍵となる役割を演じてきた。彼は，厳格な正規の音楽教育を受けているが，他のミニマル・ミュージックの作曲家たち（例えば，かつての同僚，スティーヴ・ライヒ）や，数々の非西洋の音楽からも影響を受けた。彼の経歴の特徴は，多様に選抜された音楽家や他の芸術分野の人々とのコラボレーションである。ピアノ，フルート，バイオリン，音楽理論を学びながら，若い頃から，グラスは作曲家になる決心をし，ジュリアード音楽学校で学ぶべくニューヨークに移り住んだ（1956年）。彼はそこで，アメリカ国内で数名の作曲家たち（訳注：ウィリアム・バーグスマ，ヴィンセント・パーシケッティら）から作曲法の個人教授を受け，その後，著名なフランス人作曲教育者ナディア・ブランジェに師事するためパリへ移った。パリで19世紀の和声の厳密な研究を行いつつも，世界的に有名なインドのシタール（訳注：さおの長いインドの撥弦楽器）奏者ラヴィ・シャンカルに出会い，共に演奏する僥倖にも恵まれた。他文化の音楽や美的原理についての生涯にわたる興味や研究は，このようにして始まった。インド，北アフリカ，チベットでの研究期間に続き，グラスはニューヨークに戻り，受けた影響を彼独自の音楽的表現へと統合し始めた。

セリー主義，すなわち，クロマチック・スケール（半音階）の12個の音をそれぞれ等しく偏らぬように扱うことによって，楽曲がいかなる単一の「調」にも落ち着くことがないようにする技法がそれまでのクラシックのコンサート音楽の規範となっていた。しかし，セリー理論の作曲教育を受けつつもグラスはすぐにその理論を

拒否し，セリー主義はエリート主義的でアカデミックかつ旧式であると主張した。スティーヴ・ライヒのアンサンブルの演奏者としてのグラスの仕事は，非西洋の諸形式についての知識と結びつき，彼自身の作曲技法の発展を促すインスピレーションを与えた。『2つのページ（*Two Pages*）』(1968)，『五度の音楽（*Music in Fifths*）』(1969) といった彼の初期の作品では，長い楽節にわたって，同一の調のみならず同一コードが続けられ，リズムや構成面に注意が払われている。グラスの音楽は複数の構造原理を用いている。（例えば，「付加の過程（addictive process）」，すなわち，くり返されるモティーフにシステマティックに音が加えられることによって，そのモティーフの長さを長くしてゆき，楽曲の基調をなす小節を変化させる手法や，「循環構造（cyclical structure）」。）このような構造原理は，表層レベルでは，より馴染みのある西洋音楽のスケール（音階）やアルペッジオを利用してはいるものの，東洋音楽から引き出されたものである。

1968年に自らのアンサンブルを立ち上げたことに加え，絶えず舞台に愛着を持ち続けていたグラスは，合作で多くの舞台用の音楽を執筆した。初期の三作品，『浜辺のアインシュタイン（*Einstein on the Beach*）』(訳注：ロバート・ウィルソン演出) (1976)，『サチャグラハ（*Satyagraha*）』(訳注：サチャグラハとは，1919年にインド建国の父ガンジーが唱えた無抵抗不服従運動のこと) (1980)，『イクナートン（*Akhnaton*）』(訳注：イクナートンとは，エジプト第18王朝の王，アメンホテップ4世のこと) (1984) は，三部作をなしている。

グラスは，おそらく20世紀の他のどの作曲家よりも，「高級」芸術と「低級」芸術を厳密に分けている垣根を取り外すための活動を絶えずし続けてきた。グラスが関わったコラボレーションの多くは，ロック，ポピュラー音楽界，非西洋の伝統からの音楽家たちとのものであった。『ソングズ・フロム・リキッド・デイズ（*Songs from Liquid Days*）』(1986) では，ポール・サイモン，デイヴィッド・バーン，スザンヌ・ヴェガを含むポピュラー・ソングライターと仕事をした。これらのソングライターが歌詞を提供し，その歌詞をグラスがアレンジし，曲をつけた。1980年代後半，ジャン・ジュネの劇，『屏風（*The Screens*）』(訳注：仏語の原題は*Les Paravents*で1961年刊) の音楽を作るために，グラスはアフリカ人作曲家フォディ・ムーサ・スーゾーとコラボレーションした。グラスは，ラヴィ・シャンカルの音楽に深く影響され，1960年代にはシャンカルと共に仕事をしていたのだが，この二人のコラボレーションが再び実現したのは，1990年になってからだった。『パッセージズ（*Passages*）』(1990) というタイトルのCDを生み出したこのプロジェクトは，お互いが相手によって与えられたテーマに基づいて曲を書くというものであった。もう一つの注目に値するコラボレーションは，大成功をおさめた『ロウ』交響曲 (1992) (訳注：邦盤のタイトルは『ロウ・シンフォニー』) であった。フルオーケストラ用の3楽章からなるこの作品は，1977年のデイヴィッド・ボウイとブラ

イアン・イーノのアルバム『ロウ (*Low*)』からインスピレーションを受けている。彼らのそのアルバムは、歌とインストルメンタルのコレクションであったが、グラスに交響曲を作り上げるいくつかのテーマを提供した。『ヒーローズ (*Heroes*)』交響曲（1997）でも再び、1970年代のボウイとイーノのアルバムを用いている。

同年代のスティーヴ・ライヒもそうであるが、フィリップ・グラスの作品は、（本質的には**モダニズム**的な）音楽界の体制派からたいてい避けられてきた。グラスは、スティーヴ・ライヒと同じように、初期の頃、自分の作品の大部分を自分自身のアンサンブルのために書いたり、伝統的なコンサートホールとは別のところで新しい聴衆を育て上げたりすることによって、この問題を解決した。「クラシック」コンサート音楽を書いている多くの若い世代の作曲家のみならず、アンビエント音楽（訳注：イーノを参照のこと）、ハウス音楽（訳注：電子音楽を生かしたディスコ用などの曲）、ダンス音楽などのプロデューサーにも、グラスは多大なインスピレーションを与え続けている。

グラマトロジー　　grammatology

「グラマトロジー」という用語は、ジャック・**デリダ**が1967年に著した『根源の彼方に ─ グラマトロジーについて（*Of Grammatology*）』によって最初に有名になった。「グラマトロジー」は文字言語（writing）の科学を指すが、この科学は、言語学的記号の内在価値に疑問を投げかけている。デリダがこの用語を用いるのは、文字言語よりも音声言語（speech）を優位に扱う西洋哲学を批判する一環としてである。西洋哲学の言説は、音声的な文字言語、つまり発話を完全に再現前化（represent）しようとする種類の文字言語に依拠していると考えられる。文字言語の科学としてのグラマトロジーは、音声言語と文字言語の間の不均衡を正そうというデリダの批評活動の全般的傾向の一部をなす。シニフィアン（記号表現）とシニフィエ（記号内容）が有機的統一体を形成していると考える**構造主義**的思想への反駁が、デリダによる不均衡是正プロセスの中心を占めている。音声言語は、構造主義言語学において原初的**現前**とみなされ、他方、文字言語は純粋さの侵害とみなされている。グラマトロジストは、**ロゴス中心主義**的な文字言語（音素［phoneme］あるいは声［voice］の再生）を、エクリチュールすなわちグラマトロジー的な文字言語と区別する。そのグラマトロジー的な文字言語は、言語を作り上げる諸行為の特徴付けに関心がある。デリダによれば、グラマトロジストが論じているのは「テクスト外なるものは存在しない」（訳注：『グラマトロジーについて（*Of Grammatology*）』より。バーバラ・ジョンソンの英訳でOutworkと題された『散種（*Dissemination*）』の序文にも同様の表現がみられる）ということであり、言語は意味を絶えず遅延させ（defer，訳注：差延を参照のこと）続ける無数の解釈に開かれているということである。このことは、超越的シニフィアンによって固定されて

いる絶対的な真理の可能性を拒絶することを含む。このような立場は、ポストモダニズムが「大きな物語」を却下することと親密性を持っている。
【参考文献】
・デリダ『根源の彼方に──グラマトロジーについて』(上)(下)足立和浩訳、現代思潮社。

クリステヴァ，ジュリア　　Kristeva, Julia　　1941-
フェミニスト精神分析家・言語学者・理論家・批評家

エレーヌ・シクスーとリュース・イリガライとともに、ジュリア・クリステヴァは、フランスのフェミニズム理論（エクリチュール・フェミニン）の最も有名な主導者の一人である。ブルガリアで生まれたクリステヴァは1966年にパリへ移った。そこでの彼女の仕事は、前衛的な学術誌『テル・ケル (*Tel Quel*)』に参加していた**構造主義者**たちと**ポスト構造主義者**たちのグループと関係するものに急速になっていった。彼女の初期の代表作は、1974年に出版された『詩的言語の革命 (*Revolution in Poetic Language*)』であり、そのなかで彼女は、言語及びアイデンティティの確立における言語の役割についての自らの基盤となる理論を開陳した。彼女は、言語の起源を、母子関係がまだ損なわれていない前エディプス期に設定したという点において、**フロイト**や**ラカン**とは異なっている。クリステヴァが「セミオティク」（**記号論**を参照のこと）と称するものにおいて、子どもは、自分が母親から分離したアイデンティティを持つ者であるという感覚を持っておらず、したがって、自己と**他者**との間のコミュニケーション手段の必要性を認識していないのである。しかしながら、その存在は、身体の欲動、心拍、衝動によって制御されており、子どもは徐々にそれらに命令し、それらを抑制することを学んでいく。このことこそが、意味作用 (signification) の実践の基礎を形成するものなのである。

　エディプス的危機は、母子の二人一組の関係に父親が介入してくることを示唆し、子どもの言語への移行を開始させるのである。サンボリク（象徴的）な秩序のなかで、子どもは独立した**主体**となり、自分のまわりの世界の内容を定義するため、ならびに他の独立した主体とコミュニケーションを取るために、言語に頼るようになるのである。しかしながら、サンボリクはセミオティクに取って代わることは出来ない。その代わりに、これら二つの「様態」は、言説を形成するために合体するのである。

　したがって、クリステヴァにとって、言語というのは、固定された体系ではなく、いまだ進行中の過程なのである。なぜなら、意味はセミオティクとサンボリクとの間に生じる動的な相互作用から生まれるからであり、それによってそれぞれの様態が他方を制御するのである。セミオティクの諸エネルギーは、新しい意味を生み出すための柔軟で創造的な言語の使用を可能にするのだが、サンボリクの秩序付け能力がなければ、言語はただの不可解な「精神病的な」無意味な喃語(なんご)になってしま

う。その反対に，サンボリクは，言語と対象を正確に対応させようと試みるが，セミオティクの補正的な存在がなくては，その試みは，他者と自己の間の絶対的区別を保つことによって「他者」なるものを統制したいという全体主義的衝動へと堕落してしまうのである。

　言説の諸様式は，サンボリクとセミオティクとの間を揺れ動く関係のなかから形成される。例えば，科学的言語においては，セミオティクは，ほぼ完全に抑圧されている。なぜなら，言葉と記述されるものとの間のズレは殆ど許されないからである。しかしながら，詩的言語においては，セミオティクの優勢は，リズム，統語上の不規則や，メタファー（隠喩），メトニミー（換喩），音楽性などの言語的歪みによって，明らかである。

　しかしながら，セミオティクが母親と同一視されているという事実にもかかわらず，その使用はジェンダーと結び付いているわけではない。なぜなら，男性と女性は言語に対して異なる関係を持つ，と主張するような類の言語的本質主義に対し異議を申し立てる点において，クリステヴァはシクスーやイリガライとは異なるからである。その証拠となるのは，科学言語が「男性的」である必要がないのと同様に，詩的な，リズミック（韻律的）な，あるいは表現豊かな言語は女性特有の領域というわけではないことである。実際，クリステヴァがセミオティク衝動の典型的作家として最もよく引用するのは，マラルメやジェイムズ・ジョイスなどの男性作家たちなのである。

　クリステヴァは，現存しているブルジョア的枠組みのなかで政治的権力を求めようとする運動計画に異議を唱えると断言し，広範囲にわたるフェミニズム運動に対してはつねに一定の距離を保ち続けてきた。彼女は，そういった運動計画がまた別の「支配的言説（master discourse）」（**大きな物語**，**メタ物語**を参照のこと）になりうる危険を孕んでおり，中心と周縁という階級支配的な区別に対して根本的な挑戦を投げかけるどころか，おなじみの力のある者／力の無い者の対立をひっくり返そうとするにすぎない，と論じる。「女の時間（Women's Time）」（1979）というエッセイでは，次のように述べている。「反権力と反社会という論理それこそが，まさにその自らの構造ゆえに，敵対する社会や権力の**シミュラークル**（似姿）として自らの本質を生み出すことを余儀なくされるのである」。

　このエッセイのなかで，クリステヴァは，フェミニズムの歴史における二つの段階を明らかにする。1968年以前にフェミニズムが要求したのは，歴史及び直線的時間秩序のなかでの平等な地位であった。1968年以降，フェミニズム第二世代は，女性と男性には本質的な差異があることと，歴史的および政治的領域の外に留まることのできる権利を強調した。しかしながら，両方の立場ともそれぞれ不利な点を抱えている。第一世代が母性のセミオティクの力を放棄したのに対し，第二世代はサンボリクと関わりのあるあらゆる能力を無くしてしまうほどにセミオティクに共鳴し

てしまうという危険を犯している。クリステヴァが考えるフェミニズムにとっての挑戦課題は，第三の選択肢を制度化するために，つまり，多様性と差異を認めつつ中心と周縁の区別を完全に無くす流動的な言説を制度化するために，母という時間すなわち母であることと直線的時間の歴史的・政治的秩序とを和解させることなのである。

【参考文献】
・クリステヴァ『詩的言語の革命 — 第一部　理論的前提』原田邦夫訳，勁草書房．
・クリステヴァ『詩的言語の革命 — 第三部　国家と秘儀』枝川昌雄・原田邦夫・松島征訳，勁草書房．
・クリステヴァ『女の時間』棚沢直子・天野千穂子編訳，勁草書房．

グリーナウェイ，ピーター　　Greenaway, Peter　　1942-　　映画監督

　グリーナウェイは，芸術と文学の統一を表明する30を越える映画作品によって最もよく知られている。これらの映画作品は，豊かな撮影技術（シネマトグラフィ）と実験的な構造を特徴とし，その技術と構造は「イメージと戯れ，言葉を巧みに操り，その両者の相互作用をもてあそぶ機会」を提供する。1978年以降，**ミニマリズム**作曲家マイケル・ナイマンがすべてのグリーナウェイ映画の音楽を担当している。（訳注：『建築家の腹』の音楽担当はヴィム・メルテンであり，例外もある。）
　グリーナウェイの初期の作品群には，方法論と構造への継続した興味が表れている。『ウィンドウズ（*Windows*）』(1975)，『ア・ウォーク・スルー・H（*A Walk Through H*）』(1978)，『H・イズ・フォー・ハウス（*H is for House*）』(1978)（訳注参照）では，文字や数字を用いた枠組みを形式主義的に適用することをグリーナウェイが好んでいることが見て取れる。この枠組みは，『英国式庭園殺人事件（*The Draughtsman's Contract*）』(1982)のような作品の制作過程を自己言及的に指し示す（訳注参照）。そのような作品群において，グリーナウェイは，よりあからさまに**記号論**的手法の制作方法を探究し，過度で極端なものに耽溺するコンテクストのために初期のミニマリズム的表現を抑制する（『コックと泥棒，その妻と愛人［*The Cook, the Thief, his Wife and her Lover*］』[1989]に見られる人肉を食する場面の採用が最良の例である）。これらの映画は，グリーナウェイが**ポストモダニズム**に移ったことの表れである。1980年代以降，グリーナウェイの作品は，映画の構造や主要登場人物たちの性格描写の両方において，**間テクスト性**（インターテクスチュアリティ）と折衷主義への関心を次第に強めている。主人公に時間横断的な自己探究を行わせるために，『英国式庭園殺人事件』では17世紀を舞台として用い，『建築家の腹（*The Belly of an Architect*）』(1987)でも別の歴史（18世紀新古典主義の建築家ブレー）を利用している。しかしながら，自分の登場人物たちを「アレゴリー（寓意）的で擬人化された意味という重圧を支える暗号文にすぎぬ存在」として語っているように，彼はアレゴリーのポストモダン的復活と引き替えに心理的な性格描写を捨て去っている。

芸術や文学をそのように開発してゆくと同時に，映画の境界域を押し広げようとするグリーナウェイの関心ゆえ，彼の初期の映画作品は，もっぱらアートシアター（訳注：芸術・前衛志向の映画のための劇場）の観客向けであった。しかしながら，自らのスタイルに妥協しているわけではないが，『コックと泥棒，その妻と愛人』のような映画に見られるスペクタクルや過剰さ，『プロスペローの本（*Prospero's Books*）』(1991) のジョン・ギールグッド卿，『ピーター・グリーナウェイの枕草子（*The Pillow Book*）』(1996) のユアン・マグレガーのような主役俳優の魅力といったものが，多くの観客を呼び寄せている。

【訳注】

☆『ウィンドウズ』は約3分の短編で，ある時期，ある場所で窓から飛び降りたさまざまな人々の事実（自殺，事故，不運など）が，統計的な数字の列挙とともに直接その事実とは関係のない映像を背景に，グリーナウェイ自身によって語られる。『ア・ウォーク・スルー・H』は約40分の短編。ある会社のオフィスに地図の役割を果たす92枚の絵（グリーナウェイ自身が描いたもの）が飾られている。その地図をたよりに「H」の謎を解く。ヴァン・Hという人物，北半球（hemisphere）の1418羽の渡り鳥というHに関する文句が出てくる。映像の9割はその絵のモンタージュ，残りは鳥の映像。『H・イズ・フォー・ハウス』は約9分の短編。アルファベットの頭文字とその頭文字から始まる単語の羅列と映像からなり，邦題をつけるとすれば『Hはhouseの頭文字』。

☆『英国式庭園殺人事件』では，『H・イズ・フォー・ハウス』に見られた頭文字に関する文字遊びや，『ア・ウォーク・スルー・H』で探られた「H」の謎に対して，間接的だが自意識的な参照が見られる。ヴァン・Hという人物を意識した「H」の頭文字で始まる人物への言及も登場する。謎解きの枠組み自体も『ア・ウォーク・スルー・H』の影響大である。

【参考フィルモグラフィ】

・『ウィンドウズ』，『ア・ウォーク・スルー・H』，『H・イズ・フォー・ハウス』の三作品は，『ピーター・グリーナウェイ初期短編集』全2巻，VHS（アップリンク）所収。『ピーター・グリーナウェイ初期作品1』DVD（紀伊国屋書店）
・グリーナウェイ『英国式庭園殺人事件』，VHS（ソニー・ミュージック・エンターテインメント），DVD（紀伊国屋書店）。
・グリーナウェイ『コックと泥棒，その妻と愛人』，VHS（日本ヘラルド映画），DVD（ユニヴァーサル・ピクチャーズ・ジャパン）。
・グリーナウェイ『建築家の腹』，VHS（カルチュア・パブリッシャーズ），DVD（『ピーター・グリーナウェイ監督コレクション』［ポニーキャニオン］所収）。
・グリーナウェイ『プロスペローの本』，VHS（日本ヘラルド映画）。
・グリーナウェイ『ピーター・グリーナウェイの枕草子』，VHS（バップ）。

グリーンブラット，スティーヴン　　Greenblatt, Stephen　1937-　文学批評家
グリーンブラットは，アメリカの「ニュー・ヒストリシズム（新歴史主義）」（この

用語は1982年に彼が創り出したものである）の中心人物である。1970年代におけるアメリカの文学理論の諸正統，特にディコンストラクション（脱構築）は，方法論において歴史に無関心である。この姿勢は，ディコンストラクション自らが異議を唱えその後釜にすわった批評の諸流派（すなわちニュークリティシズム［新批評］や神話批評）と同様である。ニュー・ヒストリシズムはこの確信に端を発している。グリーンブラットは，芸術作品をその歴史的コンテクストや文化的先例から切り離された自己充足的なものとして扱う批評を拒否する。しかしながら，文学を歴史的コンテクストにおいて扱うことは，特に目新しいことではない。より伝統的な歴史批評（訳注：たとえばE・M・W・ティリヤード著『エリザベス朝の世界像（*The Elizabethan World Picture*）』）とグリーンブラットとの違いは，文学的前景と政治的背景の間の区分を問題にしたことにある。加えて，グリーンブラットは，伝統的な歴史批評とは相容れないものを拠り所とする。例えば，人類学（特に**ギアーツ**），**ラカン流新フロイト主義**，そして，とりわけ**フーコー**である。フーコーに倣って，グリーンブラットは，「歴史」はそれ自体**テクスト**的に媒介されたものであるという概念を重視し，テクストをテクストの周囲（つまりは依然として外部）にある歴史を単に反映したものだと考える過去の歴史主義的批評のミメーシス（模倣）的モデルを問題視する。**表象**は単なる時代の産物ではない。表象はそれ自体生産的なものであり，表象を生み出す諸力とかみ合い，その結果しばしばそのような力を変化させるのである。モノローグ的な歴史学が思いこんでいるほど，歴史も文学作品にとって，議論の余地のない安定した背景ではない。非文学テクストも，現実がただ単に中立的に転写されたものではない。むしろ，歴史的事実や経験は，テクスト性を特徴付けるあらゆる付随的な修辞上の戦略が伴う「テクスト的**痕跡**（textual trace）」においてのみ接近可能である。

『ルネサンスの自己成型（*Renaissance Self-Fashioning*）』（1980）は，ニュー・クリティシズムの精読（close-reading）技法という前提要件に異議を唱えている。芸術というものは自律性を主張できず，テクスト的痕跡は「特定の共同体，生の状況，権力構造のなかに自意識的に埋め込まれているのだ」。同時に，グリーンブラットは，自らが扱う諸作家と彼らの文化との関係について還元的一般化を拒絶する。例えば，シェイクスピア劇は，「正統（**正統化**を参照のこと）的権威の単一で不変の肯定ないしは否定」を提示してはいない。ルネサンス社会は均質ではなく，その文学はルネサンス社会のイデオロギー闘争を上演する。ルネサンスの文学作品は，「作品の向こう側に広がる一連の安定した歴史的事実の反映」ではなく，「紛争の場」である（訳注：『英国ルネサンスにおける権力の諸形態［*The Power of Forms in the English Renaissance*］』［1982］より）。多くのポストモダニズム思想が，非歴史的方向性を拒否しているのにもかかわらず，グリーンブラットの仕事は，ディコンストラクションに多くを負っており，いくつかの術語（「起源［origin］」，「切断

[rupture]」，「刻印［inscription］」など）をそこから借りている。さらに，グリーンブラットは，文学作品で得ることのできる大きな起源となる意識というものはなく，文学作品には「中心的な，揺らぐことのない作家の**現前**」はない，と論じている。『ルネサンスの自己成型』は，アイデンティティの構築という概念を扱っており，その考えは人間の主体性に関するディコンストラクション的な考えにしばしばかなりの影響を受けている。例えば，オセローの自己成型は言説的と見なされ，外的なレトリックによって創り出されている。オセローの最深部の自己は，「つねに必然的に外部から与えられる言語，ならびに観衆を前にした上演＝表象（representation）」に依存しているのである。

『シェイクスピアにおける交渉（*Shakespearean Negotiations*）』（1990）は，フーコーの**系譜学**的方法論を用い，カノン（正典）的なルネサンス文学を特権化することを拒絶し，グリーンブラット自らが「周縁領域（borders）」からのエクリチュールと呼ぶものを詳説している。この戦略は，カノン性についての問題を提起し，メジャー／マイナー文学についての議論を政治化し，とりわけ，正統的な歴史記述を問題にする。フーコーと同じく，グリーンブラットも，非文学的とされている歴史テクストと文学的工作物（artefact）を結び付けることに躊躇をしない。もしわれわれにとって歴史というものが物語の形式においてでしか近づけないものならば，これは正当な戦略となる。例えば，「虚構と摩擦（Fiction and Friction）」の章では，『十二夜（*Twelfth Night*）』（1601-2）の読解を始めるにあたり，1580年代における服装倒錯（transvestism）に関する逸話を用いている。このような逸話の配置の仕方は，ニュー・ヒストリシズム的な著述においてマンネリズムとなってしまっているものの，正統的歴史記述の（リオタールの用語を使うならば）**大きな物語**を否定する「逸話的歴史記述（anecdotal historiography）」を形成している。『シェイクスピアにおける交渉』はまた，権力に対する関心において，特に転覆（subversion）と封じ込め＝包摂（containment）の概念に細心の注意を払っている点においてもフーコー的である。グリーンブラットが検証しているのは，どのようにイデオロギーが転覆的な言説を「取り込み（co-opt）」，それによってその言説を同化し中和させるかについてである。急進主義者たちの耳に暗澹と響くメッセージは，次のとおりである。転覆的な声は「秩序の肯定によって，そしてその秩序の肯定のうちに作り出される。その声は，強力に記録されているが，その秩序を危うくすることはない」。

『驚異と占有（*Marvelous Possessions*）』（1992）は，いかに自我が（ときに悪魔的な）他者との同一化によって構築されることが多いかを検証している。ヨーロッパ人と「新世界」の住人の遭遇に取り組むにあたって，グリーンブラットは「驚異（wonder）」の最初の意味に気付き，それを理解している。このことは表象の危機につながる。いかにして人はそのような絶対的な**他者**を扱うのか。植民地主義者た

ちは，テロル的疎外という戦略において，改名させ，変容させ，専有化する。その他者は，異質な対象，すなわち言語上の植民地主義を通して破壊されるか巧妙に組み込まれるかして封じ込められるものにされるのである。

　グリーンブラットの仕事は，現代文学理論の中のニュー・ヒストリシズム的傾向を決定づけてきた。彼はアメリカの学会において，フーコーの宣伝者としても多大な影響を与えており，また，彼の仕事は批評の場において，1980年代に全盛であったロマン主義研究から主役の座を奪い返し始めたルネサンス研究という新しいブランドの中心に位置している。

【参考文献】
- グリーンブラット『ルネサンスの自己成型 — モアからシェイクスピアまで』高田茂樹訳，みすず書房。
- グリーンブラット『シェイクスピアにおける交渉 — ルネサンス期イングランドにみられる社会的エネルギーの循環』酒井正志訳，法政大学出版局。
- グリーンブラット『驚異と占有 — 新世界の驚き』荒木正純訳，みすず書房。
- リオタール『ポスト・モダンの条件 — 知・社会・言語ゲーム』小林康夫訳，水声社。
- シェイクスピア『十二夜』小田島雄志訳，白水uブックス。小津次郎訳，岩波文庫。松岡和子訳，ちくま文庫。三神勲訳，角川文庫，など。
- シェイクスピア『オセロー』小田島雄志訳，白水uブックス。『オセロー』福田恆存訳，新潮文庫。『オセロウ』菅泰男訳，岩波文庫。『オセロ』三神勲訳，角川文庫，など。
- ティリヤード『エリザベス朝の世界像』磯田光一・玉泉八州男・清水徹郎訳，筑摩書房（初版は研究社）。

クローカー，アーサー　　Kroker, Arthur　　1945-　　文化批評家

　カナダ人としてアーサー・クローカーは，アメリカの支配から際立った距離を保ち続けている。**ポストモダニズム**に対するクローカーの反応は，同時代性の把握力においてフレドリック・ジェイムソンに引けはとらないが，活動家であり道徳的なジェイムソンのポストモダニズムに対する意見とは対照的である。『ポストモダン・シーン（*The Postmodern Scene*）』のなかで，クローカーは，ポストモダニズムを「すでに起こってしまった」カタストロフィ（大惨事）として描いている。リアルなものはなく，社会もなく，自己もなく，性（sexuality）もなく（あるのは，ただ精液の分泌だけ），理性もなく（あるのは，ただ合理化だけ），道徳もなく（あるのは，ただ誘惑と情念だけ），生命もない（あるのは，ただ死だけ）のである。クローカーによるポストモダニズムの解説は，**ニーチェ**，**マルクス**と商品の呪物崇拝（commodity fetishism），存在の主要原理としての老廃物というジョルジュ・バタイユのヴィジョン，合理性はつねに不合理と結ばれているという**アドルノ**と**ホルクハイマー**共著の『啓蒙の弁証法（*Dialectic of Enlightenment*）』における見解，**ボードリヤール**と**シミュラークル**など，多くの素晴らしい思想的源泉をまとめ挙げようとしている。

理性の崩壊によって理性（合理）的論争を用いることを阻まれ，消極的ニヒリズムか自殺的ニヒリズムかというニーチェ的な選択に直面しているポストモダンな世界に浸りつつ，クローカーにできることは，レトリックを展開することだけである。その営為は，そうでありうる限り悪く見せるというものであるが，その狙いは政治的である。「超悲観論こそが，今日では政治行動に対する煮えたぎるような意志を支える唯一の現実的基盤である。」（訳注：『ポストモダン・シーンより』）この悲観論を劇的なものにするために，『ポストモダン・シーン』は，恐怖と絶望の言葉を魔術的に呼び出してくる。例えば，「千年王国の終末」「歴史の終焉」「復活効果」「パニック」「内なる自爆力」「記号犯罪」「太陽の肛門（アヌス）」「排泄的文化」「社会体の死」「性液分泌なき性」「脱身化した眼」「カメラ・ネグリダ」「冷笑的な権力」などである。

　クローカーは，（しばしば他の人と）編纂した多くのテクストのなかで自らのレトリック戦略をさらに進展させる。それらのなかには，『パニック百科事典（*The Panic Encyclopedia*）』も含まれている。この本は，「エクスタシーと恐れ」あるいは「錯乱と不安」（それらは「公的行為の外的諸規範の消滅」と「アイデンティティの内的諸基盤の解体」によって引き起こされる）を呼び覚ますことに捧げられている。多くの作家たちが，「パニック・アート（Panic Art）」「パニック赤ん坊（Panic Babies）」「パニック・カナダ（Panic Canada）」「パニック・ドラッグ（Panic Drugs）」などの小品を寄稿している。マイケル・ウェストレイク（訳注：イギリスの小説家）の書いた「パニック・カモメ（Panic Seagulls）」では，セント・アイブス（訳注：イギリスのコーンウォール地方の町）にあるピクチャレスクな（荒涼たる）コーンウォール地方特有の漁村が，大海原のロマンチック（ロマン派）に見える放浪者，カモメたちによって乗っ取られてから，地元の人々が反撃にでるまでの様子が描かれている。人々は，特殊なベーキング・パウダーを混ぜたパンをつくり，それをカモメに餌として与えた。そのベーキング・パウダーは，内蔵のなかで酸と混じり合い空中でカモメを爆破することができるのである（訳注参照）。『ヒステリックな男性（*The Hysterical Male*）』や『肉体侵略者（*Body Invaders*）』などの自らが編集した他のテクストのなかでは，クローカーは，性がリアルなものに基づいていて肉体によって決せられているという感覚を払拭する可能性を秘めているのでポストモダニズムを利用している。

【訳注】
☆この小品は，18世紀イギリス・ロマン派を風刺している。当時荒涼としたごつごつとした岩場のような風景が「ピクチャレスク」な風景として美的に評価され，スコットランドやウェールズを探訪する一大ブームが起こった。

【参考文献】
・クローカー／クック『ポストモダン・シーン——その権力と美学』大熊昭信訳，法政大学出版局．

クーン，トマス　　Kuhn, Thomas　　1922-1996　　科学哲学者・科学史家

クーンは，まず物理学者になる教育を受けたが，まもなく科学哲学と科学史の分野へと移った。そこでの彼の仕事，特に科学的方法についての仕事に対しては，彼の選択した諸分野を遙かに越えて反響があった。何冊かの重要な著書の作者でもあるクーンは，『科学革命の構造 (*The Structure of Scientific Revolution*)』(1962) によって最も良く知られている。この著作のなかで，クーンは，論争を巻き起こした「パラダイム」(基本的には「思考の枠組み」という意味を持つ) の概念の大要を論じた。この概念は，知的分野のあらゆる方面の批評的論争において広く用いられるようになった。

　クーンは，同分野の他の研究者たちよりもずっとラディカルな科学史の視点を採用した。他の研究者たちの間では，科学史は高度な技術や理論をかなり厳然たるかたちで現在のわれわれにもたらした知識の着実な累積過程である，という見方が一般的であった。しかし一方クーンにとっては，科学史とはもっとエキサイティングでカオス的なものである。そこでは思考の革命が定期的に起こり，新しい理論が古い理論を一掃していく。したがって，科学革命とは規範なのであり，成功した革命はそれぞれ新しいパラダイムをもたらす。そしてそのようなパラダイムは，古いパラダイムとは決定的に相容れないものなのである。例えば，プトレマイオスからコペルニクスの天文学への移行 (地球が宇宙の中心であるという考えから，太陽を中心とする考えへの移行) は，相容れない二つの相反する世界観をめぐるものであった。すなわち，どちらか一方を信じるしかなかったのである。クーンは，『コペルニクス革命 (*The Copernican Revolution*)』(1957) のなかで，この論題だけを扱った。同様のパラダイム・シフトが，(ニュートン物理学の諸原理に真っ向から挑んだ) アルバート・アインシュタインの相対性理論をめぐる仕事にも伴った。そして，近年では，このようなシフトが，(少なくとも一般大衆にとっては) 当惑するほど定期的に起こるようになってきた。

　ひとたびパラダイムが確立してしまうと，クーンが「通常科学 (normal science)」と呼ぶものが後を引き継ぐ。通常科学は，一般的に通用している理論の一群をわれわれの周りの世界の現象に適用し，われわれの知識のギャップを出来る限り塞いでいく作業を行う。これをクーンの用語では「パズル解き (puzzle solving)」と呼ぶ。事実，ほとんどの科学者の仕事といえば，その当時のパラダイムの諸原理に従ってなされたパズル解きだけだった。こういう支配的な理論は，たとえそのなかに答えられない問題を残していたとしても保存される。そして，もし必要であれば，その権威を守ることを試みるために，その場しのぎの調整がなされるのである。しかしながら，頑なに解答を拒絶された問題 (例えば，プトレマイオスの天文学における惑星の正確な軌道) もゆくゆくは，支配的な科学理論に疑いを差し挟み，不安定な時期の到来を知らせ，さまざまな反対理論を登場させ，最終的にその反対理論は，

先の変則事例を説明出来る新しいパラダイムの確立によって解決されるのである。例えば、コペルニクスの天文学はプトレマイオスの体系よりもはるかに正確に惑星の位置を推測する事ができ、それもプトレマイオスの天文学が後期に必要としたその場しのぎの調整の助けなしでそうできたのだった。

　新旧パラダイムの間の世界観の**通約不可能性**が意味するのは、その度合いによっては古いパラダイムの信奉者たちが新しいパラダイムの主張につねに転向できるとは限らない、ということである。クーンが示したように、新しいパラダイムがそれに反対する旧世代の科学者たちが絶えるまで完全に支配的にならない、ということはよくあることであった。クーンにとって科学革命は、科学史において必要かつ極めて重要な部分であり、この点において彼は、科学史と政治史との間に多くの相似点を見ている。どちらの場合にしてもその目的は、自分たちのやり方に固執するようになってしまった、そして新しい考えや方法の価値（実際には必要性）を認めるよりも自らの特権や権威のアウラを維持することに関心があるようになってしまった諸制度を変えることなのである。

　ポストモダニズムにとってのクーンの重要性は、一つのパラダイムが必ずしももう一方より良いわけではなく、単にもう一つのものの見方を構成するだけなのだ、というその考えにある。ポストモダニズムの言葉で言うならば、パラダイムとは実質上「物語（narrative）」であり、あるパラダイムは疑いなく他のものよりも信頼できるとは言えるが、そのうちのどれも絶対的真実を有しているとは断言できない。それぞれのパラダイムは、別の世界観に取って代わられうる世界観を構成する。クーンの思想は大変な論争を巻き起こした。それも特に科学哲学界においてパラダイムという考えは、歴史の過程についての説明として曖昧であるとも、あまりにも整いすぎた説明であるとも攻撃された。カール・ポパー卿は、クーンの見解に対する執拗で声高な批判者であった。この二人の人物とそれぞれの支持者たちの間で戦わされた議論は、1960年代と1970年代の大半の間、科学哲学を支配した。科学哲学の外ではパラダイムという概念は、特に文化的変化に関する論争のコンテクストにおいてかなり流行した。

【参考文献】

・クーン『科学革命の構造』中山茂訳、みすず書房。

・クーン『コペルニクス革命̶科学思想史序説』常石敬一訳、講談社学術文庫。

クーンズ，ジェフ　Koons, Jeff　1955-　アーティスト

ウォール街で株式仲買人になる前、ニューヨーク近代美術館に勤めるために1977年にシカゴからニューヨークにやってきたクーンズは、ハリー、スタインバック、ターフ、ブレックナー、レヴィーン（いずれも訳注参照）とともに作品を発表した1980年代半ばごろから注目され始めた。この時期、彼の作品は、**ポスト工業主義社**

会（すなわち，レジャー［余暇］と消費が象徴的な意味においても物質的な意味においても大変重要なプロセスとなった経済秩序）における文化の役割とポストモダン的（ポストモダニズムを参照のこと）に関わる一つの例である，と広く信じられていた。この時期のスタインバックの作品同様，クーンズも，家庭用品およびレジャー用品にほとんどトーテム的とでも呼びうる意義を持たせて注目を集めさせるような仕方で，それらをギャラリーの空間の中に陳列した。彼の「ニュー・シェルトン・ウェット／ドライ・ダブル・デッカー（New Shelton Wet/ Dry Double Decker）」（1981）は，プレキシガラス（透明プラスチック）ケースのなかに2台の電気掃除機を入れたオブジェである。どこにでもありそうでいながらもとらえどころがなく，また拘束されながらも強烈なその創作品は，消費文化と結びついた**アウラ**，魔法，潜在力を表現するために陳列されているかのようだ。日用品群の凍てついた小宇宙の静謐とした停滞の縮図をつくることと同様のプロセスが，彼の1985年の作品「二つのボールの完全平衡タンク（2 Ball Total Equilibrium Tank）」の特徴となっている。この作品では，二つのバスケットボールを浮かべた水の入ったガラスケースが，その無慈悲なほどに冷たい物質主義によって，親密さの感覚を誘いながらもそれを妨げている。

この途方もない孤立感は，所有と権力，消費と知識，欲望と制御，純粋性と有用性の間に生じる相互作用に取り組んでいる。これらの空洞化したイコンが，絵画や写真やアプロプリエーション（訳注：美術史やマスメディアのイメージを流用すること）を基にした芸術活動以外の芸術空間のなかにポストモダニズムのしるしを見出そうとしていた作家たちの興味を引いたのである。1986年にボストンにある現代美術館で催された重要な「エンドゲーム（*Endgame*）」展は，ポストモダン的芸術活動の批評的概観を確立させたが，そのなかでクーンズの「媒介された彫刻（mediated sculpture）」は，**シミュレーション・アート**と認定された。自分の作品でレジャー用品の力を表現するにあたって，クーンズは，70年も前に大量生産された工業品を芸術品として展示するに至ったデュシャンの「レディメイド」の言語を復活させたと言われたりもした。デュシャン同様，クーンズも芸術領域を「脱神秘化（demystify）」したかったのである。さらに，日用品のもつ実体の無さという本質に直面したクーンズが，普通の消費物はモダンな（**モダニズム**を参照のこと）芸術作品よりも，なんらかの不思議な特性あるいは原理を備えているようであるということを巧みにわれわれに伝えてくれたのだ，と信じられた。

1980年代の終わりには，クーンズの作品は，大量のキッチュなオブジェを組み立て始めるにつれて，日用品の崇高な空虚さから離れていった。それらのオブジェは，全て，大衆文化の瓦礫に下敷きになって高級芸術が消滅したことを証明するものであった。初期の作品「媒介された彫刻」が，果てしなく反復される停滞の広大な凍りついた風景を体現していたのに対し，「うさぎ（Rabbit）」（1986），「ルイ14世

(Luis XIV)」(1986),「漁師ゴルファー (Fisherman Golfer)」(1986),「熊と巡査 (Bear and Policeman)」(1988) は,迎合的な過剰活力と贅沢さの安っぽい複製がその特徴となっている。初期の作品に見られる偏執的な透明性と恒久的な清潔さの代わりに,われわれは,大量生産された記憶されるべき事柄という新しい領域を見出すことになる。レジャーの有用性という展望は,観光事業の狂乱し,錯乱した「魅力」に取って代わられる。今では,われわれは,ステンレス・スティール製の材木貨車,「プラスチック」で作られたロココ風の小像,わざとらしいほどカトリック的な磁器製の胸像,草木で出来たヨークシャーテリア,そしてそれ以外の「ビンゴの賞品」にでもなりそうな装飾文化の品々などの,錯乱した形状の果てしない記念品の行列を目の当たりにする。伝統的なオブジェよりも日用品のほうがより面白くなっていくにつれてギャラリーがデパートのようになっていくことをクーンズの初期の作品が示唆したのに対し,これら後期のオブジェは,観光文化を包含しながら,ギャラリーが記念品屋のキッチュ文化に同化していくことをいっそう強く示している。

【訳注】

☆ハイム・スタインバックは,消費社会から商品やその商標を盗用する「コモディティ・アート (commodity art)」の代表的アーティストの一人。フィリップ・ターフは,1960年代の視覚的あるいは光学的錯覚を利用したオプ・アートを再生。ブレックナーはシミュレーショニズムを,レヴィーンはアプロプリエーション・アートをそれぞれ参照のこと。

け

ゲイツ，ヘンリー・ルイス　　Gates, Henry Louis　　1950-　　批評家・編集者

ゲイツは，ハーヴァード大学のアフリカ系アメリカ研究学科主任であり，ヒューストン・ベイカー(訳注：1943- アメリカの批評家，理論家，編集者，詩人)とともに，同世代におけるアフリカ系アメリカ文学研究の最も傑出した男性理論家である。彼は，大陸の理論(**大陸哲学**を参照のこと)を黒人の**テクスト**分析に用いた最初の理論家の一人である。『黒のフィギュア（*Figures in Black*）』(1987)，特に『シグニファイング・モンキー（*The Signifying Monkey*）』(1988) などの著作におけるゲイツの論によれば，アフリカ系アメリカ人の作品は，その構造的で修辞的かつ高度に比喩的な (figural) 性質を敏感に感じ取る精読 (close reading) を通して考察されるに値し，その作品特有の表現形式はこうした精読によって明らかにされうる。また，ゲイツは，影響力のある編集者であり文化評論家でもある。最近は，ぶ厚く (訳注：約2700ページ) 草分け的な『ノートン・アフリカ系アメリカ文学アンソロジー（*Norton Anthology of African American Literature*）』(1997) の刊行を監修し，『ションバーグ黒人女性作家ライブラリー（*The Schomburg Library of Black Women Writers*）』(1988より刊行中) という重要な復刻シリーズの編集主幹をつとめている。『緩やかなカノン（*Loose Canons*）』(1992) において，彼は**マルチカルチュラリズム**（多文化主義）の概念を雄弁に擁護している。また，最近彼は，高い評価を得た自伝『カラード・ピープル（*Colored People*）』(1994) のなかで，自らの過去との関係を省察している。

　ゲイツの著作は，**ポストモダニズム**理論が黒人の著作について語るために何を有しているのかをただ単に省察するだけではない。むしろ大事なのは，黒人のテクストが意味作用 (signification) の性質について何を既に知っているのかが省察されていることである。さらに，黒人をほとんど非人間のようにしばしば**表象**してきた文学の伝統から引き出された諸理論を，移入することが果たして妥当なのか，とも彼は問いかける。**作者**であること（作者性　authorship）と主体性の不確定化をともなうポストモダニズム理論の大半に見られる懐疑的な**反本質主義**は，奴隷制とその歴史的結果である人種差別の下で抑圧された黒人の声を掘り起こそうとするアメリカの黒人の伝統にとって受け入れがたいもののように思われる。これらの問いに対して，ゲイツはいくつかの回答を用意している。第一に，ゲイツの論によれば，「批評家にテクストの言語を説明可能にする道具は，いかなるものでもそれにふさわしい道具である。というのも，われわれの伝統特有の性質を表現するのは，言語，

それも黒人テクストの黒人言語という言語、だからである」。第二に、今まで忘れ去られてきた黒人作家の発見を称揚するからといって、これらの作家たちが自分たちの作品のなかに読み取られるかもしれない意味をいかなる方法であれ決定するということにはならない、と彼は言うだろう。

　実際、黒人の伝統の創造的な再読行為が、ゲイツ自身のアフリカ系アメリカ文学理論の中心に位置し、その理論は『シグニファイイング・モンキー』において詳細に論じられている。この理論の核心は、1983年の論文「黒人性の黒さ（The Blackness of Blackness）」に見出すことができる。ゲイツが示唆するところによれば、黒人アメリカ人のエクリチュール（writing）を他と区別する特質のうちの一つは、「一つのことを語りながら、まったく他の何かを意味することであり」、この特質は黒人奴隷がつくり出したサバイバル術である。このことを示すためのゲイツの用語は、「シグニファイン（グ）（signifyin[g]）」であり、この用語は、アフリカ系アメリカ人の伝統ならびに影響力のあるスイス人言語学者ソシュールの両方を参照している。(訳注：signifying は俗語で「悪口ゲーム」を意味し、いかに巧みに相手を侮辱するかを競う都会の黒人の若者のことば遊びでもある。)「シグニファイン（グ）」とは、少なくとも2世紀にわたって黒人特有の言葉遣い（ヴァナキュラー）に存在したものであり、他人の言葉をパロディ化したり、転倒させたり、修正したりする能力を指す。ゲイツは、アフリカ大陸を通じてカリブ海から現代黒人文学に至るまで、この概念をたどっている。多くの批評家、特に黒人フェミニストたちは、ゲイツが黒人のアイデンティティ（ポストモダニストたちにとっては、アイデンティティは社会的構築物である）という考えにあまりに早く見切りをつけすぎていると感じており、さらに彼の黒人のテクストに関する理論の狭隘さを見出している。しかしながら、たとえそうであっても、ゲイツは、ポストモダニズムの枠組みを用いて、闇に包まれた黒人のテクストを「読み解き放ち（read off）」たいのではない。彼は「テクストに関して定着した理論と定着した考えの両方を変える」方法によって黒人の著作を解明したいと望んでいるのである。

系譜学　　genealogy

系譜学とは、ある現象の起源をたどることを意味し、主にニーチェと関連がある。カントは、認識の諸条件を探求し「いかにXが可能か」と問うた。これに対して、ニーチェは、この問いに二つ目の問い、「なぜXが必然なのか」を加えようとした。したがって、系譜学とは、可能性と必然性が組み合わさった生の形式についての研究である。ニーチェが起源の探求を最も継続的に行っているのは、『道徳の系譜（Toward a Genealogy of Morals）』(1887)である。この著作のなかでニーチェがたどっているのは、「よい」と「わるい」、「善」と「悪」、これらの名辞（term）に通常ともない対応する諸状態の「責任」「負い目」「良心の疚（やま）しさ」といった概念の成

立である。ニーチェの企ては，本来語源学的というわけではない。むしろ，彼が注意深く強調しているのは，あるものごとの進化はある一つの目的に向かっているのではなく，変化する圧力と環境に左右される，ということである。最近では，**フーコー**が系譜学の仕事に広範囲にわたって取り組んでいる。『監獄の誕生 ― 監視と処罰（*Discipline and Punish*）』（1975）では，西洋社会が犯罪にどのように対処してきたかについての歴史を提示している。彼がこの本で例証しているのは，シェイクスピアの時代にはありふれていた肉体の切断や公衆の面前での恥辱を含む慣例から，18世紀以来の投獄や経済的な賠償を含む刑罰への移行である。ここでもまた，強調されているのは，制度とそのディスクール（言説）的権力との間の非連続性と複雑な諸交渉である。

【参考文献】
・ニーチェ『道徳の系譜』木場深定訳，岩波文庫。信太正三訳，ニーチェ全集（ちくま学芸文庫）11所収。秋山英夫訳，ニーチェ全集（白水社）第2期第3巻所収。
・フーコー『監獄の誕生 ― 監視と処罰』田村俶訳，新潮社。

啓蒙のプロジェクト　　Enlightenment project

歴史家たちは，イングランドの「名誉革命」（1688）からフランス革命勃発（1789）までにわたる「長い」18世紀を指すために「啓蒙主義（Enlightenment）」という用語を使用する。しかし「啓蒙主義」は，単に歴史的区分ではない。それはまた，フランスの知識人集団によって明確にされた知的プロジェクトでもある。その知識人集団（フィロゾーフ）は，1751年から20年以上にわたってドニ・ディドロによって編纂された『百科全書』の刊行に関わっていた。この集団の諸理念は，世界中の教養ある男女にどんどんと広まっていったのである。

ポストモダニズムにおいて「啓蒙のプロジェクト」としてくり返し言及されるものとの関連を理解するためには，革新的でしばしば論争を巻き起こすような要素と，その要素のさらに進歩的で建設的で時に規範的でもある諸展開との間を区別することが重要である。

啓蒙主義は，闇，恐怖，迷信を一掃するプロジェクト，自由な探求や議論から全ての足かせをとりのぞくプロジェクトと定義された。啓蒙主義は，伝統的諸権力や教会の諸信仰（これらは迷信の烙印を押された）に反対し，そして政治的正当性に関する諸質問を提起した。伝統的で受容されていた全ての諸概念，そして社会的諸関係は，公に精査されることが必要とされたのであった。そしてそれゆえに，「理性」が集合的（すなわち間主観的）に使用されることとなった。18世紀イングランドの政治と商業を特徴付けていた比較的リベラルな社会的諸編成は，啓蒙思想家たちにとって一つの重要なモデルもしくは発想の源であった。もう一つのモデルは，ニュートンの科学革命に続くすばらしい科学とテクノロジーの諸業績であった。こ

れは，科学の実用化に影響された生活の多くの領域において，広範囲に感得できるような諸向上が受容されることとなった初めての時代であった。そのような諸向上は，根本的に改良され，秩序化され，計画が実行され，統御された世界という夢を生み出した。人間という種の向上という考え，それも「倫理的発展」という考えが生み出されたのである。自然（nature）を統御しようという欲望が，社会と歴史を統御するという夢へと発展した。この夢の暗い悪夢のごとき側面は，アドルノとホルクハイマーによって『啓蒙の弁証法（*Dialectic of Enlightenment*）』（1947）において分析された。その本の出だしには以下のように書いてある。「啓蒙がつねに追求してきた目標は，人間から恐怖を除き，人間を支配者の地位につけることであった。しかし，あます所なく啓蒙された地表は，今，勝ち誇った凶兆に輝いている。」

ポストモダニズムを定義する一つの手っ取り早い方法は，知識とテクノロジーによる人間社会の統御と決定的な改良という啓蒙主義の夢の終わり，と定義することである。近年，18世紀が集中的な歴史的調査の焦点となってきた。魅力ある伝記群や透徹するようなモノグラフ群に記載された調査結果は，長い道のりを経て，「ポストモダニズム」の諸議論が流通させる傾向があった啓蒙主義のカリカチュアを訂正するものであろう。18世紀は，伝統的に確かなものとされていた諸事が崩壊するのを目の当たりにした。最も楽観的な思想家でさえ，疑念そして絶望に苛まれていた。それは絶えざる実験の時代であり，自己満足的な自信の時代ではなかったのである。

【参考文献】
・アドルノ／ホルクハイマー『啓蒙の弁証法 — 哲学的断想』徳永恂訳，岩波書店。

言説分析　　discourse analysis

言説分析（訳注：日本では言語学のコンテクストにおいては「談話分析」と訳される）は，流れ展開するような言語使用に関する研究であり，文体論あるいは伝統的言語学の構成要素分解的で文ベースの焦点の当て方とは反対のものである。言説分析といえば，まず哲学者H・P・グライスである。話者が口頭で発した言葉が意味を成すのは，音声言語がどんなものでありどのように機能するかについての仮定と予期という背景に，口頭で発せられたそれらの言葉が埋め込まれているからである，ということをグライスは強調した。全てのコミュニティは，それぞれ知識の総体を共有しているが，それは，いかなる一つの意味のやりとりによっても明確にではないが活性化される。この知識の総体は，ある陳述が真実，明確，適当と知覚されるかどうかを決定することになる明瞭さの規準を形成する。

グライスは，J・L・オースティンに影響を受けた。オースティンは，『言語と行為（*How to Do Things with Words*）』（1962）において，発話を二つの主要なタイプに区別した。行為遂行的（performative）言語行為は，船を名付けるといった，

行為の遂行である。事実確認的（constative）言語行為は，「これは大きな船です」といった単純な事実の陳述である。事実確認文は真あるいは偽とすることができる。しかし，真であるかどうかという規準は，行為遂行文には適用できない。というのは，遂行文は，成功か失敗かするだけだからである。では，何が行為遂行文を成功であると決定するのか。オースティンの答えは，コンテクスト（文脈）であった。適合性すなわち「適切性（felicitousness）」を決めるのは，周囲の社会の枠組みなのである。

　オースティンは，小説や詩や演劇にみられる言語の「寄生的」使用と自らが呼ぶものから日常言語を区別するのに苦労した。彼の論によれば，寄生的発話は，行為の遂行に関して成功あるいは失敗することを決して意図されてはいないので，規則の例外として取り扱われるべきなのである。このモデルに挑戦したのは，1971年のあるフランス語による学会に配達＝講演（deliver）された「署名　出来事　コンテクスト」というジャック・デリダの論文であった（訳注：デリダは，この学会の国際学会の前に手続きの関係で学会事務局に草稿を郵送した）。デリダの論は，コンテクストは行為遂行的な発話の基礎となるのに十分であるということに異議を唱える。詳しく言えば，音声言語はエクリチュール（文字言語）に寄生していると彼は主張するのである。位置付けられている話者に言及を行うことによって発話に意味を持たせるコンテクストの力を，書かれた言葉がもつ印刷による反復可能性が侵食するのである。

【参考文献】
・オースティン『言語と行為』坂本百大訳，大修館書店
・デリダ「署名　出来事　コンテクスト」高橋允昭訳，『現代思想』1988年5月臨時増刊（総特集デリダ　言語行為とコミュニケーション）所収。

現前　　presence

ジャック・デリダは，西洋思想全般は現前という考えに基礎を置いていると論じる。すなわち，われわれが言葉（あるいは概念）を考えると，その意味はわれわれの精神に余すところなく現前し，言葉と意味の間に「ずれ」はないのである。デリダによれば，これは，形而上学的前提であり，われわれが立てることを許されていないものなのである（**現前の形而上学**を参照のこと）。

現前の形而上学　　metaphysics of presence

デリダの考えによれば，西洋哲学の歴史は，そして暗に西洋における全てのディスクール（言説）の歴史は，彼が「**現前**」と呼ぶものへの関わりを特徴としている。これは，われわれが作っている前提，つまり，われわれは意味をそっくりそのまま理解できるという前提や，われわれが単語や語句を耳にする時にわれわれの精神の

なかにそれらがそっくり「現前している」とする前提のことである。したがって，現前は，われわれが他者とのコミュニケーションを行う際に行っている未承認の形而上学的前提なのである。現前の形而上学の背後には，言葉や意味の確定性に対する確信があり，この確信こそ，デリダのような**ポスト構造主義**思想家にとっては攻撃の対象となる。デリダの論点は，言語は，現前を信じる者たちが認めようとするよりもはるかにつかみどころがなく，実際には，与えられるどんな単語にもその周囲には関連する意味の群れがあり，その群れが単語にあると思われている純粋さをひそかに傷つけている，というものである。デリダにとって，言語の特徴は，意味の不確定性と決定不能性である。それゆえに，意味が完全に現前する瞬間などはない。言葉が完全に現前できない理由の一部は，時間の性質に見出すことができる。デリダは，時間は無情にも経過し続けているという事実，言葉はつねに新しい状況に晒されているという事実を自在に用いている。完全な現前，さらにはっきりと言うならば完全なアイデンティティ（自己同一性）が可能となる瞬間はありえない。完全な現前と完全なアイデンティティは西洋のディスクールが基盤としてきた二つの主要な前提であり，デリダは，現前の形而上学を批判することで知の伝統全体，つまり，デリダの意見では幻想の上に成立している知の伝統に異議を唱えているのである。現前の形而上学なしでは，コミュニケーションはわれわれが普通信じ込まされているよりもはるかに安定しない無秩序な行為となるように思われる。だが，デリダというディコンストラクショニスト（**ディコンストラクション**を参照のこと）にとっては，それはまた，よりいっそう創造的な営みでもあるのだ。

【参考文献】
・デリダ『声と現象 — フッサール現象学における記号の問題への序論』高橋允昭訳，理想社．
・デリダ『根源の彼方に — グラマトロジーについて』（上）（下）足立和浩訳，現代思潮社．
・デリダ『ポジシオン』高橋允昭訳，青土社．

こ

考古学 archaeology

考古学とは，過去の遺物の系統立った研究であるが，より主体的な性質の発掘に対する説得力のあるメタファー（隠喩）でもある。**フロイト**が意識と無意識の関係を明らかに示すために，都市のイメージを上手く利用したことは有名である。ローマのように，思考する主体は意識と感性の多くの異なった層から成る。破壊的な欲動と**欲望**が自己の埋もれた部分に端を発することもあり，分析者は被分析者が抑圧された記憶と恐怖を掘り下げ，意識の光にさらす手助けをしなければならない。ミシェル・フーコーは類似した概念を使って，エピステーメー（épisteme）の無意識の研究を記述している。エピステーメーとは，歴史上特定の時期の或る社会にある諸前提，さまざまな期待，諸価値，諸信仰の「認識論的領域（epistemological field）」の簡潔な言い方である。例えば，『言葉と物 ─ 人文科学の考古学（*The Order of Things: An Archaeology of the Human Sciences*）』（1966）は，古典主義時代の学問的**表象**に共通する構成の諸法則と体系的な形成要因を明らかにしようとしている。テクストは，「開かれた領域」であり，そのプロジェクトの必然的未完成さを示すまた別の考古学的メタファーである。したがって，フーコーのさまざまな思索は，学問の歴史家が読むように読まれるべきではなく，ポストモダン的（ポストモダニズムを参照のこと）な先見性をともなったものとして読まれるべきなのである。

【参考文献】
・フーコー『言葉と物 ─ 人文科学の考古学』渡辺一民，佐々木明訳，新潮社。
・フーコー『知の考古学』中村雄二郎訳，河出書房新社。
・フーコー『狂気の歴史 ─ 古典主義時代における』田村俶訳，新潮社。
・フーコー『臨床医学の誕生』神谷美恵子訳，みすず書房。

抗争 differend

ジャン＝フランソワ・リオタールの著作における抗争（争異）とは，それぞれの党派がお互いに通約不可能な（**通約不可能性**を参照のこと）形態の言語（もしくは言説）を採用しているときに起こる論争のことである。例えば，雇用者による被雇用者の経済的な搾取をはっきりと正当化する社会の法に則って設置されたような法廷においては，良心的ではない雇用者によって搾取されている被雇用者は，その雇用者からの補償の評決を引き出すことはできない。ある集団が，より強大な権力を行使して他の集団に自分たちの意志を強いる（たとえばコロニアル［植民地的］な状

況において起こる)ような意味において解決する場合を除くと,抗争は解決不可能なのである。それゆえ,抗争は,ふつうは野蛮な権力によって抑えつけられている。しかし,リオタールは,抗争が正式に認められること,また,強い方の集団によって利用されないことを望む。弱い方の集団の不平不満がそこで形作られるような言語(すなわち文体制[phrase-regime]とリオタールが呼ぶもの)を見いだすことを支援するのは,哲学者の義務なのである。地政学的意味においては,抗争を承認することは,搾取されている民族やマイノリティ集団が自分たちの声を聞いてもらう権利を認めるということを意味し(北米やオーストラリアの先住民族の土地所有権申し立てを法的に有効と認めることなどは,その一例である),また,一般的には,権力を単に行使することによる政治問題の「解決」の回避を意味する。

【参考文献】
・リオタール『文の抗争』陸井四郎ほか訳,法政大学出版局。
・リオタール「争異」,『知識人の終焉』(原田佳彦・清水正訳,法政大学出版局)所収。

構造主義　　structuralism

20世紀初頭に,フェルディナン・ド・ソシュールは,言語は互いにつながりのある構成単位の体系であり,それぞれの構成単位は体系全体との関連においてのみ意味を持つ,という観点から言語を研究し始めた。このとき彼は,この研究によって,西洋思想史における大きな運動の創始者の一人となったのである。ソシュールは,言語の基礎をなす規則,すなわち,言語がその機能を果たすためには必ず存在しているはずの深層構造を追求した。これらの深層構造は言語を使う行為体(agent)である人間から独立しているが,このように人間という**主体**に関心を向けないことが構造主義の特色の一つである。

ソシュールの考えでは,言語は**記号**の体系である。記号は,「シニフィエ」すなわち心的構成要素(概念)と「シニフィアン」すなわち(たとえば音声や紙の上の表記といった)物質的構成要素の二つから成り立っている。それぞれの記号は,厳密で比較的安定した差異の体系の中にその位置を占めている。「ドッグ(dog)」という音が意味を持ちうるのは,それが「ディグ(dig)」という音とは異なるからである。そして,慣例によって,「ドッグ」という音が人間の最良の友というイメージに結びつけられるのである。

構造言語学は,人間の諸文化が造り出す複雑な産物を理解しようと試みていた人文科学の研究者たちにとってお手本となった。人類学者のクロード・**レヴィ＝ストロース**は,構造主義的アプローチの可能性に最初に気づいた人々の一人である。レヴィ＝ストロースは,親族関係を決定する入り組んだ規則や,後には「原始的」な民族に伝わる神話を,シンプルな**二項対立**によって分析した。どちらの場合にも,これらの二項対立から造られる言語的／文化的諸構造は,心的な構造を反映するも

のとされる。つまり，社会的世界の形態は，人間の精神の構造によって決定されるのである。

　レヴィ＝ストロース以後，ロラン・バルト，ミシェル・フーコー，ジャック・ラカンが，構造主義的分析方法を用いてそれぞれ文学，文化史，精神分析を研究した。どの場合でも，研究の目的は，諸関係から成る基盤的体系，つまり，その内部でいかなる出来事であれ個々の**出来事**がある意味を持つに至るような「構造」を見つけだすことであった。

　しかし，1960年代後期までには，世界中のあらゆることを説明したという構造主義の大胆な主張に対してラディカル／根源的な反動が起こっていた。ジャック・デリダら**ポスト構造主義者**たちが，構造主義者は自らの言語観に内在する言語の根源的なあり方を理解できていないという点に注目して，構造主義詩論，人類学，歴史記述に一連の痛烈な批評を浴びせたのである。デリダは，慣例によるシニフィアンとシニフィエの間のつながりの脆さを強調し，したがって，「意味」は構造主義者が考えていたよりも捉えにくく横滑りするものであると見なしたのだった。

【参考文献】
・ソシュール『一般言語学講義』小林英夫訳，岩波書店。
・バルト『S／Z―バルザック「サラジーヌ」の構造分析』沢崎浩平訳，みすず書房。
・バルト『神話作用』篠沢秀夫訳，現代思潮社。
・バルト『物語の構造分析』花輪光訳，みすず書房。
・フーコー『言葉と物 ― 人文科学の考古学』渡辺一民・佐々木明訳，新潮社。
・レヴィ＝ストロース『親族の基本構造』福井和美訳，青弓社。馬淵東一・田島節夫監訳，番町書房。
・レヴィ＝ストロース『構造人類学』荒川幾男・生松敬三・佐々木明・川田順造・田島節夫訳，みすず書房。

黒人批評　　black criticism

黒人文学はしばしば自伝的な表現によってその真性が主張される伝統と経験を強調するので，**作者の死**，**主体性**の流動性，歴史の終焉を主張する**ポストモダニズム**理論の多くに反目するように見える。しかし，周縁性，**差異**，**他者**といった，ポストモダニズムの語彙において最もよく知られている批評概念のいくつかは，黒人の**テクスト**の探究に力強い勢いを与えてきた（ただ，黒人の学者たち自身の間での論争が無いわけではない）。アメリカ黒人の著作は，政治的表現と美的表現の二つの要求の間にあるさまざまな緊張を表す好例である。黒人批評は，人種を文化分析の基本的カテゴリーとみなす。奴隷から解放された人々自身によって南北戦争前の時代に書かれたさまざまな物語の出版は，美的行為であると同時に大いに政治的行為でもあった。多くの作品は豊かな「文学性」を示したが，それらは奴隷制に対するプロパガンダ闘争の一部として書かれた。なぜなら，多くの批評家が指摘したように，リテラシー（読み書き能力）は，理性第一の証（あかし），すなわち白人至上主義者たちが黒

人が持っていることを否定した能力の証であったからである。1920年代のハーレム・ルネッサンス（訳注参照）から，芸術は，政治に利用されるようになった。1920年代は，批評家たちが黒人人種の最高の姿を見せる文学を要求した時代であり，1940年代と50年代は共産主義のシンパたちが改革と人種統合（integration）を支持した時代であり，1960年代は，ブラック・ナショナリスト（訳注参照）の時代であり，アディソン・ゲイルの『黒人の美学（*The Black Aestheticism*）』（1972）のような本（訳注：ゲイル編集のアンソロジー。ゲイルは1960年代黒人美学運動の主唱者）がアフリカ系アメリカ人の階級を超えた同盟と革命を要求した時代であった。1970年代，ゲイルの本質主義と極端な他人種排外主義は，その数をますます増やしつつあった黒人フェミニズムの批評家たちと**ポスト構造主義**的分析の出現によって異議を申し立てられた。ポストモダンな世界では，批評家たちは依然として黒人性と伝統の概念を評価している。だが，それらの概念は，もはや作者の肌の色によってではなく，テクスト自体の言語そのものによって同定されるのである。

【訳注】
☆ハーレム・ルネッサンス：アフリカ系アメリカ文化において芸術と文化の創作が盛んになった時期を指す。前世紀の上品で教訓的な黒人の著作とは一線を画した，モダニズム的な特徴を持つ。
☆ブラック・ナショナリスト：1960年代から1970年代前半にかけて，「黒いこと」を国の成立の根拠として独立主義国家建設を主張したアメリカの黒人の人々のこと。

【参考文献】
・ゲイル編『黒人の美学』木島始ほか訳，ぺりかん社。

コミュニケーション行為　　communicative action

コミュニケーション行為は相互作用の一形式であり，その行為が成功するかどうかは，ある発話とともに提起された妥当要求（訳注参照）に対して聞き手が「はい」か「いいえ」のいずれで答えるかにかかっている。ユルゲン・ハーバーマスのコミュニケーション行為の理論は，言語行為（発話行為）の哲学，社会言語学，そして特に，会話の含意（conversational implicature）という考えに由来する。会話の含意は，話し言葉において含意するものを指し，その話し言葉と同じ言葉が書かれた場合に論理的に含意するものとは対照的である。話し手の意図の豊富なコンテクストによって含意されることは，論理的含意の抽象的な規則によって無視されたり，それと取り替えたりすることはできない。会話の含意の反実証主義は，意味や信仰や目標の豊富なコンテクスト（個人はこのコンテクストから発話するのである）への語用論的関心，ならびに普遍的諸規則への**カント**的関心の両方をより強める。**ポストモダニズム**的な批評家なら，周縁化された個人に関する具体的な差異が言説（discourse）の公共領域によって無視されたり消去されたりする限り，コミュニケーション行為の成功に疑義を差し挟むだろう。それに対してポストモダン的弁護を

するとしたら，コミュニケーション行為における暗黙の義務は他者を包含することと他者に対する開放を（普遍的に）要求する，ということを示さなければならないだろう。

【訳注】

☆妥当要求（validity claim）：ハーバーマスによれば，発話はその妥当性を承認するように聞き手に要求している。その妥当要求には，理解可能性に対する要求，真理性に対する要求，正当性に対する要求，誠実性に対する要求の4種類がある。

【参考文献】

・ハーバーマス『コミュニケイション的行為の理論』（上）（中）（下）平井俊彦・徳永恂・脇圭平ほか訳，未来社。
・ハーバーマス『道徳意識とコミュニケーション行為』三島憲一・中野敏男・木前利秋訳，岩波書店。

コーラ　　chora

プラトンの『ティマイオス（*Timaeus*）』（訳注：世界観に関する著作）において，コーラは，一者（訳注：プラトンならびに新プラトン主義における究極的原理あるいは超越的存在）の名付けうる形式に先立って存在する名付けえない不安定な（訳注：非表現的で言語記号や表象以前の段階にある流動的な）受容器である。一般的に，**ポストモダニズム**の使用法では，コーラは差異化されていない存在の場を指し，無限の空間としての母体との連続性の経験も暗に意味している。特にジュリア・クリステヴァの研究において，コーラは，意味作用の秩序の基礎となり（訳注参照），また時にはその秩序を突破する前意味作用的な諸痕跡を具体的に示す。このために母と子の共有化された身体空間は，**表象**に抵抗する。だがその身体空間は，不気味なもの，神秘的なもの，あるいは**欲望**として経験される。母親の欲望としてのコーラは，限定された単一体と近代的な（モダニティとモダニズムを参照のこと）「人間」の自律的アイデンティティを不安定にするおそれがある。

【訳注】

☆クリステヴァは，記号・言語・意味・主体の成立以降の領域とその様態をサンボリクと，記号・言語・意味・主体の成立以前の様態をセミオティクと呼ぶ。コーラは，セミオティクな空間(母体)として，前エディプス期において秩序と統一の生成の準備をする場である。

【参考文献】

・クリステヴァ『詩的言語の革命——第一部　理論的前提』原田邦夫訳，勁草書房。
・プラトン『ティマイオス』種山恭子訳，プラトン全集（岩波書店）12所収。

コールハース，レム　　Koolhaas, Rem　1944-　建築家・理論家

現在の建築界の寵児であり，「オフィス・オブ・メトロポリタン・アーキテクチュア（Office of Metropolitan Architecture）」（ＯＭＡ）の創設者でもあるコールハー

スは,ハリウッドで脚本家として長い年月を過ごした後,人生の遅い段階で建築の世界に足を踏み入れた。ハリウッドの仕事は,コールハースの建築に対する姿勢にはっきりと影響を及ぼしてきた。ロンドンにある「アーキテクチュアル・アソーシエーション」校の最も活気に満ちた時代が輩出したコールハースは,イラスト入りの『錯乱のニューヨーク (*Delirious New York*)』で名が知られるようになる。この本のなかで,コールハースは,コニーアイランド(訳注:ニューヨークのロングアイランド島南岸の地域)に敬意を表し,マンハッタニズムの「過密の文化」と「超理性性」を賞賛した。アメリカの(ヨーロッパの都市に対立する)都市の本質を捉えたこのテクストの抒情的な豊かさは,折衷主義的かつシュールな建築画によって完成される。コールハースは,建築界のモダニストたち(モダニズムを参照のこと)のなかでも最もラディカルな者たちの夢であったシュプレマティズム(訳注:20世紀初頭のロシアで起こった非写実的芸術運動であり,幾何学的な形体を用い,使用する色彩を極端に限ることを特徴とした)的都市が,ニューヨークでは,ラディカル・モダニズムの核心にあった社会プログラミングによってというよりはむしろ不動産開発に後押しされて実現しているというアイロニーに釘付けである。また,彼は,建築におけるこの傾向の直接的現れ,つまり,オフィス区画の「典型的な」オープン・プラン(訳注:スペースを細かく区切らない建築プラン)こそがまさにロシア・アヴァンギャルドの夢でもあった複合的な建築プログラムの絶え間ない移動と適合を可能にするものであるという事実に夢中である。コールハースにとって,このプランはまた,プランが建築を生み出すのだというヨーロッパ建築の思想とその支配的な特性の終焉を記すものでもある。

　これらの着想は,「遡及的／回顧的 (retroactive)」建築(レトロを参照のこと)という彼の概念を形成した。この建築は,過去のアヴァンギャルド的諸傾向を再活性化させる一方で,それらの傾向が用いられてきた思いもよらない諸方法を利用する。このような考えが,ラ・ヴィレット公園のために催されたコンペにおいてOMAを受賞へと導いたのであった。この公園は,水平的摩天楼と言われるもので,それぞれ高層ビルの各階に相当する本質的に異質な機能を持つ細長い連続した区画を中心とした構造になっている。このプロジェクトのために,コールハースは,ニューヨーク近代美術館で開催されたあの悪名高い展示会『ディコンストラクティヴィスト・アーキテクチュア (*Deconstructivist Architecture*)』展に名を連ねることになった。その展示会では,それ以来世界中の建築学の学生にとって必須となった極度に様式化された,あるいは「伸張した (stretched)」モダニズムという本質的にポストモダニズム的な美学が,OMAの建築画において明示されたのであった。

　名声を獲得して以来,コールハースは,ロッテルダムのクンストハレ美術館や,ハーグの国立ダンス・シアター,そして,パリの外れにある規範とされる作品となったダラヴァ邸(訳注:屋上全体がプールで住居部がピロティの上にある邸宅)を

含め，多くのプロジェクトを行ってきた。不動産によって活気づいた大都市に関心を持ってきたが，最近になって，コールハースは，巨大な地域開発計画プロジェクトに興味を持ち始め，ユーラリール（訳注：フランスのリールを高速鉄道網の中枢として開発する計画）のマスタープランを実現させた。コールハースは，自分のプロジェクトが，他の建築家（彼ら全員の仕事は様式化されたモダニズム的表現様式におさまるように思える）によって，または，商業的な過程によって汚染されるのを楽しむ。彼は，ニューヨークの国連ビルに対するル・コルビュジェ（訳注：1887-1965 フランスの建築家）のヴィジョンの純粋さを汚したと思われる商業建築家ウォーレス・ハリソンを見習おうとしているのである。コールハースの巨大なプロジェクトに対する相も変わらぬ興味は，前述の諸カテゴリーにおける論考やプロジェクトを並置した1400ページの建築に関する長編小説『小・中・大・特大 (*Small, Medium, Large, Extra Large* (*SMLXL*))』の出版に表れている。

【参考文献】
・コールハース『錯乱のニューヨーク』鈴木圭介訳，ちくま学芸文庫。

痕跡　　trace

人が通った跡や足跡を意味するフランス語の訳語である「痕跡（trace）」は，もはやそこに**現前**（＝存在）してはいないが，その刻印（mark）を残しているものを指す。痕跡は差異の構造として理解されるとき，現前していないものとの関係を刻印する。**レヴィナス**と**デリダ**の考えによれば，あらゆる言語記号の構造は，永遠に不在の**他者**の痕跡によって決定される。根源的非‐根源の代わりをする＝を表す経験的刻印という痕跡の古典的意味を捨てると，痕跡の根源もまた同じく痕跡ということになる。失われてしまったものへの郷愁を帯びていないことが，この言葉にそのポストモダン的（**ポストモダニズム**を参照のこと）特性，つまり非‐根源との差異的な関係を与えるのである。

【参考文献】
・デリダ『声と現象 ― フッサール現象学における記号の問題への序論』高橋允昭訳，理想社。
・デリダ『根源の彼方に ― グラマトロジーについて』（上）（下）足立和浩訳，現代思潮社。

さ

差異 difference

ディコンストラクション（脱構築）と**ポスト構造主義**における用語としての差異は，**テクストが理想的統一体ではなく，つねに言語に内在する未決定性に支配されている**ということを示す。未決定性は，解釈における意味の閉鎖を拒否し，それゆえにテクスト間に差異はあるのだけれど，「一つ」のテクスト内にも差異があるということをまた例証する。**ポストモダニズム**は差異を称揚する傾向があるが，**ヘーゲル**に追従する思想諸派は差異を克服することを追求している。というのも，ヘーゲルにとっての差異は，媒介されるべきものだからである。ヘーゲルにとっての差異は，対立している二つの項辞（term）の間の弁証法的ジンテーゼという結果に至り，まったく新しくかつ異なった第3の項辞を生む。一方，**デリダ**からしてみると，差異を克服してしまうことは，二つの対立している項辞を一つに融合して上位の項辞に包括すること，すなわち二つの項辞を一つに減じることであり，お互いの差異あるいはお互いの根源的代替可能性を保存せず，また，「多性（many-ness）」におけるそれぞれの「一つ」を尊重しないのである。このため，デリダは第3の項辞として**差延**という考えを提示する。差延は，統一と差異の双方の代替物であり，過剰をつねに特徴とし，一つに統一すなわち同化するような引力に抵抗する。『他者の諸相（*Alterites*）』(1986)〔訳注：単著ではなくデリダは主に対談で参加〕において，デリダは，分散させられているものをかき集めて融合させるヘーゲル的傾向へ疑念を示しているが，これは，自分でも分かっている通り，統一を見いだそうとか合意を課そうとかする**ハーバーマス**などの思想家たちの危険な意欲に対する反応である。**リオタール**と同じく，デリダは，不一致があるところに一致を強いること，異議あるところに合意を望むということは差異を平準化してしまい，他者性を消し去り，多様性を除去することでもあると信じているのである。

サイト SITE 1970- デザイン会社

サイトSITE（「環境の中の彫刻〔Sculpture in the Environment〕」）は，1970年にジェイムズ・ワインズとアリスン・スカイによってニューヨークで設立された。サイトの設計した建物には，建築には稀にしか見られないあるフレッシュさがある。サイトは，スーパーマーケット，幹線道路，駐車場といった，現代では至る所に見られる建物に関するコードやイコンと戯れた。一見したところ普通の建物の内部に，サイトは，転覆的な介入を行った。例えば，「不確定的なファサードのショールー

ム (the Indeterminate Facade Showroom)」と名付けられた建物では，レンガ造りのスーパーマーケットの角の部分をあたかも崩れかけているように見せかけたり，また，1986年のバンクーバー万博での「幹線道路86号線 (Highway 86)」では，（訳注：その一部を切り取って空に向かって突き出させた）高速道路の路面を波打たせて幾つもの車や飛行機，船を配置した。シュルレアリスムと**スペクタクル**の中間のどこかに位置付けられるこのようなデザインにより，サイトはおそらく建築的ではないと思われるこれらの条件を特別なものに変えた。ありきたりに，あるいは日常的に目にする物体を変容させてしまうこの過程は，1970年代のコンセプチュアル・アート（訳注参照）そしてポップ・アートを経てマルセル・デュシャンにまで遡る伝統から取り入れられたものである。これらの戦術は，限定的でますます時代遅れになりつつある建築実践を開放しようと試み，それに代わって高度に発達した資本主義経済の物質的・文化的な領域を包含する徹底して同時代的な建築を提案した。

サイトの建造物は，複雑な空間をつくり出すことも，形式上の力学も，また難解な建築上の参照物もなしに機能する。それどころか，サイトの作品は，建築の本質に疑問をなげかけるものとしての建造物を用いる。そうすると，建造物は，コミュニケーションの場所 (site) と見なされるようになるのである。サイトの建造物は，ディズニーの語り口とイコノグラフィックな図像の戯れを平凡な郊外の諸条件に混ぜ合わせ，徹頭徹尾アメリカ的な雰囲気を醸し出している。ベスト・プロダクツ社（サイトにふさわしい，お決まりの規則／コードにあまりやかましくない顧客であった［訳注：前出の「不確定的なファサードのショールーム」もこの会社のショールームの一つである］）は，その手の会社に特有の郊外の小売り店舗の様式を転覆する数多くの機会をサイトに提供した。この一連の建物は，サイトが「ディ・アーキテクチャー（脱建築）」と呼ぶもの，すなわちユーモアや批判と結び付いた転換，包含，不確定性という戦術のいくつかを例示している。

【訳注】
☆コンセプチュアル・アート (conceptual art)：作品における物質的側面より観念性の方を重視する表現傾向を一般に呼ぶ名称。近代芸術に否定的な方向と肯定的な方向に二分され，前者はヨーロッパに，後者はアメリカに多くみられる。

サイード，エドワード・W　Said, Edward, W.　1935-2003　批評家・文化理論家
エドワード・W・サイードは，コロンビア大学パー記念講座の教授である。エルサレムに生まれ，カイロのヴィクトリア・カレッジ，マサチューセッツのマウント・ハーモン寄宿学校，プリンストン大学やハーヴァード大学で学んだ。主な著作に『始まりの現象 — 意図と方法 (*Beginnings: Intention and Method*)』(1975)，『オリエンタリズム (*Orientalism*)』(1977)，『世界，テクスト，批評家 (*The World, the Text and the Critic*)』(1983)，『文化と帝国主義 (*Culture and Imperialism*)』(1993)

がある。『オリエンタリズム』新版に寄せたあとがきのなかで、サイードは「ポスト植民地主義（ポストコロニアリズム）とポストモダニズムという二つの大きな流れ」を区別している。彼によると、「ポスト」という接頭辞は「のりこえる、という感覚よりは連続性と非連続性」を連想させる。サイードは、『始まりの現象』においてバルト、ドゥルーズ、デリダ、フーコーら独創性に富んだポストモダニズム思想家たちを分析することによって現代文学・文化理論をめぐる論争に貢献した。実際に、自ら「ポストモダニズムとポスト植民地主義に先行するもの」と呼ぶ『オリエンタリズム』は、フーコーの知と権力との間の関係に関する考えを援用しているようだ。東洋と西洋、オリエントとオクシデントとの間の関係性を論じた3部作とも言える研究の第1作にあたる『オリエンタリズム』は、反論もあるだろうが、サイードの著作の中で最も大きな影響力を持つものである。この本は、自然に備わり安定したアイデンティティを人間が持っているという考えに反対し、文化、自己、民族的アイデンティティにはある種の実在性と不変的な歴史性とがあるという信念に根底から揺さぶりをかける。「オリエント」と「オクシデント」という概念が、人為的に手を加えられていない事実として実在する確固たる「現実」に符合するということは絶対にない。オリエンタリズムという装置が「オリエント」を製造し、それによって、その装置は、「オリエント」と「オクシデント」との植民地主義的な諸関係を規定する一助となる。サイードは、このように人間の歴史は人間自身によってつくられるというヴィーコの考えに依って立つ一方で、諸テクストに存在するのは表象にすぎないというポスト構造主義の考えを堅持する。この考えは、「3部作」の第2、第3作目にあたる『パレスチナ問題（*The Question of Palestine*）』(1979) と『イスラム報道（*Covering Islam*）』(1981) において強調されている。この2作は共に、西洋のメディアにおけるアラブ世界の表象について論じている。

『文化と帝国主義』(1993) の最初の部分は、ジェイン・オースティンやラドヤード・キプリングといった、西洋文学のカノン（正典）に含まれる作家に焦点をあてている。そして第3章では、「民族的な」作家や被植民状況下の知識人を取り上げ、W・B・イェイツやラナジット・グハ（訳注：**サバルタン理論**を参照のこと）の著作を論じている。イェイツはその後の論（初出は『フィールド・デイ・パンフレット（*Field Day Pamphlet*）』第15号［訳注参照］）でも扱われているが、そこでは、民族主義の問題点と民族主義固有の危険性を取り上げると同時に、民族の文化的遺産の再確立や地域の歴史、地勢、地域社会の再想像と再造形において文学が果たす重要な役割を指摘している。土着保護主義（nativist）的な行き詰まりで終わるような想像の共同体（訳注：参考文献のアンダーソンの著書を参照のこと）という概念は危険を孕んでいる。解放（民族主義ではない）には、社会意識が変容して民族意識を越えることが含まれるのである。

サイードの著作、特に『オリエンタリズム』で提出された理論は、ポスト植民地

主義研究の分野に少なからぬ影響を与えた。言語とテクスト性（textuality）についての自然化（naturalization）された諸仮定を取り除こうと試みていること，及び，社会－テクスト（socio-textual）関係の中でイデオロギー的構築物がもつ重要性を第一の関心事としたことによって，彼はポスト構造主義運動に結びつけられる。また，その一方で，サイードは，その著作がさまざまな問題に応用できるために，現代の文学・文化理論において多くの人に読まれ大きな影響力を持つ人物となっている。

【訳注】
☆フィールド・デイ：1980年に創立された北アイルランドの劇団。この劇団，およびサイードの論文が収められたパンフレット出版の経緯に関しては，『民族主義・植民地主義と文学』（法政大学出版局）のシェイマス・ディーンの序論を参照のこと。

【参考文献】
・サイード『始まりの現象 ― 意図と方法』山形和美・小林昌夫訳，法政大学出版局。
・サイード『オリエンタリズム』（上）（下）板垣雄三・杉田英明監修，今沢紀子訳，平凡社ライブラリー。
・サイード『世界，テクスト，批評家』山形和美訳，法政大学出版局。
・サイード『文化と帝国主義』(1)(2) 大橋洋一訳，みすず書房。
・サイード『イスラム報道 ― ニュースはいかにつくられるか』浅井信雄・佐藤成文訳，みすず書房。
・アンダーソン『幻想の共同体 ― ナショナリズムの起源と流行』（増補版）白石さや・白石隆訳，ＮＴＴ出版。

差異のフェミニズム　　difference feminism

大いに議論を巻き起こすような差異との関わり方は，ポストモダニズム思想の特徴の一つである。同様の関わり方は，また，1970年代に，当時台頭しつつあったフェミニズム政治学の実践的領域からも現れた。第二波フェミニズム（訳注参照）においては，差異は，女性たちが同一の社会的アイデンティティを有していないという社会学的見解から生じるあらゆる理論的複雑さを意味するようになった。ポストモダニズム思想と差異のフェミニズムは，危うい同盟関係にある。すなわち，双方とも，女性が男性と同様にアイデンティティと権力の多次元的な網の目の中に多種多様に位置付けられていることの実際的かつ認識論的な意義を認めているのである。

しかしながら，フェミニズム的精神分析のコンテクストにおいては，「差異」はより狭い意味で使われる。すなわち，差異は，特に男性／女性の性的差異（性差）を意味するのだ。性的差異に関するフェミニズム精神分析の倫理学とは異なり，差異のフェミニズムは，白人中流階級的見解の排他的支配をめぐるフェミニズムそのものの内部における決定的分裂を表象＝代表しているのである。しかし，この分裂は，社会的アイデンティティの錯綜した状態をねじ曲げずに新しい種類のフェミニズム政治学が結束のために尽力するという希望をもたらしてもいる。その目標は，抑圧のさまざまな関係を新たに認識しながらジェンダーの政治学を変容させること

である。

　ここでは，差異は，ある集団の属性の記述ではなく，諸集団間の関係作用のことであり，排除よりも解放を指向する。集団の差異が肯定的な意味で解放的となるのは，経験によって確実に与えられる各々独自のアイデンティティが主張されるときではなく，創造されるときだけである。「女」という集団は，人種・階級・宗教・民族性（ethnicity）などの集団の差異と重なり合う経験を持つ。新たに凝り固まってしまうような諸形態のアイデンティティをつくり出すことなく差異を維持するために，差異のフェミニストたちは，差異の意味そのものが政治闘争の領域となるような政治学をつむぎだすのだ。

【訳注】

☆第二波フェミニズム（second wave [of] feminism）：1960年代後半以降のフェミニズムを指す。第一波フェミニズムは，19世紀後半から20世紀はじめにかけての参政権をめざしてのフェミニズムである。

サイバースペース　　cyberspace

あなたのコンピュータのマウスを手に取って下さい。文書をファイルから出して，捨てください。昔なら，こうするために，ＤＯＳ（disk operating system）の指示をタイプしただろう。この過程を空間化するグラフィック・ユーザー・インターフェース（ＧＵＩ）は，サイバースペース（電脳空間）の一形態である。つまり，サイバースペースとは，どこにも存在せず，無数の情報から成る仮想空間なのである。あなたのお金もそこにある。もし，あなたがある種のヘッドセットをつけ自分とコンピュータの区別をなくし，あなたの心を通して情報サイトに入ることができたらどうだろう。そしてもし，あなた方のなかの二人以上の人たちが，その（非）空間に入り，インタラクティヴ（双方向的）に交流できるとしたらどうだろう。これは，ウィリアム・**ギブスン**作の非常に影響力のある**サイバーパンク**小説『**ニューロマンサー**（*Neuromancer*）』（1984）の前提となる状況である。ギブスンは，この小説において「サイバースペース」という言葉を初めて使い，「あらゆる国の何十億という正規のコンピュータ・オペレーターたちが日々経験している共感覚幻想。人間のコンピュータ・システムの全バンクから引き出したデータの視覚的再現。考えられない複雑さ」，と説明している。サイバースペースは，どこにでもあり，またどこにもない非空間である。この空間は実在している。すなわち，**インターネット**と呼ばれる，さまざまなネットワークによる脱中心化されたグローバルなネットワークである。われわれはインタラクティヴな作業もできる。それはマルチ・ユーザー・ドメイン（ＭＵＤ）と呼ばれている。われわれは，人間と機械の間のインターフェイス（接触）を風通し良くすることができる。それは**ヴァーチャル・リアリティ**と呼ばれている。ギブスンの本をＳＦにさせているもの全ては，そのインターフェイスの性質であり，われわれがまだ達していないインタラクティヴな複雑さを

持っている。サイバーパンクはポストモダン的（**ポストモダニズムを参照のこと**）**シミュレーション**の世界であり，そこではイメージと現実，人間と機械が内破し，行き来する。一部の人々にとっては，サイバースペースは，深遠な認識論的かつ存在論的問題を投げかけるものである一方，多くの人々にとっては，インターネットの民主性は，とりわけ彼らが形ある世界において生きていくうえで持っている性的，人種的，身体的なアイデンティティからの潜在的な解放なのである。

【参考文献】
・ギブスン『ニューロマンサー』黒丸尚訳，ハヤカワ文庫．

サイバーパンク　　cyberpunk

サイバーパンクは，最近のさまざまなＳＦにおおざっぱにつけられている言葉である。その言葉は，批評家がウィリアム・**ギブスン**作の影響力が大きいＳＦ小説『ニューロマンサー（*Neuromancer*）』（1984）を解説するのに使った。その後，ブルース・スターリング，ジョン・シャーリー，パット・キャディガン，エリザベス・ヴォナルバーグ（訳注参照）といった気味悪く商品化が進んだディストピア（暗黒郷）的な未来を表現する作家たちの作品にも使われるようになった。そのスタイルにおいて，サイバーパンクは，影響を受けた諸作品の折衷的コラージュの形をとる。影響を与えた作品には，『ブレードランナー（*Blade Runner*）』（訳注参照），ウィリアム・バロウズ，トマス・ピンチョン，レイモンド・チャンドラー，フィルム・ノワールそしてＪ・Ｇ・バラード，フィリップ・Ｋ・ディック，サミュエル・ディレイニーに代表される1960年代後半のカウンター・カルチャーの「心理的」ＳＦ（訳注：思弁小説［Speculative Fiction］とも称される）などが挙げられる。「サイバー」は制御及び通信システムから来ており，また「パンク」はその作者たちが比較的若いということ（訳注：punkには「青二才」「若造」の意味がある）と，彼らがポピュラー音楽やテレビに影響を受けていることから来ている。サイバーパンクは，主に，「**ヴァーチャル・リアリティ**」やクローニングのような人間と新しいテクノロジーのインターフェース（サイバーパンクが好む言葉）や，人間／機械や虚構／現実といった諸区別を曖昧にすることの心理的・哲学的な結果に興味を示している。サイバーパンクの世界は，多くの批評家たちから典型的に**ポストモダニズム**的とみなされており，イメージと現実が内破した暗い**ボードリヤール的シミュレーション**の世界なのである。しかし，**サイバースペース**（電脳空間）の仮想的脱身体化（disembodiment）を通じて，ジェンダー及びジェンダー間の関係の現実とは違う構成を探求できるこのジャンルに，多くの女性作家たちは魅力を感じている。

【訳注】
☆スターリング，シャーリー，キャディガンは，ギブスンとともに1980年代前半にアメリカにおけるサイバーパンク運動勃興期にその中枢で活動。ヴォナルバーグはフランス生まれのカナダ人ＳＦ作家。フランス

語で執筆する作家であり，主要著作の英訳の時期などを考えると，アメリカのサイバーパンクスと運動を
ともにしていたとは言いがたい。
☆『ブレードランナー』：1982年アメリカ映画。リドリー・スコット 監督。2019年，スペースシャトルを
ハイジャックして地球に潜入したアンドロイドのグループを捜査官が追跡，殺していくという未来社会サ
スペンス。原作はＰ・Ｋ・ディックの『アンドロイドは電気羊の夢を見るか？』(*Do Androids Dream of
Electric Sheep?*)』。

【参考文献・フィルモグラフィ】
・ギブスン『ニューロマンサー』黒丸尚訳，ハヤカワ文庫。
・スコット『ブレードランナー』，VHS（ワーナー・ホーム・ビデオ），DVD（ワーナー・ホーム・ビデオ）。
・ディック『アンドロイドは電気羊の夢を見るか？』浅倉久志訳，ハヤカワ文庫。
・巽孝之『サイバーパンク・アメリカ』勁草書房。
・『Ｓ-Ｆマガジン』1999年6月号（特集　サイバーパンクの90年代的展開）。

サイボーグ　　cyborg

　サイボーグという言葉は，1960年に初めてマンフレッド・クラインズという宇宙研
究科学者によって造られた。「サイバネティック」と「オーガニズム（有機体）」を
合わせたこの言葉は半分人間で半分機械である混成体を指すのに使われる。サイボ
ーグは1920年代からＳＦにおける中心的モチーフとなっている。しかし，『ターミ
ネーター（*Terminator*）』（1984）のようなカルト映画が成功を収めてから，大衆の
想像力の中で新たな位置を得ることとなった。お馴染みのマッチョ幻想の実体化の
下で，『ターミネーター』はサイボーグという概念に内在する不安を伝えてもいる。
テクノロジー的変形が機械の無感情さと一緒になって，サイボーグを無敵の破壊機
械にするのである。したがって，そのイコン的役割において，サイボーグは，人類
自体がテクノロジーに支配された未来へとすっかり呑み込まれてゆく危機に瀕して
いるという恐怖のシンボルとして現れる。そのような未来では，機械がパラダイム
となり，そのパラダイムによって有機体そのものが作動することになるのである。
　しかし，よりありふれた局面では，サイボーグは既に存在している。というのも，
機械製の身体の部位が今やごく普通に，人間の臓器，関節，手足の代わりのものと
して使われているからである。ダナ・ハラウェイのようなポストモダニズム的テク
ノ理論家たちから見れば，サイボーグがあまり劇的な現れ方をしていないこれらの
事柄は，日常的に有機体とテクノロジーの諸境界がのり越えられている未来とは，
われわれが既に逃れられずに暮らしている世界なのだ，ということを示しているの
である。

【参考文献・フィルモグラフィ】
・ハラウェイ「サイボーグ宣言」小谷真理訳，『サイボーグ・フェミニズム　増補新版』（巽孝之編，水声社
　［初版はトレヴィル］）所収。『猿と女とサイボーグ——自然の再発明』（高橋さきの訳，青土社）所収。

・キャメロン『ターミネーター』，VHS（アスキー），LD（パイオニアLDC），DVD（カルチュア・パブリッシャーズ）．

差延　différance

ジャック・デリダの造語である差延は，言語がいかに作用するかを示す用語であり，また同時に，**ディコンストラクション**（脱構築）の術策と運動を示す用語でもある．スイスの言語学者フェルディナン・ド・ソシュールに倣ってデリダはその用語を記述的用語として使用するが，差延という言葉が記述するのは，以下である．いかなる言葉であれその意味は，まるで言葉が現実の代役であるかのように現実との自然なつながりによって決まるのではない．言葉の意味は，意味作用の連鎖全体のなかで他の言葉との関係によって決まるのである．差延という言葉は，このようなことを指し示すと同時に，それとは異なっている．それゆえ，差延は，言語における意味の横滑りの可能性だけでなく，永続する運動をも指示することになる．「異なる」と「延ばす」の両方を意味するフランス語の動詞différerからの新造語である差延は，その両方の意味を同時に指示し，かつそれゆえに意図的に曖昧なものとなっている．したがって，差延は，言語はつねに未決定的であり，意味はつねに決定不可能であり，それゆえ終わりなく遅延されることを説明する．そしてそういうものであるがゆえに，差延は，言語的機能を説明するだけでなく，言語機能を行為遂行もするのである．しかしながら，ディコンストラクションという言葉と交換可能な用語として，差延は，別の機能も果たす．あらゆる意味の統一（unity）を根底から瓦解させるものの，差延は，ただ単に統一の反対位置にあるものとして考えることは決してできない．というのは，統一といったような別の語の反対位置（opposition）に置くことは，差延をある特定の位置（position）に固定することになってしまうからである．そうなると，差延の特徴となるもの，すなわち宙づり，運動，遅延といった特徴を縮小してしまうからである．よってその作用がまさしく例証するように，差延は，「統一」と「差異」双方のための代用語なのである．

作者　author

構造主義の時代を経て**ポストモダニズム**に至るまで，**大陸哲学思想**，特にフランスにおける哲学思想において，作者の地位は格下げされてきた．ロラン・バルトの**「作者の死」**という考えは，作品の意味に対する責任を負った権威ある者（authority figure）としての作者の終わりを告げるものであった．そして，読者の重要性がより強調されることとなった．ポストモダニズムの理論家たちは一般的に権威ある者を好まず，それゆえに文化的イコンとしての作者という考えに対して異議を唱えてきた．ポストモダニズムの理論家のなかに，**テクスト**が意味することに対してある一人の人間が支配的な力を持つ（もしくは何らかの実際的な方法によってそのよう

な力を持つことが可能である）という考えを支持する者はほとんどいない。したがって，作者の「意図」を探し出すことは無意味であると考えられている（**作者の死**も参照のこと）。

作者の死　　death of the author

ロラン・バルトの作者の死という考えは，**ポスト構造主義**のためのスローガンの一つであり，**作者はテクストの意味の最終的な決定者としてみなされるべきではない**と主張する。バルトの考えによれば，以前は作者がオーソリティ・フィギュア（作者として権威をもつ人物）と考えられ，そのために読者は作者より劣った地位に据えられていた。バルトは，読者を創造的な存在へと解放するために作者の死を（より正確に言えば，作者に関するある概念の死を，すなわちオーソリティ・フィギュアとしての作者の死を）要求した。読みという行為は，受動的なプロセスとはもはや見なされず，読者がテクストの意味生成に十全に関与した能動的なプロセスとされるのである。バルトが言うように，読者の誕生は，作者を犠牲として成し遂げられるものであった。バルトの攻撃の矛先の要が向けられるのは，作者であること（authorship）それ自体というよりも，作者を文化的イコン（authorというより大文字AのAuthor。大文字のAは，このフィギュアに付与された重要性のシグナルである。）として扱う近代の傾向である。作者の死は，この考えが考案された1960年代の解放主義の傾向に共振しているという点において，暗黙のうちに反伝統主義を大いに含む概念であった。

【参考文献】
・バルト「作者の死」，『物語の構造分析』（花輪光訳，みすず書房）所収。

ザッピング　　zapping

リモコンを使って素早くテレビのチャンネルを切り替えるテクニック，俗称「ザッピング」は，**ポストモダニズム**の特徴を最もよく示す行動の一つと言って差し支えないだろう。チャンネル自体が，個々の視聴者の気まぐれに従ってどんな順序にでもつなぎ合わせられる連続的な語りの一種のように扱われる。この点において，ハイパーテクストやインターネットの機能の仕方と明らかな共通点がある。ザッピングの効果は，直線状の語りの流れを壊す効果もある。また，議論の余地があるが，自分が見るものの内容とまではいかなくても順序を決定する支配力をある程度与えることによって視聴者に権限を付与する効果もある。いずれにせよ，ザッピングの過程は，与えられたものを比較的無批判な仕方で消費するような受動的な視聴者を要求する番組製作者の作る**大きな物語**に挑戦状を突きつけるものである。

砂漠化　　desertification

ジャン・ボードリヤールが『アメリカ』（1986）で論じていることには，砂漠は，ポストモダン的な（ポストモダニズムを参照のこと）存在のためのある種のモデルを成す。砂漠は，存在がその基本原理にまで丸裸にされたものを表象する（「欲望ではなく，砂漠なのである」）。砂漠がそのようなものを表象するということが，ボードリヤールがかくあるべしと考える，自我のあり方なのだ。砂漠化が価値判断を超える状態であるという考えには，禅のごとき性質を有する何かが存在する。価値判断を超越しているその状態においては，意味は消失し，われわれはもろもろの出来事に関する受動的観察者となる。砂漠は，ボードリヤールにとって，この点に関して崇高の性質を有している。砂漠は，理性と言説がその限界に達して，より基本的で本能的な反応が優位となるような地点なのだ。

【参考文献】
・ボードリヤール『アメリカ——砂漠よ永遠に』田中正人訳，法政大学出版局.

サバルタン理論　　subaltern theory

『ウェブスター英語辞典』は，「サバルタン（subaltern）」という語をこう定義している。「大尉より下位の士官，准大尉／従属的な地位を占める人／一般命題に関連する特殊命題。」この定義は，サバルタン性を周縁性（marginality）にまつわる諸観念ならびにデリダの**現前**の観念と結び付ける。というのは，サバルタン的**主体**は，人種，階級，ジェンダーいずれかの理由で，「中心」の決定力のある権威に対して周縁化され，従属的な立場に置かれている存在だからである。言い換えれば，中心は不変の「現前」としての役割を与えられる。つまり，中心は，そこから諸規範がうち立てられる参照点あるいは権威点なのだ。中心の外部あるいは周縁にあるものは，「他者」を示すことになる。

　スピヴァックや，ラナジット・グハに率いられたサバルタン研究グループ（訳注参照）のような**ポスト植民地主義**（ポストコロニアリズム）の理論家たちは，このような「他者化（othering）」のプロセスを研究している。その方法は，中心の意味作用体系つまり植民地主義言説（ディスクール）がいかにしてサバルタンあるいは植民地的主体＝臣民（subject）の経験を正常性と慣例の体系外に置き，中心との関係を絶たれたものにするか，その仕方を検討することである。このようにして，その能力を奪ってしまう支配＝主人的言説（master discourse）内部に構築されるために，植民地的主体は「声を奪われて」しまう。このような沈黙化に取って代わる道が，「ものまね（擬態　mimicry）」と「パロディ」という概念を通じてホミ・K・バーバによって唱導されている。そのなかでは，サバルタンの声は，中心の支配的言説の不適切な模倣を特徴とする。

　サバルタン研究は，**ディコンストラクション**（脱構築）的および**ポスト構造主義**的実践を用いて周縁から中心を問いただすような，ポスト植民地的歴史記述の一形

式と見なすことができる。サバルタン研究は，権力の作用する場としての中心の機能に注目し，支配的言説の抑圧的な性質を明らかにすることによって，周縁に追いやられた者あるいはサバルタンに洞察力を与えるのである。

【訳注】

☆サバルタン研究グループ：インド・ニューデリーに本拠をおく知識人サークルで，『サバルタン研究 (*Subaltern Studies*)』誌を発行している。マルクス主義，記号論，フェミニズム，ディコンストラクションといった思想の影響を受け，従来の植民地インドのあらゆる歴史記述をエリート主義的として批判し，自ら語り出すことのできないサバルタンの歴史はいかにして可能かという問いを提示する。

【参考文献】

・スピヴァック『サバルタンは語ることができるか』上村忠男訳，みすず書房。
・スピヴァック／グハほか『サバルタンの歴史——インド史の脱構築』竹中千春訳，岩波書店。

散種　　dissemination

ジャック・デリダの同名の書（1972）において概略が示されているように，散種は，西洋哲学の伝統における（例えばプラトンの『パイドロス』のような）非常に影響力ある特定の諸テクストをディコンストラクション（脱構築）することを含む読みの方法である。デリダの著作によくそうあるように，散種が行うのは，話された言葉を書かれたもの（エクリチュール）より特権化することに対する挑戦である。というのも書くこと（エクリチュール）は，西洋におけるディスクール（言説）の基本的な前提であるからだ。『パイドロス』は，例のごとくプラトン的対話の形をとっている。その対話の形において，リュシアスによって書かれた言葉が口述されるのをソクラテスが聞いているのだが，その書かれた発話は（訳注：巻物として）パイドロスの所有するものなのだ。パイドロスへの返答として，ソクラテスは書くことの発案者，テウト（訳注：エジプトの発明の神。テウトは文字を発明することで，ひいては「書くこと」を生み出した。）の物語を語る。デリダの議論の大半は，「パルマコン」という用語を扱っている。プラトンは，その用語を書くことを指すために使ったが，またその用語は，毒薬と治療薬の両方としてさまざまに訳されてきた。デリダはその用語の非常に相反する性質を指摘する。そして，この相反する性質からデリダが示しているのは，ソクラテスは書くことを糾弾する際に自らが蔑むまさにそのツールに負っており，それゆえ自らの議論を根底からくずしてしまっている，ということである。

【参考文献】

・デリダ『散種』収録論文で邦訳があるのは以下の通り。「プラトンのパルマケイアー」高橋允昭訳，『現代思想』1975年3月号所収。
・プラトン『パイドロス』藤沢令夫訳，プラトン全集（岩波書店）5所収。

し

ジェイムソン, フレドリック　　Jameson, Fredric　　1934-　　文化批評家

　フレドリック・ジェイムソンは、英語で著作を発表している者のなかで最もよく知られ最も影響力のある**マルクス主義文学・文化批評家**である。そしてそのような立場にあるものとして、「後期資本主義の論理」としての**ポストモダニズム**の全般的な思潮に関する最も説得力のある歴史的分析の一つを提供してきた。

　ジェイムソンは、エーリッヒ・アウエルバッハ（訳注：1892-1957　ドイツ生まれのユダヤ人文学者。主著『ミメーシス（*Mimesis*）』）の学生であり、また、彼の業績の初期から現在に至るまで影響を与え続けているのは、ジェルジ・**ルカーチ**という先達である。1920年代およびマルクス主義への転向後、ルカーチは**ヘーゲル哲学**の再専有化と「批判的」マルクス主義の伝統の幕開けにおいて重要な役割を果たした。

　ジェイムソン自身の初期の仕事のなかで最も影響力のあった部分は、主にこのヘーゲル的、あるいは批判的マルクス主義の伝統から登場した人物の本格的かつ理論的な研究であった。『サルトル ─ 回帰する唯物論（*Sartre: The Origins of a Style*）』(1961)は、ジェイムソンの中心的テーマの一つである物語（narrative）の問題にすでに焦点を合わせている。『弁証法的批評の冒険 ─ マルクス主義と形式（*Marxism and Form*）』(1971)は、新しい世代にルカーチ、ブロッホ、ベンヤミン、アドルノ、**マルクーゼ**、サルトルを紹介した。

　マルクス主義における批判的（ヘーゲル的）伝統のジェイムソンによる専有化は、フランスや他の大陸思想（**大陸哲学を参照のこと**）との一貫した関わりによって補われてきた。『言語の牢獄（*The Prison-house of Language*）』(1972)では、**構造主義**的そして**ポスト構造主義**的な言語学の主要な概念と主題を要約すると同時に、そのように理論化することから引き出されることもあった一層悲観的な結論に対して、説得力のある批判を行った。最も野心的な著作『政治的無意識（*The Political Unconscious*）』(1981)において、ジェイムソンは、ある解釈の枠組みのための彼独自のプログラムを開発した。そのプログラムは、政治的かつ歴史的でありながら、言語学における構造主義的諸伝統の諸洞察も取り入れ、あるいは応用することによって豊かなものになりえた。

　理論的諸伝統の大観を堂々と統御するジェイムソンを見れば、彼がこの時代の脱政治化するような、相対主義的な、あるいは反動的な風潮に対して議論をふっかけるのに最もふさわしい人物であるということが分かる。その議論は、『ニュー・レ

フト・レビュー（*New Left Review*）』誌（1984）に掲載された「ポストモダニズム，あるいは後期資本主義の文化論理（Postmodernism, or the Cultural Logic of Late Capitalism）」という論文（訳注：邦訳フォスター編『反美学』所収の論文とは異なる）に的確にまとめられた。これは，後にポストモダニズムをめぐる論争において極めて重要な文献の一つとなる同タイトルのかなり分厚い本（1991）に拡大されていった。ジェイムソンは，ポストモダニズムを歴史的・政治的見地から解釈する。彼は，戦後の情報化時代における世界的な資本主義の機能を説明するためにマルクスの経済分析を応用し時代に合ったものにしようとしたエルネスト・マンデル（訳注：1923-1995。ベルギーの経済学者。急進的マルクス主義の立場から最左翼の運動を指導）の『後期資本主義（*Late Capitalism*）』を援用する。ジェイムソンの分析の主な目的は，「高度」あるいは「後期」資本主義諸国における歴史性の危機である。

『ポストモダンの条件（*The Postmodern Condition*）』（1979）（この英語版には，ジェイムソンが批判的序文を寄せている）のなかで，**リオタール**は，**メタ**物語に対する懐疑が広がりつつあると断言した。ジェイムソンは，ポストモダニストたちに，「ポストモダンの条件」の諸兆候の根底にある社会関係について教示することができる唯一の人物であった。ジェイムソン自身の仕事は，自らが書いたサルトル研究のなかで表明されている疑問に何度も何度も立ち戻ってくる。それは，つまり「物語という問題，もっと正確に言うと，（中略）物語と物語の閉止＝完結性（closure）との間の関係，物語行為の可能性，ある社会編成のなかで構造的に手にいれることが可能な（社会的・実存的）経験の種類といった問題」（訳注：『サルトル』より）なのである。

「つねに歴史化せよ！」ジェイムソンは，このスローガンを「絶対的な命令，ことによると，（中略）あらゆる弁証法的思考から発せられる命令のなかで，唯一『歴史化されない』とさえいえる命令」（訳注：『政治的無意識』より）と呼ぶ。ジェイムソンの思想は，ある意味ではサルトルによって練られたと言っても良い「全体化」を憚ることなくもくろんでいる（しかしながら，この領域でのジェイムソンの「アンガジュマン（commitment）」という用語の使用は，サルトルをルカーチやアドルノとも結び付けるのである）。

ポストモダニズム陣営のそれほど理論的でない者たちは，ただ「全体性」を引き合いに出しているということだけで，ジェイムソンの思想が時代遅れかつ有害あるいはそのどちらかであると決めつけることができると考える。しかし，ジェイムソンは，「全体システム（total system）」という概念は一貫して拒否してきている。実際のところ，ジェイムソンの思想においては，「全体性」というカテゴリーを通して思考する試みは，思想における全体主義的諸傾向に対する防衛の一部なのである。『後期マルクス主義 ―― アドルノ，あるいは弁証法の持続性（*Late Marxism:*

Adorno, or the Persistence of the Dialectic)』（1990）において，ジェイムソンは，否定的な「全体性」として機能する後期資本主義的な諸傾向に関するアドルノの分析を改訂更新しようとする。個人と社会システムの間の関係における抜本的な変化に直面し，ジェイムソンは，アドルノの著作，なかでも難解な後期の著作『否定弁証法（Negative Dialectics）』と『美の理論（Aesthetic Theory）』を特に，ミレニアムの変わり目に必要とされる種類の再帰的弁証法（reflective dialectic）のモデルとして推薦する。

　ルカーチの初期の文学に関する著作は，初期ドイツ・ロマン派のユートピア的かつ形而上学的衝動に啓発されて生まれたものであった。ジェイムソンの著作も，そのユートピア的衝動に対する絶えざる勇気ある忠誠心における，このようなインスピレーションに忠実であり続けてきた。彼は，現代におけるわれわれの苦境の諸起源への最も確かなガイドの一人であり続けているのである。

【参考文献】
・ジェイムソン『サルトル ― 回帰する唯物論』三宅芳夫・太田晋・谷岡健彦・松本徹臣・水溜真由美・近藤弘幸訳，論創社．
・ジェイムソン『弁証法的批評の冒険 ― マルクス主義と形式』荒川幾男訳，晶文社．
・ジェイムソン『言語の牢獄 ― 構造主義とロシア・フォルマリズム』川口喬一訳，法政大学出版．
・ジェイムソン「ポストモダニズムと消費社会」，フォスター編『反美学 ― ポストモダンの諸相』（室井尚・吉岡洋訳，勁草書房）所収．
・ジェイムソン『政治的無意識 ― 社会象徴行為としての物語』大橋洋一・木村茂雄・太田耕人訳，平凡社．
・ジェイムソン『時間の種子』松浦俊輔・小野木明恵訳，青土社．
・リオタール『ポスト・モダンの条件 ― 知・社会・言語ゲーム』小林康夫訳，水声社．
・アドルノ『否定弁証法』木田元・徳永恂・渡辺祐邦・三島憲一・須田朗・宮武昭訳，作品社．
・アドルノ『美の理論』大久保健治訳，河出書房新社．

ジェネレーションX　　Generation X

出版社から20代の人々のための手引書を書くよう依頼されたダグラス・クープランドは，小説を出版社に手渡した。この小説が著しい成功をおさめた『ジェネレーションX（Generation X）』（1991）である。『ジェネレーションX』は，1990年代カリフォルニアの特権的な若者たちの思考様式と言葉遣いを捉えていることで有名である。この小説の持つエネルギーの多くの源は，欄外余白に散りばめられた書き込み（marginalia）にある。これらは，主要登場人物たちの経験を概括するような数多くの一連の時代精神を定義する新造語，挿話，要約となっている。ジェネレーションX世代は，若くて教養があり不完全就業のポスト・ベビーブーム世代であり，1980年代特有のイデオロギーを軽蔑してはいるが，その代わりとなるものもほとんど持っていない。この真空状態において，彼らは，ポストモダン（**ポストモダニズ**

ムを参照のこと）的浅はかさ，すなわち，蔓延する「予想通りの反応をするワンパターンなアイロニー（knee-jerk irony）」を好んで用い，テレビ番組の瑣末な知識について相手より一枚上手に出ようとすること（「好事主義 [obscurism]」）によって，文化的俗物根性というアイロニカルな形式を実践することに自分たちの時間を費やす．彼らは，低賃金で，低評価，未来のない，サービス分野の仕事（「マック・ジョブ [McJob]」）に従事していないときに，このようなことを行う．彼らは，自分用にうまくあつらえてはいるが，まったく知られることの無い哲学・宗教的信念（「ミー・イズム [Me-ism]」）のおかげでどうにかやっていっており，「より少ない主義 [lessness]」，つまり，自分自身と減退しつつある期待の間に折り合いをつけることをしぶしぶ受け入れる．あるジェネレーションX世代の若者にとって，このような生活流儀が，アメリカ文学の古典においてしばしば「自然」と結び付けられる本物の（authentic）経験の形式（訳注参照）に対するロマンチックなあこがれを隠しているとしても，他のジェネレーションX世代の若者たちは，（彼らがエマソンを読むことをしぶしぶでも認めればの話だが）「自然だって．どうしてラルフ・ウォルド・エマソンなんだ．」と言うかもしれない．

【訳注】
☆クープランドの項のソローの訳注を参照のこと．エマソンは，ソローの同時代人であり，どちらの作品もアメリカ文学のカノン（正典）の座を占めている．擬似宗教的な超越主義を表明するエマソンには『自然 (Nature)』（1836）という有名なエッセーがあり，自然と人間との間の「神秘的な関係」を探究している．なお『ジェネレーションX』の登場人物たちは，森で生活したソローのように，砂漠のバンガローで独立した生活を送ろうとしている．

【参考文献】
・クープランド『ジェネレーションX ─ 加速された文化のための物語たち』黒丸尚訳，角川文庫．
・エマソン『自然』，『エマソン論文集』（上）（酒本雅之訳，岩波文庫）所収．斎藤光訳，アメリカ古典文庫17超越主義（研究社）所収．『自然について』斎藤光訳，エマソン名著選（日本教文社）1 所収．

ジェンクス，チャールズ　Jencks, Charles　1939-
建築史家・建築理論家・建築デザイナー

多作な著述家であるジェンクスは，25冊以上の本を書き編集した．そのなかには20世紀建築についての多大な影響力をもつ研究も含まれている．彼は，ポストモダニズム建築に関する何冊かの本，とりわけ『ポストモダニズムの建築言語（*The Language of Post-Modern Architecture*）』（1977）の著者として最も良く知られている．この本の定期的な改訂（現在第7版である）ならびにポストモダニズムに関する彼の他の著作は，定義／再定義をめぐる進行中のプロジェクトの一部であり，そのプロジェクトによって彼の仕事は，ポストモダニズムの諸形式に関する多くの議論の出発点となると同時に，彼が当初は分析しようとしていた議論の重要な要素となっ

ている。
　建築分野は，三つの主な理由のためにポストモダニズムに関する議論にとっての有用な焦点となってきた。まず第一に，**モダニズム建築の失敗**があまりにも劇的にそして目に見える形で起こってしまったことである。1960年代初頭より，都市に関する研究を行ってきた研究者たち（例えば『アメリカ大都市の死と生［*The Death and Life of Great American Cities*］』［1960］のジェイン・ジェイコブズ）と建築家たち（例えば『建築の多様性と対立性［*Complexity and Contradiction in Architecture*］』[1966]のロバート・**ヴェンチューリ**）は，高層建築モダニズムの自己満足的で冷酷な美学と社会的不毛性の結果生じた都市の崩壊に批判的であった。第二の理由は（またこの失敗の結果）モダニズム建築とポストモダニズム建築の差異が様式的にあまりに露わになってしまったことある。最後は，（ジェイムソンやリオタールを含む）主要なポストモダニズムの理論家たちが，建築を「ポストモダンの条件」の指標として利用してきたことである。
　元々はモダニズム建築理論史・実践史家であったジェンクスの著作は，彼がモダニズム建築に次第に幻滅していく様子を如実に表している。ジェンクスは，建築批評に**記号論**的な分析を導入した最初の建築批評家の一人であった。修辞学的，文法的，言語学的カテゴリーを利用し，ジェンクスは，建造物をコミュニケーションの諸形態として「読み」，そして，モダニズムの「国際様式」と呼ばれるものが「まるでエスペラント語が，世界各地で強要されたような」狭量で同質的な言語であると見なし始めた。1970年代半ばまでには，特に最も影響力のあった著作『ポストモダニズムの建築言語』のなかでジェンクスは，ポストモダニズム建築は全ての建築家たちが当時訓練を受けていたモダニズム技法ならびに過去からの様式を用いてモダニズムから混成的な離脱を行った諸建築であると論じた。ヴァージニア・ウルフが宣したように，文学におけるモダニズムの開始の時が1910年12月である（訳注：エッセイ「ベネット氏とブラウン夫人」より）ならば，ジェンクスは，モダニズム建築とモダニズム・イデオロギーの終焉の日付を正確に記したことで大変有名である。彼によると，モダニズムは「ミズーリ州セント・ルイスで1972年7月15日午後3時32分（かそのくらい位）に死亡した」。その時刻は，崩れ落ち汚損された（そして賞まで受けた）プルーイット＝アイゴー集合住宅が爆破された時刻であった。
　1977年にはジェンクスにとっての「ポストモダニズム」は「その曖昧さが魅力的ではあるが大いに否定的な用語」であったが，1978年の『ポストモダニズムの建築言語』の第2版が出る頃には肯定的な定義を提示できると感じていた。その定義とは，何回も引き合いにだされてきた「**二重コード化**」の概念であった。「モダンなテクニックが何か他のもの（ふつうは伝統的建築）と結合することは，建築が一般大衆と少数関係者（ふつうは他の建築家たち）両方とコミュニケーションをとるためである。」この定義は，古い様式の復興でもなければ，単なる反モダニズムでも

ない。というのは，ジェンクスによれば，ポストモダニズムには「不可欠の二重の意味，すなわちモダニズムの継続と超克」があるからである。ジェンクスが用いる多くの例の一つに，イギリスの建築家ジェイムズ・スターリングのシュトゥットガルト州立美術館の増築部分がある。この建物は，明らかに現代の建築でありながら，古典美術やポップ・アートを含む過去の美術や建築をなぞったり，それらと戯れたりしている。ジェンクスはこのようなポストモダニズム建築を，モダニズムのミニマリズム的言語を，歴史，コンテクスト，差異へと開いていく一つの方法と見なしている。概して，彼は，文化的コミュニケーションへの**多元主義**的なアプローチを解説し支持している。

1980年代，ジェンクスは，ポストモダニズムを二重コード化と捉える自らの理論を他の文化領域に敷衍しはじめた。「二重コード化」は，他の芸術における「ポストモダニズム的転回（postmodern turn）」を説明することが出来るのである。なぜならポストモダニズムは，「文化運動と画期的な出来事」の両方になったからである。彼の『ポストモダニズムとは何か？（*What is Post-Modernism?*）』（1986）は，建築はもちろんのこと小説や美術にも言及している。この簡便で小さな本は，ジェンクスの思想への便利な手引書でもある。ジェンクスは，芸術において**表象**的絵画，自意識的アレゴリー，折衷主義，混成性（hybridity）が回帰してきたことを，ポストモダニズム的二重コード化の遍在のしるしであると見なしている。小説に関しては，ジェンクスは，今世紀初頭の実験的な小説家たちを拒否するでもなく隷属的に模倣するでもないが，プロットの伝統的な面白さをわれわれに与えると同時に他の多くのレベルにおいてわれわれに働きかける作家たち，例えばジョン・バースやウンベルト・エーコのような作家を高く評価する。建築以外の分野へそれるとジェンクスの主張は説得力を失い，また，彼の時代区分と分類へのこだわりは，一般的に受け入れられているポストモダニズムの思想の精神と衝突してしまう。ジェンクスは，彼流のヒューマニズム的ポストモダニズムを喧伝するが，それは，リオタールやその他の思想家たちの**ポスト構造主義**的で反ヒューマニズム的なポストモダニズムとはほとんど相容れないものである。

【参考文献】
・ジェンクス『ポストモダニズムの建築言語』竹山実訳（1978年版の第二版の訳），『a＋u』1978年10月臨時増刊号，エー・アンド・ユー。
・ジェイコブズ『アメリカ大都市の死と生』黒川紀章訳，鹿島研究所出版会。
・ヴェンチューリ『建築の多様性と対立性』伊藤公文訳，鹿島出版会。『建築の複合と対立』松下一之訳，美術出版社。
・ウルフ「ベネット氏とブラウン夫人」，ヴァージニア・ウルフ著作集 7 評論（朱牟田房子訳，みすず書房）所収。

シクスー, エレーヌ　　Cixous, Hélène　　1937-　　作家・文化理論家

シクスーは，近年のフランス・フェミニズム思想の中心人物の一人であり，リュース・イリガライなどとともに，差異のフェミニズムとして知られるようになった思想と通常結び付けられる（しかし，彼女自身は，「フェミニスト」という肩書きを拒絶しており，差異に関する概念においてイリガライほどラディカルではない）。フランス国内では，シクスーは，実験的小説家として有名でもあり，戯曲も書いている。

　シクスーは，女性のエクリチュール（エクリチュール・フェミニン）の強力な擁護者であり，性的差異が知覚されることを理由として，「女性は自分のことを書かなければなりません。女性は女性について書き，女性たちをエクリチュールの所へやって来させなければなりません」と論じている（訳注：1975年のエクリチュール・フェミニンに関する最初の本格的なマニフェスト「メデューサの笑い（Le rire de la Méduse）」より）。シクスーにとっては「女性の欲動のエコノミーは男性と違うし，男性のエコノミーでは捉えられない」のであり，この主張は，生物学的本質主義の批判者の一部から非難を受けるきっかけとなった。しかし，彼女は，エクリチュール・フェミニンは女性のみに認められるものではないということをはっきりさせるように気を付けている。むしろ，エクリチュール・フェミニンは，抑圧的な文化の諸構造を破壊する究極の目標をもって，現行の言語的諸慣習（これはある特定の種類の家父長的社会の産物である）に異議を唱える文学の形式だと見なされるべきだろう。したがって，シクスーは，エクリチュール・フェミニン的アプローチの例としてジャン・ジュネを引用できるのである。とはいえ，われわれが住む社会に根強い家父長的本質を考慮に入れると，エクリチュール・フェミニンのほとんどの実践者が実際は女性であるということはありそうなことである。しかし，エクリチュール・フェミニンは，両性の間の差異を際立たせるものというよりは，ある社会にある諸悪を正すように企図された，本質的には戦術的な行為と全体的にはみなされるべきである。

　シクスーは，『新しく生まれた女（*The Newly Born Woman*）』（1975年カトリーヌ・クレマンとの共著）を執筆の際，生物学的本質主義に反対する更なる主張を行った。その主張によると，文化的組織におけるラディカルな変化を想像することは少なくとも可能であり，したがって，「今日『女性的』あるいは『男性的』と見えるものは，もはや同じものではありえない」とされる。このような変化が，ジェンダーの差異に関する既存の諸観念が「新しい差異の集まり」に取って代わられるようになるきっかけになるだろう，と彼女は推測する。しかし，それらの差異が正確にはどのようなものであれ，われわれの現在の文化的視点から言い当てるのは極端に困難なのである。

【参考文献】

・シクスー『メデューサの笑い』松本伊瑳子ほか訳, 紀伊国屋書店.

事件　événements

1968年5月, その事件 (その**出来事**) は, パリの都市部のありふれた平和を粉砕した。事件に関わった者たちは, ド・ゴール政権を転覆することはかなわなかったかもしれない (諸労働組合の干渉がなかったなら当然それをなしえていたであろう)。だが, 彼らは, 多くの非正統派の共産党員たちと**マルクス主義理論家**たちの理論的予想と個人的な夢という目的に則って, 日常生活の革命を実践したのだった。ヴェトナムのための国民委員会の行動派のリーダーたちが逮捕された後 (訳注: この当時ヴェトナム戦争が泥沼化), パリ大学の学生たちは, 3月22日運動を組織し, 台頭してきたダニエル・コーン゠ベンディット (訳注: 現在は環境保護政治家。ドイツ人。**緑の党**にドイツとフランスで参画。通称赤毛のダニー) のリーダーシップの下, パリ大学のナンテール分校キャンパスを占拠し, 教育体制を平凡でつまらない官僚たちを輩出するための工場であると激しく糾弾した。そして, 同様の占拠やデモが, ディジョン, ニース, エクス, モンペリエ, ナントで続発した。その一方では, 労組不安もまた増大しつつあり, 主要な労組は, 政府の賃金支払い方針を拒否し, 抗議の行進とストライキを国中で引き起こした。ところが, 諸労組自体は労働者と学生の過激な諸傾向を非難し始め, 抗議する者たちと労組の代表者 (彼らは, こうしたポピュリスト [人民主義] 的諸運動が最終的には政府－労組枢軸に捉えられてしまうのを見ることになる) との間の裂け目は大きく開かれてしまった。火蓋が切って落とされたのはのは1968年5月3日, パリ警察暴動鎮圧部隊 (CRS) が催涙ガスをキャンパスに打ち込んで突入する前にナンテールを包囲し封鎖したときであった。その間, フランス共産党 (PCF) は, 学生による占拠を非難し (ただ, たとえばルフェーヴル [訳注: 社会学者・哲学者, フランスでのマルクス主義普及に尽力] のような人は学生を支持した), 学生と左翼諸政党の間の最終的な決裂を促したのだった。この決裂は, マルクス主義的プロジェクトの広い意味での失敗にとって決定的なものである。なぜなら, フランス共産党のリーダーたちは, 事件の革命的諸目標を支持するのではなく, 事件を収束させるために政府と諸労組と効果的に共謀したからである。フランスにおける**ポストモダニズム**の政治活動にとって決定的なことには, マルクス主義が革命を進展させるためというよりむしろ抑圧のための官僚的機械であることが初めて明らかになったのだった。

　大々的に成功したゼネストに続き, 労働者たち, 学生たち, 怒れる者たち, アンテルナシオナル・シチュアシオニスト (**シチュアシオニスム**を参照のこと) の反体制知識人たちがパリの通りを占拠したが, 一カ月にわたるバリケードと直接的な革命の日々の後, 労組が仕事にもどるようにと素早く交渉していた間に, 最後には政府が反政府運動者を押さえ込んだ。しかしながら, 事件は, 近代的第一世界国家が

人民革命によって完全な瓦解に最も近づいた地点を印している。

シチュアシオニスム　　Situationism
1957年にイタリアで結成されたシチュアシオニスト（状況派）は，論争的な政治活動家，作家，芸術家から成る緩やかなまとまりのグループであり，1968年5月のパリで起きた5月革命（**事件**も参照のこと）において重要な役割を演じた。このなかで最も傑出したメンバーは，政治理論家で『**スペクタクルの社会**（*The Society of the Spectacle*）』(1967) を著したギー・ドゥボールと芸術家アスガー・ヨーンであった。ドゥボールはグループの機関誌を編集した。その機関誌にはベトナム，都市地理学，文化的・政治的問題に関する記事が載せられ，シチュアシオニストたちのグラフィック・デザインに対する独特かつ影響力のあるアプローチの例が満載されていた。これらの例では，大衆新聞や広告から取った政治的スローガンや勝手に改作したイメージが使われていた。**マルクス**主義の影響の色濃いドゥボールの『スペクタクルの社会』では，社会的諸関係自体がイメージによって媒介されており，人々は自らの人生における観客（spectator）となってしまった，ということが示されている。一方，ヨーンの「転用（détournement）」の技法（「重ね塗り［over-painting］」技法が政治的メッセージを持つイメージと出会ったのである）は，1960年代後期のアングラ新聞や1970年代のパンク・バンドとそのファン雑誌で広く用いられた。シチュアシオニスムは，ポストモダニズム的思考の重要な諸要素を予示すると同時にそれらの始まりでもある。というのも，ボードリヤールの「**ハイパーリアリティ**」という考えは，ドゥボールのいうスペクタクルと共通点があるし，シチュアシオニストの「漂流（dérive）」つまり都市の風景をぬって行く心理地理学的（psycho-geographical）「漂流」という概念は，リオタールの哲学的な「漂流する思考」になるのである。

【参考文献】
・ドゥボール『スペクタクルの社会 ─ 情報資本主義社会批判』木下誠訳，平凡社．
・ドゥボール『スペクタクルの社会についての注解』木下誠訳，現代思潮社．
・ドゥボール『映画に反対して ─ ドゥボール映画作品全集』木下誠訳，全2巻，現代思潮社．
・『アンテルナシオナル・シチュアシオニスト』木下誠監訳，全6巻，インパクト出版会．
・『現代思想』2000年5月号（特集　スペクタクル社会）．

しなやかさ　　svelteness
ジャン・フランソワ・リオタールは，**大きな物語**（すなわち普遍的な理論）の抑圧から自由になったポストモダン的（**ポストモダニズム**を参照のこと）個人に見られる柔軟さ，そしてドグマ的信念を持たずにいる状態を示すための概念として，「しなやかさ（軽やかさ）」を考案した。しなやかでいるということは，自分の周囲で

出来事が展開していくときにそれらに対して開かれた状態でいること，そして，大きな物語を信じると必然的についてくるとリオタールが考える偏見にとらわれずに，そのような出来事に反応できることを指す。リオタールがスタンダールの作品から引いてきた例で言えば，しなやかさとは，夕暮れには舞踏会に行き，その翌朝には戦争に行くことができる力，ということになろう。

【参考文献】
・リオタール「ポストモダン問題への軽やかな補遺」，『知識人の終焉』（原田佳彦・清水正訳，法政大学出版局）所収。

シミュラークル／シミュレーション　　simulacrum/simulation

シミュレーションに関連するボードリヤールの諸理論は，1970年代に書かれた**記号体系**に関する初期の著作に端を発する。その著作で彼は，商品と記号は閉じた「物の体系（object system）」内部で自己指示的な環を形作るために結合した，と主張した。集合的想像力は，このような記号が体系外の何かリアルで確固たるものを指しているとだまされて思い込むかもしれないが，それはあくまでも幻想である。そこで生み出されているのは一つの「シミュラークル」なのだ。シミュラークルは体系から造り出されるものだが，体系が自らの機能を正当化するために用いる体系外の指示物（指示対象）という役割も果たす。

『象徴交換と死（*Symbolic Exchange and Death*）』(1976) のなかで，ボードリヤールはシミュラークルの生産を歴史的に三段階に分けて示した。まず「古典」時代（ルネッサンスから産業革命まで）では，シミュレーションは贋造（模倣）という形をとる。その次の「産業」時代では大量生産の技術によって，無限に再生産できるモノの領域が認められた。最後に，現代のポストモダンな（**ポストモダニズム**を参照のこと）秩序においては，新しいサイバネティクス（訳注参照）と通信テクノロジーが，人間の主体性そのものを盛んに自己複製し続けるデジタル体系のネットワークに吸収してしまった。

『シミュラークルとシミュレーション（*Simulations*）』(1983) で，ボードリヤールはポストモダンな世界における「リアル」の状況をまとめている。「リアル」は今や，いかなる現実とも無関係な「ハイパーリアル」（**ハイパーリアリティ**を参照のこと）へと変えられ，シミュレーションの過程の中に完全に姿を消してしまった。「リアル」自身が「自らを完全に模倣したシミュラークル」になってしまったのである。

【訳注】
☆サイバネティクス：制御，通信，情報処理を総合して扱う学問。20世紀半ばに，アメリカの数学者ノーバート・ウィーナーによって提唱された。ウィーナーは主に生物体の通信・制御機構とコンピュータのそれとの比較研究を対象としたが，その後サイバネティクスの可能性は拡大し続けている（サイボーグ，サイ

バースペースを参照のこと)。

【参考文献】
・ボードリヤール『象徴交換と死』今村仁司・塚原史訳, ちくま学芸文庫。
・ボードリヤール『シミュラークルとシミュレーション』竹原あき子訳, 法政大学出版局。

シミュレーショニズム　　simulationism
シミュレーショニズムは, マスメディアからのアプロプリエーション (専有化, 訳注:**アプロプリエーション・アート**を参照のこと) を1970年代末に積極的に行っていたアーティストたちによって展開された芸術運動である。この運動はピーター・**ハリー**やシェリー・レヴィーン, フィリップ・**ターフ**, ロス・ブレックナー, ジェフ・クーンズ, アシュリー・ビカートン (いずれも訳注参照) らによってニューヨークで始められた。彼らの多くが, **フーコー**や**ボードリヤール**の著作に通じていたある批評ネットワークに属していた。シミュレーショニズムを特徴付けているのは二つの前提である。一つは, 現代の社会秩序は, 消費の過程に埋め込まれたさまざまな**表象**, **記号**, **価値**によって構築されているという考えである。もう一つの前提は, 芸術の作用域と力は, 現実がグローバルな映像文化に同化させられてきたことを明白に示す能力によって測られなければならない, という考えである。

ハリー, ブレックナー, ターフ及びレヴィーンがニューマン, ステラ, ライマン, モンドリアン, マレーヴィチ (いずれも訳注参照) のような芸術家のスタイルを, 彼らの作品の持つ物質的な性格を強調しつつ「コピー」したとするなら, その目的は, 芸術はそれ自身の形式の純粋性を確立することができるという考えを否定することであった。コピーすることは, 敬意から発する行為ではなく, 芸術には芸術にしかない特別の力が備わっているという考えをパロディすることであり, 表向きは機械や科学によって手が加えられることを拒否している芸術も, 機械的・科学的過程に由来するものであるということを認めることなのである。抽象芸術は実際には原理的秩序と視覚の諸体制に関わるものであるが, そこには, 回路, ネットワークおよびその他の社会秩序の構成論理の諸記号の, テクノクラシー的な (訳注:専門技術者によって統制されているような) 幾何図形の配列を見ることもできるであろう。このような概念的基盤から, 二種類の実践の形式が展開された。一つはビカートンの自称「挑戦的な共謀 (defiant complicity)」である。この形式では, ビカートンの言う「芸術が芸術として扱われる期間におけるあらゆる段階, つまり, 保管, 輸送, ギャラリーへの運搬, 台造り, 壁掛け」に言及することによって, テクノクラシー的オブジェは, 芸術のインフラのあらゆる側面を吸収しようとする試みている。もう一つは, ハリーによる崇高のシミュレーションである。ハリーのシミュレーションでは, グリッド (格子), 交点, 導管, セルによって構成された絵画が, **ポスト工業主義**的社会システムの内部における抽象的コードや抽象言語の優越性を

裏付けている。ポスト工業主義的社会システムにおいては，現実は，コンピュータの電子回路というシミュレートされた（模倣された）空間内部での諸記号の複製になってしまっているのである。

【訳注】

☆シェリー・レヴィーン：アプロプリエーション・アートを参照のこと。

☆ターフ，フィリップ：1955- 1960年代の視覚的あるいは光学的錯覚を利用したオプ・アートを再生。

☆ロス・ブレックナー：1949- アメリカのアーティスト。1980年代の新しいイメージ・ペインティングの中心的存在として，抽象と形象の間の緊張関係を表現する。1960年代の抽象画の様式に似た線や水玉で構成した作品で知られる。

☆アシュリー・ビカートン：1959- 壁に設置した箱状の作品を発表した1986年頃から注目されるようになったアーティスト。ネオ・ジオ的抽象形態，資本経済を表象する多国籍企業や日常品のロゴマークなどを，箱の表面に規則的に配置する。

☆ニューマン，バーネット：1905-1970 アメリカの抽象表現主義の画家。1946年から濃厚な色彩面と縦縞からなる抽象画を描き始め，後のミニマリズムに影響を与えた。

☆ステラ，フランク：1936- シェイプト・キャンヴァスによるアルミニウム・シリーズで知られるアメリカの画家。

☆ライマン，ロバート：1930- アメリカのアーティスト。基本的に白の絵の具と正方形の画面型を使用し，それにパターンを描くミニマリズムに近い絵画を制作。

☆モンドリアン，ピエト：1872-1944 オランダ人。「芸術は完全に抽象であらねばならない」という新造形主義の芸術理論を提唱し，実践した。幾何学的抽象（「冷たい抽象」）の創始者であると共に，20世紀のデザイン全般に広く影響を及ぼしている。

☆マレーヴィチ，カシミール：1878-1983 1915年，「黒い正方形」など無対象の作品を展示すると共に小冊子「キュビスムからシュプレマティスムへ」により，シュプレマティスムの成立を提唱した。コールハースを参照のこと。

【参考文献】

・椹木野衣『シミュレーショニズム─ハウス・ミュージックと盗用芸術』ちくま学芸文庫（洋泉社ならびに河出文庫から出版されたものの増補版）。
・『美術手帖』1989年1月号（特集　シミュレーション・アート）。
・『美術手帖』1989年8月号（特集　シミュレーショニズムの女たち）。

ジャーディン，アリス　　Jardine, Alice　　1951-　　文学理論家・フェミニスト
ハーヴァード大学で教鞭をとるジャーディンは，**モダニティ**，フェミニズム，現代フランス思想の関係を考察する『ガイネーシス ─ 女性とモダニティの配置 (*Gynesis: Configurations of Woman and Modernity*)』(1985) の著者として最も良く知られている。彼女は，また，フランスのフェミニズム理論家・**記号論学者**であるジュリア・クリステヴァの著作の英訳者でもある。

「ガイネーシス」は，女性を意味するギリシャ語の語根のgyn-と過程を意味する-sisから作られた新造語である。ジャーディンは，この用語を「女性のディスクール（言説）へ移入すること」と定義する。ジャーディンにとって，ガイネーシスとは，西洋社会において作動中の過程であり，家父長制的な基盤をもつ**大きな物語**の崩壊を引き起こす手助けをしてきた。フーコーの仕事に続いて，ジャーディンは，モダニティの危機が例えば狂気のように以前から女性と同一視されてきた諸分野の問い直しに新しい機会をもたらした，ということを理論化している。この「女性のディスクールへ移入する」こと（これは，ある程度まで，例えばデリダのような男性の理論家たちの研究にも見受けられるものである）は，またポストモダニズム思想の重要な関心事の一つでもある**主体**の非本質主義的理論の可能性をもたらすのである。

　ジャーディンは，物語の概念が今では**ポスト構造主義**的・**ポストモダニズム**的言説の相当な圧力のもとにあると考えて，女性の「物語」を推進する傾向を持つアングロ＝アメリカ（英米）系のフェミニズムに対し，いささか批判的な立場をとってきている。批評家たちは，彼女の研究に見受けられる歴史的コンテクストの欠如を指摘することで応酬し，また，彼女がメタファー（隠喩）としての女性（woman-as-metaphor）という考えに重点を置くことに異議を唱えている。

シャーマン，シンディ　　Sherman, Cindy　　1954-　　アーティスト
シャーマンのアメリカのアート・シーンへの参入は，『無題の映画スチール写真 (*Untitled Film Stills*)』(1977-80) によってであった。この作品はモノクロの写真の連作であり，この中でシャーマンは，女性が映画で描かれる時の数多くの慣例を表現している。当初この一連の写真映像は，オリジナリティという「神話」に対する関心を明らかに示しているとして評判になった。1979年，シャーマンはこのようなことを述べている。「私の写真の基になった映画を覚えていると何度か言われたことがあります。けれど，実際のところ，この作品を撮った時にはどんな映画のことも全く念頭にありませんでした。」ポストモダニズム的批評では，現代において私たちが経験するものは本物ではなくシミュレーション（模倣）（**シミュラークル／シミュレーション**を参照のこと）であるということをはっきり示すような芸術形式が高く評価される傾向がある。ポストモダニズム的批評の初期の諸展開にあって，シャーマンが写真によって実践したことは，批評文化は社会的経験が持つ「虚構(fictive)」性を露わにすべきだという考えに明らかに傾倒している好例であるとされた。

　『無題の映画スチール写真』でシャーマンは，「女優」と「監督」の両方の役を務めており，照明，被写界深度（訳注：被写体の前後のピントの合う範囲），カメラ・アングル，衣装，そして舞台装置や場所設定の使い方によって，女性性を系統

立ててまとめ慣習化するさまざまな映画的諸慣例を思い起こさせる。このように，文化的アイデンティティの持つイデオロギー的・制度的特質を「前景化」するために，そのアイデンティティの内部にあえて位置してみせるという意識は，ピーター・ハリーやシェリー・レヴィーン（訳注：アプロプリエーション・アートを参照のこと）を含むポストモダニストたちの特徴の一部と見なされた。ハリーとレヴィーンはどちらも，芸術とは中立的な美の一形式ではなく，権力の用いる技術であると定義した。このような考えに基づいて，ダグラス・クリンプ（訳注：美術史・文化史家であり，複数の大学でゲイおよびレズビアン・スタディーズや現代美術理論を講じる）やリサ・フィリップス（訳注：ニューヨークのホイットニー美術館で企画を担当しており，同美術館は1987年にシャーマンの回顧展を開催している）のような批評家は，メディアによって現実が構築されることや，それに伴って芸術家の自己が「削除されること（elimination）」に焦点をあてた作品を賞賛した。シャーマンは，女性のいろいろなステレオタイプの神話的あるいは虚構的性質を明らかにしただけでなく，写真というメディアを意図的に用いることによって女性のステレオタイプの形成過程で写真という媒体がいわば共犯者の役割を果たしていることも証明している，と断言できるだろう。したがって，シャーマンの批評は二重構造になっていると解釈された。つまり，シャーマンの批判は，一方でフェミニズム的だと言える。ハリウッドが「産業用（industrial）」に大量生産した諸規範に女性を従属させる諸装置を明らかにしてみせたからである。しかし，また同時に，シャーマンの批判はポストモダニズム的だとも言える。「オリジナリティ」「本物」「個性」といったものが錯覚にすぎないことを承認しているからである。

1980年代初期になると，シャーマンの作品には，女性の主体性＝従属性を分節する映画的慣例の基盤となるものを解明することへの強い関心はもはや見られなくなった。しかし，『ファッション（*Fashion*）』(1983-84)，『おとぎ話（*Fairy Tales*）』(1985)，『大惨事（*Disasters*）』(1986-89)，『内乱（*Civil War*）』(1991)，『セックス・ピクチャーズ（*Sex Pictures*）』(1992) といった作品は依然，ポストモダニズム的芸術の模範例であると見なされた。シャーマンはこれらの作品で，構図のためのフォーマットや主題を新しいものにし，身体を切り詰めたマネキン人形を用いるようになった。医療用品製造業者から買い求められたこのような異質な商品は，たちまちジュリア・**クリステヴァ**の精神分析的著作との関わりから現れた新しい「身体的（somatic）」ポストモダニズムのディスクールに組み入れられた。ローラ・マルヴィ（訳注参照）は，1991年に『ニュー・レフト・レヴュー（*New Left Review*）』誌に寄せた文章の中で，シャーマンの撮る「過食症にかかっているような」写真映像は，内的空間と外的空間の関係の再評価を通して女性のアイデンティティの構築に真正面から取り組んでいる，と主張している。マルヴィによれば，シャーマンの新しい「吐き気（disgust）」の身体風景には，つねに「無意味な＝なじまない

(unhomely)」身体，すなわち，女性の美しさのあるべき姿として認められている女性像に一致しない身体を持つことの恐怖や不安や恥辱の経験との関わりが表現されている。不安が疎外に取って代わるのは，このような溶解し分解する写真映像においてである。そこでは身体は，ビスコース製（訳注：パルプを苛性ソーダで処理して作った繊維素を薬品で溶かした，茶色で飴状の物質。ナイロンやレーヨンの原料となる）の織物のような諸形態となるのである。マルヴィは，この形の定まらない区域に，クリステヴァの言う「**アブジェクシオン**」が現れているのを発見したと述べている。アブジェクシオンとは，浄と不浄，純粋と不純をわれわれが区別するようになる以前に存在した，「流動性」と「崩壊」という原初的で「言語を絶するほどの深淵」と向かい合うことを意味する。

　ここまでのところ，シャーマンの創作活動の経歴は，ポストモダニズム的芸術の変遷と一致してきた。つまり，**表象**の虚構性を明らかにする芸術から，表象とは暴力あるいは損壊の一形式であると強く主張する芸術へと変わってきたのである。いずれの場合にも，シャーマンの「批判」は，現代文化における女性の身体の構築を対象としている。

【訳注】
☆マルヴィ，ローラ：フェミニズム批評家・映画製作者。1975年に出版した論文「視覚的快楽と物語映画（Visual Pleasure and Narrative Cinema)」はフェミニズム理論と映画批評に大きな影響を与えた。

【参考文献】
・シャーマン『シンディ・シャーマン写真集』ＰＡＲＣＯ出版局。
・ホーム（責任編集）『世界写真全集12　ニューウエイブ』集英社。
・クリステヴァ『恐怖の権力 ―〈アブジェクシオン〉試論』枝川昌雄訳，法政大学出版局。

ジュイサンス　　jouissance

ジュイサンスというフランス語の用語に適当な訳語は存在しない。ジュイール・ド（Jouir de）は，快楽から利益を得る能力という意味を示唆している。また，ジュイサンスは，性的オルガズムの至福という意味合いを伴う。**ポストモダニズム**の言説においては，このジュイサンスという精神分析学的用語は，その反対のもの，つまり欲望に伴う欠如から意味を得るのである。ジュリア・**クリステヴァ**は，家父長制の言語の境界線を超えて女性のヴィジョンの中に留まりながらも分節されえないものであり続ける女性的なジュイサンスの存在を示唆する。このような快い経験は，母性と子どもが楽しく連続している状態と関連がある。リュース・イリガライは，「父性的」でない「ヒステリックな」ジュイサンスを定義する。しかしそれは「再＝現前化不可能な（unrepresentable）」なものであり，父権制のなかでいつまでも欠如であり続ける。

【参考文献】

- クリステヴァ『記号の解体学セメイオチケ1』原田邦夫訳，せりか書房。
- クリステヴァ『記号の生成論セメイオチケ2』中沢新一・原田邦夫・松浦寿夫・松枝到訳，せりか書房。
- クリステヴァ『ポリローグ』西川直子・赤羽研三・足立和浩ほか訳，白水社。
- イリガライ『ひとつではない女の性』柳沢直子・小野ゆり子・中島公子訳，勁草書房。

終焉主義　endism

終焉主義は，歴史のような諸現象の終焉を宣言する，20世紀末に流通しているさまざまな諸理論を指す。フランシス・**フクヤマ**がいくぶん悪名高いのは，リベラルな資本主義が今や世界的政治闘争に勝ち今後それだけが存続可能な政治システムであるという意味での歴史の終焉を共産主義の崩壊は意味する，と論じたためである。それ以前にダニエル・ベルが宣言したところによれば，われわれは工業化を越えて「ポスト工業化」（**ポスト工業主義**を参照のこと）文化と彼が呼んだものへと移行した。この「ポスト工業化」文化という考えは，フクヤマのような理論家たちに影響を及ぼした。ジャン・ボードリヤールは，歴史を廃することを喜んで行い，終焉主義的思想の伝統の発展にぴったりはまっている。というのは，彼の典型的な挑戦的議論の一つが述べているように，もしわれわれが歴史において単に疎外されているだけなら，歴史の終焉はわれわれの疎外の終焉をもたらすものでなくてはならない。一般的に，**ポストモダニズム**は，いくらか終焉主義に対してはややアンビヴァレントな姿勢を取る。ポストモダニズム的思想家たちは，われわれが新たな種類の文化形成への分岐点を通り過ぎてしまったと好んで主張する。また他方，ポストモダニズムは，より古い芸術的諸形態（小説的リアリズム，造形絵画，前**モダニズム**的建築など）あるいは諸観念（例えば，崇高）の復活といった意味において，しばしば，過去との自意識的な対話なのである。

【参考文献】
- フクヤマ『歴史の終わり』（上）（下）渡部昇一訳・特別解説，三笠書房（知的生きかた文庫）。

主体　subject

ポストモダニズムは，西洋思想において過去数百年の間優勢であった個人あるいは「主体」という概念を否定した。主体は，西洋思想の伝統において，文化的過程のまさに中心に位置する特権的な存在だった。ヒューマニズムは，個々の主体は統一された自己であり，それぞれの個人独特のアイデンティティという中心的な「核」を持ち，主に理性の力で動かされるものである，とみなすようにわれわれに教えてきた。**モダニティ**は，企業家的な主体，つまり自然界を開発＝搾取し（exploit），彼（この代名詞は，文化的運動としてのモダニティの家父長制的偏りを考えると，この場合適切であろう）の支配下におくような主体，という考えを促進した。そのような主体は権利と特権を持つものとされ，その主体の発展と自己実現は，西洋文

化の（唯一ではないにせよ）中心的な目標の一つとみなされるようになった。

構造主義の時代以降，理性的で統一され力強くて統制する存在という主体のこのようなモデルは次第に攻撃されるようになった。特にフランスでは，このモデルの安定性を覆そうと理論家たちが協力して活動を行った。**クロード・レヴィ＝ストロース**は，深層構造は人類を伝達手段に用い人類を通して働くと論じ，**人間の死**を唱えた。ロラン・バルトは，**テクスト**の意味を統制する者としての**作者の死**（代わりに読者が主要な要素となる）を提唱した。ミシェル・**フーコー**は，主体の近代的な概念は砂の上のしるしのように容易に消し去ることのできるものであると主張した。**ポスト構造主義者**たちとポストモダニストたちの見方によれば，主体は，本質的なアイデンティティの核など持たない断片化された存在であり，時間が経っても不変であり続ける固定したアイデンティティあるいは自己というよりは，つねに分解中の状態にある過程と見なすべきなのである。これらの思想家たちは，主体の古いモデルは創造性と文化的変化を阻害すると考える。ドゥルーズとガタリの言うように，「固定した主体が存在することになるのは，抑圧を通じてでしかない」（訳注：『アンチ・オイディプス』より）のである。

【参考文献】
・レヴィ＝ストロース『親族の基本構造』福井和美訳，青弓社。馬淵東一・田島節夫監訳，番町書房。
・レヴィ＝ストロース『構造人類学』荒川幾男・生松敬三・佐々木明・川田順造・田島節夫訳，みすず書房。
・バルト「作者の死」，『物語の構造分析』（花輪光訳，みすず書房）所収。
・フーコー『言葉と物 — 人文科学の考古学』渡辺一民・佐々木明訳，新潮社。
・ドゥルーズ／ガタリ『アンチ・オィディプス — 資本主義と分裂症』市倉宏祐訳，河出書房新社。宇野邦一訳，河出文庫。
・ドゥルーズ／ガタリ『千のプラトー — 資本主義と分裂症』宇野邦一・小沢秋広・田中敏彦・豊崎光一・宮林寛・守中高明訳，河出書房新社。

人工生命　　artificial life

人工生命（AL）は，**人工知能**とともに人工物に関する現代科学を代表し，また，テクノロジー，科学，**シミュラークル**の全く奇怪な合流点である。人工生命の研究者たちは，アルゴリズムから「有機体」を作り出す際に，「自然発生の生命（real life）」の進化過程を手本にするというよりも，むしろ，コンピュータのメモリという人工的環境へその過程を敷衍しようとする。1994年に開かれた第4回人工生命国際学会で，トマス・S・レイは，彼のティエラを（ヴァーチャルの）世界中に新しい種を「生み出し繁殖させる（breed）」ために**インターネット**上に解き放つことを提案した。ティエラとは，われわれ自身の原始スープ（訳注：地球上の生命誕生の源となった有機物の混合溶液）のデジタル・シミュレーションのようなものであり，

独立した生命体をコンピュータの中で「進化」させているプログラムである。ティエラは，人工生命「ソフトウェア」の一例である。だが，人工生命の研究者たちは，「ハードウェア」つまりロボットのような人工生命体の製造も研究しており，自己複製しながらも抽象的である「ノイマン型コンピュータ」（訳注参照）を物質的形態において実現するという理想を最終的には目標にしている。この他に，試験管の中に人工生命を作りだす試みといった「ウェットウェア」（訳注：コンピュータのハードウェア，ソフトウェアに対して人間の神経システム，もしくは人間そのものを指す言葉）の研究も行っている。人工生命のソフトウェアには，作り出した情報を更に進んだ情報の生産へと永続的にフィードバックするプログラムを書き込むものも含まれる。そのフィードバックが情報の複雑さを生み出し，そこから人工生命が出現することを目指している。したがって，そのような過程で鍵となるのは，人工知能の研究の初期に採られていた「トップダウン」方式よりも「ボトムアップ」方式（訳注：**人工知能**を参照のこと）の方となる。つまり，最初にプログラムされていた以上のことが，人工生命の新たなハードウェアを基にした進化的生態系から出現するのである。

【訳注】

☆ノイマン型コンピュータ：ハンガリー出身のアメリカの数学者フォン・ノイマンが1947年に発案。それまで外部から紙テープで与えられていたプログラムの命令を，コンピュータ内部に記憶し，プログラムによってプログラムを変更しえるという基本構成を持つ。現在のコンピュータは全てプログラム内蔵のノイマン型。

人工知能　　artificial intelligence

人工知能（AI）は，人類の現実をＳＦへと人工的に進化させるための非常に魅力的な原動力を形成する。その一方で，新しく人工的に創られたもしくは製造された知的生命体の種を初めて地上にもたらそうとする研究プログラムであり，軍事関係及び企業のスポンサーから資金を集めている。これでもまだどことなく有頂天な響きがあるとしたら，本物の人工知能の可能性を論じていた人工知能の権威者であるマーヴィン・ミンスキーが「もちろん，人工知能は可能であるし，そのことは問題ではない。本当の問題は，最初の100くらいの人工知能は精神異常と診断されるだろうということだ。」と言っていることを思い出せば十分である。フランケンシュタインの創りだした怪物はすでにヴァーチャルにわれわれをその支配下においているが，それを超える恐ろしい文化的境界を，**人工生命**とともに人工知能は（**サイバーパンク**といった現代的現象が示すように）形づくっている。

しかし，ミンスキーのように，これらの人工知能というヴァーチャルな怪物もまた現実のものであるということを力説する必要がある。厳密な意味での人工知能研究において，二つの基本的なモデルがある。最初のトップダウン方式は，人間の知

能を決定する核となる認識のさまざまな機能を獲得できるソフトウェアを開発し，その後はそのソフトウェアを人間の脳の代理を務める単独の中央処理装置（ＣＰＵ）に移そうとするものである。大まかに言えば，これは「エキスパート・システム」や，何人もの人間が知恵を競い，敗北を喫したチェス・コンピュータの製造において追及されているモデルである。もう一方のボトムアップ方式は，学習する機械を作ろうと努める。このモデルは，「並列分散処理」「ニューラル・ネットワーク」「コネクショニズム」などさまざまな呼び名を持つ。これによって多くの処理装置が相互に作用し，ランダムな現象に対して集合的に反応するのである。時を経て，このような並列機械は，有機的な人間の脳と全く同じ（と論じられている）方法でさまざまな結合に要する回路やファジー（**ファジー理論**を参照のこと）の法則を確立している。エキスパート・システムの処理プログラムは法則の集合やパラメータを与えることであるが，そのようなやり方ではなく，ニューラル・ネットワークは，多くの選択肢の中から最善のものを選ぶ。その結果システムが学習する諸法則が，システムの機能作用から「出現」するのである。

トップダウン方式が今までのところほとんど不要になっているのに対し，ニューラル・ネットワークは成功し，一般に「コネクショニズム」理論と呼ばれる心の哲学（philosophy of mind）への新たな手掛かりを生み出している。全体として心脳に中央化させられた考えよりも，ニューラル・ネットワークのモデルのように，結合性と相互作用が人間の知能の発達にとって重要な手段となっている。この流れが続くのであれば，少なくとも今のところ人工知能が全く無い世界において現在思えるよりも，どちらの知能がもう一方の知能から派生しているのかという問題はもっと難しくなるだろう。

シンフィールド，アラン　　Sinfield, Alan　　1941-　　批評家
アラン・シンフィールドはサセックス大学文化社会研究学部の英文学の教授であり，そこで「性的不同意と文化的変容」という修士号プログラムを主催している。『イギリス・プロテスタント時代の文学1560-1660（*Literature in Protestant England 1560-1660*）』（1983），『戦後イギリスの文学・政治・文化（*Literature, Politics and Culture in Post-War Britain*）』（1989），『断層線（*Faultlines*）』（1992）といった著作において，シンフィールドは「**文化唯物論**」の代表的論客として多大な影響を与えてきた。文化唯物論とは，性と権力との間の関係に関するミシェル・**フーコー**の洞察を取り入れて発展したイデオロギー批評の一つである。この研究の発展として，シンフィールドの最近の著作，殊に『文化政治学 ― クイア・リーディング（*Cultural Politics ― Queer Reading*）』（1994）は，文化唯物論の視点からの「**クイア理論**」への取り組みとなっている。シンフィールドの著作には，**ポストモダニズム**的批評において最も頻繁に取りあげられるテーマがいくつか見られる。例えば，

周縁性，性的差異，主体性の不安定性，**文化相対主義**，そしてアイデンティティの政治学といったものである。しかし，これらのテーマは，シンフィールドがポストモダニズムの言説の「黙示録的ヴィジョン」とよぶものに敵対する社会主義的政治学によってしっかりつなぎ止められている。このヴィジョンは，「文化は消費者資本主義の流れに必然的にのって流れ動くと想像することによって，文化を脱政治化する」ものである。シンフィールドが，彼の最も独創性に富んだ研究に着手したのは1980年代はじめであった。

『エッセイズ・イン・クリティシズム（*Essays in Criticism*）』誌（1981）に掲載された「専有化に抵抗して（Against Appropriation）」という論文でシンフィールドは，文学テクストが「われわれ自身を追認するというよりは，われわれ自身に挑戦してくる」ことを認めたら，テクストはわれわれにとってより有用になるだろう，と示唆している。過去に書かれた諸テクストの本当の関連性（relevance）は，それらのテクストとわれわれの時代との間の距離，すなわち「他者性（otherness）」にこそ存在するのである。より伝統的な立場をとり，普遍化をめざすヒューマニズム的伝統にのっとった批評家たちは，永続する人間の価値を追求するなかで，この他者性という特質を抑圧しようとしている。例えば，もしシェイクスピアがわれわれにとって偉大であり，普遍的価値を持った詩人であると考えるなら，シェイクスピアの世界観は要点においてわれわれの世界観に近いものでなければならない。シンフィールドの著作の多くは，このような考えに満足している読者をそこから解き放つことに携わっている。シンフィールドは，関連性の原則の転換を提唱する。過去の著作が輝きを放つのは，永続する諸要求に訴えているからではなく，別の新しい視点，検討されずに受け入れられていた諸仮定と対峙する機会を与えてくれるからなのである。シンフィールドと『政治的シェイクスピア（*Political Shakespeare*）』(1985) の共編者ジョナサン・ドリモアは，1985年にこの本を出版するまでに「文化唯物論」と彼らが呼ぶ批評アプローチをうち立てた。「文化唯物論」とは，政治に積極的な関心を抱きつつ行う文化の唯物論的分析のことを指す。

『断層線』において，シンフィールドは自らが「不同意的読み（dissident reading）」と呼ぶものについて述べている。シンフィールドはここで，「侵犯的（transgressive）」や「転覆的（subversive）」のようなもっと刺激的で魅力のある言葉ではなく，「不同意的」という言葉を選んだ。なぜなら，「侵犯的」や「転覆的」という言葉は，何かがすでに起こってしまったというニュアンスを含むからである。「不同意的」という言葉は，支配的な文化が断層線を含んだ物語を語っているということ，そして，それらの断層線を通して，不同意的な読みを行うことが可能だということを示唆している。転覆について語る支配的な言説は，転覆を悪霊か悪魔でもあるかのように描くまさにその行為によって，転覆に一つの発言力を与えてしまいかねない。『オスカー・ワイルドの世紀（*The Wilde Century*）』(1994) のなかで，

シンフィールドは，19世紀の同性愛（homosexuality）に関する言説が新しい社会統制の諸形態を可能にしたこと，しかし同時に，この言説は「裏返しのディスクール（reverse discourse）」も可能にしたことを示している。この「裏返しのディスクール」によって，同性愛は自らのために語り始めたのである。しかも，同性愛を服従させるために使われていた言葉そのものを使うこともしばしばであった。近年の例を引くなら，「クイア」という軽蔑的な言葉が，シンフィールド自身を含む多くのゲイ活動家やゲイの批評家・作家によって採用されているということが挙げられるであろう。シンフィールドにとって，「クイア」という用語が指し示すサブカルチャーこそが，対抗的な自己性を可能とする源泉なのである。

す

崇高　sublime

美学概念としての崇高の歴史は，古典時代，ロンギノス（訳注：1世紀のギリシャの修辞学者であり，3世紀のロンギノスとは異なる）の著作にまで遡ることができる。だが，この概念の近代における登場は，18世紀，エドマンド・バークとイマヌエル・**カント**の著作に始まる。それ以後崇高の概念が再び注目を集めるようになったのは**ポストモダニズム**理論，特にジャン＝フランソワ・リオタールの著作においてであった。崇高はリオタールの後期の哲学（その多くはカントとの意識的な対話であった）のなかで次第に重要な概念となっていった。バークとカントにおいては，崇高は，人間よりも巨大な力，人間に畏怖の念を抱かせるような力を表す。本質的に，個々の人間が崇高を理解することは不可能であり，せいぜいその規模の大きさと力（例えば自然の力の場合のように）が理解を超えていること，そしてそれを前にした自分の無力さを認識するのがやっとである。リオタールにとって，崇高は「現出させえない（unpresentable）」もの，いかなる理解であれ世界を完全に理解するという可能性に対しつねに不利に作用する要素である。**大きな物語**（あるいは普遍的な諸理論）は，つねに崇高の存在を否定しようと試みるが，結局は失敗に終わる。一方，われわれは偉大な芸術のおかげでこの現出させえないものに気付くことができるのである。リオタールは，さらに進んで，現出させえないものに対するその作品の姿勢という観点から芸術作品の価値判断を行っている。

【参考文献】

・バーク『崇高と美の起源の観念』エドマンド・バーク著作集2，中野好夫訳，みすず書房。
・カント「判断力批判」牧野英二訳，カント全集（岩波書店）8・9。原佑訳，理想社（カント選書）・カント全集（理想社）8。宇都宮芳明訳・注，以文社。坂田徳男訳，『実践理性批判　判断力批判　永遠の平和のために』（樫山欽四郎ほか訳，河出書房新社）所収。篠田英雄訳，全2巻，岩波文庫。
・カント「美と崇高の感情に関する考察」川戸好武訳，カント全集（理想社）第3巻所収。
・リオタール「『ポストモダンとは何か？』という問いに対する答え」，『こどもたちに語るポストモダン』（管啓次郎訳，ちくま学芸文庫）所収。
・リオタール「歴史の記号」，『文の抗争』（陸井四郎ほか訳，法政大学出版局）所収。
・ロンギノス『崇高について』小田実訳，小田実著・訳『崇高について』（河合文化教育研究所）所収。永井康視訳，バッカイ舎。『文学論』（上）（下）青木巌訳注，『ソフィア』10.1-2, 1961。

スキゾ分析　schizoanalysis

スキゾ分析(分裂者分析)とは、ジル・ドゥルーズとフェリックス・ガタリの共著になる問題作『アンチ・オイディプス』(1972)のなかで考案された反精神分析の一形式であり、精神分裂病患者の経験に基づくものである。この理論によるとノイローゼのようなタイプの患者よりも精神分裂病患者の方が、(例えば精神分析の手順に内包されているような)権威に対して抵抗するためのすぐれたモデルになる。そして権威への抵抗は、ドゥルーズやガタリのようなポストモダニスト(**ポストモダニズム**を参照のこと)にとってほとんど信条とでもいうべきものなのである。精神分裂病患者は、複数のアイデンティティ(自己同一性)を持つことによって、精神分析医が彼らを順応させようとする努力(ドゥルーズやガタリの考えでは、これこそ精神分析の主眼点である)を打ち砕くと考えられる。一方、ノイローゼ患者の場合は、分裂病患者に比べて協力するように仕向けられやすいため、結局は権威主義的システムの永続化に力を貸していることになる。

　ドゥルーズとガタリによれば、精神分析は政治の影響をうけた社会管理の一形態であり、精神分裂病患者はその過程を無効にしてしまう能力があるという点において、ポストモダニストの模範モデルとみなされる。自我(ego)の喪失はこの点において政治的な転覆行為に等しい。(**エディプス**も参照のこと。)

【参考文献】
・ドゥルーズ／ガタリ『アンチ・オイディプス ― 資本主義と分裂症』市倉宏祐訳、河出書房新社。宇野邦一訳、河出文庫。

スケニック,ロナルド　　Sukenick, Ronald　　1932-　　小説家

アメリカの作家ロナルド・スケニック独特の**ポストモダニズム**的小説は、プロットの代わりに即興を、登場人物の代わりに分裂した自我を用い、流動的な**主体性**の経験を探求する。『アップ(*Up*)』(1968)では、若い頃ブルックリンで作家としてなんとか生計を立てようとあがいていたスケニック自身の経験に、薄い虚構のヴェールを被せて小説化したかのように見えるものが提示されている。しかし、小説中小説の作者であるロナルド・スケニックは、表紙のロナルド・スケニックと同じ時間的・空間的広がりを持っているわけでは必ずしもない。『アウト(*Out*)』(1973)でも、作者はさまざまな形([a]形の定まらない細胞原形質の袋、と自分を呼ぶロナルド、[b]自分自身の登場人物を射殺するスケニック、[c]得体の知れないR[訳注:Rはローランドの頭文字]に溶解していくローランド・シカモア)で偽装している。章番号が9から1へ逆進し、このカウントダウンによって、各セクションの散文の短いブロック内の行数が決まっている。最後の数ページは、無頓着な「O(オウ)」が一個あるほかは真っ白である。『98.6』(1975)も同様に、断片、スケニックの言い方では「モザイクの法則」によって書かれている。モザイクのパターンは、『ロング・トーキング・バッド・コンディションズ・ブルース(*Long Talking Bad*

Conditions Blues)』(1979) でも引き続き使われ、この作品では通常の句読法の諸形式が全くなくなっている（訳注：114ページの作品が一つの文で成り立っている）。プロット、性格描写、設定といった人工的なフィルターを捨て去ることに対するスケニックの最も極端な身ぶりは『小説の死とその他の物語（*The Death of the Novel and Other Stories*)』(1969) に収められた「ローストビーフ — 人生の一切れ (Roast Beef: A Slice of Life)」という作品である。これは、スケニックと妻が台所で食事を作りながら交わした会話をテープに録音したものを書き起こした作品である。この作品は、生のままの現実の複雑なニュアンスに「半分ハンブンはんぶん震えながら (hemidemisemiquaveringly) 興味を持つ」ようにわれわれをし向けようと試みる、ポストモダニズムの作家である彼にとって称賛に値するプロジェクトである。

スターリング，ジェイムズ　Stirling, James　1926-92　建築家
スターリングを極めて高く評価する人の一部が、スターリングがポストモダニズムの事典の項目に入れられることに異を唱えるとしても無理のない話であり、ある程度、的を射ている。それは、スターリングの建築が**モダニズム**の伝統に深く根ざしていたからである。循環を強調し、スロープを用い、対称・非対称の軸と戯れ、建物を作り出す根本として設計図に特権を与えるといった、スターリングの建造物に見られる特定のモチーフは、ル・コルビュジェ（訳注：1887-1965　フランスの建築家。大規模な都市関連プロジェクトで建築界に多大な影響を与えた）に負うところが大きい。スターリングは、独特の仕方で、ル・コルビュジェに追随した。しかし同時に、スターリングの建築の極めて独特かつ個性の強い性格が、彼をポストモダニストとして他と一線を画す存在にしている。というのも、スターリングは典型的モダニストとは程遠かったからである。しかしその一方、スターリングの建築が1970年代・80年代の典型的なポストモダニズム的建造物のように歴史的参照点を公然と示し始めた時も、彼は典型的なポストモダニストであるとは言えなかった。逆説的な言い方になるが、例えば悪ふざけをビルト＝インすることに対する偏愛のような、スターリングの用いたポストモダニズム的戦術は、より主流のポストモダニストたちよりもはるかに明白で、はるかに極端であることが多かったのである。

　スターリングはまた、非常に議論の的となる人物でもあった。スターリングが戦後のイギリスで最も偉大な建築家だったということには異論の余地がないと考える人々もいれば、その一方で、スターリングはほとんど無能も同然だったと考える人々もいる。彼の初期の設計、例えばレスター大学工学部（ジェイムズ・ゴーワン［訳注：1923-　スコットランド生まれの建築家であり1956年より1964年までスターリングとともに建築事務所を開いていた］との共同設計）やケンブリッジ大学歴史学部図書館、オックスフォードのフローリー・ビルディングなどでは、スターリン

グは表現主義的・新構成主義的な（いずれも訳注参照）形式を極めて巧みに統御し，形式とプログラムの間の関係に対する統制が洗練されていることが示されている。これらの建物は，当時のイギリス建築界を席巻していた聖人ぶったひとりよがりのブルータリズム（訳注参照）から刺激的かつ決定的に決別する出発点となった。しかし，これらの建物は，卓越した形式とみごとな構想にも関わらず，技術上の失敗に悩まされることになり，その後何年もスターリングの評判を惨憺たるものにしてしまうことになった。

　こうした問題に続いて，スターリングはほとんど依頼が来ない不毛の一時期を過ごした。しかしこの時期が，彼の仕事に根本的な変化をもたらすことにつながった。1970年代の間に，ダービー市民センターに関するプロジェクト（これは実際には建設されなかった）を始めとして，スターリングの作品は歴史的な参照点を明らかに示すようになった。この一本の畝(うね)が，ドイツでの美術館建造のための数多くのコンペへの出品を通して次第に耕され，ついに，スターリングがシュトゥットガルトにある州立美術館（議論の余地はあるが，彼の代表作とされている）の設計依頼を受けたことによって最高の収穫を得ることとなった。この州立美術館は，本質的にはその敷地を通っている公共の歩道の一部を成す建築上の遊歩道として構想されている。建物自体は，この複合体の中心部で中庭を成す青天井の円形広場を囲んで配置されている。公道はこの円筒形の空間の縁を高い位置でなぞって通り，美術館を都市の構造に編み込み，統一されながらも別々に分かれているという公共の循環系と半公共の循環系の演劇的表現を創出する。

　州立美術館が表現しているのは，古典的要素とモダニズム的要素の激しい争いによって打ち砕かれる，仰々しくモニュメント的な古典主義である。建物は連続した階層に分かれてゆき，正面からはいくつものスロープが折り重なって見える。こうして建物のモニュメント性を反駁(はんばく)し，かつそれを装う層状になった人工的風景が創り出される。したがって，この建物は，さまざまな相対するもの（ものと風景，道と軸線，公共と半公共のスペース，モニュメント的古典主義とモダニズム的修辞，抽象と具象）を高度に洗練された方法で並置していることになる。州立美術館の成功のおかげで，スターリングはその後，いくつかのより人目を引くプロジェクトを生前に完成することができた。そのなかには，ロンドンのクロー・ギャラリーやマサチューセッツ州ケンブリッジのフォッグ美術館が含まれている。

　スターリングの強みは，ある芸術派に完全に属すことはなかったという点である。スターリングの作品の特異性は高い評価を得たが，一方で彼の作風を継ぐ者がほとんどいないという結果も生じさせた。とはいえ，彼以前のエドウィン・ラチェンズ卿（訳注：1869-1944　イギリスの建築家。カントリー・ハウスの設計で知られ，他の代表的作品にホワイトホール戦没者記念碑，インドの首都ニューデリーと総督公邸）の例のように，近い将来スターリングに対する関心が再燃するとしても驚く

にはあたらない。

【訳注】

☆表現主義：一般に，内面的・主観的に見えるものを伝えるために現実が歪められて表象されているような芸術作品を呼ぶ。アヴァンギャルド運動の一つ。

☆構成主義：アヴァンギャルドの運動の一つ。1913年，ウラジーミル・タトリンによりロシアで始まる。社会的・政治的な変化に参加したり，そのような変化を促進したりすることを強調し，構成を重視した現代芸術作品をつくった。

☆ブルータリズム：第二次世界大戦後のイギリスで起こった建築運動の一つ。ル・コルビュジェの影響の下に，新しい形式・新しい感触の素材を使った建築を試みた。機能主義という原点への回帰を主張し，力強さや荒々しさを強調した。

【参考文献】

・スターリング著／マクスウェル編『ジェームズ・スターリング ── ブリティッシュ・モダンを駆け抜けた建築家』小川守之訳，鹿島出版会．

スピヴァック，ガヤトリ・チャクラヴォーティ　　Spivak, Gayatri Chakravorty

1942-　批評家・フェミニスト・文化理論家

ガヤトリ・スピヴァックは，フェミニスト，**マルクス主義者**，ディコンストラクショニスト（ディコンストラクションを参照のこと），**ポスト植民地主義者**，とさまざまな名称で呼ばれる。絶えず自分自身を再創造し続けているという点，絶対的なものを擁護することを拒否している点，絶対的な定義をうまく回避する能力がある点において，スピヴァックはポストモダン（ポストモダニズムを参照のこと）的主体の典型となっている。インドの西ベンガルのカルカッタに生まれ，彼女自身の言葉によれば「完全な中流階級」出身のスピヴァックは，カルカッタ大学で学部教育を受けた後，アメリカのコーネル大学大学院でポール・ド・マンの指導を受けた。スピヴァックの学者としてのキャリアは群を抜いて優れており，アメリカ国内及び国外で教鞭を執り，現在はニューヨークのコロンビア大学で英文学・比較文学の教授を務めている。主な著作には，『文化としての他者 ── 文化政治学諸論（*In Other Worlds: Essays in Cultural Politics*）』（1987），『サバルタンは語ることができるか（*Can the Subaltern Speak?*）』（1988），『ポスト構造主義，周縁性，ポスト植民地性，価値（*Poststructuralism, Marginality, Postcoloniality and Value*）』（1988），『ティーチングマシンの裏側（*Outside in the Teaching Machine*）』（1993）が含まれる。

　スピヴァックがポストモダニズム思想に対しどれほど貢献したかは，どんなに高く評価しても足りないほどである。というのは，スピヴァックは，広い領域の文学的・文化的諸実践に関して，学識に富んだ多数の著作を執筆しているからである。それらの著作は，アイデンティティの構成について疑問を提起し，完全に単一原理的で**正統化**を行おうとするあらゆる言説についての概念に挑み，家父長制と帝国主

義の双方によって押しつけられた自己／**他者**の二項対立の内部において歴史的思想の占める認識論的な地位を揺るがす。スピヴァックが行ったディコンストラクション（脱構築）の実践は，文字通りの意味及び比喩的な意味で植民地化されてきた「サバルタン（副次的存在）」（すなわち女性）[**サバルタン理論を参照のこと**] を構成すると同時に崩壊させるような諸形式に異議を唱えることによって，支配の諸構造を逆転させる読みの戦略を発展させる。このように，スピヴァックはポスト植民地主義（ポストコロニアリズム）とフェミニズムの交点に立った立場で執筆し，「慎重に見れば可視となるような政治的関心における実証主義的な本質主義を戦略的に利用すること」（訳注：「サバルタン研究——歴史記述を脱構築する」[『サバルタンの歴史』所収] より）と彼女が述べているものによって，周縁に追いやられた者を支配者が今は占めている場所へと復帰させているのだ。スピヴァックは，被植民者／女性の主体についての考えの形成におけるイデオロギーの重要性を強調しつつ，社会における人種差別／性差別の物質的現実に光をあてるためにはディコンストラクション的なものと政治的なものが協力していく必要がある，と主張してきた。

　フェミニストとしての著作においても，マルクス主義者もしくはポスト植民地主義者としての著作においても，スピヴァックの主張の根底を成している理論はディコンストラクションである。自分が「文学批評家」として扱われるべきだと強く主張してはいるが，スピヴァックは学識の深い哲学者であり，1976年にジャック・デリダの『**グラマトロジーについて**（*La Grammatologie*）』を翻訳するとともに序文をつけて出版した。『グラマトロジーについて』は「私が実行しようとしていたことをよりうまく述べる方法」であった，と彼女は語っている（訳注：「『ラディカル・フィロソフィー』とのインタビュー」[『ポスト植民地主義の思想』所収] より）。意味を不安定化し脱中心化するために，言語や思想の支配的な体系の基本となっている諸前提に疑問を呈するというスピヴァックの方法が，ディコンストラクションに負うものであることは明らかだ。しかし，スピヴァックは，自分のプロジェクトに対して無批判でいるわけではなく，意味の不安定化それ自体はフェミニズム的未来を促進することにつながりはしないだろうと警告している。スピヴァックの意見では，ディコンストラクションはマルクス主義的なプロジェクトと対になっているべきである。しかし，理論的な一学問分野として，あるいはイデオロギー的／政治的実践としてディコンストラクションを実践することができる，という考えには彼女は懐疑的である。フェミニズムと関連して，スピヴァックは，デリダがフェミニズムを支持するような視点から書いた著作は「唯我的（solipsistic）」かつ「周縁的」だと述べている。

　フェミニズム及びポスト植民地理論双方を扱ったスピヴァックの著作は，彼女の言葉によれば「今や文化批評では専門的な響きを持った流行語となった感のある」

周縁性という考えに結びついている。争いではなく置き換えによって中心の一部を占めることを提案すること，向上心に燃えたエリートが「本物の（authentic）」周縁性という信念に学問的な援助を与えることによって，中心（家父長制／新植民地主義）が中心的態度を捏造（ねつぞう）するということを示唆するような用語の正統性に，スピヴァックは異議を唱える。ポスト植民地性をディコンストラクションの一例とするスピヴァックの議論は，帝国主義の遺したものの内部にコード化され非論理的ではあるが植民地に植え付けられ定着した価値観（国家であること，立憲，市民権，民主主義，文化教養主義）から来るものである。このように，「周縁」で書かれた「本物の」文化的な記述と思われているものは，別の場所（中心のどこか）で書かれているのだ。スピヴァックは，自らが「他者化（othering）」（個人あるいは集団を，「正常」だと感じられる体系から排除するイデオロギー的なメカニズム）と呼ぶものと結び付いた植民地化と帝国主義にとって非常に重要であり今なお維持されている多数の西洋的慣例を検討しつつ，フェミニズム，**ポスト構造主義**，ポスト植民地性の言説という3つのものの間の関係を明確に示した。自己は，「自己の影（the Self's shadow）」のなかで構成されるサバルタンな他者との関連において，伝統的な家父長的権威とイギリスの植民地支配によって表象される。このように，他者は，自己と決して切り離せないほど強く結び付いているが，同時に自己の中に根本的に埋め込まれているのである。

　スピヴァックの「性的にサバルタンの地位に置かれた主体がそこから声を発することのできる空間は存在しない」（訳注：『サバルタンは語ることができるか』より）という主張は，植民地主義と家父長制の記号表現体系が抑圧的で沈黙を強いるものであることを明らかにしている。スピヴァックは，女性も被植民者も抑圧した側の言語を用いて自らの経験を分節するよう強いられたという事実を強調し，ポスト植民地性とフェミニズムを結び付ける。さらに，スピヴァックは，マルクス主義，フェミニズム，ポスト植民地主義などをディコンストラクション（脱構築）主義のレンズを通して絶えず批判し続けることによって，それらのいずれの派にも完全には与（くみ）しない立場を保ってきた。そして，周縁に位置し続けることを断固として拒否する一方で，周縁性の陥穽（かんせい）に注意を促してきたのである。

【参考文献】
・スピヴァック『文化としての他者』鈴木聡ほか訳，紀伊國屋書店．
・スピヴァック『サバルタンは語ることができるか』上村忠男訳，みすず書房．
・スピヴァック『ポスト植民地主義の思想』清水和子・崎谷若菜訳，彩流社．
・スピヴァック／グハほか『サバルタンの歴史 ― インド史の脱構築』竹中千春訳，岩波書店．
・『現代思想』1999年7月号（特集　スピヴァック）．

スペクタクル　　spectacle

ギー・ドゥボールの著作『スペクタクルの社会（*The Society of the Spectacle*）』（1967）に代表されるように，**シチュアシオニスム**（状況主義）の理論家たちは社会をスペクタクルと見なす考えを推進した。個人として人々はスペクタクルに対し何の現実的支配力も持たず，実のところ，自らの人生の単なる観客（spectator）になってしまったのである。ドゥボールの主張によれば，スペクタクルの社会においてわれわれができることは，単なる受動的なスペクタクルの消費者であるという状態がわれわれに押しつける役割を受け入れるか，もしくは，1968年のパリで起きた**事件**のように，われわれの存在に対する能動的な支配力を奪回すべく反乱を起こすかのどちらかである。街へ出ていく，あるいはシチュアシオニストの言葉で言えば「漂流」することにより，人々は都市の環境を再専有化し，スペクタクルの社会に反抗していたのである。

【参考文献】
・ドゥボール『スペクタクルの社会 ─ 情報資本主義社会批判』木下誠訳，平凡社。
・ドゥボール『スペクタクルの社会についての注解』木下誠訳，現代思潮社。
・ドゥボール『映画に反対して ─ ドゥボール映画作品全集』（上）（下）木下誠訳，現代思潮社。
・『現代思想』2000年5月号（特集　スペクタクル社会）。
・『アンテルナシオナル・シチュアシオニスト』木下誠監訳，全6巻，インパクト出版会。

せ

正統化　　legitimation

理論あるいは政治体制の正統化（正当化）について語ることは，その理論あるいは政治体制に何が権威を与えているかを語ることである。例えば，**マルクス**主義は，自らを科学的諸原理に基づいていると見なす。すなわち，社会の一部が別の部分の支配を受けることを容認しようとする単なるイデオロギーとは正反対なものと見なしている。マルクス主義を正統化するものは，正確に遂行され党派的な利益とは無縁の「社会の科学」としての地位なのである。同様に，西側の自由民主主義がその権威を引き出すのは，個々の人間というまさにその概念である。この場合，個々の人間とは，一定の不可侵の権利（法の下の平等，財産所有，公開市場で労働力を売ること，など）の保有者である。西側の社会の政治体制は，こうした権利を保護するという名目で正統化されるのである。

　リオタールをはじめとする思想家たちは，ポストモダン（**ポストモダニズム**を参照のこと）な世界においては正統化は危機に瀕していると考える。それは，マルクス主義のような理論（リオタールの用語では，**大きな物語**あるいは**メタ物語**）の権威が疑問視されあからさまな不信を持たれるほどまでになっているからである。われわれは自らが抱える社会的・政治的諸問題を解決するために，大きな物語に頼ることはもはやできない。いやむしろ，大きな物語は，実現できない希望を人に抱かせるので，ほとんどの社会的・政治的問題の原因であるということを理解しなければならないのである。マルクス主義も，あるいくつかの根本理念（プロレタリア階級による独裁が望ましいとすることなど）を無批判に受容することを要求する。だが，リオタールにとって，このようなマルクス主義の姿勢こそが権威主義であり，個人の創造性の抑圧なのである。一般的に言って，ポストモダニズムの思想家たちは，20世紀に見られる正統化の手段のほとんどに対して懐疑的であり，偽装された諸局面の背後に潜んでいる権威主義を暴こうとする傾向がある。

【参考文献】
・リオタール『ポスト・モダンの条件 ─ 知・社会・言語ゲーム』小林康夫訳，水声社。

た

代補　supplement

代補（追補）という言葉のポスト構造主義的意味の起源は，デリダの『根源の彼方に ― グラマトロジーについて（*Of Grammatology*）』（1967）とルソー読解にある。そこでデリダは，ルソーは音声言語（speech）を支持して文字言語（writing）の価値を下げた，と非難している。ルソーは，文字言語は本質的なものではなく音声言語の代補であり，したがって音声言語に劣るものだと主張している。この評価によれば，文字言語は音声言語に何ら肯定的なものを付け足すことはなく，それ自体不自然であり，ルソーによれば，コミュニケーションをとっている人々の間に距離をつくり出し意図や意味を歪めてしまうのである。ルソーのロゴス中心主義的なディスクール（言説）は，デリダによって脱構築（ディコンストラクションを参照のこと）される。デリダの考えでは，音声言語と文字言語は「暴力的な」ヒエラルキー（階層序列）の中の二項対立として存在し，このヒエラルキーにおいては常に前者（音声言語）に肯定的な価値が与えられる。

　suppléerというフランス語の動詞（supplementの語源）には二つの意味がある。最初の意味は，「補う」（「付け足す」）ことである。この言葉はまた，「～の代わりをする」「代理になる」という意味も持つ。この二つの意味は，互いに対立するものとして現れる。だが，より精密に分析してみると，二つの区別をはっきりさせておくのはなかなか難しい。supplementという言葉は，ディコンストラクション主義者自身が「暴力的に」逆転させた言葉の代わりになりかつその言葉を補うか，そのどちらかを行うように見える。ディコンストラクション的な読みの終わりなきプロセスにおいては，新たに逆転されたヒエラルキーもまた，形を取り始めると同時に，記号の不安定性のために代補によって確実に転覆されてしまう。他の例としては，能動的／受動的，善／悪などがある。前者は「自然である」とみなされるが，後者によって転覆され，その後者が今度は別のものに代補される。

【参考文献】
・デリダ『根源の彼方に ― グラマトロジーについて』（上）（下）足立和浩訳，現代思潮社。

大陸哲学　continental philosophy

近代ヨーロッパ（特にフランスとドイツ）哲学は，英語圏の哲学とは徹底的に違った形で発展してきたと多くの人々は感じている。そして，その哲学を哲学の主流と考えられているものから区別する方法として，「大陸哲学」という言葉がますます使

われるようになってきた。多くの人々は，大陸哲学を古くは**カント**（特に彼の『判断力批判（*Critique of Judgement*）』とその崇高の理論）にまでさかのぼって考えるだろう。しかし，最近ではその言葉は，**現象学，実存主義，構造主義，ポスト構造主義，ポストモダニズム，差異のフェミニズム**などの運動を指す。**フッサール**と**ハイデガー**の現象学は，20世紀後期の大陸哲学に重大な影響をもたらした（ほとんど全てのポスト構造主義とポストモダニズムの大物思想家は，彼らから影響を受けたことを認めている）。そしてまた，20世紀後期の大陸哲学は，**マルクス**主義や**フロイト**主義のような知的伝統，そして**ニーチェ**のような一匹狼の哲学者を自由に活用してきた。

イギリス人哲学者デイヴィッド・クーパーは，大陸哲学を主に次のような関心事を持つものとして巧く定義している。(1)文化批評，(2)研究対象の背景への関心，(3)「自己の没落」（つまり統一化された個人のアイデンティティ，もしくは**主体**という考えに対する信仰の喪失のこと）。このような関心事は，英語圏の哲学者の著作にも見られるが，ヨーロッパ大陸におけるように論争を左右することはほとんどない。大陸ではこれらの関心事は，**フーコー，デリダ，ドゥルーズ，リオタール**のような最近の大立者の著作において強迫観念のようにくりかえされている。

大陸哲学は，フランスとドイツの思想と同一視される。だが，フランスとドイツの伝統の外にある人物を大陸哲学者として定義することは可能であり，アメリカ人の哲学者リチャード・ローティは，そのような例の一つである。大陸哲学はそのような特定の文化や国家の伝統というよりも，むしろ哲学のディスクール（言説）の独特の「様式」や「雰囲気」としてみなされるべきなのである。

【参考文献】
・カント『判断力批判』牧野英二訳，カント全集（岩波書店）8・9。原佑訳，理想社（カント選書）・カント全集（理想社）8。宇都宮芳明訳・注，以文社。坂田徳男訳，『実践理性批判　判断力批判　永遠の平和のために』（樫山欽四郎ほか訳，河出書房新社）所収。（上）（下）篠田英雄訳，岩波文庫。

多元主義　　pluralism

真理あるいは権威を絶対なものだと考えることに反対すること，並びにテクストと状況の多元的解釈を推進することは，事実上，**ポストモダニズム**の信仰箇条となった。したがって，ジャン＝フランソワ・リオタールによれば，政治の領域に絶対的な**大きな物語**（すなわち普遍的な説明理論）はもはや存在しないのであり，存在するのは局地的な目的を達成しようとする諸々の小さな物語の多元性である。テクストは，批評家が明らかにしようと努めるべき中心的意味を持っているともはや考えるべきではなく，多元的な解釈の源泉だと考えるべきである，とロラン・バルトは『Ｓ／Ｚ（*S/Z*）』のなかで主張した。全般的に**ポスト構造主義**は，この見解を支持してきた。疑問の余地のない中心的権威が存在しうるという考えは，（政治の領域

であれ学問的領域であれ）ポスト構造主義者とポストモダニストの両者によって激しく反対されてきた。真理でさえも，多元的，すなわち他のすべての意味を排除する一つの中心的意味に還元されえないものであり，解釈者と状況によって変わる相対的なものだと見なされる。真理とは特定の主義のために行使される諸々のメタファー（隠喩）の集まりにすぎないというニーチェの主張は，この見解に大きな影響を与えた。ポスト構造主義者とポストモダニストにとっては，ある状況に関する特権化された解釈はなく，あるのはさまざまな解釈の可能性という多元性だけなのである。

・バルト『S／Z─バルザック「サラジーヌ」の構造分析』沢崎浩平訳，みすず書房．

他者性　　alterity

ポスト構造主義の言説において，「**他者性**（alterity）」は，「**他者**（Other）」と交換可能な言葉として使われることが多い。例えばミシェル・フーコーの著作における「他者」は，権力のある地位から排除され，また**主体**に関するリベラル・ヒューマニズム的傾向が強い見解においてしばしば犠牲となる人々である。したがって，フーコーの著作の多くは，知的な考察から排除された結果その政治的な権利を無視されるかまたは無効にされてきた人々を歴史と哲学に取り戻すことに捧げられている。このコンテクストにおける「他者」とは，同性愛者，女性，精神異常と診断された人，非白人，囚人のことである。これらの人々は，**ポスト構造主義者**たちと**ポストモダニズム**の思想家たちによって集団的にも個人的にも西洋社会の周縁に存在すると理解され，**ディコンストラクション**（脱構築）の言説においてはよく否定的対立項となる。

ち

小さな物語　　little narrative

ジャン＝フランソワ・リオタールの言う大きな物語（**マルクス**主義や**ヘーゲル**弁証法など，ものごとを総括的に説明する諸理論）のなかでは，個人は抑圧されており，**大きな物語**を統制する者の目的のために自分自身が犠牲者になっていることを発見する。たとえば，ソビエト型のマルクス主義はすべての個人が共産党の方針に従うことを要求したが，それは，共産党がすべての真理の貯蔵所だと当然のように考えられていたからである。リオタールは，大きな物語がどのように個人の主導権を破壊し，反対者が無慈悲に抑圧され創造性が抑制される全体主義社会をもたらすかを指摘している。しかしながら，大きな物語の欠陥は，20世紀の終わりまでにはすでによく認識されており（たとえば，ソビエト連邦およびその従属国の崩壊），われわれが現在支持すべきなのは小さな物語なのである。小さな物語とは，戦術的な集団づくり（あるいは利益に基づく連携）であり，特定の社会的病弊に反抗しようとするものである。リオタールにとっての小さな物語の顕著な例は，パリで起きた1968年事件の際の労働者と学生の連帯である。小さな物語とは，継続されるように意図されたものではなく，限定された短期間の目的を達成するように意図されたものにすぎないのである。国家や多国籍企業といった権威主義的な大きな物語の権力に抗しようとする小さな物語の究極として，個人を捉えることもできよう。

チュミ，バーナード　　Tschumi, Bernard　1944-　建築家

『建築のための広告（*Advertisements for Architecture*）』の中で，チュミ（訳注：スイスのローザンヌ生まれであり，ベルナール・チュミと呼ばれることもある）は「建築を経験するためには，人は殺人さえ犯さねばならないかもしれない」と宣言している。伝統と対決する挑発的な彼の作品は，1980年代の多くの建築理論の主調となった。シチュアシオニスト（**シチュアシオニスム**を参照のこと）たちから影響を受け，**表象**に元々関心があったチュミは，建築設計図の伝統的な諸形式は建築物の利用とそこで行われる出来事について考えていない，と主張した。『マンハッタン・トランスクリプツ（*The Manhattan Transcripts*）』では，従来の空間表象と表記形式に代わる包括的な形式が提示された。その試みは，スチール写真とストーリーボード（訳注：映画やテレビ撮影現場においてストーリーの展開やアクションなどを書き記したものであり，絵コンテはその一種）の形式を借り，図面と設計空間の両方と絡めて一連の出来事，動き，小事件の概略を示すものであった。

まもなく，チュミは，1980年代に最も注目を集めた国際コンペの一つであったパリ北東部のラ・ヴィレット公園設計委託を勝ち取り，それを実際に建築することによって思索を深める機会を得た。この公園に必要とされるプログラムは，敷地全体の分解組立設計図で示され，一つの架空のグリッド（格子）の上に据えられた。公園の基礎案は，異なるタイプの空間占有の仕方に基づいた三つの組織体系（経路・遭遇・出来事）を用いて層化される。それらの体系は，その後プログラムに基づいて規定される領域の構成を設計しているのである。この公園以後実際の建築作品はほとんどないものの，チュミは出版やコンペを通じて影響を及ぼし続けている。

プログラムは図解法であると同時に建築の媒体であるというチュミの信念は，現代の都会の状況という経験に取り組もうとする一連の提案に至った。彼は，自分の理論のラディカルさを保とうとしながら，「クロスプログラミング」（訳注：所与の空間をその本来の空間意図とは異なったプログラムに使用すること）や「ディスプログラミング」（訳注：二つのプログラムを，それぞれの空間配列と共に混合して拡張すること。代表例は，細長い空間・波型・板型の三つの要素を結合して空港に商業・娯楽施設を内包させた関西国際空港設計案。）といった新しい専門用語を造り出し，建築の実践に新たな可能性を開拓して，新しい建築の方向性を提示している。

【参考文献】
・チュミ『建築と断絶』山形浩生訳，鹿島出版会。

超ひも理論　　superstring theory

一般相対性理論と量子力学の間の矛盾に絶えずつきまとわれてきた20世紀の物理学の最も新しい「万能の理論」は，超ひも理論である。超ひも理論を支持する学者たちの説明によれば，一般相対性理論と量子力学を結びつけるためには原子内部の世界をより小さなスケール，原子核の1兆分の1の大きさのスケールで探らなければならない。この理論によると，原子内部の素粒子をだんだん小さいスケールで見ていくうちに，最小のもの（クォーク）は，振り子のように振動する数本のひもから成り立っていることがわかる。それぞれのひもは，ヴァイオリンの弦のように特定の振動数で振動し特定の張力を帯びていて，そのひもの特定の振動数に応じて，いろいろなクォーク（これが中性子，陽子，電子などを形成することになる）を造り出す。より拡大して見ると，全てのものが「ひも＝弦の音楽に合わせて」ダンスをしている。超ひも理論を擁護する人々の主張によれば，この理論で「高エネルギー」の原子内物理学が説明できるだけでなく，この理論の数学的処理によって，アインシュタインのいう相対性が当てはまる「低エネルギー」の惑星重力も説明がつくという。しかし，超ひも理論は，宇宙の重力を説明するのと同じ理論によって原子内部の素粒子を説明するために，ひもがクォークより小さいスケールにおいて少なく

ともさらに六つの次元に「開く」ことを前提にする。われわれの生きているこの四次元（訳注：三次元プラス時間の一次元）の世界で実際にひもを観察するのに必要なエネルギーは，最低でも，現在の加速器で可能なものの10^{16}倍にもなるため，ひもは優雅な数学的虚構にとどまっており，「ひも」の十次元が四次元に見える世界にどのように折りたためるかの説明を，これから行わなければならない。

つ

通約不可能性　incommensurability
ポストモダニスト（ポストモダニズムを参照のこと）の多くは，「サピーア＝ウォーフの仮説」のある見解に固執する。その仮説の最も極端な形の主張は，言語構造が思考パターンを左右し，われわれの世界知覚を決定するというものである。言ってみれば，このことは，異なる言語を話す話者はある意味で異なる世界に住んでいることを意味すると理解できるだろう。通約不可能性（共約不可能性）という用語は，数学理論からとられたものであり，共通の尺度を持たない二つの質あるいは量を指す。この概念が，言語の役割に関する論争へと緩やかに転用されるに至った。もし，二つの言語の構造が両者の間の正確な翻訳を困難あるいは不可能にするならば，その二つの言語は通約不可能である。「通約不可能性」という用語は，すべての言語が互いに通約不可能であるという見解（あるいは，純理論的な仮説）と共に，著しく普及した。

　この見解は，意味という概念そのものに関してのさらに一般的な懐疑主義の一部として，ウィラード・ヴァン・オーマン・クワイン（訳注：1908-　アメリカの哲学・論理学者）によって最も明確で系統立った形で提示されている。クワインは，自らが「翻訳の不確定性」と名づけたものを劇的に表現した。これは，翻訳の過程のなかで意味の微妙なニュアンスが失われてしまうものもあるというような決まり文句と同様のものではない。これは，捉えられない意味のニュアンスという概念そのものが無意味であることを示唆している。それぞれの言語は，それぞれ異なる対象を措定し，異なる世界地図を描くのである。トマス・クーンの仕事は科学的パラダイムを扱っている。最も基本的に言うならば，パラダイムとは，単なる典型的なモデルのことである。しかし，諸科学理論のコンテクストのなかでは，それはまた，諸概念の体系全体の間に生じた相互関係に言及するものとして理解されている。科学哲学を扱う多くのポストモダンの理論家たちは，競い合う科学的パラダイムは原理的に通約不可能であると述べている。

　通約不可能性という概念は，リオタールの「抗争（争異）」という概念のなかに再現されている。この抗争とは，政治化された通約不可能性のことである。それぞれのグループは，自分たち独自の言語のなかで存在するだけではなく，次のようにして，自分たちの世界のなかに存在する。つまり，彼らは，「文の体制」のなかに存在し，利益や目的を具現化するのである。一つの文の体制が，もう一方を支配する。通約不可能性は，言語間にある不透明性の概念を表したものである。抗争とは，

一つの言語の行為あるいは文の体制がもう一方に対して引き起こす不透明性と変形を示唆するものなのである。

【参考文献】
・クワイン『ことばと対象』大出晁・宮館恵訳，勁草書房。
・リオタール『文の抗争』陸井四郎・小野康男・外山和子・森田亜紀訳，法政大学出版局。

て

ディコンストラクション　deconstruction
ディコンストラクション（脱構築）は，1960年代末にフランスの哲学者ジャック・デリダによって造語された。その用語は，**テクストの多層的な意味に注意深く目を配るような読みの様式**（mode）をもたらした。ディコンストラクションの読みは，真の意味，一貫した視点，あるいは統一されたメッセージを所与の作品に見出そうと努力するのではなく，バーバラ・ジョンソンの言葉を使えば「意味作用（signification）の相争う力」を慎重にくじけずりだす。それらの力は，テクスト的無意識とでも呼ぶべきものの中で戯れ，読まれることを待っている。そして，テクストの内的差異を露出させ，テクストの抑圧された矛盾すなわち内在する脆弱さに注意深く配慮する読みの方法であるディコンストラクションの戦略は，また干渉主義的であり，それゆえに，ディコンストラクションは政治的なものなのである（ただし，ディコンストラクションが政治的かどうかに関しては反対する多くの主張もある）。テクストの言語の論理がそのテクストの**作者**によって述べられた主張の論理といかに異なりそれに反対するように戯れることが可能かを示すことによって，テクストの論理を自らに逆らわせるのがディコンストラクション的読みの方法であるが，ディコンストラクションが政治的なものである理由は，それだけではない。テクスト，言説（ディスクール）全体，あるいは諸信仰の体系全体は，一貫性の欠如，不平等，あるいはヒエラルキー（階層序列）を説明づけたり，それらにもっともらしい注を付しているが，これらにディコンストラクショニストが目をつける傾向があることもその理由である。例えば，デリダが考えるところでは，伝統的に西洋的思考を形成し伝達し組織しランクづけ，したがって「秩序」といったようなある概念をそれに対立する「混沌」よりも高く価値づけてきた「**二項対立**」の精神には，ヒエラルキー構造が潜在的に存在する。そのヒエラルキー構造のために，他のそのような対となる語句（couplet）を再検証する必要があるのである。ある語（項辞　term）を別の語よりも特権化すること（悪よりも善，闇よりも光，感情よりも理性，女性よりも男性，奴隷よりも主人，コピーよりもモデル，再生産よりもオリジナル，批評よりも文学，ポピュラー・カルチャーよりも高級文化，など）が暴き立てることは，ある語を優遇することによって他方（**他者を参照のこと**）の従属させられている語を犠牲にしているということである。差異のフェミニストたち（**差異のフェミニズムを参照のこと**）は，女たちに対する男たち，あるいはサバルタン［**サバルタン理論を参照のこと**］（従属させられている民）に対する西洋人の

位置付けを疑問に付すために,そのうえ,西洋社会におけるそのような形而上学的かつイデオロギー的価値を可能にし,さらに永続化している概念的対立のまさにそのシステムそのものをディコンストラクトするために,この種の分析を頼りにしてきた。したがって,デリダが提案するように,ディコンストラクションはまさに,価値のヒエラルキーを持つ二項対立を暴き,転倒させ,除去する方法である。すなわち,その論理を支持できないものにしてしまうのだ。その論理は,ある語を他の語に対立するものとして立てながら,お互いの語が相手とは異なりかつ相手に従属する(デリダの「差延」はこの運動両方の意味を同時に持っている)ということを認識しそこない,そしてそれゆえにまた,たとえば「善」が「悪」と区別されるにしても,特権化された「善」という語が意味をなすためにはその語に従属する対立項の「悪」との関係に依存しなければならない,ということを認識しそこねているのである。こういったことは,「それぞれ」がもう一方の一種の痕跡であるような対立語の間のある程度の同化作用＝汚染 (contamination) を示唆するだけでなく,同時に,対立という形の明確な区分をずっと維持することの不可能性を示し,したがって意味の不安定な性質を再び強調するのである。

【参考文献】
・ジョンソン『差異の世界 — 脱構築・ディスクール・女性』大橋洋一・青山恵子・利根川真紀訳,紀伊國屋書店.
・カラー『ディコンストラクション』(Ⅰ)(Ⅱ)富山太佳夫・折島正司訳,岩波書店.
・ノリス『ディコンストラクション』荒木正純・富山太佳夫訳,勁草書房.
・ノリス『脱構築的転回 — 哲学の修辞学』野家啓一・森本浩一・有馬哲夫訳,国文社.

出来事　　event

ジャン＝フランソワ・リオタールは,特に重要な文化的事件の後に生じる見方の変化を「出来事」と呼ぶ。リオタールによって最も頻繁に引用される出来事の事例は,アウシュヴィッツである。彼によれば,アウシュヴィッツは,人間性並びにわれわれが住んでいる世界に関するわれわれの認識を元に戻ることができないほどに変えてしまった(テオドール・アドルノもまた,アウシュヴィッツの事実が明らかになった後に詩を書くことの不可能性について語っていた)。1968年のパリの**事件**は,出来事のもう一つの事例であり,ある特定の社会集団(この事例ではフランスの知識人たちのある世代全体)の世界観を元に戻れないほどに変えてしまった。粉砕されたものは,フランス共産党(ＰＣＦ)において崇め奉られていた**マルクス主義**の倫理的至高性に対してその世代が持っていた信仰であった。リオタールを含む多くのフランス左派知識人たちは,短期間ながらも国家の権威に挑んでいた学生と労働者との共闘を破滅させたときのＰＣＦと軍部との共謀は全ての信頼性を失うところまでマルクス主義を失墜させたと感じた。リオタールは,出来事へと「開かれてい

る」ことの必要性について語っている。その意味は，マルクス主義のような時代遅れの諸理論の持つ諸偏見を引きずることなく新しい諸経験にアプローチできるようになるということである。

【参考文献】
・リオタール『遍歴 ― 法・形式・出来事』小野康男訳，法政大学出版局。
・リオタール『文の抗争』陸井四郎ほか訳，法政大学出版局。
・アドルノ『プリズメン ― 文化批判と社会』渡辺祐邦・三原弟平訳，ちくま学芸文庫。『プリズム ― 文化批判と社会』竹内豊治・山村直資・板倉敏行訳，法政大学出版局。

テクスト　　text

ポストモダニズムの思想では，「テクスト」には，単に文字で記されたものだけでなく，絵画・建築・情報システム，そしていかなる形式をとるものであれ**表象**（representation）を試みているものは全て含まれる。たとえば，**デリダ**の「テクストの外部というものは存在しない」（訳注：邦訳『グラマトロジーについて（*Of Grammatology*）』より。バーバラ・ジョンソンの英訳でOutworkと題された『散種（*Dissemination*）』の序文にも同様の表現がみられる）という有名な宣言はひどく誤った伝え方をされ（misrepresented），一種の超フォルマリズムを主張していると考えられた。デリダの主要な著作に対するこのような読みを進めたのは，いわゆる**イェール学派**のメンバーたちであった。その代表的人物の一人ジェフリー・ハートマンの文学における地口（pun）の使用に関する著作はアメリカの学界に大きな影響を与えてきた。しかし，「テクスト」という言葉のポストモダン的使い方には，言葉遊びの果てしないゲームという以上の意味がある。ポストモダニストにとっては，世界はテクストによって成り立っていると述べる方がより正確であろう。

【参考文献】
・デリダ『根源の彼方に ― グラマトロジーについて』（上）（下）足立和浩訳，現代思潮社。
・バルト「作品からテクストへ」，『物語の構造分析』（花輪光訳，みすず書房）所収。

デリダ，ジャック　　Derrida, Jacques　　1930-2004　哲学者

故国アルジェリアで文学研究の教育を最初に受けたデリダは，哲学に対するつのる興味のためにフランスへと赴き，そこで高等師範学校に職を得た。パリの社会科学高等研究学校の研究主任であり，カリフォルニア大学の人文学の教授でもあった。デリダは，思想と言語との関係に関する著作で最もよく知られ，哲学的エクリチュール（文字言語，書くこと　writing）と文学的エクリチュールとの間の境界を戯れに満ちた仕方で問題にしている。

　最も影響力のあるデリダの著作は，1967年から1972年の間に出版された。それらの著作では，**ロゴス中心主義**とデリダが呼ぶものを明らかにするために，プラトン

からハイデガーに至る**大陸哲学**の伝統における主要な大物が再読されている。ロゴス中心主義は，起源に遡及し，中心を見出し，指標の示す点を定め，真実を確かなものにし，**作者**の意図を正当化し，はたまた**テクスト**の意味の中心を位置付けようと継続的に苦闘する思考の体系である。おそらく最も良いロゴス中心主義の要約は，聖書の一節「はじめに**言葉**（logos）ありき」であろう。ロゴス中心主義には，神，自己，全宇宙の秩序への信仰が伴い，そして多重で非決定なものよりも単一で決定的なものを特権化する傾向がある。デリダが瓦解させようと模索しているものは形而上学的な確実性であり，それは他のポストモダニストたち（**ポストモダニズム**を参照のこと）と共通している。その確実性とは，いかなる発言の背後にもかけがえのない「私」が一貫して存在することによって十全に意識された合理的な視点を保証すること，すなわち起源の意図へと遡って統一された意味をつきとめることができるだろうということだけではない。言葉においてであれイメージにおいてであれ，**表象**のグラフィックな（訳注：文字，図，絵など，書［描］くことによる）諸様式が先に存在する現実に直接的に言及するということもまた，形而上学的な確実性である。実在＝現実（reality），意識，志向性，目的といった概念は，言語だけでなく西洋的思考にあまりに深く嵌め込まれているが，そのことが未だに認識されないままでいる。まさにこのために，デリダは，言葉（word）と世界（world）が一致するということ，すなわち言葉と行い（deed）が一つであるという前提を疑問に付すことが急務なのだ，と主張する。

　例えばメタファー（隠喩）の使用を例にとってデリダが示すのは，哲学者が言語を使用する方法に注意を払うことによって，哲学的であれ文学的であれ全てのエクリチュールにおいて比喩的な仕掛けが作用していること，さらに，純粋思考は表現様式から決して独立してはいない（哲学者たちは反対のことを唱えている）ことである。それゆえに，言語は，書き手の意図にとって意識されないままの基底となる信仰システム（これは**フロイト**的言い間違い／書き間違いと似ていなくもない）を暴露しうる，あるいは，今まで認識されていなかったテクスト論理の裂け目を明らかにしうるのである。このために，言語的曖昧さは，いったん露わにされれば，意味が決定されないということを単に際立たせるだけでなく，理性などの諸概念と議論の一貫性のための一元的な処方に頼っていることを明言するような者たちの推論における矛盾の温床全体を暴くことができるのである。例えば，『**散種**』（1972，英訳1982）におけるデリダの考えによれば，「治療薬」と「毒薬」の双方を意味し，プラトンによってエクリチュールを記述する隠喩として後者の意味で使われていたギリシャ語の単語パルマコンは，言語的曖昧さがそのようなことを行っている適例なのである。プラトンは，エクリチュールを信頼していない。なぜなら，彼は，エクリチュールを，つねに再解釈されるように開かれていて，それゆえもともとの語り手がいない状態における歪曲にも開かれているコミュニケーションの様式とみな

しているからだ。したがって、プラトンは、生きているパロール（音声言語 parole）の下位にエクリチュールをランク付けする。プラトンによれば、生きているパロールは、直接的（im*mediately*）かつ書かれた言葉の重荷による媒介なし（un*mediated*）に、真の意味を開示する力を潜在的に持つのである。結果的に、プラトンは、書かれた言葉を「毒」と結びつける。そして、書かれた言葉を「治療法」として考えるのは、パロールを記録するときに書かれた言葉が記憶の潜在的な弱さに対する治療法として働きうる、という意味においてである。そのパルマコンという語を『パイドロス』で使うときはいつでも、起こりうる混乱あるいは曖昧さを避けるようにその語の具体的な意味に注意を払って文中に配置しているにもかかわらず、プラトンの哲学的言説の純粋さへの大志は、その語の多重かつ矛盾する意味がテクストにおいて持つ共振によって絶えず挫かれてしまう。プラトンが躓いたそのときに、デリダは、プラトンのテクストがそのテクスト自らの論理を拒否するように仕向ける。そのテクストの作者の論証あるいは思考における過ちを指摘することによってというよりは、テクストの言語が実際にはその明言された意図に反するように働くさまを解明することによって、デリダはそれを行う。

それゆえ、デリダの精密な読みは、テクストにおいてつねにすでに作用しているテクストの理想的統一を解きほぐしてしまう過程に注意を払う。そのような過程を働かせる動きが、デリダがディコンストラクション（脱構築）と呼ぶものである。ディコンストラクション的読みは、研究対象となっているテクストによって提示されるもののみを材料に行われ、テクストがどれほどまでに未完結の意味のネットワークでつねにあるかということをただ示すだけである。「それぞれ」のテクストは、それ自体と異なってしまっており（このためにデリダは「差延」という語を造った）、そして、他のテクストの痕跡であり、終わりなく他のテクストに言及するものとして示される。このことは、バルトの用語である**間テクスト性**（インターテクスチュアリティ）を喚起する。テクストは「できあがったエクリチュールの死体、すなわち本あるいは周囲の余白の中に封じ込められた中身ではもはやない」と論じる一方で、また、デリダのエクリチュールは自らが論じることを実践してしまう。現在までのところデリダの主要著作でありかつディコンストラクションの原理を一般化する「分析的」な著作の一つである『グラマトロジーについて』（1967, 英訳1976）における議論は、『弔鐘』（1974, 英訳1986）のような後期のより「総合的」な著作におけるより生産的な枠組みに持ち込まれる。『弔鐘』は、**ヘーゲル**とジュネのエクリチュール（著作）からの引用を注釈とともに編み上げることによって、哲学と文学の境界線をぼかすだけでなく、新しい種類のテクスト性をつくりだす。『弔鐘』の印刷の体裁（typography）は、**ハイパーテクスト**に先んじるかのように、エクリチュールの線性を無効にし、テクストの境目を侵犯し、本の形そのものを疑問に付すのである。

【参考文献】
・デリダ『散種』の収録論文で邦訳があるのは以下の通り。「プラトンのパルマケイアー」高橋允昭訳,『現代思想』1975年3月号所収。
・デリダ『根源の彼方に ― グラマトロジーについて』(上)(下)足立和浩訳,現代思潮社.
・デリダ「弔鐘」鵜飼哲訳,『批評空間』第2期15号より最終号まで連載(中断)。
・プラトン『パイドロス』藤沢令夫訳,プラトン全集第5巻(岩波書店)所収。
・バルト「作品からテクストへ」,『物語の構造分析』(花輪光訳,みすず書房)所収。

デリーロ, ドン DeLillo, Don 1936- 小説家・劇作家

もしあなたがローマ教皇と会うならば,あなたは彼をいかにして認識するであろうか。テレビ画面上の彼のイメージからだ。デリーロのリー・ハーヴィ・オズワルドの虚構的伝記『リブラ時の秤(*Libra*)』(1988)において,1963年のラヴ・フィールド空港にジョン・F・ケネディの到着を目にするために集まってきた群衆は,大統領が「大統領本人のように見えた」ことに満足する。言い換えれば,彼らにとって大統領が本物かどうかは,メディアにおける彼のイメージによって保証され確かめられているのだ。デリーロが『名前(*The Names*)』(1983)で書いているように,われわれは,「イメージが世界の生地(texture)に染み込んだ」その瞬間にいるのだ。オズワルドにとってケネディのイメージは完全な理想像であり,彼は,その魅惑的なイメージとの関係において自分のアイデンティティを構築しようと試みる。オズワルドのケネディ暗殺という試みは,彼自らの死がメディアでどのような役割を果たすだろうかということを想像しつつ計画される。『ホワイト・ノイズ(*White Noise*)』(1985)では,イベントのシミュレーションがイベントそれ自体よりも優先される。デリーロの10冊の小説(『アメリカーナ[*Americana*]』[1971]から『マオII[*Mao II*]』[1991]まで)において,われわれはシミュレーションとハイパーリアリティというポストモダン領域(ポストモダニズムを参照のこと)に入り込む。その領域は,現実が電子工学情報システムによって奥深くまで媒介されてしまった堕落した世界である。このような運命が,われわれにもたらされたのはいつか。デリーロの最初の小説『アメリカーナ』は,ディーリ・プラザにおいてであると結論づける。すなわち,J・F・Kが撃たれたところである。ケネディ暗殺が,デリーロにテーマを与えた。すなわち,ケネディ暗殺は,アメリカがその政治的無垢を失い闇が光に勝った瞬間(ケネディの時代は一種の牧歌的幸福に溢れた近代のキャメロットであったとするオリヴァー・ストーンの映画『JFK』やアーサー・シュレジンガー[訳注:1917- 歴史家]の著作はそう描いた)ではなかった。ケネディ暗殺は,表象と現実が分離していることが明らかになった瞬間だったのだ。

ケネディ射殺のただ一つ現存している映像証拠は,ザプルーダー・フッテージ(訳注:アマチュアのアブラハム・ザプルーダー氏がムービー・カメラで撮影した

フィルム)である。しかし，この素人フィルムは，夢テクストのように，自らが生み出した多数の解釈によって大いに「重複決定（多元決定）」(訳注：精神分析用語)されている。そのフィルムは，ある単一の意味にゆだねられることはなく，むしろ幅広い読みのための証拠を供している。そのフィルムと現実との関係は，人を当惑させるほど不確定なものである。デリーロにとって，このことが初代「テレビ大統領」暗殺の重要性であった。『リブラ時の秤』で述べられているように，ザプルーダー・フィルムは，「リアルなものの中心地における逸脱」を意味する。それは現実とその表象がどこか分離したかのように見えた象徴的な瞬間のことである。小論「アメリカの血（*American Blood*)」(『ローリング・ストーン［*Rolling Stone*］』誌［1983］)において，デリーロは，ケネディ暗殺に関して，「私たちは，その瞬間から，いきあたりばったりであいまいな世界に入ってしまったかのようだ（中略）物理的証拠は矛盾し，目撃者の証言は一致しなくなりはじめている」と書いている。ザプルーダー・フィルムはわれわれの「不正確と混沌の大いなる象徴（エンブレム）」である。これに「歴史の秘密操作に関する民衆の増大する信仰」が伴う。デリーロの謀略と混沌の逆説的世界においては，彼の登場人物は，より大きな力に操られていると感じると同時に，パターンと意味が人生に欠けていることに怖気づいている。登場人物たちは，オズワルドのように，自分たちが持っているあらゆるものから意味を創造しようと試みる。読者にとって，その小説の暗澹たるありさまの救いとなるものは，プロットの組立に横溢するエネルギーと，各行にきらめきを放つ筆致そのものである。

【参考文献・フィルモグラフィ】
・デリーロ『ホワイト・ノイズ』森川展男訳，集英社．
・デリーロ『リブラ時の秤』(上)(下) 真野明裕訳，文藝春秋．
・デリーロ『マオⅡ』渡辺克昭訳，本の友社．
・ストーン『ＪＦＫ』, VHS (ワーナーホームビデオ), DVD (ワーナーホームビデオ)．

と

ドゥルーズ, ジル　　Deleuze, Gilles　　1925-95　　哲学者

ドゥルーズは, 1995年に亡くなるまでサンドニのパリ第8大学の哲学教授であった。ドゥルーズの最もそっけなく最も複雑な著作のうちの二書に関する書評において, ミシェル・フーコーは,「いつの日か, この世紀はドゥルーズの世紀として知られることだろう」と述べた。しかし,「ポストモダン(ポストモダニズムを参照のこと)的状況」を論じる際にドゥルーズの名前とともにあげられるそのフーコーのような思想家たちと比較して, ドゥルーズの名前がそれほどまでには頻繁に言及されないことを考えると, この大げさな主張は決まりが悪い。しかし, この書評子の予言が今世紀ではなく次の世紀(訳注:本書の原書の出版は20世紀)には現実のものになると考えうる理由もいくつかある。このように考えうる理由のいくぶんかは, ドゥルーズ的思考の信じがたい守備範囲にある。文学(広範囲にわたって論じられているが, 例を挙げればプルースト, ベケット, メルヴィル, ラヴクラフト)と映画を哲学的あるいは理論的研究の対象としてというよりむしろ思考することの方法として採用しているからだ。そしてその一方で, 戦後フランスのカノン(正典)である**ヘーゲル**, **フッサール**, **ハイデガー**に対してヒューム, スピノザ, **ニーチェ**, ベルグソンを復権させながら, 哲学史の異端や追放者に依拠して哲学史を実質上再構築しているのである。

　しかしながら, おそらく, ドゥルーズの主要な貢献はつまるところ, 人間という枠組みを越えて哲学を推進するために諸概念を改良しようとする彼の一貫した実験的試みである。これこそ,『差異と反復(*Difference and Repetition*)』(1968)から『哲学とは何か(*What is Philosophy?*)』(1991)に至るまでの彼の関心事である。たとえば, 時間は, 生きられた時間すなわち現象学的時間というよりは,「深く」すなわち地質学的なものとなる。鉱物的・動物的・(重要なのは)機械的生命について人間中心的思考を永続させる種と種の間の障壁は, その思考がスケールを増大させ地質学的時間における生命の広大な鉱物的かつ科学的渦巻き運動へと細部を再方向付けするにつれて不可避的に崩壊する。人間の形象(フィギュール)は, 満ちてくる潮で洗い流される砂上のスケッチである(訳注:フーコーの『言葉と物』の最後の部分で使われる比喩)というよりも,「思考のイメージ」を押さえつける極小の専制君主なのである。このスケールは, ドゥルーズが**ガタリ**と著した二巻本『アンチ・オイディプス ─ 資本主義と分裂症(*Anti-Oedipus: Capitalism and Schizophrenia*)』(エディプスを参照のこと)と『千のプラトー ─ 資本主義と分裂

症（*A Thousand Plateaus: Capitalism and Schizophrenia*）』（訳注：『アンチ・オイディプス』が前編で『千のプラトー』が後編である）で考案した用語を使えば，われわれが個別の主体を「分子的（molecular）」として考察するように誘うかもしれない。しかし，本当の問題は，「モル的（molar）」形態から生じる。分子的であるということは，大きさのスケールとではなく，重力，すなわち思考が人間をめぐって展開するのと同様に（化学の場合のように）分子の結びつきを安定した中心をめぐる軌道上に置いておく力と関係がある。例えば，ドゥルーズは哲学の歴史をとりあつかうことが多いが，分子的思考は，不安定かつエキセントリックな，すなわち「脱領土化する」小さな（minor）粒子の諸軌道，すなわち流れ（flow）をたどる。悪名高い「**欲望する機械**」（『アンチ・オイディプス』で「実在の機械だ，想像上のものでなく」［訳注：一般的には「比喩的なものでなく」と解される］と宣言された）は，無意識の精神分析的領域を工業化する。その目的は，その領域を単なる夢や空想ではなく現実を生産する機械とし，先進的資本主義における金銭の分子的流れを精神分裂症における欲望の流れと結合させることである。最もエキセントリックな場合，その両方の流れは，投資する＝備給する（invest）対象の領域を「脱領土化する」。すなわち，ちょうど精神分裂症が譫妄を現実のできの悪い表象として理解することを拒み強調された現実としてとらえてしまうように，資本は諸制度への愛情を持たないのである。

　機械はすでに70年代初期のドゥルーズの「哲学の劇場」において中央舞台を占めていたが，機械的思考は，『千のプラトー』においてより規模の大きな複雑さを帯びている。特に，「機械的系統流（phylum［訳注：生物学における分類用語「門」のこと］）」の考えは，マニュエル・ド・ランダ（訳注：1952- アーティスト・著述家）の言葉を使えば「ロボットの歴史家が，ロボットがいかにしてそこにたどりついたかを沈思黙考する」かのような進化的パースペクティヴからテクノロジーを見ることを可能にした。事実上，ドゥルーズは，生物学つまり「生きているものの論理」に挑戦している。すなわち，ケイ素基盤の生命よりも炭素基盤の生命を支持して生物学が主張する奇妙な偏見に挑戦しているのである（訳注参照）。そして，テクノロジーの進展に対する混沌とした千年至福的な陶酔としてしばしば深い思慮なしにうち捨てられてしまっているものに科学的・哲学的・文化的諸変化が付随するのを目撃するにつれて，そのような諸問題がよりいっそう明確になってくる。そのとき，われわれは，彼の最も自由奔放な仕事の先見性を確認するのである。

【訳注】
☆ケイ素基盤の生命と炭素基盤の生命：ケイ素はシリコンとも呼ばれ，非生物的なイメージが強いが，植物や動物の組織にもみいだされる。ただし生物組織内での働きは不明瞭な点も多い。一方，炭素は，大気中から植物に，植物から動物に，動物の死体から再び大気中に循環するなど，自然界に遍く存在している。ドゥルーズは『千のプラトー』で，「理論的あるいは論理的には」生命体がケイ素からも成り立つであろ

う，と論じている。

【参考文献】

ドゥルーズ／ガタリ共著
・『アンチ・オイディプス ― 資本主義と分裂症』市倉宏祐訳，河出書房新社。宇野邦一訳，河出文庫。
・『千のプラトー ― 資本主義と分裂症』宇野邦一・小沢秋広・田中敏彦・豊崎光一・宮林寛・守中高明訳，河出書房新社。
・『哲学とは何か』財津理訳，河出書房新社。

ドゥルーズ単著
・『差異と反復』財津理訳，河出書房新社。

特異点　　singularity

物理学では，特異点とは（密度が無限なまでに圧縮されていると説明される）ある一点を意味する。特異点からさまざまな結果が生じるが，特異点自体は何か他のものが「原因となって」生ずるわけではない。「ビッグ・バン」理論（訳注：宇宙はガス体の大爆発によって生成したという理論）は，このようなある特異点の存在を仮定し，何がビッグ・バンを引き起こしたのか，あるいは，ビッグ・バンの前には何が存在していたのかという問いかけは無意味であると主張する。というのも，まさにビッグ・バンそのものが時間と空間の始まりなのであり，したがって，因果関係の連鎖もビッグ・バンによって初めて存在しえたからである。一部の理論学者は，宇宙は究極的には崩壊して再び特異点に戻るのかもしれないと推測している。また，**ブラックホール**の中心にも特異点があると考えられている。（訳注：**スティーヴン・ホーキング**の項も参照のこと）

　特異点は，伝統的に神に属すると考えられてきた特性と似た性質を持っている。すなわち，特異点は，たとえば原因と結果による説明のような物理的な説明を超越しているのである（キリスト教の神も，特異点同様，今まで世界が存在しなかったところに天地万物を創造した）。説明には限界があるという主張（崇高の場合にも説明には限界があるというのといくぶん同じような調子である）を含む特異点という考えは，**ポストモダニズム**思想に訴えかける。なぜなら，特異点という考えは，基盤という問題に対する一つの解決策を与えてくれるからである。とはいっても，哲学の見地からすると，その解決策はやや整然とまとまりすぎていると言えるかもしれない。

ド・マン，ポール　　De Man, Paul　　1919-88　　批評家

ド・マンは，ベルギー出身であり，死に至るまでイェール大学人文学教授の職にあった。従って，**ブルーム**，**ハートマン**，**ミラー**とともに，フランク・レントリッキアが「批評の不名誉の殿堂」と呼んだところにその座を占めた。つまりは，またの

名を批評の**イェール学派**とされる集団の一員であった。おそらくそのグループの最も厳格なディコンスラクショニスト（脱構築主義者）［**ディコンストラクション**を参照のこと］であり，間違いなく最も悪名高い人物である。というのは，ベルギー占拠時代のナチに同調した反ユダヤ的戦時報道が彼の死後に暴かれたからである。ド・マンは，文学と哲学間の関係についての著作で最も知られているが，『読むことのアレゴリー（*Allegories of Reading*）』（1979）では，哲学が「文学の手による哲学そのものの破壊についての終わりなき省察である」のはもっともだと主張した。修辞性（rhetoricity）は全ての言語の特徴なので，哲学的著作もまた文学性（literariness）を特徴とし，そしてそのために，（哲学的著作の**作者**はこのことを拒否しているようにみえるであろうし，あるいは単にそのことをわかっていなかったりするのにもかかわらず）文学**テクスト**が利用している意味の分裂，曖昧さ，非決定性から逃れられないのである。それゆえ文学テクストとは異なって，哲学あるいは批評の著作が，意味にみちた内容を伝えられる，すなわち知識を首尾一貫して真実そのままに伝達できるという主張を根底から崩しつつ，ド・マンが例証するのは，トロープ（転義）やメタファー（隠喩）は確かに全ての書かれたものにおいて作用しているので，克服しがたい障害を読者の行く手に据えるということである。そのような比喩表現は，知性で理解できうる限界を際立たせるのみならず，理解するということを誤りをおかしがちな企図にしてしまうのである。

　ド・マンによれば，読むことと文学において不可避的に起こってしまうと彼が主張する複合した誤りのパラダイム的な事例となるのは，彼が**アポリア**と呼ぶものである（アポリアの字義通りの意味は「手段の欠如」である）。言語には，何事であれ一義的に伝える手段が欠けている。すなわち，テクストは，伝えていると思えることとは別のことをいつも伝えるものなのであり，葛藤し相矛盾する読みの間の解決することのできない決定不可能性，すなわちアポリアを生み出す。このことは，レトリックが永続的に誤読の脅威を示しつづける理由であり，また，読むことの不可能性，すなわち，読みの生産物ではなくテクスト自体に内在する「不可読性」が過小に評価されるべきではない，とド・マンがわれわれに警告する理由なのである。

　したがって，ド・マン自身の読みの方法は，あるテクストにおけるそうしたアポリアの事例を探し出すことである。そうした事例は，理解を拒み，彼が『盲目と洞察（*Blindness and Insight*）』（1983）で示しているように，他の批評家の理解をも拒んできたのである。批評家たちの努力は誤導された見当違いのものだったということであり，アポリアの事例は，ある与えられたテクストを支配する（master）すなわちテクストに関する完全な洞察を得るという彼らの試みを挫折させるようなものなのである。ド・マンが例証するように，**デリダ**でさえ，ルソーを牛耳ろう（master）というよりむしろディコンストラクションでもってその巨匠（master）

を出し抜こうというその試みにおいて，ルソーのテクストのド・マンによる分析の犠牲となってしまう。その分析が示すことには，成り上がり者のデリダが著述家として晴れ舞台に登場するはるか前に，その先人／原本（master）は自分自身をすでにディコンストラクトしていたのであった。デリダがルソーの自らディコンストラクトするテクストを喝破できなかったことを証明したことは，ド・マンの最大の洞察である。すなわち，ミラーの主張するように文学的作品であれ，この場合のように哲学的作品であれ，偉大な作品は自分自身をディコンストラクトするというド・マンの論点が証明されたのである。ド・マンの洞察から導きだされることは，批評の歴史全体が，批評自身の誤りと盲目の歴史に他ならないということなのだ。

【参考文献】
- ド・マン『読むことのアレゴリー』の収録論文で翻訳があるのは以下の通り。「生成と系譜 ― ニーチェ」高橋和久訳，『現代思想』1985年8月号所収。「記号論とレトリック」柄谷行人訳，『現代思想』1981年7月号・8月号所収。「ジャン=ジャック・ルソー ― その『第二論文』をめぐって」柄谷真佐子訳，『現代思想』1979年12月臨時増刊号（総特集ルソー ― ロマン主義とは何か）所収。
- ド・マン『盲目と洞察』の収録論文で翻訳があるのは以下の通り。「マラルメを読むブランショ ― あるいは非人格性について」加藤光也訳，『ユリイカ』1986年9月増刊号（総特集ステファヌ・マラルメ）所収。「ハイデガーによるヘルダーン釈義」芳川泰久訳，『批評空間』1992 No.5 所収。「ルートヴィヒ・ビンスワンガーと自己の昇華」石田英敬訳，ブーレ編『批評の方法』（平岡篤頼ほか訳，理想社）所収。「時間性の修辞学」保坂嘉恵美訳，『批評空間』1991No.1・No.2 所収。「盲目性の修辞学 ― デリダのルソー論」吉岡洋訳，『批評空間』1993 No.8 所収。

トム，ルネ　　Thom, René　　1923-2002　　数学者・科学者

トムは，『構造安定性と形態形成（*Structural Stability and Morphogenesis*）』（1972）と題した著作で**カタストロフィー理論**を展開した人物である。本来の専門である数学の視点からアプローチしようと，たとえば生物学のように一般理論モデル化を嫌がり特に数学的方法に抵抗する諸科学の視点からアプローチしようと，あるいはポストモダニズムの社会・文化・哲学理論という，一見したところおそらく最も期待薄で全く興味をそそらないような回りくどい視点からアプローチしようと，トムの著作は本気で取り組むにはやっかいな相手である。しかし，トムの著作は，これらの各分野に（あまり認識されることはないが，特にポストモダニズムの分野に）甚大な影響を与えたのである。

　数学においては，カタストロフィー理論（ＣＴ）は，「非線形力学」の，すなわち「アトラクター」と「分岐（bifurcation）」の言語，現在では**カオス理論**によっておなじみになっている言語を共有している。その結果，多くの科学者が，「分岐理論」という仮の旗印の下でＣＴの洞察とカオスとを統合しようと研究を進めている。ＣＴが形式的・抽象的レベルで形態におけるカタストロフィー的な変化（トム

の言う「形態形成」)のモデルを作ろうとするのだとすれば,カオス理論的なシステムの方は物質的なレベルで非常にはっきりと具象化されていることがわかる。ＣＴが予測可能性を強調し公然と決定論的であり続けるのだとすれば,カオス理論ではカオス的作用の出現によって全く新しい事柄が導入され,物理学の諸法則,特に熱力学の第2の法則(訳注参照)の普遍的応用可能性に疑問が生じる。

　生物学の分野においては,トム自らが情報の不適切な隠喩化であると主張するものと戦ってきたが,その一方で彼の著作は建設的な好影響も与えた。生物学では「形態形成」は器官の発達を意味する。だが,トムは元々生物学の用語である「形態形成」を抽象的な数学理論上の枠組みに発展させ,再輸出することにより,その出所を修正したのである。そして,生物学者Ｃ・Ｈ・ワディントンがトムの最初の著作に寄せた熱狂的な序章が明らかに示すように,この接木は成功したのであった。しかし,形態形成はそこでとどまりはしなかった。ポストモダニズム的思考の歴史という立場から見ればおそらく皮肉なことと言えるだろうが,トムは,『構造安定性(Structural Stability)』,フランスでベストセラーとなった『形態形成の数学的モデル(Mathematical Models of Morphogenesis)』(1983)に収められた論文,そして最も新しいものでは『記号物理学(Semiophysics)』(1990)の中で,形態形成の考えを人文科学(言語学,記号論,社会学,人類学)に敷衍した(ただし人文諸科学の科学[学問]的地位は,ミシェル・フーコーにより『言葉と物[The Order of Things]』[1966]において非常に厳しく問題視されていたものであった)。ＣＴによって人文科学はついに数学化を受け入れることとなったが,形態形成という用語とその理論は,この新たに見出された科学性に特別なポストモダン的ねじれを与えている。つまり,もはや科学はそれ自体「現実の究極的本質を探る研究」とは考えられないものなので,その精神とつながりのある「客観性」は,近代科学の普遍性のみせかけとともに失墜してしまうのである。「壮大な宇宙的統合の時代」の終焉とともに,科学はポストモダニズム的に言えば局所的なものとなる。分析に用いる道具と数学的モデルは損なわれず元のまま存在しつづけるものの,**リオタール**がポストモダニズム全般について述べたように,そこで生み出されるのは「局所的決定論(local determinism)」の小島と「断片になった制度(institutions in patches)」でしかない。

　リオタールとトムの定式化に類似性があるのは偶然ではない。トムは**ポストモダン科学**の特徴を論じる際に主に参照される人物の一人であり,トムからリオタールは好んで政治的教訓を引き出そうとする。実際,科学のモデルに倣って政治を論じようと試みることが道理に合わないほど還元的に思えるとすれば,このことは,トムの著作で執拗なほど提起される多くの問題の一つなのである。科学的であれ文化的であれ,どんな性質の現象でも,どの程度抽象化すればモデル化という一つの方法を受け入れるようになるのか。言い換えれば,ＣＴに関するトム流の考察がわれ

われに考えさせるのは，(形態形成やポストモダニズムのような) 一つの概念が一般に適用できることが，それに呼応した包括的理論をどの程度まで保証するのか，ということである。あるいはこの考察により，われわれは逆に，ある概念の一般性は (ボードリヤールならおそらくそう言うだろうが) その内容が失われたことを表すものであり，したがってその概念はトムの言葉で言う「純粋な諸形態の戯れ」に果たしてなるのかどうかを考えもする。リオタールの力を借りたトムの答えはこうである。科学のみが，現象を数量化して抽象的な形態にするというその容赦ない働きにより，ポストモダニズムと呼ばれる深遠で文化的な形態形成上のカタストロフィー (不連続) を図表化するにふさわしい抽象的かつ柔軟性のある理論を提供できるのである。

【訳注】

☆熱力学第2法則：熱が高温の物体から低温の物体へ移動する過程は，他に何の変化も残さないならば不可逆であるという法則。あるいは，孤立系のエントロピーは，不可逆変化において常に増大するという法則。

【参考文献】

・トム『構造安定性と形態形成』弥永昌吉ほか訳，岩波書店。
・トム／ジーマン『形態と構造——カタストロフの理論』宇敷重弘・佐和隆光訳，みすず書房。
・リオタール『ポスト・モダンの条件——知・社会・言語ゲーム』小林康夫訳，水声社。

トランスアヴァンギャルド　　trans-avant-garde

「トランスアヴァンギャルド」という言葉は，イタリアの批評家アキッレ・ボニト・オリーヴァが，アンゼルム・キーファー，フランチェスコ・クレメンテ，サンドロ・キア，ゲオルク・バゼリッツ，マルクス・リューペルツら (訳注参照) の作品を，彼らのモダニスト (**モダニズム**の項を参照のこと) の先達たちと区別するために造ったものである。1980年代に批評家として重要な人物となったオリーヴァによれば，この一群のヨーロッパの画家たちは，モダニズムのユートピア的修辞法を避け，自分たちの神話，意志，自己表現の労作に引用するための供給源として美術史を利用することによって，美術史の重荷を逃れたのである。モダニズムの普遍性の代わりに，トランスアヴァンギャルドは，自我と文化的伝統の融合において芸術の魔術的起源を明らかにしようとして，新しい「ノマド (遊牧民) 的」芸術家世代を生み出した。このような画家たちの視覚上の折衷主義は，伝統的な様式，技術，図像を再検討する可能性を示すものだと考えられた。

【訳注】

☆フランチェスコ・クレメンテ，サンドロ・キアはエンツォ・クッキと並んで3Cと言われるイタリアの画家。ゲオルク・バゼリッツは東ドイツ出身の画家で，1957年西ベルリンに移住。マルクス・リューペルツもドイツの画家。

ドリモア，ジョナサン　Dollimore, Jonathan　1948-　批評家

　ドリモアは，サセックス大学の英米研究の教授である（訳注：その後，他大学に移った）。自身の著書ならびにサセックス大学の同僚アラン・シンフィールドとの編集の仕事によって，1980年代のルネッサンス研究における最も重要な発展である「**文化唯物論**」の代表的主導者の一人である。文化唯物論という用語は，文化批評家レイモンド・ウィリアムズの著作からとられ，政治にコミットした唯物主義的な文化分析を幅広く指す。ドリモアは，文化唯物論という分野における新たな発展に対する鋭敏な注解者である。その分野では，彼の**ポストモダニズム**理論に対する共感（またそれにもかかわらず，ポストモダニズム理論との政治的な差異）を最もはっきりと見ることができる。彼はまた，レズビアン／ゲイ・スタディーズの理論化においても影響力を持ち続けている。『ラディカルな悲劇（*Radical Tragedy*）』（1984）として世に出た初期の研究は，近代初期における主体性・権力・イデオロギー間の関係を探究するものであった。唯物論者としてドリモアは，社会関係に参入する以前に存在する本質的で還元できない自我はない，という見方をしている。人間の自我とは構築物（construct）なのである。「理想主義的」批評（歴史横断的真実を信じている批評）は，文化的・人権的・性的差異といったドリモアが注目するような主題を省略もしくは消去してしまうのである。

　ドリモアにとって，文化分析における客観性は，現存しない想像上の怪物キメラのようなものである。というのは，すべての文化的実践が政治的次元を有しているからである。**テクスト**は，現実を単純に反映などはせず，意味の形成に役割をはたす。ポストモダンの大陸の理論（**大陸哲学**を参照のこと）とイデオロギー批評の精読テクニックからの諸洞察を使用しつつ，ドリモアは，テクストを政治的・イデオロギー的闘争の場とみなす。その場では，批評家はテクストの「内的不調和」をつきとめようと試みるべきであり，内的不調和とはピエール・マシュレ（訳注：1939-　パリ大学哲学教授でありマルクスの再読で著名）がテクストのそれ自体との差異と説明しているものである。ドリモアが示唆的に主張するには，文化的に周縁にあるもの（marginal）がしばしば象徴的に中心となることがある。そしてこの周縁の中心化がドリモアを，その周縁の集団がテクストにおいてどのように表象されるかを吟味するように導いてきたのであった。彼は，この洞察を，たとえばシェイクスピアの『尺には尺を（*Measures for Measures*）』における売春婦の役割を探究する方法として使用する。「従属させられているもの，周縁的なもの，排除されたもの，追放されたもの」への彼の政治的な興味は，ラディカルなポストモダニズム批評家たちの興味と調和している。だが，「周縁的な」諸形象（figure）は，単純に称揚されるものではない。周縁的な諸形象の非歴史的方法による「都合のよすぎる専有化」も，「犠牲者たちとより，むしろ犠牲となるプロセスと同一化すること」も，ドリモアにとって単純に称揚されるべきものではない。ジェームズ一世時代

(訳注：1603-28) の演劇における売春婦，男色者，獣姦者，服飾倒錯者は，最近の過激な批評においては呼称自体ができる前に存在した (*avant la lettre*) ポストモダニストとされているようだが，そうではないのである。ドリモアがジェイムズ一世時代の悲劇において見いだすのは，「政治的自由のヴィジョンではなく，政治的支配に関する転覆的知識である」。ドリモアの著作は，「転覆」を政治的意味のない安定的なものと考えることを避けている。つまり「分節化とコンテクストから離れて本質的に転覆的なものはない」のである。『性的不一致 (*Sexual Dissidence*)』(1991) において，ドリモアは，そのタイトルを支配的と従属的といったような対立項をジェンダーに関して不安定にするための手法であると考えている。その手法は，ドリモアの著作と共に近年の「**クィア理論**」の影響を形成してきたイヴ・コソフスキー・セジウィックの著作と類似点を持っている。

【参考文献】
・ドリモア「倒錯の文化政治学 ── アウグスティヌス，シェイクスピア，フロイト，フーコー」遠藤徹訳，『ユリイカ』1996年11月号（増頁特集　クィア・リーディング）所収。
・オーキン／ジョンソン／ドリモア／シンフィールド「ポストコロニアル・イン・サウスアフリカ（インタビュー）」，『現代思想』1996年12月号所収。
・マシュレ『文学生産の理論』内藤陽哉訳，合同出版（第一部のみ抄訳）。
・シェイクスピア『尺には尺を』小田島雄志訳，白水uブックス。平井正穂訳，世界古典文学全集（筑摩書房）44所収。

な

ナイマン，マイケル　　Nyman, Michael　　1944-　　批評家・音楽学者

ナイマンは，映画音楽（特に，ピーター・グリーナウェイ監督との仕事）で最も有名である。だが，彼自らがいつもすぐ指摘するように，成功したコンサート音楽作曲家でもある。ナイマンは，王立音楽院とロンドン大学キングズ・カレッジで正規の音楽教育を受け，1964年に卒業した。卒業後12年間，ナイマンはほとんど一つも楽譜を書かなかったが，音楽批評家として活動し，『リスナー（*The Listener*)』，『ニュー・ステイツマン（*The New Statesman*)』，『スペクテイター（*The Spectator*)』をはじめ，数々の雑誌に寄稿した。この期間，音楽学者でもあるナイマンは，博士論文（16世紀および17世紀の英国の反復とシステムの音楽，すなわちラウンド［輪唱］，カノン，キャッチ［訳注参照］に関する研究）と著書『実験音楽 — ケージとその後（*Experimental Music: Cage and Beyond*)』双方の仕事に取り組んだ。論文の中で研究された演奏法の多くは，ナイマンが1970年代終わりに作曲を始めた際のインスピレーションとなった。一方，『実験音楽 — ケージとその後』は，主流派であったモダニズムに代わるべき作曲の諸美学をジョン・ケージの影響下において探究した作曲家たちを詳細に論じている。

　1976年，ほとんど偶然の出来事により，ナイマンは作曲に乗り出すことになった。当時，ナイマンは国立劇場で開幕するゴルドーニの『小さな広場（*Il Campiello*)』の製作のために，18世紀ヴェネチアの流行歌何曲かを編曲する仕事を依頼された。ヴェネチアのストリート・オーケストラの音を再現するため，中世の諸楽器（レベック［訳注：中世・ルネッサンスの3弦から成る擦弦楽器］，サックバット［訳注：中世のトロンボーン］，ショーム［訳注：中世の竪笛の一種］）や，もっと伝統的な楽器を使用するアンサンブルが組まれた。その後，『小さな広場』の製作は終了したのだが，アンサンブルは活動の継続を望み，ナイマンはアンサンブルのメンバーたちによる演奏のための作曲に取りかかったのである。しかしながら，すぐにアンサンブルは，中世の音色という音楽の方向性を変え，規模は拡大されたがなお伝統的な諸々の弦楽器・管楽器・ピアノの集合体をも用いるようになった。ナイマンは，その時，ライヒやグラスなどアメリカで活躍する作曲家たちと似た方法で作曲していた。つまり，ナイマンの音楽は，反復が多く，高度にダイアトニック（全音階的）であり（20世紀音楽の多くに見られる極度のクロマティシズム［半音階主義］とは対照的)，ナイマンが自身の抱く様々な考えの伝達手段となるアンサンブルを持っていたということなのである。しかし，ナイマンとライヒやグラスをはじめとするア

メリカのミニマリストたち（ミニマリズムを参照のこと）との間には，全く相容れない点も数多くある．ライヒやグラスは非西洋的な伝統の数々に大いに依拠していたのだが，それとは異なり，ナイマンは西洋の「古典」の伝統に属する過去の作曲家たちからインスピレーションを得たのである．

グリーナウェイの映画『英国式庭園殺人事件（*The Draughtsman's Contract*）』(1982) に提供した音楽は，英国のバロック作曲家ヘンリー・パーセルの音楽に多くを依拠している．この映画のために創作された曲はすべて，シャコンヌ（訳注参照）と呼ばれる．これは，反復される最低音部（グラウンド・ベース）を軸に，しばしばハーモニーがほのめかされつつ音楽が展開しながら，一方，高音部では旋律（メロディー）が次々に積み重なっていくものである．この映画音楽のプロジェクトのために，ナイマンは最低音部のすべてをパーセルの諸作品から援用したのである．別のグリーナウェイ映画『数に溺れて（*Drowning by Numbers*）』(1987) のための音楽では，全面的にモーツァルトのヴァイオリンとヴィオラのための協奏交響曲（ケッヘル364番）に依っている．ジェーン・カンピオンの映画『ピアノ・レッスン（*The Piano*）』(1992) への音楽のために，ナイマンは，拠り所として，19世紀スコットランドの民謡と流行ピアノ曲の幾つかを使用した．この音楽は，叙情的なメロディーと強烈な情感を保ちつつ，ミニマリズム音楽特有の反復とポリリズム（訳注：対照的リズムの同時的組み合わせ）による複雑性をも取り入れている．

多数の映画曲のほかにも，ナイマンは，コンサート・ホール用にオーケストラ曲（管弦楽曲），室内楽曲，合唱曲も数多く手がけてもいる．ナイマンの手法は，「英国ミニマリズム」の一種として形容されうるだろう．だが，ミニマリズムの元祖よりも，しばしばずっと刺激的で感情豊かであり，音楽のなかで悲劇感を獲得することに成功している．アメリカで活動するライヒやグラスと同様に，ナイマンは，「高級」音楽と「低級」音楽を区別するモダニズムの論理体系を転覆することに多大な貢献をしているのである．

【訳注】

☆カノン：連続する諸声部を忠実に模倣してゆくことによって，単一の旋律からポリフォニックな曲の構造を構成する方法．またはその楽曲．

☆キャッチ：16〜18世紀のイギリスで流行した3声以上の男声によって歌われるラウンド，またはカノンのこと．歌詞はユーモラスだが卑俗なものが多く，音楽愛好クラブなどで歌われた．

☆シャコンヌ：バロック時代の3拍子の舞曲で，スペインで普及したラテンアメリカの踊りと歌を起源とし，連続的な変奏形式と結びつきながら，ヨーロッパ中に普及した．20世紀にはごくわずかの作品にみられるのみである．

【参考文献・フィルモグラフィ】

・ナイマン『実験音楽 — ケージとその後』椎名亮輔訳，水声社．

・グリーナウェイ『英国式庭園殺人事件』，VHS（ソニー・ミュージック・エンタテインメント），DVD（紀

伊国屋書店)
・グリーナウェイ『数に溺れて』, VHS (カルチュア・パブリッシャーズ), DVD (『ピーター・グリーナウェイ監督コレクションBOX』[ポニーキャニオン] 所収)。
・カンピオン『ピアノ・レッスン』, VHS (CIC・ビクター), DVD (日本ビクター)。

に

二項対立　　binary opposition

諸現象の分析における二項対立の使用は，構造主義に極めて特徴的であり，またポスト構造主義の批評家たちから最も猛烈に批判される方法論の側面の一つである。例えば，レヴィ＝ストロースは「自然」と「文化」を相互に排除し合うカテゴリーとして対置させる。つまり人間行動の諸例は，この二つのカテゴリー両方にではなく，どちらか一方に属さなければならない。続いてレヴィ＝ストロースは，両方のカテゴリーに実際属しているように見えることを認めざるを得ない近親相姦のタブーに関する諸問題に突き当たる。デリダにとって，このことは構造主義の研究全体，すなわち，欠陥があると見られるその研究の方法論に対して異議を唱えることを容認することである。デリダのようなポスト構造主義者たちはまた，二項対立の原理（一方の項目か，その反対の項目のどちらかという原則）が，固定したアイデンティティというもはや支持することが不可能な考えに依存していると考える。ポスト構造主義者たちにとっては，アイデンティティは構造主義者たちが信じたがっているよりもずっと流動的な現象なのである。

二重コード化　　double coding

チャールズ・ジェンクスによれば，二重コード化は，**ポストモダニズム建築**を定義づける特徴を記述している。『ポストモダニズムの建築言語（*The Language of Post-Modern Architecture*）』（1977）において，彼は，二重コード化を「モダニズムのテクニックと他の何か（通常は伝統的建築）を結合すること」として説明している。ジェンクスが用いる多くの例のなかでも，イギリスの建築家ジェイムズ・スターリングのシュトゥットガルト美術館の増築部分が，その二重コード化の例にあたる。明らかに現代的建築物である一方，スターリングの増築部分は過去の芸術と建築（古典的芸術やポップアートも含めて）をなぞり，それらと戯れている。ジェンクスは，この種のポストモダニズム建築を，**モダニズム**のミニマリズム的言語を歴史，コンテクスト，差異へと開く方法とみる。1980年代，ジェンクスは，二重コード化に関する自分の理論を文化のほかの領域へと拡張した。芸術においては，ジェンクスは再現（**表象**）絵画の回帰，自意識的アレゴリー，折衷主義，ハイブリッド性（混成性）を遍在するポストモダニズム的二重コード化の徴候と見なしている。小説（fiction）においては，ジェンクスは，20世紀初頭の実験的なモダニズム作家を拒絶したり隷属的に模倣したりはせず，例えばジョン・バースやウンベルト・エー

コのような、われわれにプロットや作品の伝統的喜びを多くの別なレベルで与えてくれるような作家を称揚する。リンダ・ハッチオンの「歴史書誌学的メタフィクション」のような、ポストモダン・フィクションの諸理論は、ジェンクスの概念を興味深い方法で利用してきた。

【参考文献】
・ジェンクス『ポストモダニズムの建築言語』竹山実訳（1978年版の第二版の訳），『ａ＋ｕ』1978年10月臨時増刊号，エー・アンド・ユー．
・ハッチオン『ポストモダニズムの政治学』川口喬一訳，法政大学出版局．
・ハッチオン『パロディの理論』辻麻子訳，未来社．

ニーチェ，フリードリッヒ　　Nietzsche, Friedrich　　1844-1900　　哲学者

ニーチェは，間違いなく，**ポストモダニズム**と関連する最も重要な19世紀の思想家である。ニーチェがその**反基礎づけ主義**的な思想によって影響を及ぼした人物のなかには，**デリダ，ボードリヤール，リオタール**らがいる。ニーチェの著作における警句的文体は，マン，カフカ，ウィトゲンシュタインに感銘を与えている。『ツァラトゥストラはこう言った（*Thus Spake Zarathustra*）』（1886）で出された有名な宣言「神は死んだ」は，今や広く流通している。

　論文「哲学者 ─ 美術と認識との闘争に関する諸考察（The Philosopher: Reflections on the Struggle between Art and Knowledge）」（1872）（訳注：ムザリオン版全集に「哲学者の書」として編集された遺稿群の一部）は，真理という概念に対してニーチェが行った批判の背後にある関心事を浮き彫りにしている。ニーチェは，真理や確実性を求める姿勢がプラグマティックに知識を求めるという意味合いを越えてしまう時，いかに文化が被害を被るかを示している。リオタールの『ポストモダンの条件』は，ニーチェが出した結論の多くに共鳴している。ニーチェの別の論文「道徳外の意味における真理と虚偽について（On Truth and Lies in an Extra-Moral Sense）」では，二種類の真理が区別される。一つは，幻想，虚偽，解釈という因襲（すなわち，形而上学によるさまざまな世界観）に堕している諸真理である。もう一つは，世界を生きるに適すようにする類の諸真理（すなわち，取り巻く状況への実践的な知識を生み出す科学的洞察）である。両方とも，普遍的な真理への意志の表現であり，その意志の必要に生を適合させようとする。両者の違いは，前者のような類の真理が特定の視点（perspective）に依拠していることを誇示するのに対し，後者は自らが主観的に構築されていることを認めようとしない点にある。しかしながら，すべての真理は，核心において比喩的である。ニーチェは，キリストの処刑に際して責任を逃れようとしたポンス・ピラトの如き人物に答えて言っている。「それでは，真理とは，何なのであろうか。真理とは，隠喩，換喩，擬人化などの動的一群であり，（中略）われわれが錯覚であることを忘れてしまっ

ているような錯覚なのである。」
　ニーチェは，その後の哲学的諸著作を通して，引き続き，真理の見せかけの根拠を暴こうとしたが，それはフーコーなどの思想に影響を与えることとなった。『悦ばしき知識（*The Gay Science*）』(1882) は，それ自体の視点に数々の仮定や偏見があることを意識している学問 (science) という考えを探究している。知識欲動は，その文化的利益に照らして評定されるべきであって，理想に照らして評定されるべきではないのである。『道徳の系譜（*The Genealogy of Morals*）』(1887) では，真理への意志の出所の数々が明らかにされている。道徳の体系すべての背後では，自身の倫理的偏見を正当化しようとする哲学者が潜んでいる。このため，「体系への意志は，誠実さの欠如なのだ」。
　『偶像の黄昏（*The Twilight of the Idols*）』は，すべての価値の価値転換という主題に基づく一連の論文から構成されており，真理は「われわれにとって真理である」と理解されるべきであって，「本体（訳注：哲学において現象の根本をなす実体）的世界にとって真理である」と理解されるべきではないとされる。
　しかし，そのような根源的に相対主義的な世界のなかで，われわれはどのように機能することになるのだろうか。もし，すべての真理がコンテクストや状況次第であれば，われわれはどのように絶え間ない経験を理解することができるであろうか。これは，ポストモダニズム思想のなかで，もっとも頻繁に示される危惧のひとつである。この問いに対して，ニーチェは，芸術を通して理解できると答えている。ニーチェは，健康な文化においては，美学が，最高の哲学分野としての形而上学や認識論に取って代わるべきだと論じた。ニーチェが『悲劇の誕生（*The Birth of Tragedy*）』で述べたように，「世界は審美的現象としてのみ永遠に是認されうる」のである。ニーチェにとって，最高の芸術分野は音楽である。というのは，音楽はその内容と構成が不可分であるからに他ならない。音楽はプロセスであり，その源となるいかなる演奏にも還元することはできない。音楽の「真理」は，意図されたコミュニケーションや感情の反応の産物でも隠された物事の秩序との相関関係でもなく，人格的・社会的・歴史的なものによる複雑な相互作用なのである。このような見方により，ニーチェはワーグナーの擁護者となり，ワーグナーを神話形成的歌劇を通してドイツ国家を統一しうる現代のアイスキュロスと称賛したのである（後にニーチェはワーグナーへの忠誠を後悔することになった）。
　ニーチェがポストモダニズムの関心の多くを先取りしている別の側面は，アイデンティティの側面である。人間の心理と常識からすると，われわれは自己を確固とした深いものだと考える。しかし，ニーチェは自己の諸表面を重要視し，自己をメロディーあるいはライトモティーフに喩える。メロディーの終末はメロディーの目的ではないが，それにもかかわらず，ニーチェが『漂泊者とその影（*The Wanderer and His Shadow*）』(1879)（訳注参照）で格言的に言っているように「メロディー

がその終末に到達しないとすれば，そのメロディーはやはりその目標にも到達しなかったのである」。人間のもっとも深い側面は，まさに人間の持つ浅薄さなのである。『道徳の系譜』はこの点をさらに先に進め，「行為者は行為に加えられる虚構にすぎない ─ 行為こそがすべてである」と断定している。言い換えれば，われわれは，われわれが行うことなのである。この断定は，流動的な自己概念，存在や実体ではなく「生成」過程と様式の要求に基づく自己への扉を開いたのである。(ニーチェは，人生の晩年にかけて精神異常を来し，書簡に「ディオニュソス」「十字架に架けられし者」などと署名した。この存在の不確定性が，ニーチェの以前の諸考察と見えないところで関連していたかどうかを決定するのは不可能である。)

【訳注】

☆『漂泊者とその影』：『人間的な，あまりに人間的な』の補遺として単独で出版された後，『人間的な，あまりに人間的な』下巻に収録された。

【参考文献】

・ニーチェ『ツァラトゥストラ』吉沢伝三郎訳，ニーチェ全集（ちくま学芸文庫）9・10。『ツァラトゥストラはこう語った』薗田宗人訳，ニーチェ全集（白水社）第2期第1巻。『ツァラトゥストラ』吉沢伝三郎訳，ニーチェ全集（理想社）9。『ツァラトゥストラはこう言った』（上）（下）氷上英廣訳　岩波文庫，など。
・ニーチェ「哲学者。芸術と認識との闘争に関する諸考察」渡辺二郎訳，ニーチェ全集（ちくま学芸文庫）3。「哲学者。美術と認識との闘争に関する諸考察」渡辺二郎訳，ニーチェ全集（理想社）3所収，など。
・ニーチェ「道徳外の意味における真理と虚偽について」渡辺二郎訳，ニーチェ全集（ちくま学芸文庫）3。渡辺二郎訳，ニーチェ全集（理想社）3所収。「道徳以外の意味における真理と虚偽について」西尾幹二訳，ニーチェ全集（白水社）第1期第2巻所収，など。
・ニーチェ『悦ばしき知識』信太正三訳，ニーチェ全集（ちくま学芸文庫）8。信太正三訳，ニーチェ全集（理想社）8。『華やぐ知恵』氷上英廣訳，ニーチェ全集（白水社）第1期第10巻。
・ニーチェ『善悪の彼岸 ─ 道徳の系譜』信太正三訳，ニーチェ全集（ちくま学芸文庫）11所収。『道徳の系譜』信太正三訳，ニーチェ全集（理想社）10所収。秋山英夫訳，ニーチェ全集（白水社）第2期第3巻所収，など。
・ニーチェ『偶像の黄昏　反キリスト者』原佑訳，ニーチェ全集（ちくま学芸文庫）14所収。原佑訳，ニーチェ全集（理想社）13所収。『偶像の黄昏 ─ アンチクリスト』西尾幹二訳，（イデー選書）白水社。西尾幹二・生野幸吉訳，ニーチェ全集（白水社）第2期第4巻所収，など。
・ニーチェ『悲劇の誕生』塩屋竹男訳，ニーチェ全集（ちくま学芸文庫）2所収。秋山英夫訳，岩波文庫。西尾幹二訳，中公バックス世界の名著57ニーチェ所収。浅井真男・西尾幹二訳，ニーチェ全集（白水社）第1期第1巻所収。『悲劇の誕生ほか』塩屋竹男訳，ニーチェ全集（理想社）2所収，など。
・ニーチェ「漂泊者とその影」中島義生訳，『人間的，あまりに人間的II』ニーチェ全集（ちくま学芸文庫）6所収。中島義生訳，ニーチェ全集（理想社）6所収。『人間的な，あまりに人間的な』（阿部六郎訳，新潮文庫）所収。浅井真男訳，ニーチェ全集（白水社）第1期第7巻所収，など。

・リオタール『ポスト・モダンの条件 ─ 知・社会・言語ゲーム』小林康夫訳，水声社．

ニュー・ヒストリシズム　　　new historicism

1980年代に興ったニュー・ヒストリシズム（新歴史主義）は，歴史的・社会的コンテクストのなかで文学を研究する必要性を主張している。スティーヴン・グリーンブラットという大立物および彼が編集する雑誌『リプリゼンテーションズ(*Representations*)』を中心に据えたニュー・ヒストリシズム批評の中核分野は，初期近代文化である。ルネッサンス文学に関する傑出した諸論考を残しているのは，グリーンブラット自身，ジョナサン・ゴールドバーグ，ルイス・モントローズらである。ニュー・ヒストリシズムの諸派は，ロマン主義研究（特にJ・J・マギャン，マージョリー・レヴィンソン，アラン・リウーらの著作）やアメリカ文学研究（一番有名なのはウォルター・ベン・マイケルズ）にも見られる。アメリカのニュー・ヒストリシズムと大西洋を越えて親類関係にあるのは，イギリスの批評家ジョナサン・ドリモアとアラン・シンフィールドの「**文化唯物論**」である。

　ニュー・ヒストリシズムは，文化状況から乖離した自己充足的な対象として芸術作品を捉えるニュー・クリティシズム（新批評）によるフォルマリズム（形式主義）的傾向を拒絶する。同時に，ニュー・ヒストリシストたちによれば，1970年代のアメリカにおける正統派批評の数々，特に**ポスト構造主義**や**ディコンストラクション**（脱構築）が採用した批評方法は，ポスト構造主義やディコンストラクションによって異議申し立てがなされそれらに取って代わられることとなったニュー・クリティシズムや神話批評の方法と同じくらいに非歴史的であった。ニュー・ヒストリシズムと伝統的な歴史批評とを区別するのは，ニュー・ヒストリシズムが文学という前景（literary foreground）と政治という背景（political background）の区分けを問題化している点である。フーコーに従って，ニュー・ヒストリシズムは，「歴史」自体が**テクスト**によって媒介されるという考えを前面に打ち出し，テクストを単にその周囲にある（したがって依然としてテクストの外部にある）歴史を反映するものとして捉えた以前の歴史主義批評のミメーシス的方法を問題にしている。モントローズの言葉を使えば，ニュー・ヒストリシズムは「テクストの歴史性と歴史のテクスト性」を強く主張するのである。

　グリーンブラットにとって，文学作品は「文学作品のむこうにある歴史的諸事実の反映の堅固な集合」ではなく，「紛争の場」である。これを前提にして，ルネッサンス文学に関する多くの読解が生まれてきた。そして，その多くは権力の問題に焦点を当てている。そのような著作では権威の支配構造に対する転覆的なしっぺ返しが行われていると捉える者もいれば，一方で，それらの著作がもつ反体制的な潜在力は国家権力の枠組みに組み込まれていると捉える者もいる。ルネッサンスに焦点を当てたニュー・ヒストリシズムは，**ポストモダニズム**の理論における非歴史的

側面に対しては異議を唱えているが，ポストモダニズムの手法に負うところは決して少なくない。グリーンブラットの先駆的な著作『ルネッサンスの自己成型 (*Renaissance Self-Fashioning*)』(1980) は，ディコンストラクションの用語（起源 [origin]，切断 [rupture]，刻印 [inscription] など）に負うところが大きい。ポストモダニズム思想と文学的・歴史的探究は相容れないと考えられているが，ニュー・ヒストリシズムは，この二つの趨勢を融合させる試みである。同じくらいに重要なのは，ニュー・ヒストリシズムが，それまで歴史主義の著作のなかで無視されてきた数々の批評文献，特にフーコー，**ラカン流新フロイト主義**，クリフォード・ギアーツによる人類学理論の著作を応用していることである。ロマン主義時代を取り扱うニュー・ヒストリシズムにとっては，アルチュセールやマシュレによるフランス構造主義的**マルクス**主義の影響も重要である。しかしながら，ニュー・ヒストリシズムの著作には，はっきりとした体系的な理論の方法は存在しない。ポストモダニズム思想の二人の巨匠に異議を唱えて，グリーンブラットは，「芸術と社会の歴史的関係に関しては，（中略）ジェイムソンやリオタールがもくろんでいるような一つの理論的な回答にすべてをゆだねるわけにはいかない」（訳注：『悪口を習う』より）と論じた。にもかかわらず，ニュー・ヒストリシズムの諸著作が持つ主要関心事のいくつかを識別することはできる。すなわち，権威の諸構造，転覆／封じ込め (subversion／containment) に関する議論，より幅広い文化に関する物語を始める際に逸話を用いる傾向，ディスクール（言説）内の身体の刻印，アイデンティティの社会的構築である。そして，ニュー・ヒストリシズムの諸著作にはあまねく，ジェイムソンの命令「つねに歴史化せよ」への専心が認められるのである。

【参考文献】
・グリーンブラット『ルネサンスの自己成型』高田茂樹訳，みすず書房。
・グリーンブラット『悪口を習う — 近代初期の文化論集』磯山甚一訳，法政大学出版局。
・モントローズ「ルネッサンスを生業として — 文化の詩学と政治学」中村裕英訳，ヴィーザー編『ニュー・ヒストリシズム』（伊藤詔子・稲田勝彦・要田圭治・中村裕英訳，英潮社）所収。
・モントローズ「『お気に召すまま』における「兄弟の位置」— 社会的プロセスと喜劇形式」，カンプス編『唯物論シェイクスピア』（川口喬一訳，法政大学出版局）所収。

人間の死（主体の死）　death of man　(death of the subject)

ミシェル・フーコーは，人間の死（この表現を，われわれは，人間のある特定の概念の死と読みとる）を宣告したとしてやや不評を買っている。そして，この政治的論争をまき起こした考えは，確かに**ポスト構造主義的**かつ**ポストモダニズム**的思考にあまねく流布しているものである（これの別の言い方は，「主体」の死について語るということである）。フーコーの見方では，人間とは少し前の特に珍しくもない発明であり，時の経過によって抹消されるであろうものである。彼のターゲット

は，（ここ数世紀西洋では支配的な）個人を社会的変遷の焦点とする人間中心主義的な人間の概念である。このフーコーの考えの早期のヴァージョンは，**構造主義的**思考のうちに見いだしうる。クロード・レヴィ＝ストロースが，最もよく知られた例の一つを示してくれよう。レヴィ＝ストロースにとって，個人ではなくシステム（体系）こそが重要だからである。構造主義的マルクス主義（訳注：代表的思想家はアルチュセールである）もまた，西洋社会のイデオロギー決定において制度的構造が果たす重要な役割を強調し，人間の死を自らの文化分析のための出発点と仮定し，人間の死を反人間主義として高らかに宣言する。この運動の批評家たちは，人間の死をわれわれに「主体なき歴史」を与えるものとして語ってきた。

【参考文献】
・フーコー『言葉と物 ― 人文科学の考古学』渡辺一民・佐々木明訳，新潮社。
・レヴィ＝ストロース『親族の基本構造』福井和美訳，青弓社。馬淵東一・田島節夫監訳，番町書房。
・レヴィ＝ストロース『構造人類学』荒川幾男・生松敬三・佐々木明・川田順造・田島節夫訳，みすず書房。

ね

ネオ・ジオ　neo-geo

1980年代にニューヨークで盛んだった（シミュレーショニズムとしても知られる）芸術運動であり，**ボードリヤール**や**フーコー**の理論の影響を強く受けていた（しかし，注意すべきは，ボードリヤールがネオ・ジオの作品や，自身の理論がその中で使用されることを好まなかった点である）。この運動を代表する最も有名な人物の一人，ピーター・ハリーの作品では，ネオ・ジオは，ジオメトリー（幾何学）が社会をコントロールする道具であることを示し，近代芸術において幾何学模様が広く使用されていることの邪悪な意味合いに注意を向けようとしていたのである。（また，**シミュレーショニズム**を参照のこと）。

の

能動的解釈　active interpretation

ジャック・デリダの用語であり，ディコンストラクション（脱構築）が批評的エクリチュール（writing）の一形式として必然的に含むものを指す。能動的解釈とは，**テクストを読むこと**（テクストの潜在的な意味を解き明かすことを目的とする批評的解釈あるいはテクスト読解［explication de texte］といった一般的な意味）というよりは，創作としての書く行為（creative writing）の実践である。能動的解釈においては，テクストの言語は想像の戯れと新しい意味の生成のための前テクスト＝口実（pretext）を形成する。語呂合わせ，言葉遊び，連想といったディコンストラクションのエクリチュール様式の主要な要素は，このような状況において真価を発揮し，批評家は自らの言語の才能を思う存分に楽しむのである。したがって，能動的解釈は，テクストはほとんど無限に続く多数の意味の源であるということを明らかにするので，**ロゴス中心性**の主張に挑戦するための一つの戦略である。どのテクストにも一つの中心的な意味などなく，あるのは意味の多元性（**多元主義**を参照のこと）の可能性なのである。このような見地から見ると，伝統的な批評は意味の無い行為である。というのは，伝統的な批評は，批評家が読者に対して示さなければならない絶対的な意味がテクストにはある，という考えに基づいているからである。能動的解釈は，テクストの言語をあやつり絶えず新たな意味を明るみに出すので，このような伝統的批評の前提の破壊を表している。

ノリス，クリストファー　　Norris, Christopher　　1947-　　批評家・哲学者

クリストファー・ノリスの初期の著作には，**ポスト構造主義理論**の英文学への応用に関するもの，デリダに関するもの，音楽・政治・文化に関するものが含まれている。最近の著作では，ポストモダニティとポストモダニズムに関する諸々の議論において注目に値する発言（耳障りな発言と言う者もあろう）を行っている。ノリスが一連の攻撃を加えた相手は，彼がポストモダニズムの主要諸思想と見なしたもの，また最も著名なポストモダニズムの思想家の面々（特に**ボードリヤール**と**リオタール**）である。ノリスによる3冊の著作，つまり『ポストモダニズムのどこが悪いのか（*What's Wrong With Postmodernism*）』（1990），『ポストモダニズムの真理（*The Truth About Postmodernism*）』（1993），『無批判の理論 ― ポストモダニズム，知識人，湾岸戦争（*Uncritical Theory: Postmodernism, Intellectuals and the Gulf War*）』（1992）においては，大まかに言えば，ポストモダニズムは根拠のない相対主義の

一形態であるという主張がなされている。つまり，ポストモダニズムは，**啓蒙思想**がもつ**合理主義（理性主義）**を拒絶しただけでなく，実際のところ，合理的・批判的思考を否定しており，その過程において解放という啓蒙のプロジェクトを置き去りにしている，というのだ。ノリスにとって，ポストモダニズムは，本質的に，解放の政治学に何の基盤も与えることのできないニヒリズム，政治的静観主義の一形態であって，人間解放という啓蒙の概念を，より大きな合理主義的で究極的には全体主義的な思想体系の単なる一部としてしかみないものなのである。ノリスに言わせれば，合理主義的な啓蒙の諸価値の拒絶は，第一に政治の美学化という形態を取る。これらの根拠に基づき，ノリスはジャン・ボードリヤールやジャン＝フランソワ・リオタールに非難を浴びせるのである。

ノリスによるボードリヤール読解は，『ポストモダニズムのどこが悪いのか』において最も綿密に行われているが，それは現実（real）に関するボードリヤールの立場を論じるものである。ノリスは，ボードリヤールの立場を「指示対象に関する極端な不可知論」と呼び，世界的な資本主義と帝国主義の力に都合よく利用されてしまうと捉えた。ノリスは，ボードリヤールが「ポストモダンな状況の第一級の診断士」であると認めつつも，ボードリヤールが犯している基本的な間違いを指摘している。それは，われわれは幻想と誤った情報の時代に生きているのだからこそ，指示関係，現実，真理について話すことはもはや意味をなさないとボードリヤールが当然のように考えている点である。ノリスにとっては，ボードリヤールの第一の主張（われわれは幻想と情報の時代に生きている）のゆえにこそ，第二の主張（指示関係，現実，真理について話すことの無意味）に抵抗しなければならないのである。したがって，ノリスによる最近の著作のほとんどは，真理という考えの再生を目指しており，ポストモダニズムにおいて真理という概念が故意に放棄されることに対抗したのである。

リオタールの思想に対してノリスが取る立場は，ボードリヤールの場合と同じく否定的である。つまり，**モダニティ**のさまざまな**大きな物語**や，真理，啓蒙，進歩という全体を支配するディスクール（言説）に信用を置くことはもはや不可能である，というリオタールの主張にノリスは否定的なのである。リオタールが提案したのは，いかなる一つの政治的・哲学的ディスクールにも還元されない（リオタールにとって，そのような還元が不正義の定義である）「文の体制」のみが存在するという状況であるが，ノリスに言わせれば，リオタールはこの提案の際モダニティによる全体化の衝動を拒絶しているだけでなく，批判的判断に基づいた急進的な政治行動の可能性をも否認しているのである。とすると，ノリスにとって，リオタールの思想は，リチャード・ローティやスタンリー・フィッシュの静観主義的プラグマティズムと区別がつかないということになる。ポストモダニズムの相対主義と懐疑主義に対抗して，ノリスは真理という概念や合理的なコミュニケーションという考

えに立ち返ることを提唱しているが，それはユルゲン・ハーバーマスの提唱したものに近いものである。

【参考文献】
・ノリス『脱構築的転回 — 哲学の修辞学』野家啓一・森本浩一・有馬哲夫訳，国文社。
・ノリス『ディコンストラクション』荒木正純・富山太佳夫訳，勁草書房。
・ノリス『デリダ — もうひとつの哲学史』富山太佳夫・篠崎実訳，岩波書店。
・リオタール『文の抗争』陸井四郎ほか訳，法政大学出版局。

は

ハイデガー、マルティン　　Heidegger, Martin　　1889-1975　　哲学者

ハイデガーは，メスキルヒで生まれ同地で亡くなった。ドイツ南部のシュヴァルツヴァルトを越えて旅することがほとんど無かったハイデガーは，近代哲学者のイマヌエル・**カント**と同様に，一つの土地に根付いていた。ハイデガーは，近代哲学にとって（たとえどんなに論争されようとも）中心的な人物となった。それは，近代哲学の終焉の始まりを記したからである。肯定的な見方をすれば，ハイデガーは，深く問う能力を喪失した時代の危機について哲学者たちに警告し，新しい始まりの可能性を指し示した。否定的な見方をすれば，ハイデガーは，形而上学を放棄しようと努力しながらも，西洋形而上学を定義する「存在」，真実，言語の範疇にはまり込んだまま再帰的反省の循環に囚われてしまったのである。**ポストモダニズム**の哲学者たちは，ハイデガーが**モダニティ**の時代からの脱出を試みるために幾つかの戦略を展開していったにもかかわらず，彼自身が自らの時代を結局は脱することが出来なかった，と主張した。

　ハイデガーのプロジェクトは，『存在と時間 (*Being and Time*)』(1927)における解釈学に始まり，最終的には時間と「存在」の転倒でその頂点を迎える。ハイデガーは，一つの哲学的命題である「存在」，すなわち「存在」の存在と存在者の「存在」に自らの人生を捧げた，と言う人々もいる。しかしながら，この主題はそう単純なものではない。というのは，ハイデガーは，われわれの思考の諸様式（モード）を「存在」の不可解さがすり抜けてゆくことを体系的に明らかにするからである。少なくとも，「存在」をめぐる哲学史における概念上のもつれを解こうとするハイデガーの絶え間ない試みが，**ディコンストラクション**（脱構築）や他のポストモダン的戦略によってやがて取り上げられることになる形而上学の崩壊を招いたのである。

　最初に，ハイデガーは，形而上学とは何であるかを確立するために，「存在」と「時間」という二つの概念を用いる。しかし，彼は，その二つの概念に非形而上学的意味づけを与えようとする試みが決して簡単な作業ではないと気づくのである。はたして，「存在」を決して変化しないもの以外のものとして考えることが出来るだろうか。また，「時間」を絶えず変化し死へと移ろいゆく実存領域以外のものとして考えることが出来るだろうか。ハイデガーは，「存在」が伝統的な哲学では「**現前**」の一種であると考えられてきたことを論証する。おおざっぱに言えば，「存在」の本質は西洋哲学の歴史のなかで歪められている。なぜなら，それはつねに，

それが生じた過去とそれが至るであろう未来に位置しているものとしてというよりも，現前するものとして表象されているからである。現前性が伝統的に重要視されてきたことが，「存在」の意味への問いそのものを隠蔽してしまったのである。

　ハイデガーは，自分の初期の仕事の方法を解釈学的であると説明する。つまり，その方法は，自らの理解と，その理解に至る歴史の**テクスト**を解釈するものである。解釈学の主要な問題点は，すべての理解には何らかの偏見が伴うという認識と共に生じてくる。ここで，哲学的伝統を発掘するためにハイデガーが用いる方法の一つが語源学である。ある単語の本来の根源的な意味を探し求めるにあたり，ハイデガーは，その本当の意味を発見しているかのような印象を与えるかもしれない。しかし，これは現前性の伝統から逃れる，つまり，本来の意味を喪失した単語を露出させることによって当時の思想の空虚さから自らを救い出そうとするためのハイデガーの戦略の一つなのである。したがって，ハイデガーは，ある単語の意味の正確な説明を示すのではなく，意味の諸前提を混乱させるのである。

　「存在」という語自体，ハイデガーにとって問題となってくる。最終的に，ハイデガーは，それが一元的な性質を持つ対象を指しているのではないということをはっきりさせるために，この語を削除する方法を編み出す。彼は，例えば「性起（appropriation ［Ereignis］）」という概念などで置き換えながら，「存在」そのものを徐々に完全に放棄していく。ハイデガーの後期思想において「存在」は，存在自身の発生すなわち「それ自身であるところの存在」（ゆえに「現前する」という意味ではない）という出来事を表すと考えられる「性起」の意味合いを帯びるようになる。それでもなお，このような出来事の意味は実質的には時間と融合するのであるが，平凡な同一性に単に堕するというわけではない。性起と時間のこのような関係は，相互的に考察しうる。時間とは性起が発生する道筋である。一方，性起はいかなるときでも単に，あるものか，与えられているものかでありうるのである。

　したがって，後年のハイデガーは，『**存在と時間**（*Being and Time*）』における時間の理論から離れることによって近代哲学を捨て去ろうと努める。講演「時間と存在（Time and Being）」（1962）と「哲学の終わりと思惟の使命（The End of Philosophy and the Task of Thinking）」（1963）のなかで，ハイデガーは，例えばアリストテレス的な「今」というような現在の契機という点からもはや時間を構築しない。時間は別個の「現在」の連続体でもない。そうではなく，時間とは，現在を過去と未来に関連づける一つの次元なのである。ハイデガーの思想における時間は，差異と関係のある構造になり，それゆえ言語についてのポストモダニズム的論争の前触れとなる。そのポストモダニズム的論争における言語は差異に基づく**記号体系**としての言語であり，その記号は，それ自体では現前することのないもう一つの要素と関係している限りにおいて「現前している」のである。

【参考文献】

- ハイデガー『存在と時間』細谷貞夫訳（ちくま学芸文庫），原祐・渡辺二郎訳（中央公論バックス世界の名著74　ハイデガー所収），細谷貞夫・亀井裕・舟橋弘訳（ハイデガー選集［理想社］第16・17巻所収），桑木務訳（岩波文庫　全3冊），松尾啓吉訳（勁草書房）。『有と時』辻村公一訳（世界の大思想［河出書房新社］28・ハイデガー全集［創文社］2）など。
- ハイデガー「時と有」，『思索の事柄へ』（辻村公一・ヘルムート・ブラナー訳，筑摩書房）所収。
- ハイデガー「哲学の終わりと思惟の使命」，『生けるキルケゴール』（川原栄峰訳，人文書院）所収。「哲学の終末と思索の課題」，『思索の事柄へ』（辻村公一・ヘルムート・ブラナー訳，筑摩書房）所収。

ハイパーテクスト　　hypertext

　ハイパーテクストというのは，重要な要素間の連結（リンク）を提供する電子テクストであり，読者が情報の間を順序を気にせずに移動することを可能にする。現代ではワールド・ワイド・ウェッブ（World Wide Web）の主要な技術であるハイパーテクストのアイディアは，フランクリン・D・ローズベルトの戦時下の科学アドヴァイザーであったヴァネヴァー・ブッシュによって1945年に発表された記事にまで遡ることができる。ブッシュは，情報の保存と検索のために機械的に連結した機械を心に思い描いていた。それは，学者や研究者やその他の人々が従来の公文書館や保管所や図書館のやっかいな保存や分類の方法に煩わされることなく，膨大な量の情報にアクセスすることを可能にするものである。ブッシュは，メメックス（Memex）と呼ばれる装置を提案した。それは半透明のスクリーンとレバーとモーターを備えており，使用者がマイクロフィルムの情報に注釈を記したり情報をリンクさせることができるようなものであった。

　この言葉そのものは，1965年にセオドア・H・ネルソンによって造り出された。「『ハイパーテクスト』という語によって私が意図しているのは，非順序的なエクリチュール，すなわち分岐し読者に選択肢を与えインタラクティヴな画面で読まれるのが最もよい読み方であるようなテクストのことである。」ネルソンは，「ザナドゥ（Xanadu）」と呼ばれるハイパーテクスト出版システムによる全ての印刷テクストの地球規模の百科事典的集合体というハイパーテクストのユートピア的未来像を思い描いた。

　ある批評家たちや理論家たちにしてみれば，ハイパーテクストの非直線性，リンケージ，脱中心性は，デリダ，バルト，フーコーなどの思想家たちによって推進された読みやテクスト性に関する洞察を経験的に実証するかのように見えるかもしれない。ジョージ・P・ランドウは，その著書『ハイパーテクスト ― 活字とコンピューターが出会うとき (*Hypertext: The Convergence of Contemporary Critical Theory and Technology*)』(1992) のなかで，「すなわち，批評理論は必ずハイパーテクストを理論化してくれるものであり，ハイパーテクストは，理論の諸相とりわけテクスト性，物語，読者や作家の役割ないし機能にかかわる諸相を必ず具体的なものにし

て実験してくれるものなのである」と主張する。それと同時に，ランドウやJ・デイヴィッド・ボルターのような批評家たちは，ハイパーテクストがより「自然」で結合的な読書方法を促す，と主張する。ハイパーテクストに関する理論の多くにもともと備わっているユートピア的理想主義は，最近になって攻撃されている。すなわち，ハイパーテクストとデリダの著作との類似性は明らかであるが，ディコンストラクション（脱構築）のような（伝統的な意味においてのプロジェクトではない）哲学を，「実現」あるは「達成」してしまうことがどのような意味を持ちうるのかは明確ではないのである。

【参考文献】
・ランドウ『ハイパーテクスト — 活字とコンピューターが出会うとき』若島正・板倉厳一郎・河田学訳，ジャストシステム。
・ボルター『ライティングスペース — 電子テキスト時代のエクリチュール』黒崎政男ほか訳，産業図書。
・ボルター『チューリングマン』土屋俊・山口人生訳，みすず書房。

ハイパーリアリティ　　　hyperreality

ハイパーリアリティという用語は，ジャン・ボードリヤールによって「リアルなもの（実在するもの）の消滅」を表すために使われている。そこでは，表層と深層，リアルなものとイマジナリーなもの（想像的なもの）の間の区別はもはや存在しない。ハイパーリアルの世界では，イメージとリアリティの間の壁は内破している。ボードリヤールが示唆するところでは，表層と深層という言語で行う分析のモデル（例えばマルクス主義）はもう不要である。というのは，深層が存在しないからである。すべてのものの背後に市場を見るマルクス主義は，市場はすべてのもののなかには存在するが背後には存在しないという考えに道を譲らなくてはならない。有名な文章のなかで，ボードリヤールは，第三段階のイメージ，すなわちリアルなものの不在を覆い隠す魔法の空間の良い例としてディズニーランドを選んでいる。ちょうど社会そのものが牢獄であるという事実を隠すために牢獄が存在するように，「ディズニーランドは，それ以外の場こそすべてリアルだと思わせるためにイマジナリーなものとして設置された。にもかかわらずロサンゼルス全体と，それをとり囲むアメリカは，もはやリアルではなく，ハイパーリアルの段階にある」とボードリヤールは主張する。どんなに色々と批判されようと，ボードリヤールの考えは，商品化されメディアに媒介されている現代生活の本質の気配をどこか捉えているのである。

【参考文献】
・ボードリヤール『シミュラークとシミュレーション』竹原あき子訳，法政大学出版局。

バウマン，ジグムント　　　Bauman, Zygmunt　　　1925-　　　社会学者

ジグムント・バウマンは，現代生活つまり**ポストモダニズム的生活**の最も正確で理論的に洗練された解説者の一人である。1968年のソ連のチェコスロヴァキア侵攻後にポーランドから国外追放になる前から，バウマンはポーランドの一流の社会学者であった。1971年から英国のリーズ大学で活発な研究活動をしており，1945年以降の英国労働者階級の変遷に関する主要な研究書を書いている。また，彼は，社会学における解釈学的伝統，「西側」すなわち**ヘーゲル的マルクス**主義，社会主義的理想のユートピア的次元の重要な解釈者でもある。

近年，**モダニズムとポストモダニズム**の諸問題に関する一連の著作において，バウマンは，今世紀（訳注：20世紀のこと）末へと向かうわれわれの生活の骨組みを作っている多くの混乱や危機にスポットライトを当てている。多作なバウマンは，常に明快でわかりやすい文章で分析をしてくれる。バウマンの『社会学の考え方 (*Thinking Sociologically*)』(1990) は，われわれの社会生活について真剣に考えようとするあらゆる学問分野に関わることをはっきりとシンプルに示している。その内容の濃さとわかりやすさは，われわれが日常経験しているような現代生活の現実に対するバウマンの比類なき理解力に負うところが多い。驚異的な学識にもかかわらず，バウマンは，非常に遠大なテーマを持つ著作においても，単なる理論書の解釈に甘んじるのではなく，誰にでも共通している日常生活と諸経験の様相を絶えず解説する。バウマンの本は，思わず引きこまれるほど面白く分かりやすいので，「途方に暮れた者たちのための手引書」としての役目を本当に果たしうるのである。

バウマンは，現代生活の解説者の立場をとっており，法律を制定したり命令しようとする知識人の立場をとっていない。モダニズムとポストモダニズムの違いに関するバウマンの最も簡潔で体系的な説明は，彼の数ある短い著作物中の一冊の題名によく表現されている。それは『立法者と解釈者 — モダニティ，ポストモダニティ，知識人 (*Legislators and Interpreters: On Modernity, Postmodernity and Intellectuals*)』(1987) である。17・18世紀の近代性の最初の諸々の兆し以来，知識人たちは，全く新しい社会秩序の案内役となる社会・政治計画と自分たちを結び付けたくなる傾向にある。知識人たちは，自分たちのほとばしる非現実的考えや批判的な洞察をユートピア的想像の産物として理解するのではなく，具体的で実現できるユートピア（名辞矛盾だが）の立案者として自分たちを見る誘惑にかられるのである。バウマンは，モダニズム的衝動の主な弱さとして，諸問題つまり面倒な歴史と向き合って生きることの拒否を挙げる。歴史を浄化する夢（これをマルクスは歴史から自由の領域への飛躍と呼ぶ）は，社会工学の恐ろしい計画へと繋がっていく。ファシズム下では民族の浄化が，そして共産主義の下では階級の浄化が行われたのである。

『モダニティとホロコースト (*Modernity and the Holocaust*)』(1989) において，バウマンは，ドイツの国家社会主義者によって遂行された民族抹殺の諸政策が**モダ**

ニティの諸功績を表現し搾取した諸方法を説得力を持って説明し、また、その民族抹殺が理性を失った逸脱的行動としては単に取り扱えないものであることを示した。その問題はあまりにも重大であり、バウマンの主張は余りにも微妙なので、要約ではよく表わせない。だが、いずれにせよ、彼はその議論に決定的な要素を加えた。彼は、「冷酷でない人々によって」冷酷なことが「行われる」ことがモダニティによってどのように可能になったのかを明らかにしている。

バウマンは、暴力の特にポストモダニズム的な諸形態を分析し続けている。その諸形態は「アイデンティティの問題の私人化（privatization）、脱統制化（deregulation）、脱中心化」から生じている。バウマンは現代社会の「新人類（neo-tribal）」の諸傾向と彼が呼ぶことの鋭い批評家なのである。

バウマンは、われわれはモダニティの諸問題（や危険）と共に生きることを学ぶ必要があると主張する、ポストモダンの状況＝条件の解釈を支持する。しかし、彼は、批判的精神を捨てず、悪や搾取への反対に参加しており、彼の本にはわれわれの現代生活の中にあるさまざまな狂気と猥褻さが列挙されている。バウマンの言葉では「ポストモダニティは、道徳的な人間の破滅のもとであり同時にチャンスでもある。（中略）ポストモダンの状況＝条件の二つの顔のうちのどちらが存続する外見として残ることになるのか、これ自体が道徳的問いである」。

彼が激しく批判する（ポスト）モダニズム的生活の多くの重要な特徴のうちの一つが、「寛容であること（adiaphorization）」である。「寛容であること」は、われわれの道徳感と行動の間で拡ってゆく隔たりを反映する過程であり、またある種の出来事や関係を道徳的に吟味することの範疇から外す過程でもある。この言葉は、中世のスコラ学の討論から取られている。その討論では、さまざまな考えに関して、正統キリスト教的か異端的かということが宣せられるか、あるいは、それに対して寛容（つまり宗教的道徳的教義の見地から中立的）であるということが宣せられるかする。バウマンは『モダニティとホロコースト』と『モダニティとアンビヴァレンス（*Modernity and Ambivalence*）』（1991）で詳細にこの過程を明らかにし、どのようにしてこの過程がテクノロジーの発展によって悪化させられるのかを例示している。

『ポストモダニティとその不満（*Postmodernity and Its Discontents*）』（1997）、『ポストモダニズムの倫理（*Postmodern Ethics*）』（1993）、『断片になった生活（*Life in Fragments*）』（1995）といった著作で展開されている道徳と倫理に対する強い関心が示しているのは、ユートピア的欲求が持続しているということである。しかし、その欲求は、社会的ましてや理論的プログラムとしてではなく、バウマン独特の社会学的想像力を絶えず内省的かつ批判的にしている指導的または統制的考えとして持続しているのである。

【参考文献】

- バウマン『社会学の考え方——日常生活の成り立ちを探る』奥井智之訳，ＨＢＪ出版局．
- バウマン『立法者と解釈者——モダニティ・ポストモダニティ・知識人』向山恭一訳，昭和堂．

バース，ジョン　　Barth, John　　1930-　　小説家

ジョン・バースは，1967年に初めて出版されたエッセイ「尽きの文学（The Literature of Exhaustion）」の中で次の三点について力説しており，それらは今日ポストモダニズム小説のマニフェストのようにも解釈できる．第一点は，古典的ブルジョア小説などの伝統的な形式は使い尽くされた，すなわちマンネリに陥り流行遅れであるという点である．これに関連する第二点は，作家は文学的言語と芸術的構造の本質について自意識的になり新しい形式を作り出そうと努力する必要があるという点である．第三点は，「無感動な人間の心に雄弁に，そして印象深く」語りかけながら，読者を楽しませ感動させる義務を作家はいまだに負っているという点である．『フローティング・オペラ（The Floating Opera）』（1956）から『船乗りサムボディ最後の船旅（The Last Voyage of Somebody The Sailor）』（1991）までの小説の中で，バースは確かに極端に構造が複雑であり形式的に新たな創意工夫を含んだ小説を書いてきた．だが，読者を感動させさらには夢中にさせることにバースが成功しているかどうかに関しては，批評家の間に賛否両論がある．

『フローティング・オペラ』とバース二作目の小説『旅路の果て（The End of The Road）』（1958）は共に，人生が意味を失ってしまっただけでなく，まったく意味をなさなくなってしまった疎外された主人公を登場させている．ある種の憂鬱な実存主義は，カミュの影響を示しているが，語りのトリッキーさと時々使われているスカトロジカルな（わいせつ文学的な）ユーモアの組み合わせは，バースの後の小説を予見させる．

『酔いどれ草の仲買人（The Sot-Weed Factor）』（1960）はバースの傑作であり，メリーランド植民地創設を描いた巨大な（初版では800頁を越す）歴史小説である．頑固なまでに清純な詩人の主人公エベニーザー・クックと彼の師であり性的に自由奔放で変幻自在なヘンリー・バーリンゲームが，動植物の世界との超越的な和合へと至る終わりなきピカレスク・アドヴェンチャーを経験する．物語は，想像上の17世紀英語と本物の17世紀英語とを混ぜて語られている．バースは難解な哲学議論，罵倒合戦，日誌の断片，媚薬の作り方をごちゃ混ぜにしながらも，英語文学において最も込み入ったものであるに違いないプロットの手綱を放すことは無い．

『やぎ少年ジャイルズ（Giles Goat Boy）』（1966）も同じく膨大で複雑な作品ではあるが，『酔いどれ草の仲買人』の生命力とユーモアを欠いている．バースの小説は，全て手の込んだ枠構造の中にいろいろな物語が入っている．しかし，『やぎ少年ジャイルズ』は，それら全てを凌駕する．やぎの群れの中で育てられ神話的ヒーローの人生を運命付けられている語り手の若者と読者の間には，四層の構造がある．

まず、ジャイルズは、『改訂新教授要目 — われらが大いなる教え親、ジョージ・ジャイルズ（*The Revised New Syllabus of George Giles*）』という本を西キャンパス自動コンピュータに向かって口述する。そのコンピュータが原文を編集し、印刷する。主人公の息子が、奮闘中の「J・B」という作家に渡す前にコンピュータのテープをさらに編集する。J・Bはそれに修正を加え、出版社に送る。最後に、出版社は、「出版社よりお断りのことば（Disclaimer）」を巻末に付け加える。中心となる奇抜な発想は、大学が宇宙となることであり、『酔いどれ草の仲買人』と同じように、そのテーマは、統一的ヴィジョン、つまり個人的なことと絶対的なことの弁証法的調和の探求なのである。『びっくりハウスの迷子（*Lost In The Funhouse*）』（1968）は、もう一歩進んだ実験作である。印刷、生の声、テープのための14の短編「小説（フィクション）」の集まりは、その前に出版された『ジャイルズ』のように驚くべきベスト・セラーとなった。それぞれの物語は、バースのテーマであるグロテスクな性の喜劇と現代における物語作家の困難さを踏襲している。

『キマイラ（*Chimera*）』（1972）の三つの互いに関連している中編小説は、『ジャイルズ』で始まった神話の研究を続行し、シェヘラザード（訳注：『アラビアンナイト』の語り手）、ペルセウス、ベレロポーン（訳注：ペガサスに乗りキマイラを殺したコリントの勇者）の物語を取り上げている。しかし、各々普通ではない角度から語られており、また、バース初期の作品にはなかった新しいテーマであるフェミニズムが明らかに扱われている。書簡小説『レターズ（*Letters*）』（1979）は、再びバースの形式に関する大胆さを見せている。初期の作品の登場人物たちが、バースお馴染みの複雑な構成を持つ物語のなかの手紙の書き手として生まれ変わっている。『サバティカル — あるロマンス（*Sabbatical*）』（1982）、『タイドウォーター・テールズ（*The Tidewater Tales*）』（1984）、『船乗りサムボディ最後の船旅』は、形而上学的な旅行のみやげ話であり、バースの航海好きを具体的に表現している。また、彼の小説の大半がそうであるように、作者であるバースが程度の差はあれ変装して登場している。

バースは真剣な作家によくあるスランプの時代も体験したが、現在も作家活動を続けている。しかし、近年彼の運勢は下降している。形式における彼の実験は最早興味を引くものには見えないし、作者と創造行為へ彼がますます焦点を合わせていくことは、初期の壮大なテーマからしりごみしているように思える。それでも、バースは、ポストモダニズム小説の歴史における重要人物の一人であることに変わりは無い。

【参考文献】
・バース「尽きの文学」、『金曜日の本』（志村正雄訳、筑摩書房）所収。
・バース「補給の文学 — ポストモダニスト・フィクション」、『金曜日の本』（志村正雄訳、筑摩書房）所収。

・バース「ポストモダニズム再訪」志村正雄訳，『すばる』1990年6月号所収．
・バース『フローティング・オペラ』岩元巌訳，講談社．
・バース『船乗りサムボディ最後の船旅』志村正雄訳，講談社．
・バース『旅路の果て』志村正雄訳，白水uブックス．
・バース『酔いどれ草の仲買人』野崎孝訳，集英社ギャラリー世界の文学18（アメリカⅢ）所収．
・バース『やぎ少年ジャイルズ』渋谷雄三郎・上村宗平訳，国書刊行会．
・バース『キマイラ』国重純二訳，新潮社．
・バース『レターズ』岩元巌訳，国書刊行会．
・バース『サバティカル ─ あるロマンス』志村正雄訳，筑摩書房．

ハースト，デミアン　　Hirst, Damien　　1965-　　アーティスト
広告，ビジネス，薬剤，遊園地，アート・ギャラリー，買い物の世界に魅せられたハースト独自の作品は，二種類に分けることが出来る．一つはホルムアルデヒドが一杯に入ったケースで展示されるスライスされた牛や豚の「気味が悪く死を連想させる」世界である．もう一つは，「ワセリン」の瓶と並列して置かれているキュウリの図や桃と並べて置かれている金槌(かなづち)の図が代わる代わる展示される回転式の細長い板があり，その上方にロゴのような文字で「関係上の問題」と記されているビルボードの「奇抜」な世界である．彼のアートのこれら両方の形式に流れている共通のテーマは，並列の力と，諸対象を枠にはめたり分類したりすることに伴う権威＝作者性（authority）に対する関心である．ハーストは，おどけた違犯行為によって自らがやがて「ひっくり返す」ことになる秩序付けシステムの本拠地だとギャラリーを見なす．
　自分の展覧会の目的は芸術的統一性あるいは連続性という概念を否定することにあると断言するとき，ハーストは，ポストモダニズム的美学に共鳴しているのである．『絶対的腐敗の無意味さ（*No Sense of Absolute Corruption*）』についての次の発言は，1996年の『フラッシュ・アート（*Flash Art*）』誌における彼のインタビューのなかに含まれている．「それぞれの作品がそれ以外の全ての作品一つ一つを密かに傷つける．だが，否定的な仕方でそうするのではない．私はそんな個展を行いたかった．それは一種の祝祭になった．それは，むしろ，私自身のなかのいろいろな要素が一人一人のアーティストとなって開催したグループ展のような，ある一人のアーティストの分解組立図のような様相を呈している．」イギリスやアメリカを巡回したその個展は，メディア・スターとしての彼の地位を確かなものにした．
　ハーストにとってのヒーローは，ウォーホルと**クーンズ**である．ハーストは，芸術と人生，芸術作品そして自己を結合する力と彼らを同一視する．ウォーホルやクーンズ同様，ハーストも，芸術はマルセル・デュシャン流に衝撃を与えるものであって欲しいと思っており，彼の鮫(サメ)や羊や豚の入ったホルムアルデヒドで満ちたガラ

スケースは，便器を逆さにして台座の上に載せたデュシャンの「泉（Fountain）」がニューヨーク・アンデパンダン展で1917年に展示されたときのジェスチャー（身振り）をなぞるものである。自分の先達と同様，ハーストの芸術は，芸術作品というものがユニークあるいはオリジナルでなければならないとする前提に疑いを投げかける。歴史的なアヴァンギャルドに関わった多くの人物たちと同じように，ハーストも，芸術が「ラディカル」たりうる力を持っていることを自分が信じていることをほのめかすレトリックを使う。ただ，そのようなラディカリズムはいささか芝居がかってはいる。「私は，金持ちの人々が私の燃え尽きた吸い差しを買うというアイディアが気に入っているんだ」と，ハーストは，1960年代初期のクレス・オルデンバーグ作の巨大な吸殻と灰皿のポップアート彫刻のパスティーシュとして自分が制作した吸殻について語った。

　ハーストの作品は，過去を流動的で柔軟で折衷的に「言及すること」とするチャールズ・ジェンクスのポストモダニズムの特徴に関する考えと一致すると言えるだろう。われわれは，ハーストの牛や羊のなかに，レンブラント，フォード・マダックス・ブラウン，ウィリアム・ホルマン・ハント，ハイム・スーチン（訳注参照）の残響を見る。ハーストの水玉絵画（訳注：spot paintings　等間隔に配置された色とりどりの小さな水玉をモチーフにした一連の作品）のなかには，リキテンスタイン，オプ・アート，ダニエル・ビュレン，ニエーレ・トローニ，フィリップ・ターフ（以上に関しては訳注参照）の痕跡を見る。彼の回転絵画（訳注：spin paintings　鮮やかな色の円形カンバスが回転出来るように壁に展示されている一連の作品）のなかには，デュシャンのロト・レリーフ（訳注：ボール紙の円盤に螺旋系などを刷ったもので，レコード・プレーヤーで回すと立体的な錯覚現象がおこる）のぼんやりとした面影を見る。ハーストの薬品棚（訳注：「僕にとっては問題はなにもない」［1992年作］など多数）にはピーター・ブレイク（訳注：英ポップ・アーティスト）の菓子屋の陳列の吸収が，光る鉄枠のケースにはミニマリズム的連続性（訳注参照）の反映が，見られるのである。

【訳注】

☆フォード・マダックス・ブラウンとウィリアム・ホルマン・ハントは19世紀半ばのラファエル前派に関わった画家。ハイム・スーチンは20世紀前半に表現主義的スタイルを確立。

☆リキテンスタインは米ポップ・アーチスト。オプ・アートは，視覚的あるいは光学的な錯覚を利用した抽象画。ダニエル・ビュレンはストライプの布を使った作品で有名で，ニエーレ・トローニは一定間隔に絵筆を押し当てる独特の作風を開発。フィリップ・ターフは前述のオプ・アートを再生した。

☆ミニマリズム的連続性：60年代にアメリカを中心に広まった動向で，感情表現を極端に抑え，単純で基本的な形態やそのくり返しの表現であることからABCアートとも呼ばれる（たにあらた『回転する表象 ― 現代美術：脱ポストモダンの視角』現代企画室より）。

バーセルミ，ドナルド Barthelme, Donald 1931-89 作家
バーセルミは，主に短編集の作家として知られている。『帰れ，カリガリ博士 (*Come Back, Dr Caligari*)』(1964)，『口に出せない習慣，不自然な行為 (*Unspeakable Practices, Unnatural Acts*)』(1968)，『シティ・ライフ (*City Life*)』(1970)，『哀しみ (*Sadness*)』(1972)，『アマチュアたち (*Amateurs*)』(1976)，『よき日々 (*Great Days*)』，『多くの離れた街への一泊旅行 (*Overnight to Many Distant Cities*)』(1983) などがある。しかし，彼はまた，『雪白姫 (*Snow White*)』(1967)，『死父 (*The Dead Father*)』(1975)，『パラダイス (*Paradise*)』(1976)，『王 (*The King*)』(1989) という四つの小説も書いている。この他に児童書『ほんの少し変テコな消防車 (*The Slightly Irregular Fire Engine*)』(1971) とジャーナリスティックな小品集『罪深き愉しみ (*Guilty Pleasures*)』(1974) がある。

バーセルミの小説には，ポストモダニズム的書き方と結び付く特徴の多くが現われている。かつて彼は「自分は命題を聞くとすぐにそれに対立することを考えてしまう。二心のある人間なので，向かうのは調合である」と打ち明けた。この二心がいろいろな外観を呈するのである。例えば，彼の物語は，コンテクストのシュールな不調和を楽しんでいる。「マンディブル先生と私」(訳注：『帰れ，カリガリ博士』所収) では，35歳の保険会社の精算人が突然小学校に入れられる。彼の日記の書き込みは，彼の冷笑と11歳の子どもたちの愉快なお遊びとの間にある差異の記録である。「聖アントニウスの誘惑」(訳注：『哀しみ』所収) は，同じような逆転の環境を使っている。どういうわけか聖者が郊外に島流しにされ，普通の生活を送るという誘惑に直面する。バーセルミの多くの物語は，内容とそぐわない文学形式を用いて，矛盾の原理に従って動く。「パラグアイ」(訳注：『シティ・ライフ』所収) は，時代遅れの旅行ガイドブックの語調を真似ているが，作品が説明する偽パラグアイはどのベデカー旅行案内書 (訳注：1827年創業のドイツのベデカー社の有名な旅行案内書) よりもＳＦに負うところが多い。偽パラグアイの輸出入品 (沈黙があたかもセメントのように売られている)，その国民 (脱皮をし，皆同じ指紋を持つ)，その国の異常な物理現象 (気温が住民の歩く速さを左右する) の要約が載っている。他の物語は，導入部のおかしな状況を基礎とし，釣り合いなど全くものともせずその状況を膨らませてゆく。「落ちる犬」(訳注：『シティ・ライフ』所収) では，ウェールズ人の彫刻家が，上階の窓からジャンプしてきたアイリッシュ・セッターに当たって地面に叩きつけられる。そのアクシデントによって，彼は，その落ちる犬のイメージを基にした新しい作品のさまざまなアイディアを得る。例えば，合板の航空機の模型のような落ちる犬のシリーズ，発泡ポリスチレン製の落ちる犬シリーズ，ハチドリと同じ大きさの落ちる犬シリーズなどである。話は非常にとぼけたこっけい話 (dog story) なのである。「バルーン」(訳注：『口に出せない習慣，不自然な行為』所収) では，ニューヨーク市上空に気球が現れる。気球は南北45街区，

東西は不確定の範囲を覆う。市の役人は高層ビルと空の間に入り込んだこの招かれざる物体に動揺するが，市民はすぐにこれを受け入れる。大人たちはその上に殴り書きをし，子どもたちはその上で跳ねている。一部の人々は，まるで気球が芸術作品であるかのようにその意味について思索する。したがって，その気球は，具体的な事項から何か漠然としていて抽象的で大げさなものへと急激に膨張してゆくのである。

　バーセルミのいかがわしい小説は，最新の流行の好みという浅薄な指針に対して相手をひるませるようなにらみを利かせる。しかし，彼の短編小説の多くは，『ニューヨーカー』誌の中でそれらが風刺する家具やファッションの広告と並んで掲載されている。ある時バーセルミは，次のような思いを巡らせた。「人々はロールス・ロイスやロレックスの残像がまだ目の中にちらちらしながら，小説を読んでいる。」これもまたポストモダニズム的二心性（double-mindedness）の例である。

【参考文献】
・バーセルミ『帰れ，カリガリ博士』志村正雄訳，国書刊行会。
・バーセルミ『口に出せない習慣，不自然な行為』山崎勉・邦高忠二訳，彩流社。
・バーセルミ『シティ・ライフ』山形浩生訳，白水社。
・バーセルミ『哀しみ』山崎勉訳，彩流社。
・バーセルミ『アマチュアたち』山崎勉・田島俊雄訳，彩流社。
・バーセルミ『雪白姫』柳瀬尚紀訳，白水uブックス。
・バーセルミ『死父』柳瀬尚紀訳，集英社。
・バーセルミ『パラダイス』三浦玲一訳，彩流社。
・バーセルミ『王』柳瀬尚紀訳，白水社。
・バーセルミ『罪深き愉しみ』山崎勉・中村邦生訳，彩流社。

ハッサン，イーハブ　　Hassan, Ihab　　1925-　　批評家・理論家

イーハブ・ハッサンは，1991年に行われた**カルチュラル・スタディーズ**に関する第一回シュトゥットガルト・セミナーに参加した。そのセミナーは，「**ポストモダニズムの終焉 ― 新しい方向性**（The End of Postmodernism: New Directions）」というテーマについて考察するものであった。しかしながら，ハッサンは，二本の基調講演を通して冗談と何気ない（おそらくはある懐かしさを込めた）一言「われわれが皆ポストモダニストだったころ」を除けば，ほとんどと言ってよいほどポストモダニズムについては語らなかった。彼がその代わりにご執心だったのは，哲学的プラグマティズムの美徳と政治的正しさ（political correctness）の悪徳に関してであった。特に彼自身が1960年代と70年代を通してポストモダニズムを文学批評の重要課題として位置付けようとした主導者の一人だったことを考えると，ハッサンがこのような場でポストモダニズムを無視することを選んだのは興味深い。

ハッサンは1925年にエジプトで生まれ，1946年にカイロ大学を卒業した。1953年にペンシルヴァニア大学で英文学の博士号を取得し，ミルウォーキーにあるウィスコンシン大学研究教授に任命される前は，レンセラー工芸大学とウェズリアン大学で教鞭をとった。ウィスコンシン大学ミルウォーキー校で研究教授の地位についた彼は，『正しきプロメテウスの火（The Right Promethean Fire）』（1980）や『ポストモダン的転回（The Postmodern Turn）』（1987）などの著作を著した。『沈黙の文学 ── ヘンリー・ミラーとサミュエル・ベケット（The Literature of Silence: Henry Miller and Samuel Beckett）』（1968）では，沈黙を構成概念とする反文学詩学という自身のプロジェクトを紹介した。彼は，ミラーをサンボリスト（象徴主義者）のステファヌ・マラルメと，ベケットをアルチュール・ランボーと同列に並べることによって，空虚（void）に直面しながらもすべてを語ろうとする作家と無（nothingness）を熱望する作家の両極性の対立を描き出した。
　疎外，沈黙，空虚という似たようなメタファー（隠喩）が，ハッサンの最も印象的な論文である『オルフェウスの解体 ── ポストモダン文学に向けて（The Dismemberment of Orpheus: Toward a Postmodern Literature）』（1971）のなかで解き明かされている。ヘブルス川に流されつつもまだ歌っているオルフェウスの切断された頭部は，反文学のエンブレムとして作用する。副題が示すように，ハッサンはポストモダニズムの先駆者たちとして活躍した5人の作家の系譜を概説する。1人めは，マルキ・ド・サドであり，彼の背徳的な作品は破壊性を包含している（「大きく目を見開き胴体のないオルフェは，太陽を睨み付ける。夜を果てしなく待ち望みながら」）。2人めはアーネスト・ヘミングウェイであり，彼の切りつめられたスタイルはその仲間たち（訳注：ロスト・ジェネレーションの作家たち）の言語を純化しようと試み，無とまともに向かいあう勇気を表している（「裸のオルフェウスは，暴力の巨大で虚ろな空間へと入っていく」）。3人めは，ポストモダニズム的エクリチュールにとって大きな影響力を持つ人物フランツ・カフカである（「われわれは，彼の言葉を通してオルフェウスの音楽のようにうっとりとさせる恍惚感に入り込み，存在の非常に大きな静けさを見つめることができるかもしれない」）。4人めはジャン・ジュネであり，彼の作品は理性そのものを破壊しようと努める（「その間中，オルフェウスとナルキッソスは暗黒の湖で抱きあう」）。5人めは，唖者と身体が麻痺した者たちの守護神サミュエル・ベケットである（「このような沈黙，頭部を切断されたオルフェウスは，消え去るもののみについて語るのではない。それはまた歌わなければならない。普遍的な静けさと新しい愛の形の苦しみについて」）。
　『パラクリティシズム ── 現代の七つの理論（Paracriticisms：Seven Speculations of the Times）』（1975）のなかでハッサンはPOSTmodernISMと書き出して，ポストモダニズムの概念の構築性を強調する。接頭辞と接尾辞の大文字使用が，重要な二点

へとわれわれの注意を引き付ける。第一に,「イズム(ISM)」は,ポストモダニズムがむしろ「近代」の後というよりも,モダニズムそのものの後に訪れることを示している。第二に,「ポスト(POST)」は,歴史的遅延性だけでなくそれ以前の運動との拮抗関係を示しているのである。

【参考文献】
・ハッサン『沈黙の文学 — ヘンリー・ミラーとサミュエル・ベケット』近藤耕人訳,研究社出版。
・ハッサン「パフォーマーとしてのプロメテウス」,ベナノウ/カラメロ編『ポストモダン文化のパフォーマンス』(山田恒人・永田靖訳,国文社)所収。

ハートマン,ジェフリー　　Hartman, Geoffrey　　1929-　　批評家

ドイツ生まれのハートマンは,イェール大学の英文学と比較文学の教授であり,かつて客員教授であり『ディコンストラクションと批評 (*Deconstruction and Criticism*)』(1979) の寄稿者でもあったデリダだけでなく,ブルーム,ミラー,ド・マンらを同僚として共に過ごした時期もあった。ほとんどがロマン主義に関する論文から成る批評集である『ディコンストラクションと批評』は,詩的なエクリチュール (writing) と哲学的批評が歴史的に渾然一体となっているというユニークさをそなえており,今ではさらに,**アメリカ版ディコンストラクション特有のブランドとして知られているイェール学派**による宣言(訳注:いわゆるイェール・マニフェスト)と呼ばれている。

ほとんどが文学と文学批評の関係性に関するものであるハートマン自身の仕事は,現代ではデリダによってよく知られている類のもの,すなわちディコンストラクション(脱構築)的戦略を展開する。それは,芸術と考えられているものと,ただの注解と見なされているものの間にある厳格な境界画定を揺るがす試みである。「私は他の批評家に対しては優越感を抱き,芸術に対しては劣等感を抱いている」という『読むことの運命 (*The Fate of Reading*)』(1975) のなかの彼の告白は,ロマン主義以降の文学的創造に対して文学批評がとってきた第二義的立場を改訂し位置付け直すことに何がハートマンを駆り立てるのかを知る上で,おそらく最も有効なヒントを与えてくれるであろう。ハートマンが穏健な英米フォルマリズムと関連付ける追従的な批評家たちは,文学作品独自の強みと有機的統一感をせっせと解説し,作品の背後には**作者**という見事な人物の姿をしたさらに偉大な天才が存在していると当然のごとく決めてかかっている。そのような批評家たちに反抗してハートマンは,『荒野の批評 (*Criticism in the Wilderness*)』(1980) で批評家と読者のなかに新しい価値を見出し,ほとんどブルーム的な精神で批評を文学として,そして,読むことを**バルト**的な意味で作品の一形態として前向きに再評価しようと企てたのである。

したがって文学作品の注解は,エクリチュールを単に副次的な補助として使用す

る専門化された読みの形式である（このことは，デリダもまた，戯れに満ちた文体によって転覆させようと試みたことがよく知られている前提である）だけでなく，この「作者としての読者（reader-as-writer）」は，つねに「諸テクストの解釈者であり，さらなる諸テクストの自己解釈的生産者」となるのである。そういう意味で，注解者が注解している作品と注解者自身の仕事／作品（work）とを区別することが難しくなってくる。とりわけ，（ハートマンにしてみれば）すべてのテクストはそれが文学作品であれ文学批評であれ他の作品に対して寄生的であり，したがって，つねにすでに（訳注：always already　デリダの決まり文句。デリダを参照のこと。）ブリコラージュ（bricolage），引用（citation）あるいは盗用（theft）によって特徴付けられている，という事実を考慮するならばなおさらである。読む／書く（reading/writing）という行為を**間テクスト性**というさらに大きな枠組みの中に位置づけようとする**ポスト構造主義的**傾向もまた，『テクストを救う（*Saving the Text*）』（1981）において充分展開されている。そこにおいて，それ自身が**ヘーゲル**とジュネの注解であり，おそらく今までのところデリダの最も創意に富む著作である『弔鐘（*Glas*）』に対するハートマンの注解は，批評的作品と文学的作品の境界線そのものをぼやけさせ侵犯し続ける。この点において，注解は，「文学と同じぐらい労力を要するもの」になるというハートマンの目的を明らかに成就することになるのである。すなわち，批評は文学作品と同等であり，批評家はブルームのいう詩人＝批評家（poet-critic）と遠からぬ意味で芸術家と同等になるのである。

【参考文献】
・デリダ『弔鐘』鵜飼哲訳，『批評空間』第2期15号より連載。最終号で連載中断。「Glas抜粋」（部分訳）庄田常勝，豊崎光一訳，『現代思想』1982年2月臨時増刊号（デリダ読本 ― 手紙・家族・署名）所収。

バトラー，ジュディス　Butler, Judith　フェミニズム社会学者・哲学者

バトラーの研究は，主にジェンダー・アイデンティティの研究周辺に集中している。最も広く読まれている著作『ジェンダー・トラブル ― フェミニズムとアイデンティティの攪乱（*Gender Trouble: Feminism and the Subversion of Identity*）』（1990）における彼女の主張によれば，フェミニズム理論と政治は，単に女性性を共有するゆえに人種，階級，性的志向のさまざまな違いを横断する共通のアイデンティティを女性は持つという疑問視されることのない前提に基づいて議論を進めている。しかし，バトラーは，ジェンダー・アイデンティティを自然なものとはみなさず，社会によって構築され維持されている言説（ディスクール）であると再定義する。

　バトラーはまた，リュース・イリガライらのフェミニズム理論家たちは男根中心主義的秩序とは無関係に存在する女性のセクシュアリティの存在を肯定的に措定する試みにおいて誤っている，と論じている。というのは，「もしセクシュアリティが既存の権力関係の内部で文化的に構築されるものならば，基準的なセクシュアリ

ティを権力の「まえ」や「そと」や「むこう」に措定することは，文化的に不可能であり，政治的には実践できない夢である」からだ。

　バトラーにとって，ジェンダーはアイデンティティの概念そのものの基礎となるものなので，アイデンティティの考察はジェンダーの問題と無関係ではありえない。言い換えると，主体は，社会で受け入れられているジェンダーのカテゴリーとの関係において定義されるときにのみ理解されうるのである。男性/女性という固定された対立に執拗に言及することによってジェンダーのアイデンティティの首尾一貫性を維持する制度の呼称として，彼女は「強制的異性愛」という言葉を使っている。この男性/女性という対立において，それぞれのカテゴリーがもう一方のカテゴリーとの差異を通して定義されるが，それは異性愛の実行を通して強化される区別である。

　したがって，そのシステムは，異性愛的二元論を「普通」で「自然」で「正しい」ものとして示すことによって，構築されているものとしての自らの状態を隠す。にもかかわらず，またいかに説得力があるとしても，その構築物に継ぎ目がないわけではなく，その維持は少しも簡単なことではない。むしろバトラーは，ジェンダー形成を「パフォーマンス（performance）」もしくは「偽造物（fabrication）」と定義する。それは，身体の表面上のジェンダー化された「行為と身ぶりと演技」の反復される刻印によって永続する。しかし，「身体の現実をつくりだしている多様な行為と無関係に存在論的な位置を持つものではない」という事実を隠すために，その幻想は絶えず維持されなくてはならない。

　バトラーにとって，ジェンダーのこのパフォーマティヴ（行為遂行的）な側面は，「真の」アイデンティティを表わすというジェンダーの主張を疑問に付す手段となる。この枠組みの外で性的アイデンティティの概念を構築するのは不可能かもしれないが，異性愛の規範に順応しないジェンダー・アイデンティティに目を向けることによって，「ジェンダー」の装置のなかのもろもろの規定的な狙いを「ジェンダー」の装置の諸周縁のなかから暴く機会を見つけることは可能である。ホモセクシュアル，レズビアン，バイセクシュアルの性愛はみな，あの男性/女性という二元論を再修正する異なる諸方法の多様性を例示することによって，固定された男性/女性の対立に対して暗黙のうちに異議を提出しているのである。

　『問題なのは身体だ ─「性」の言説的限界（*Bodies That Matter: On the Discursive Limits of 'Sex'*）』（1993）において，バトラーは，ジェンダーのそのような攪乱的な諸解釈に特に有益な資料としてドラッグ・クィーン（訳注：女装した男性ホモセクシュアルの人）の身体に目を向けている。確かに異性愛者たちのジェンダー規範に利用されてしまう可能性もあるが，ドラッグ行為（訳注：男性ホモセクシュアルの女装行為）のパロディ性（ドラッグ行為は，女性らしさや男性らしさを強調する装具を派手に流用し，それを間違った身体に刻印する）は，ジェンダーの諸コード

の「逆」読みを始める可能性を持ち，「異性愛のパフォーマティヴィティ（行為遂行性）の地味で当たり前に思われている性質」を明らかにするのである。

【参考文献】
・バトラー『ジェンダー・トラブル — フェミニズムとアイデンティティの攪乱』竹村和子訳，青土社「『ジェンダー・トラブル』序文（1999）」高橋愛訳・竹村和子解題，『現代思想』2000年12月号（特集　ジュディス・バトラー）所収。
・バトラー「批判的にクィア」クレア・マリィ訳・解題，『現代思想』1997年5月号臨時増刊（総特集　レズビアン／ゲイ・スタディーズ）所収。
・バトラー「欲望」清水晶子訳，レントリッキア／マクラフリン編『続：現代批評理論 — 6つの基本概念』（大橋洋一・正岡和恵・篠崎実・利根川真紀・細谷等・清水晶子訳，平凡社）所収。
・バトラー「パフォーマティブ・アートとジェンダーの構造 — 現象学とフェミニズム理論」吉川純子訳，『シアター・アーツ』3（1995年）所収。
・ルービン／バトラー「性の交易」（対談），河口和也／K・ヴィンセント訳・解題，『現代思想』1997年12月号（特集　「女」とは誰か）所収。
・上野千鶴子・竹村和子「ジェンダー・トラブル」（対談），『現代思想』1999年1月号（特集　ジェンダー・スタディーズ）所収。
・『現代思想』2000年12月号（特集　ジュディス・バトラー）。2006年10月臨時増刊（総特集　ジュディス・バトラー）。

バーバ，ホミ・K　　Bhabha, Homi K.　　1949-　　批評家・文化理論家

ホミ・バーバは，ボンベイ大学とオックスフォード大学で教育を受け，サセックス大学教授になった。アメリカのプリンストン大学とペンシルヴェニア大学で教鞭をとったこともある。彼の主要な著作には『国家と語り（*Nation and Narration*）』（1990年編集）と『文化の位置づけ（*The Location of Culture*）』（1994）がある。

　ポスト植民地主義的条件に関するホミ・バーバの諸分析は，現在の批評的・理論的議論に大いに貢献している。研究方法において**反本質主義**的であるバーバは，「混成性（hybridity）」という自らの概念を使って，「一元的なアイデンティティ」という考えを疑問に付す。つまり，文化交換の反一枚岩的モデルが，文化の二項対立的モデルの両極性を，「一方にわれわれがおり，もう片方に**他者**（Other）がいるわけではなく，その両方の用語と領域に異議をとなえるそれ以外の何か別のもの」である構成要素を使って否定するのである。バーバによると，その別の方法とは国に関する本質化されたステレオタイプであり，それは，絶えず純粋な諸起源に対するノスタルジアに駆り立てられ「国家の『真の』過去へと立ち戻ろうと試みる」。その「国家の『真の』過去というものは，よくリアリズムやステレオタイプの具体化された形式で描かれている」のである。彼はまた，『ものまねと人間について — 植民地的言説の両価性（*Of Mimicry and Man: The Ambivalence of Colonial Discourse*）』

において，植民地的関係性の顕著な特徴の一つは「植民地的ものまね（colonial mimicry）」と彼が呼ぶもの（支配下にある民族が支配する民族のまねをするように促されること）であることを痛烈に示している。このように，被植民者たちは，主権，統治権，市民権を伴うさまざまな自由を実際に認められることがないにもかかわらず，植民者たちと「ほぼ同じ」なのである。バーバはさらに「イデオロギーの言説的概念作用」に賛成の議論をする。この考えによれば，イデオロギーには複数のアクセントがあり，「現実」は固定化された何かもしくは与えられているものに対立するものと同様に，さまざまな**テクスト**によって生産されると考えられる。このことにおいて，彼の研究は，アルセチュール，**イーグルトン**，マシュレのような**マ**ルクス主義理論家たちの研究を反映している。しかし，バーバの現代マルクス主義理論批判は，**フロイトとラカン**の精神分析を援用して，「ミメーシス（模倣 mimesis）」と「目的論（teleology）」という概念を問題視する。被植民者は，「複数の夢，イメージ，空想，神話，強迫観念，諸要求の場」である過剰と幻想に関連付けられる。過剰と幻想は，植民者の抑圧の機能である言説（ディスクール）の宝庫である。このように，植民者側には，同時に嘲りと欲望の対象となるような他者性に対する体系的なアンビヴァレンス（両価感情）があるのである。

現在の理論的議論に対するバーバの貢献は，被植民者の見地からのアイデンティティと**主体性**の構築への彼の関心による。**サイード，デリダ，リオタール**に対する彼の批判は，いかにして被植民的他者が現在の批評理論によって周縁化されてきたかを強調する。彼はさらに，被植民者との邂逅がどのように文化的アイデンティティの諸問題を不安定にし審問するかを強調することによって，植民化する権力の絶対的な**ヘゲモニー**（覇権）という考えに異議を申し立てる。硬直した，もしくは還元的な**二項対立**に根本的に反対しているバーバの最近の著作は，**ポストモダニズム**の精神によって批評的・理論的排他性を避け，多元主義的で多様な理論的方法論を用いて植民者と被植民者の間にある厳格な諸境界線に異論を唱えている。

【参考文献】
・バーバ『国家と語り』には，以下の通り部分的な翻訳がある。「国民の散種 — 時間，語り，そして近代国家の周縁」（最終章の訳）大野真訳，『批評空間』1993年第9号所収。
・バーバ『文化の位置づけ』には，以下の通り部分的な翻訳がある。「ポスト・コロニアルとポスト・モダン」（第9章の訳）谷真澄訳，『批評空間』1993年3月号所収。なお第3章と内容が重複するが別の場所で発表された論文には，以下の二つの邦訳がある。「他者の問題」富山太佳夫訳，富山太佳夫編『文学の境界線』現代批評のプラクティス4（研究社出版）所収。「差異，差別，植民地の言説」上岡伸雄訳，『現代思想』1992年10月号所収。
・バーバ「文化の中間者」林完枝訳，ホール／ゲイ編『カルチュラル・アイデンティティの諸問題』（宇波彰監訳，大村書店）所収。

ハーバーマス,ユルゲン　　Habermas, Jürgen　　1929-　　哲学者・社会学者

ハーバーマスは,今日,ドイツの知識人のなかで最も重要な人物の一人である。多くの人々は,彼をマックス・ウェーバー以来最も重要な社会学者で社会理論家であると見なしている。ハーバーマスは,1956年から1959年までアドルノ の助手として働いた。しかしながら,彼が,自分の仕事と前世代の**批判理論家**（**フランクフルト学派を参照のこと**）との関係について体系的な意見（ただし率直とは言い難い）を述べるのは1980年代以降のことである。1964年にフランクフルト大学の哲学・社会学教授に就任し,1971年には新しく設立された「科学技術的世界の生活条件研究のためのマックス・プランク研究所」の所長に就任した。ハーバーマスは,さまざまな研究プログラムをその中心となって監修しコーディネイトしてきた人物であり,経験主義的諸研究や歴史主義的諸研究などにも幅広く影響を与えている。

　ハーバーマスの著作の中には,社会学や哲学の古典の入念な批評と再構成という一連の作業が含まれている。彼の初期の研究は「史的唯物論の再構成」という見出しのもとに位置づけられた。この初期研究においてハーバーマスが試みたのは,20世紀のあらゆる知的資産を駆使することによって,社会の学（a science of society）という 19世紀のプロジェクトを復興させることであった。『認識と関心 (*Knowledge and Human Interests*)』（1968）において,ハーバーマスは,社会学の（そしてさらに他の科学の）研究の性質と形式を決定する際に「関心」が重要な役割を果たすことは否定できない,という洞察を述べている。彼は,「認識を主導する関心」の建設的で指導的な役割を確立することによって,この考えに関する相対主義的な意味合いに反抗しているのである。ハーバーマスの非常に野心的な総合と批判のプログラムが形成されていくにつれて,コミュニケーションとディスクルス（討議［訳注参照］）というテーマが,彼の研究の前面に押し出されるようになった。ハーバーマスは,社会学,人類学,言語学,心理学の経験主義的研究を幅広く援用するが,彼が常に目指すのは,社会の進歩主義的発展と進化の基礎にあるとする「人間性」に対する近代的かつ先端的な解釈を提供することである。ハーバーマスの仕事は,敵味方の双方から,**啓蒙**の起源にまで遡る社会哲学（social philosophy）の伝統を直接継承しているという公正な見方をされている。

　リオタールが『ポストモダンの条件（*The Postmodern Condition: A Report on Knowledge*）』（1979）を上梓した際,その批判の矛先はハーバーマスに向けられた。この著作では,ハーバーマスの野心的な理論構成は（いささか抽象的かつ大雑把ではあるが）**大きな物語**の一つにしか過ぎないと一貫して見なされている。リオタールは,イデオロギーの正体を暴くことの必要性に対するハーバーマスの固執と,来るべきよりよい社会を作ることにおける貢献度という見地から社会的諸関係を評価すべきだとする彼の主張に特に異議を唱えている。

　ハーバーマスの非常に良く練られた理論構成は,ディスクルスの位相や社会を形

成するさまざまな構造と行動様式の相互関係の微細な差異を詳細に扱っている。しかし，ハーバーマスは，科学における**正統化**（正当化）の問題と政治機構に関する正統性の問題間の結びつきを（どれほど媒介されているにしても）維持している点において，**ポストモダニズム**の批評家たちから非難されている。社会的関係が，いかにしてなぜ批判されうるのかということを考える時，ハーバーマスはつねに「何の名において」という問いを第一に考えている。その問いに対するハーバーマスの答えには，潜在的な（あるいは理念的な）合意の概念が含まれている。ハーバーマスの思想に真剣に取り組むには，彼がこのような大変抽象的な概念に与えている方法論的あるいは認識論的地位について非常に厳密な姿勢をとることが要求される。しかしながら，現在行われているアカデミックな議論の場では，このような理論上の微妙な差異は無視されている。

ハーバーマスの理論上のプロジェクトは，「全体化しようとする」哲学的伝統というものの受け入れがたい遺物として，また，テロリズム（恐怖政治主義）的ではないにしてもコンフォーミズム（体制順応主義）的維持安定策としては都合の良い合意の理想形であるとして，ことごとくリオタールから拒絶されている。ポストモダニズムの批評家たちによって特別な取り扱いを受けるはめになってしまったハーバーマスは，そのお返しとして彼の批判者のみならず，彼がポストモダニズムのなかに見る非合理主義的傾向，ニヒリスト的傾向，新保守主義的傾向を相手に一貫した批判的論争をくり広げている。ハーバーマスは，首尾一貫してポストモダニズムの批評家たちの仰々しい主張に対しては懐疑的であり，彼らの極端なまでの懐疑主義に対して深い不信感を抱いている。ハーバーマスの見るポストモダニズム理論における欠点と危険性に関する彼の最も一貫しておりそして実質的な見解は，『近代の哲学的ディスクルス（*Philosophical Discourse of Modernity*）』（1985）についての12の講義の中で明示される。

ハーバーマスの師であるアドルノは，**モダニティ**の理論には根本的な欠陥があり，それにより支配が生じるのは避けられない運命であるとの考えを持っていた。ハーバーマスにしてみれば，「道具的理性（instrumental reason; Zweckrationalität)」の特定の諸形態による近代世界における支配は，歴史的必然性がないのである。彼は，人道的な集団生活は革新的な方向性を生み出し互恵的で強制のない平等主義的な日常のコミュニケーションというもろい形態に依存している，という確信を持ち続けている。ハーバーマス自身による自らの基本的な着想の絶え間ない再公式化は，彼がアメリカにおけるプラグマティズム（American Pragmatism）の伝統の中心的テーマに共感を覚えているということをより明確に表している。C・S・パース同様に，ハーバーマスが理論を構築することによって成した多大な研究業績は，社会というものは絶対的始まりも終わりもなく探求者たちの自己修復する批評的共同体（critical community）である，というヴィジョンに支えられているのである。

【訳注】
☆ディスクルス：ハーバーマスの考えるディスクルス（討議）においては，「当事者がすべて参加し，それまで経験的に妥当してきたものの効力を停止し，各人が妥当要求を掲げて自己主張し，より良き論拠だけを権威として認める。討議には，理論的討議，実践的討議，治療的討議の三種がある」。（中岡成文『ハーバーマス—コミュニケーション行為』現代思想の冒険者たち第27巻（講談社）より）

【参考文献】
・ハーバーマス『認識と関心』奥山次良・八木橋貢・渡辺祐邦訳，未来社。
・ハーバーマス『晩期資本主義における正統化の諸問題』細谷貞雄訳，岩波書店。
・ハーバーマス『近代の哲学的ディスクルス』（Ⅰ）（Ⅱ）三島憲一・轡田収・木前利秋・大貫敦子訳，岩波書店。
・ハーバーマス『史的唯物論の再構成』清水多吉監訳，法政大学出版局。
・リオタール『ポストモダンの条件—知・社会・言語ゲーム』小林康夫訳，水声社。

ハラウェイ，ダナ　　Haraway, Donna　　1944-

カルチュラルサイエンティスト・哲学者

ダナ・ハラウェイは，自然とテクノ＝サイエンスに対するフェミニズム的アプローチの考案に率先して取り組んできた。彼女の仕事は，ますます人気の高い分野になりつつあるテクノ理論（科学技術的発展が**主体**と社会の双方に与えるインパクトの分析を試みる学問）の基礎を形作るものである。

　フェミニストとしてハラウェイは，起源とアイデンティティの場，特に女性のアイデンティティの場としての自然という伝統的な仮説に挑戦することに関心を抱いている。彼女は，女性の主体性を階級，人種，政治に依存するものと考え，それゆえに「自然」と同じく議論の余地のない「当たり前のもの」としてよりも社会と歴史の産物として描き出そうとしている。彼女はまた，自然を科学技術（テクノロジー）と対立する**他者**とする二項対立的分裂を，「新しい可能性を開くためにそれぞれの用語を攪乱させる」意図を持って崩壊させようと試みる。

　しかしながら，ハラウェイは，たとえこの二元論を「攪乱」させてもそれを完全には捨て去らず，その代わりにそれをアイロニックでかつ人騒がせな方法で将来のヴィジョンとして見続けるのである。彼女は，自然の「自然性（naturalness）」を信用していないかもしれない。だが，依然として彼女は，さまざまな人間や視点を結ぶ共通基盤を形成する場として使用可能な力強い言説（ディスクール）として，自然の重要性を主張する。このような結びつけ方は，つねに部分的で矛盾含みであるが故に，差異を抹消して全体主義的権力として働くテクノ＝サイエンスの持つ傾向を崩壊させるのである。

　このコンテクストにおいて，類似性と差異の作用によって他者に結びつけられる複合的かつ屈折した主体性というハラウェイの概念は，テクノ＝サイエンスが人間

の生体（その諸体系は，機械の諸体系と同様に技術の介在によって精密に描き出され修繕され複製されることが可能である）に対して持っている図式的概念に異論を唱えようと試みている。ハラウェイの思想の最も良く知られた要素は，自然（nature）／テクノロジーの対決という両極性を超越するアイデンティティの概念を提供する点にある。拒絶と専有化の間で宙吊りにされて，そのような二元論の間に存在することが，ハラウェイの「**サイボーグ**」的主体の立場に関する最も有名な定義である。彼女の論文「サイボーグ宣言（Cyborg Manifesto）」は最初は1985年に出版されたが，現在でも彼女の最も良く知られた一編となっている。ハラウェイにとって，完全に自然でも人工的でもないサイボーグこそが，自然をテクノ文化から分離させる境界線の位置を定めることがますます難しくなりつつある**ポストモダニズム的状況**を身体化＝具現（embodiment）しているのである。

ハラウェイのサイボーグという概念は，字義的また隠喩的（メタフォリカル）なレベルの双方で作用する。今この状況においてわれわれは，全員がハイテク社会の操作に免れがたく従属しており，それゆえにサイボーグなのである。しかしながら，サイボーグは強力な想像上の概念としても作用し，「ＳＦ的なムーヴ（仕方）」で存在の新しい可能性と秩序を予見できる方法として機能することができるのである。隠喩（メタファー）としては，アイロニックかつ部分的な意味，矛盾する自己，対立する概念同士のラディカルな融合，歴史的プロセスから逃れることの不可能性，を表している。

ますます人気は高まっているものの，ハラウェイの思想は何人かのフェミニストたちから攻撃されている。彼女たちは，ハラウェイがポストモダニズム理論の高みから働きかけるので，フェミニズム的闘争の社会政治的意識に基づいたイデオロギー理論に欠ける，という風に見なしている。その返答として，ハラウェイは，理論が「現実に身体をもつこと（corporeality）」を訴える。ハラウェイにとって理論とは，「生きている身体から隔たっている事柄についてのことではない。全く正反対である。理論とは決して身体から分離されているものではないのである」。

【参考文献】
・ハラウェイ「サイボーグ宣言」小谷真理訳，『サイボーグ・フェミニズム　増補新版』（巽孝之編，水声社［初版はトレヴィル］）所収。『猿と女とサイボーグ――自然の再発明』（高橋さきの訳，青土社）所収。

パラダイム・シフト　　paradigm shift

トマス・クーンの著作において，パラダイムというのは，そのなかで科学的研究が行われる，ある時代の思考の枠組みである。したがって，科学者は，その時点において受け入れられている諸理論やそれらによって規定された実践モデルによって定められたガイドラインのなかで研究することを，制度あるいは同じ専門分野の研究者によって強制される。これは，クーンが通常科学（normal science）と呼ぶもの

である。しかし，ある時点において受け入れられている理論によって必ずしも説明できない変則を生み出すのが科学的実験の性質である。そして，そのような事例が頻繁に起きると科学は危機的状態に陥る。それを切り抜ける唯一の方法は新しいパラダイムの創造である。その新しいパラダイムは，通例古いパラダイムとは通約不可能（**通約不可能性**［共約不可能性］を参照のこと）であり，そういう場合にパラダイム・シフト，すなわちパースペクティヴのラディカルな変化という言葉を用いるのである。クーンによれば，プトレマイオス天文学からコペルニクス天文学への（すなわち，地球中心の宇宙から太陽中心の宇宙への）転回は，古典的パラダイム・シフトの例であり，人は一つあるいはもう一つの理論だけを信じ両方を信じることはない。

クーンの理論は科学の外でも応用可能であり，今では文化的パラダイム・シフトという考えが広く受け入れられている。そのようなシフトの一例が，**モダニティ**から**ポストモダニティ**へのシフトであろう。ただ，ほとんどあらゆるパラダイムのうちにコード化されていると思われる権威主義に挑むことは，つねに，ポストモダニズム的な見解の一部である。一般に，ポストモダニズムの思想家たちは，思想一般の諸枠組みの権威を支持するよりは，その有効性について議論を戦わせることに関心がある。

【参考文献】
・クーン『科学革命の構造』中山茂訳，みすず書房．

ハリー，ピーター　　Halley, Peter　　1953-　　アーティスト

1980年代初期に**ポストモダニズム**の重要な批評的実践者として現れたハリーは，ニューヨークにおける**ネオ・ジオ**すなわち**シミュレーショニズム**のムーブメントのなかで最も際だった影響力を持っていた人物であり，**フーコー**や**ボードリヤール**の理論への理解を通して**モダニズム**における形式上の特性を読み取ってきた。古典的なモダニズムの抽象主義に見受けられる透明感のある対称性あるいは非対称性の純粋性の代わりに，1980年代を通して，ハリーは自らの幾何学を暖かみのない荒涼とした構成の中に閉じこめた。このような絵画には，叙情的なもの，優雅なもの，あるいは明るいものは何もない。仮に彼が超越主義的な抽象表現主義のトレードマーク（空間における叙情的感覚，劇的な色彩面の強調，それに**崇高**を連想させる構図法）を配置したとしても，彼の作品の中には形而上的な形跡はない。ハリーの匿名的で抽象的なシミュレーションでは，陽気さは疎外感に取って代わられている。1983年に発表され多大な影響を及ぼしたエッセイ「絵画に関するメモ（Notes on Painting）」のなかで，彼はこの戦略について説明している。

　　たとえ私の作品が見かけは幾何学的に見えたとしても，その意味は以前の幾何学的抽象芸術のそれとは正反対のものを意図している。私は，ミニマリズム，

カラーフィールドの絵画（訳注参照），構成主義などの記号体系を，それらの起源の社会学的基本原理を明らかにするために利用しようと思った。フーコーから知識を得た私は，四角の中に監獄を見る。現代社会の神話の背後には覆い隠された「セル（監房）」と「導管」のネットワークをも見るのである。

　ハリーは，幾何学的抽象芸術の視覚的理論のなかに，周囲を一望できる塔を中心として円環状に独房や処刑場が配置された19世紀の刑務所の様式であるパノプティコン（一望監視施設）の空間的秩序を見出す。フーコーの理論に従って，ハリーはパノプティコンのなかに権力の新しい幾何学を見る。そこでは，視覚（vision）が支配の統治様式，多数の制度化された官僚的な空間に適用される権威の形態となるのである。このことから，彼は，分節化（articulation）のあらゆるレベルにおいて，幾何学的構造は監視，可視性，そして空間的秩序に基づいた社会システムの規律的かつ組織的理論と深く関わっている，と主張するようになる。

　ハリーは，モダンアートが地球規模のテクノクラート的文化機能に完全に迎合していると信じている。そのために，彼のネオ・ジオすなわちシミュレーショニズム的な作品は，絵画というよりは，むしろ絵画の手本である。それらは，ポストモダニズム的社会組織の有機的営みのなかの権力，知識，情報の流れを記録する。それらは，世の中での経験は人生のシミュレーションや複製によって作り出されていると主張しているのである。ボードリヤールは，シミュレーションの「図像（iconography）」を制作することによって自分の理論を利用しようと企てるような人物がいることにショックを受け，ハリーのプロジェクトを弾劾した。しかしながら，ハリーの監視に対する興味から推察するに，ハリーはつねにフーコーの著作の方に強い関心を持っていた。シミュレーションを表現することは不可能であるというボードリヤールのもっともな主張はさておき，たとえシミュレーションの表現が可能であるにしても，なぜハリーはこのような表象がシミュレーションに対して「批評的」になりえると信じているのだろうか，ということも付け足しておいた方がいいかもしれない。ハリーはこう主張するであろう。たとえ急激に変化する制度化された諸プロセスの複合体についての包括的な知識を作り出すことは不可能であるにしても，われわれは，われわれの社会システムの重要な構造，実践，空間を明確に描き出し続けなければならない。なぜなら，芸術の役割は権力と知識の相互作用を記録することにあるのだから，と。

【訳注】
☆カラーフィールド：アメリカにおいて1960年代に現れた抽象絵画の様式。色彩の彩度や明度をモノクロであるいは数少ない色で微妙に表現する。

パーリア，カミール　　Paglia, Camille　　1947-　　理論家・評論家

自称「文学界のアマゾネス」であるカミール・パーリアが悪名高いのは，その知的

業績というよりは、マスコミの見出し語になってしまうような論争好きな性格が原因である。彼女は、**ラカン**、**デリダ**、**フーコー**などのフランスの理論家の強硬な反対者である点において、また、主流のフェミニズムと敵対的な関係にある点において注目すべきである。彼女は、フランスの理論家たちが「硬直した外来のイデオロギー」によってヒューマニズム的諸学問を踏みにじってしまったと信じ、また、最も有名な主流フェミニズムの論客を頻繁に熱心に攻撃する。たぶん、この点における彼女の論敵で最も良く知られているのは、グロリア・スタイネムだろう。雑誌『ヴァニティ・フェア（*Vanity Fair*）』のインタビューで、パーリアは、「贅沢な生活に溺れ、フェミニズムの議論の進展を妨げる、私たちの時代のスターリン」になったとスタイネムを非難する。パーリアによれば、フェミニストとは、「官能性と性を喪失した神経症的な女性であり、自らの性に関する問題を社会のせいにして、偽善的な言葉やたわ言やでたらめな話という不味い食事を提供する」のである。また、この点に関しては必ずしも一貫してはいないが、パーリアは、自分自身を一種のポストフェミニスト（**ポストフェミニズム**を参照のこと）と考えているようである。すなわち、大学で教え始めるころには自分はすでに主流のフェミニズムの中心的な主張を超えていたと考えたのである。

　パーリアが最初に人々の注目を引いたのは、『性のペルソナ ── 古代エジプトから19世紀末までの芸術とデカダンス（*Sexual Personae: Art and Decadence from Nefertiti to Emily Dickinson*）』を刊行した1990年であった。700ページを超える本書は、大胆な野心と折衷主義をその特徴としており、カノン（正典）的なものをポピュラーなものと、聖なるものを冒瀆的なものと混交させるパーリアの挑発的才能を示す初期の例である。たとえば、エドマンド・スペンサーは、マルキ・ド・サドのずっと昔の先駆者として取り上げられ、二人は「性と自然におけるダイモニズム」（訳注参照）を共有するとされる。本書におけるパーリアの究極的な意図は、「両性は同じものであるという見せかけを放棄する必要」を支持することによって男性と女性の間の根本的差異という本質主義的な考えを再要求し、「ジェンダーの過酷な二重性を受け入れること」である。パーリアが主張する世界においては、女性の身体は、月経と懐胎の周期に支配されており、否定できないほど自然のリズムと結びついている。一方で、男性の生理は、身体から離れて外に向く性器によって象徴されており、文化と同一視される。文化は、自然のプロセスを支配し封じ込めようと絶え間なく試みる。

　パーリアは、自然を公平に扱うために、男性的なカテゴリー化と支配をあくまで逃れる強力で根源的な力として自然を描こうとする。だが、この種の思想の危険さは、「デート・レイプ」を明白に弁護する際の彼女の熱狂振りが完璧に例証している。「デート・レイプ」は、1994年刊行のエッセイ集『セックス、アート、アメ

リカンカルチャー（*Sex, Art and American Culture*）』を支配するテーマである。パーリアは，デート・レイプは若い女性に両性は同じものであり同じ権利を有すると教える混迷したリベラル・フェミニズム的な思考の必然的結果である，と断言する。男性の心のなかで攻撃とエロティシズムが分かちがたく絡み合っていることを無視しているので，そのようなリベラル・フェミニズム的考えには根本的に欠陥がある，と彼女は論じる。したがって，男性と二人きりのときは，女性は，危険を意識すべきであり，避けられない接近に対して自己防衛するか受け入れるかの覚悟をすべきである。レイピストの罪をゆるすわけではないが，レイプというのは，女性も平等に責めを負うべき出来事なのである。いぜんとして表向きはレイプを犯罪的行為と見なしているが，パーリアは，しばしば危険にも口をすべらせ「すべての女は本当はそれを望んでいる」的なスタンスをほとんど支持してしまうこともある。たとえば，『セックス，アート，アメリカンカルチャー』に再録されたインタビューでは「ほとんどの女性は誘惑されたがっている」と主張している。

　正真正銘の信念あるいは知的努力からというよりは自己宣伝熱から発するようにしばしば見えるこのような発言は，パーリアの人気をそいでいる。たとえば，『セックス，アート，アメリカンカルチャー』の特徴は，エッセイやインタビューだけではなく彼女が有名になった経緯を収録していることである（訳注：最後の「メディア・ヒストリー」という章を指す）。その結果，主流フェミニズムと主流理論に対する彼女の非難は，おそらく自分より有名で評判が高い学問的なライバルに対する苛立ちだと解釈できるだろう。さらに書けば，バイセクシュアリティへの支持とともに彼女が公にする野心と攻撃的率直さは，自らが推進する思想をまさに否定するおそれがある。というのは，他の女性には推奨する「自然な」女性性という考えと一致していないことは確実だからである。それにもかかわらず，刺激的なレトリックと果てしない自己演出の下には，正統的なアカデミズムやイデオロギーを容赦なく問いただすという点において注目に値する仕事が存在しているのである。

【訳注】
☆ダイモニズム（daemonism）：神性の低い神を指すギリシャ語に由来すること，ならびにキリスト教的な悪魔性ではなく自然性を強調して，パーリアは，デーモニズム（demonism）ではなくダイモニズムを用いる。（『性のペルソナ』を参照のこと）

【参考文献】
・パーリア『性のペルソナ ─ 古代エジプトから19世紀末までの芸術とデカダンス』（上）（下）鈴木晶ほか訳，河出書房新社。
・パーリア『セックス，アート，アメリカンカルチャー』野中邦子訳，河出書房新社。

バーリン，アイザイア　　Berlin, Isaiah　　1906-97　　哲学者

思想や信仰が対立するところには，対立するものの違いを和解させるか，あるいは，

どちらかを選ぶ何らかの方法（上訴裁判所とか，全てを包含するシステムのような方法）があると多くの人々は信じている。**リオタールやボードリヤールのようなポストモダニズムの思想家たちは，素晴らしい和解をもたらすことのできるメタ物語**へのこういった熱望を拒絶する。これらの統合的システムの代わりに，ポストモダニズムは**多元主義を支持し，差異を賛美する**。この考えは，より風変わりなポストモダニズムの理論家たちのなかの誰かによってではなく，偉大な思想史家であり政治的自由主義の擁護者であるアイザイア・バーリンというどちらかといえば冷静沈着で古風な人物によって，最も首尾一貫し力強い表現を与えられた。

　バーリンにとって，人間存在の中心的事実は，われわれはみな異なるものを欲しがるということである。われわれが持つさまざまな目的，野心，必要，欲望は決して一致することはない。バーリンの「自由主義」は，社会は多元的でなくてはならない，そして人間の諸価値観の混乱を脱して単純な世界へと進むことを説いたり正当化することはできないという認識に基づいている。人間であるということは異なるということである。バーリンの多元主義は，人間の本質は唯一つしかないという考えの拒絶から来ている。バーリンにとって，人々は，特定の文化や時代に固有の影響の非常に複雑な網の目から作られるものである。そして，彼は，ヴィーコやヘルダーなど，この固有性を認めていた思想家たちをつねに擁護した。ジャンバッティスタ・ヴィーコ（訳注：1668-1744　イタリアの歴史哲学者）は，過去の歴史の時代に生きた人々のさまざまな思いを理解するのに必要な，想像の飛躍を実践したパイオニアの一人だった。ヨハン・ゴットフリード・フォン・ヘルダー（訳注：1744-1803　ドイツの哲学者・作家）は，ヴィーコの見識を更に進め，別個の地理，歴史，言語，神話によって形成される，同時代の異なる諸文化の特異性を強調した。バーリンは気質的には**啓蒙**の人であるが，「反啓蒙主義（counter-Enlightenment）」のこれらの人物の思想は人類の単一性と進歩の必然性への合理主義的信仰に対する必要な矯正策である，と感じていた。

　バーリンにとって，われわれは時代の産物である。だが，彼は，人間の**主体**に対して（限られた）選択の自由の余地を残す。「歴史の必然性（Historical Inevitability）」という論文（『自由論［*Four Essays on Liberty*］』［1969］所収）において，この自由がなかったなら，道徳というわれわれの概念，われわれの法のシステムも歴史観も意味を持たないであろう，と彼は論じている。自由選択の要素を導入することは，人類の歴史に対する歴史主義的・決定論的説明を捨てることを意味する。過去，偉大な指導者たちの行動が歴史を変えた時代があった。そしてそのような諸行動は，少なくとも部分的には自由選択の結果だった。したがって，歴史には基本計画も決まったパターンもないのである。

　アイザイア・バーリンは，第二次世界大戦以降，リベラリズムにおいて最も影響力のある理論家の一人であった。彼の影響は，哲学の専門家たちの間よりも，文化

的言説（ディスクール）というより大きな世界で感じられる。彼の自由主義は，フリードマン，ハイエク，ノージックのような新しいリベラリストたち（訳注：3人とも20世紀初頭に生まれた英米の経済学者もしくは思想家）よりも思いやりがあり，概念的にも豊かであるが，そのために，1970年代と80年代には少し時代遅れに見えるようになった。しかし，バーリンは，様々な価値観の持つ**通約不可能性**（共約不可能性）を信じ，また，完璧で文化横断的な理性という啓蒙の目標を達成する可能性を否定する。このような姿勢ゆえに，バーリンは現代思想の先頭に立つ人物と見られるのである。

【参考文献】
・バーリン『自由論』小川晃一ほか訳，みすず書房．
・バーリン『ヴィーコとヘルダー ── 理念の歴史』小池銈訳，みすず書房．
・バーリン「反啓蒙主義」三辺博之訳，福田歓一・河合秀和編『バーリン選集』3（岩波書店）所収．
・バーリン『バーリン ロマン主義講義』田中治男訳，岩波書店．

バルト，ロラン　　Barthes, Roland　　1915-80　　文化批評家

ロラン・バルトは，その経歴の諸段階において異なった姿でわれわれの前に現れる。**マルクス主義**の文学批評家として現れる時，彼は優雅にブルジョアの竜を退治し，**記号論者**の時はポピュラー・カルチャーの人工物に潜むさまざまな意味を慎重に暴き出す。**構造主義者**の時は人間社会の「科学的」分析に専念し，また戯れ好きな**ポスト構造主義者**の時は**テクスト**の性的快楽にも似た諸快楽を称える。

　初期のバルトの最も重要な仕事であり，たぶん，今でも最も影響力のあるテクストは，現代フランス文化に対する一連の考察である。元々1954年から56年にかけて雑誌『レットル・ヌーヴェル（*Les Lettres nouvelles*）』に書かれたもので，長い理論的評論を加えて1957年に『神話作用（*Mythodologies*）』として出版された。これらの諸論において，バルトは，一見すると自然で罪のないものの背後に，いかに人種差別や性差別や植民地主義が潜んでいるかを示している。バルトは，ポピュラー・カルチャーに真剣な関心を持った最初の理論家の一人である。「偉大な」小説や演劇のために従来は取っておかれたその種の批評的考察が自動車の広告やスポーツまたは連続ドラマに対して行われる際には，つねに『神話作用』の影響が見受けられる。

　『神話作用』は，記号学，つまりフェルディナン・ド・ソシュールが予見した「記号の科学（science of signs）」における一つの実践である。記号学は，1950年代と60年代のフランスのインテリを支配した偉大な構造主義の主要構成要素の一つであった。それは，意味を持つ人間の諸活動を形作り決定する諸構造を見出す試みであった。本格的な構造分析に対するバルトの最も持続的な試みは『モードの体系（*The Fashion System*）』（1967）である。バルトはファッション雑誌のなかの写真に

添えられているキャプション（訳注：写真の説明文）を考察分野に選び，ファッションの「文法」を構築し，意味が生成される異った諸レベルを例示する。

しかしながら，『モードの体系』の科学的構造主義そのものが，出版された時にはすでに時代遅れであった。ジャック・**デリダ**とジュリア・**クリステヴァ**のポスト構造主義は，ソシュールの記号の恣意性に対する洞察を極端なところまで推し進め，シニフィアンの無限の戯れの中に究極的な意味を発見しようといういかなる試みも破壊してしまったのである。バルトは，自分が採っていた方法論に対するこれらの批判を真摯に受けとめた。その結果，1960年代後半と70年代のバルトの著作物は，彼自身の言葉で言うところの「科学性の夢」からの突然の目覚めを具体的に示すものとなった。後期のバルトの最も印象的な仕事は，バルザック作の一つの短編小説の驚くべき分析である『Ｓ／Ｚ（*S/Z*）』(1970) である。バルトの論証によれば，「リアリズム」を志向するテクストでさえつねに他のテクストから編み出されており，現実像ではなく，文化的にありふれた諸事や引用的および引用の引用的な観察所見の寄せ集めを表象（再現）しているのである。バルトは，読者が受動的な消費者である19世紀の有名なブルジョア小説に代表されるフランス語のlisibleすなわち読みうる古典と，読者が能動的な生産者であるscriptibleすなわち書きうるテクストとを対比している。

1973年に出版された『テクストの快楽（*The Pleasure of the Text*)』でバルトは，「読書のエロティシズム」と呼ばれるものを展開する。『Ｓ／Ｚ』において示された書きうるものと読みうるものの間の対比は（**読みうるテクストと書きうるテクスト**を参照のこと），プレジール（快楽）とジュイサンス（悦楽）という読者によって体験される二種類の感覚に置き換えられている。プレジールをもたらすテクストは，知性，**アイロニー**，繊細さ，幸福感，精通，安全といった古典的小説の伝統的よろこびを与えてくれる。ジュイサンス，すなわちエクスタシーは，予期せぬことによる衝撃であり，それにより読者の心地良さは破壊され，言語に裂け目が生じるのである。バルトは，プレジールとジュイサンスを兼ね備えているテクストという興味をそそる可能性を示唆している。つまり，古典的作品が分別を失わせるようなエロティックなスリルによってかき乱されたり，**モダニズム**のアヴァンギャルドな作品が衝撃を与えるだけでなく読みうるものになることもあるというのである。

バルトが存命中に出版した最後の三つのテクストは，皆極めて個人的なものである。『彼自身によるロラン・バルト（*Roland Barthes by Roland Barthes*）』(1975) は風変わりな自叙伝である。そのなかで作者であるバルトは，自らが過去に熱狂したものを穏やかにあざ笑っている。『恋愛のディスクール（*A Lover's Discourse*）』(1977) は，恋愛のことばを一種小説的な激しさと集中をもって分析する。『明るい部屋（*Camera Lucida*）』(1980) は，写真撮影の現象学という理論的仕事でもあり，また自らの母親との関係を個人的に探ったものでもある。『明るい部屋』でバルト

は，写真は言語には不可能な方法で「現実の」世界にわれわれを近づけることを示唆する。われわれは，言語を超えたある意味そして真理という，意味以上のものを与えられる。これは，それまでつねに一元的な真理または固定した意味を否定してきたバルトにとって全くの方向転換に見える。

『神話作用』を別にすれば，バルトは悪名高い1968年の論文「**作者の死**（The Death of the Author）」によって最も知られている。バルトは，テクストの意味に対して特権的位置を占める者としての**作者**という概念，つまり作者の意図が意味を決定するという考えはもはや有効ではないと論じた。テクストは「無数の文化という源から生じた引用の織物」であり，作者の死を認めることによってわれわれは新たに意味の生成者として生まれ変わった読者に考察の目を向けることになる。

【参考文献】
・バルト『神話作用』篠沢秀夫訳，現代思潮社．
・バルト『モードの体系――その言語表現による記号学的分析』佐藤信夫訳，みすず書房．
・バルト『S／Z――バルザック「サラジーヌ」の構造分析』沢崎浩平訳，みすず書房．
・バルト『テクストの快楽』沢崎浩平訳，みすず書房．
・バルト『彼自身によるロラン・バルト』佐藤信夫訳，みすず書房．
・バルト『恋愛のディスクール・断章』三好郁朗訳．みすず書房．
・バルト『明るい部屋――写真についての覚書』花輪光訳，みすず書房．
・バルト「作者の死」，『物語の構造分析』（花輪光訳，みすず書房）所収．
・バルト「作品からテクストへ」，『物語の構造分析』（花輪光訳，みすず書房）所収．

バンヴィル，ジョン　　Banville, John　　1945-　　小説家

第一線で活躍中のアイルランド人小説家だと多くの人々が考えるバンヴィルの作品は，現代の文学批評にとって重要な諸問題や諸概念を批評的な方法によって明らかにする．彼が取り上げる一連の問題や概念は，例えば，**ポスト植民地主義**と**ポストモダニズム**，テクスト性としての歴史，美学に対する道徳の関係，小説自体の本質である．現代ヨーロッパの西の端からという意識を持って書かれている彼の作品は，彼が関心を持つ三つの重なり合う領域に分けられる．第一に，彼はプロテスタントの支配者階級の所有する「大邸宅（big house）」にまつわる神話を探究する小説を書いている．『樺の森（*Birchwood*）』(1973)，『ニュートンの手紙（*The Newton Letter*）』(1981)，『メフィスト（*Mefisto*）』(1986)，『証拠の本（*The Book of Evidence*）』(1989)，『幽霊たち（*Ghosts*）』(1993)では，植民者の家は，道徳と精神の腐敗，政治的圧制と孤立を表している．第二に，一連のメタフィクションの歴史小説では知の美学を扱っている．『コペルニクス博士（*Doctor Copernicus*）』(1976)，『ケプラーの憂鬱（*Kepler*）』(1981)，『メフィスト』，『ニュートンの手紙』は，トーマス・クーンの科学革命の概念を参考にしつつ，歴史小説自体のさまざま

な限界に挑戦している。これらの小説の壮大なテーマは,近代的現実感が科学によって形成されたことに他ならない。最後に,『証拠の本』,『幽霊たち』,『アテナ (*Athena*)』(1995) は,偶然起きた殺人と盗まれた一枚の絵画の間にある関係を通して,判断力の問題を芸術,批評,法の観点から探究している。

「真実」が人間の作り出したものであるという発見は多くのポストモダニズムの哲学に通じるものである。だが,バンヴィル自身その事実を手放しに賞賛していない。彼の小説は,巨大な暗黒の空間をめぐる絶望的な言語ゲームである。彼の第二作目の小説『夜の落とし子 (*Nightspawn*)』(1971) は,「私は言葉が好きで,死を嫌悪している。これ以上何もない。(I love words and I hate death. Beyond this, nothing.)」という文で終わっている。

【参考文献】
・バンヴィル『コペルニクス博士』斎藤兆史訳,白水社。
・バンヴィル『ケプラーの憂鬱』高橋和久・小熊令子訳,工作舎。

反基礎づけ主義　　antifoundationalism

誰かが作った考えや思想の体系の根拠に異議を唱えれば,それは反基礎づけ主義的な行為である。**ポスト構造主義やポストモダニズム**の思想家たちは,反基礎づけ主義の立場を意識的にとる傾向がある。その適例である**デリダ**は,アイデンティティの法則［同一律］(ものはそのもの自体に等しい,A = A,という法則) の有効性を疑い,議論の余地はあるが,西洋における思想や議論の基礎そのものを問題にしている。その基本的問題は,思想のあらゆる体系,すなわち,何らかの (真偽や善悪などの) 価値判断をしようとする体系というものは,起点や最初の前提 (例えば,A = Aという前提) を必要とし,その体系は当然で何の疑いも持たれないものになるということである。反基礎づけ主義者は,その起点自体もそれに先立つ前提が必要であるということを指摘する。しかしながら,ポスト構造主義もポストモダニズムも,西洋哲学の歴史において過去にすでに述べられた立場の単に極端なものにすぎない。18世紀の哲学者のデイヴィッド・ヒュームのような懐疑論者は一般に,反基礎づけ主義的傾向がある。というのは,懐疑論者たちは,自分たちに反論する人が言うことの内容よりも,反論する人がする価値判断の正当性の権威の根拠の方により強い関心を示していたからである。近年の反基礎づけ主義は,基礎づけ主義はその意図において権威主義的であると主張し,体制や支配層に対する批判のスローガンになっている。

反本質主義　　anti-essentialism

ポストモダニズムの思想家たちは,自らのことをつねに反本質主義者と説明する。反本質主義とは,真理,意味,自己あるいは**アイデンティティ**といった事象には何

らかの本質があるという考えを拒否することを意味する。伝統的哲学は，アイデンティティの法則［同一律］（A = A，すなわち，ものはそのもの自体に等しい，という法則）などの論理的公式を根拠とする絶対的真理のようなものがあると信じている点において，本質主義的と解釈される。この法則は，ポストモダニズムの思想家たちによって批判されている。ポストモダニズムの思想家たちは，その法則はつねに有効というわけではないことを主張する。（例えば，ものはそれが時間の流れとともに継続的に変化をするのならば，そのもの自体と同一ではないこともある。）伝統的哲学はまた（「我思う，故に我あり」と書いて，精神が自己の本質であるとしたデカルトの場合のように）本質的自己を断定する傾向があり，ポストモダニズムはその傾向に対し，アイデンディティの問題と同様に異議を唱えている。実際，自己はポストモダニズム思想においては非常に流動的な存在だと考えられており，特にフェミニズム界では，本質主義的な自己という考え方は家父長制抑圧の一部としてみなされている。

ひ

否定弁証法 negative dialectics

『否定弁証法 (*Negative Dialectics*)』(1966) は，アドルノが自分の哲学の大作に付けたタイトルである。この大いに野心的な著作は，アドルノが西洋哲学の伝統と捉えた遺産（これは，ギリシャ古典から**ヘーゲル**や**マルクス**に至る）の集大成およびその**ディコンストラクション**（脱構築）の両方を含んでいる。否定弁証法は，特に，ヘーゲルの弁証法哲学が達成したものを前提とし，取り入れている。それと同時に，アドルノは，一定の距離を置いてヘーゲルの思想を捉えようとしており，実際に，徹底的にディコンストラクションしようとしているのである。ヘーゲルの哲学は，徹底的に歴史的である。ヘーゲル哲学は，哲学によって反映されるような世界の全歴史を構成してきた観念や原理を歴史的に要約することを通して自らの体系を構築する。ヘーゲルの思想が弁証法的なのは，全体と部分，統一と差異，個人と社会，特異性と全体性の和解をもたらしている点においてである。アドルノはこれらヘーゲルの用語で思考する必要を認めているが，それは後期資本主義においては世界が統合された全体性という特質を帯びる傾向があるからである。他方でアドルノは弁証法が徹底的に「否定的」である必要を主張しているが，それは弁証法が「管理された世界」の統合化における（社会的）圧制や（個人の）抑圧の広がりに敏感であるべきだという意味においてである。

　思想が自らのうちに存在する全体主義的傾向に屈することなく全体性を構成する諸関係を考察しうるためには，否定弁証法が必要とされる。アドルノは，ヘーゲルの権威的言明の多くを転倒させている。全体のみが真であるとヘーゲルが考えるところを，アドルノは（自分で見た世界の状態に基づき）「全体は虚偽である」と断言したのである。ヘーゲル的思想に対する批判的緊張を回復するときに，苦難に対する視点 (perspective) を表象できる，とアドルノは考えていた。ヘーゲルの哲学は，「同一性と非同一性との同一性 (the identity of identity and non-identity)」を提示する論理に依存している。否定弁証法は，「非同一的なもの」，すなわち思想によって服従させられるものに誠実であり続けようとするのである。

【参考文献】
・アドルノ『否定弁証法』木田元ほか訳，作品社．

批判理論 critical theory

批判理論は，社会・政治思想家の集団である**フランクフルト学派**と最も密接に関連

する方法論である。この用語自体は，社会・政治現象に対する一貫した，もしくは統一化されたアプローチを示すものではなく，中心となった実践家たちによってさまざまに展開された。**アドルノ**，**ホルクハイマー**，**マルクーゼ**，そして最近では**ユルゲン・ハーバーマス**。彼らの思想の間に違いは存在するが，それにもかかわらず，批判理論は，**マルクス**主義哲学と最も関連が深いという点において基本的に共通している。批判理論家たちは，自分たちの方法を，西欧とアメリカの先進工業化社会における資本主義の支配ならびに旧ソ連と東欧圏におけるマルクス主義の発展の研究に応用する。批判理論の哲学的基盤は，新**ヘーゲル**主義であり，ハンガリー人のマルクス主義者ジェルジ・ルカーチの研究に見出される。**モダニズム**の本質に関してルカーチがアドルノとブレヒトとの間でこの頃に行った論議は，現代生活における美学の役割に関するさまざまな意見がマルクス主義の伝統においてあることを例示している。アドルノのような批判理論家たちは，芸術の一部の局面は自律的だが，文化は一つの産業であるとみなしている。批判理論家たちの仕事の歴史的に重要な時期は，1950年から1970年の間である。その時期にアドルノとホルクハイマーが先頭に立って行った実証主義（オーギュスト・コントと関連のある特に揺るぎない形式の経験主義）批判は，実証主義は社会で起こる出来事の現実的な解釈にはつながらないと結論付けた。批判理論家たちは，経済決定論と史的唯物論がこの点に関して説得力のある総合的な批判を行っていないことを認めている。その代わり，彼ら自身は，社会的諸状況には客観的なものと主観的なものが反映しているので，構造と行為体（agency）の間にある関係を強調するのである。

表象　representation

表象に関するポストモダニズム理論には，多くの形態がある。たとえば，絵画においては，1970年代と80年代に表象の再導入があったと言われている。その再導入された表象には，**アイロニー**，**イリュージョン**，疑念がともなっており，形式よりも内容の方が重要だと考えられた。この絵画におけるポストモダニズム的表象理論は，ドナルド・クスピットやロレンス・アロウェイなどのアメリカの絵画理論家と最も関係が深い。しかし，ヨーロッパ大陸では，表象は，**ポスト構造主義**の哲学者たちによって大変異なった視点から考えられえいる。たとえば，**リオタール**と**デリダ**は，現実を表象することの不可能性を指摘している。リオタールの『ポストモダンの条件（*The Postmodern Condition*）』(1979)（訳注：ただし，ここで言及されている英訳の付録は邦訳では『こどもたちに語るポストモダン』に収録されている）や『文の抗争（*The Differend*）』(1983) は，「現実」そのものの存在を否定する際に，「現出させえないもの（unpresentable）」（あるいは崇高）が存在することを強調する。現出させえないものを表象しようとする試みは，アヴァンギャルド（前衛）芸術家の本質的特徴だと考えられるのである。

デリダによれば，**ディコンストラクション**（脱構築）は，言語の不安定でアンビヴァレントな（両面価値的な）性質に注意を集中するものであり，現実の表象可能性に関しては同じく否定的である。表象に関するディコンストラクション的分析は，**反基礎づけ主義**的志向を持ち，西洋哲学の伝統が一連の「真理」である超越的信念をもたらすという考えを否定する。他方，**フーコー**は，とりわけ諸制度と結びついた権力の表象内への浸透，そして，あるタイプの権力表象が他の諸表象よりも優遇される仕方に注意を喚起する。したがって，表象に関するフーコー的分析は，ジェンダー，人種，階級という問題と非常に直接的な仕方で関わっているのである。左翼的なポストモダニズム諸理論（たとえば，**ボードリヤールやジェイムソン**）によれば，芸術における表象は，資本主義の文化的ヘゲモニーによって不可能にされ続けている

【参考文献】
・リオタール『ポスト・モダンの条件 ― 知・社会・言語ゲーム』小林康夫訳，水声社．
・リオタール『文の抗争』陸井四郎ほか訳，法政大学出版局．
・リオタール「「ポストモダンとは何か？」という問いに対する答え」，『こどもたちに語るポストモダン』（管啓次郎訳，ちくま学芸文庫）所収．
・フーコー『言葉と物』渡辺一民・佐々木明訳，新潮社．

ピンチョン，トマス　　Pynchon, Thomas　　小説家　　1937-

トマス・ラグルズ・ピンチョンは，ニューヨーク州のグレン・コウヴで生まれ，1953年から1955年にかけてイサカのコーネル大学で物理工学そして英文学を学んだ。そして，1950年代に通信隊の一員としてアメリカ海軍に勤務した。また，1960年から1962年の間，シアトルのボーイング社で編集兼執筆者として勤務したこともある。彼の私生活に関しても公的活動に関しても，これ以上のことはほとんど知られていない。1960年代の初期短編小説（『スロー・ラーナー（*Slow Learner*）』[1984]に集められた）が1960年代はじめに刊行されて以来，ピンチョンは，インタビューにも本のサイン会にもめったに応じていない。後に『ヴァインランド（*Vineland*）』(1990) や『メイソン＆ディクソン（*Mason and Dixon*）』(1997) が刊行されるとこの彼の隠棲ぶりがセールス・ポイントにつながった。

その前の三作品『V．(*V.*)』『競売ナンバー49の叫び（*The Crying of Lot 49*）』『重力の虹（*Gravity's Rainbow*）』の評判は，彼に対するマスコミの関心にさらに油を注いだ。これらの作品は，意味を安定させるものとして機能するのではなく広い範囲にわたって意味をばらまく複雑なメタファー（隠喩）に基づいている。視野も広範に渡り，それらの作品には，エレクトロニクス（電子工学），アメリカの郵便制度，情報理論，弾道学，熱力学の第二法則やその他の多くの重要なトピックに対する言及がある。このような百科事典的知識にもかかわらず，ピンチョンは，これら

のばらばらに異なる素材から大きな物語を構築しようという衝動をまねると同時にからかっている。

例えば，『V.』において，ハーバート・ステンシルは，ヨーロッパの歴史の諸瞬間を振り返るが，それは，「V」というニックネームだけが唯一の手がかりの流動的でとらえにくい女性（ステンシルの母の可能性もある）の形跡を求めてのことである。しかし，ステンシルの探求が進行するにつれ，そのダーク・レディは後退して行く。これらのエピソードがさらけだすのは，ステンシルがまとまりのないデータに意味をロールシャッハ検査的に投影していること，そして，彼の中に脈づいているパラノイア（妄想症）である。「V」は「異常なまでにばらまかれた概念」となり，その概念にはジャズ・クラブ「Vノート」，ヴィア・デイ・ヴィチェッテイ (Via dei Vecchietti)，ネズミのヴェロニカ (Veronica) が住んでいる下水道が含まれている。そして，V自身の多様な姿，すなわち，レディV，マルタのヴェロニカ (Veronica)・マンガニーズ，南西アフリカのヴェラ (Vera)・メロヴィングが存在する。

『重力の虹』(1973) は，ときどきポストモダン版『ユリシーズ (*Ulysses*)』と呼ばれるが，十分理由のあることである。両者は探求と過剰という類似したパターンをたどっている。ヨーロッパ戦勝記念日（訳注：第二次大戦における連合軍側勝利の日の1945年5月8日）の後にヨーロッパに滞在しているアメリカ軍中尉タイローン・スロースロップは，第二次世界大戦の終わり頃ドイツ軍によって発射された先進的V2ロケットを見つけるように行動主義心理学者のネッド・ポインツマンによってプログラミングされた。彼は，「シュヴァルツコマンド（黒い軍隊）」と呼ばれるアフリカのエリート・ロケット発射グループを見つけるためにゾーン（密造酒業者，詐欺師，移民が群がる中央ヨーロッパの非武装地帯）を旅して回る。

しかし，ロケットは捉えにくく，また暗示に富んでいる。この小説全体を通して，ロケットは，象徴的な響きをどんどん累積していく。ロケットは，ゼノンの矢，禅の射手の矢，時間の矢，そして時計の時間を示す短針にたとえられている。これらの類似は，それぞれ独立して考えると適切で鋭い。しかし，それらの類似がいっしょになると，結果的に，ロケットをスロースロップの理解がはるかに及ばないものにしてしまう。Vという文字と同じく，そのロケットは多くのもの，多すぎるものでなければならない。最後に，スロースロップは，この情報の過大な重みで散り散りになって崩壊してしまう。彼は，セックスとドラッグの「精神無き快楽 (mindless pleasure)」（小説の仮題であった）を選んで，自らの探求を捨ててしまうのである。

【参考文献】
・ピンチョン『スロー・ラーナー』志村正雄訳，ちくま文庫。
・ピンチョン『ヴァインランド』佐藤良明訳，新潮社。

・ピンチョン『V.』（Ⅰ）（Ⅱ）三宅卓雄ほか訳，国書刊行会。
・ピンチョン『競売ナンバー49の叫び』志村正雄訳，筑摩書房。
・ピンチョン『重力の虹』（Ⅰ）（Ⅱ）越川芳明ほか訳，国書刊行会。
・ジョイス『ユリシーズ』（Ⅰ）（Ⅱ）（Ⅲ）丸谷才一・永川玲二・高松雄一訳，集英社。

ふ

ファイヤアーベント, パウル　Feyerabend, Paul　1924-94　科学哲学者

パウル・ファイヤアーベントは，カール・ポパーとトマス・クーンとともに，20世紀の最も重要な科学哲学者の一人である。彼は，自分のことをポストモダニスト（ポストモダニズムを参照のこと）とは呼ばず，また，実際に，彼が対話をはじめたのはリオタールやフーコーやボードリヤールとではなく，紀元前5世紀のソクラテス以前のギリシャ哲学者たちとであった。だが，ファイヤアーベントの相対主義と不遜でアブのようにうるさい言説スタイルは，どちらもポストモダニズムと深く共鳴するものであった。『方法への挑戦（*Against Method*）』(1975)，『自由人のための知（*Science in a Free Society*）』(1978)，『理性よ，さらば（*A Farewell to Reason*）』(1987) という三つの主要著作において，ファイヤアーベントは，相互に関連がある二つの考えと戦っている。一つは客観的諸真理（科学的，政治的，あるいは倫理的な真理）がこの世の「そこら辺」にあるということ，もう一つは，そのような諸真理を発見する一つの方法があるということである。

ファイヤアーベントは，トマス・クーンの科学に対する歴史的アプローチに，そして後にはミシェル・フーコーの「知の**考古学**」に影響されていた。彼の見解の根底にあるものは，相対主義，すなわち真実はつねに誰かのための真実であるという議論への情熱的な傾倒である。歴史，地理，あるいはイデオロギーによって分けられている異なった諸集団は，世界をとても異なった諸方法によって見る。しばしばそのような諸世界観は，ほとんどあるいは全く共通したものを持たないであろう。客観主義者からすると，それらの諸世界観の相違を融和させられるか，そのどれかに決めてしまうかする方法が必ずあるに違いない。だが，ファイヤアーベントにとっては，「われわれは異なった諸世界観を通約不可能な（**通約不可能性**を参照のこと）ものとしてただ受け入れるべきなのである」。このことは，ファイヤアーベントをかなり予想外の方向へと導くことになった。彼は以下のように論じてきている。人類の起源に関する創造論的見解とダーウィン主義的見解の間に共通の基盤がないならば，どちらも学校で平等な基準に基づいて教えられるべきなのである。

ファイヤアーベントの仕事の多くは，大きな影響力のあるカール・ポパーの科学哲学への一つの回答とみることができる。主要著作『科学的発見の論理（*The Logic of Scientific Discovery*）』におけるポパーの論によれば，科学的な仮説というものは絶対的に正しいとは決して証明されえないのである。われわれは千羽の白鳥を観察するかもしれないが，そのことは，全ての白鳥は白いという理論を完全に証明する

ことは決してできない。他方，観察された最初の黒い白鳥は，その理論を決定的に「反証して」しまう。ポパーは，この基本的な洞察から以下のように論じる。科学者たちは，新しくラディカルな諸理論を作りあげ，そしてそれを反証するということに時を費やすべきである。このモデルに基づき，科学は，一連の推測と反証を通じて進歩し，偉大な科学者たちによってなされた想像的な飛躍によって推進されていくのである。ポパーの理論では実証的な真理は幻想にとどまっているにもかかわらず，彼は，ある現実主義的・客観主義的ポジションを保持する。すなわち，現実の世界はそこに広がっているのであり，科学者の仕事とはそれを明らかにすることだからだ。

『方法への挑戦』において，ファイヤアーベントは，他の全ての実証主義的・経験主義的な科学観を拒絶するのと同様に，ポパーの反証主義の現実主義と客観主義を拒絶する。ファイヤアーベントが論じるところでは，科学者たちは，いろいろなときに，他の非合理な諸領域からの諸概念や諸アプローチをしばしば導入しながら多くの異なる方法を利用してきた。この異種混交性なしでは「進歩」などなかったであろう。科学の体制によって拒否された周縁的理論がより人口に膾炙したライバル理論よりもうまくゆくものであることが証明されるということが，あまりにも多く起こっている。したがって，科学は，反証主義的アプローチに内在する排他性ではなく**多元主義**を必要としているのだ。「どれだけもっともらしく見えようと，どんなに認識論的に固い根拠があろうとも，いつか破られることのないたった一つの規則などというものはない」と彼は書いている。科学者たちが何をなすべきかに関する厳密な諸定義は，現実の科学者たちが実際に行っていることと適合しないのである。

ファイヤアーベントは，「大きな」科学という政府から資金援助を得た強大な諸計画（原子力，宇宙計画，ヒトゲノム・プロジェクト）を拒絶する。フーコーにならい，彼は，規制し管理するためにエリートたちによって行使される権力の問題にすぎない，とこれらを解釈している。権力の代わりに彼が提案するのは，科学は局地的問題を解決するか，あるいは社会全体の富と福祉を増進する方法であるべきだということである。

過激な政治的活動，はなばなしい議論のスタイル，読みやすい著作のために，ファイヤアーベントはプロの哲学者たち（ヴードゥーを**量子力学**と同じくらい真剣に考える人を［訳注：どちらも『方法への挑戦』において同様に論じられている］少なくとも無責任とみなす傾向がある人々）の間よりも，学生の間でつねに人気があった。

【参考文献】
・ファイヤアーベント『方法への挑戦―科学的想像と知のアナーキズム』村上陽一郎・渡辺博訳，新曜社。
・ファイヤアーベント『自由人のための知―科学論解体へ』村上陽一郎・村上公子訳，新曜社。

・ファイヤアーベント『理性よ，さらば』植木哲也訳，法政大学出版局．
・ポパー『科学的発見の論理』（上）（下）大内義一・森博訳，恒星社厚生閣．

ファジー論理　　fuzzy logic

「あいまい」あるいは「多価（多面的な価値がある）」としても知られるファジー論理は，ジャン・ルカシェーヴィチ（ポーランドの論理学者）が可能諸状態の連続体を形式化した（訳注参照）1920年代以来発展してきた．ルカシェーヴィチは，ヴェルナー・ハイゼンベルクの不確定性原理から刺激を受けた．その原理は，いかなる観測者も電子の位置と速度の両方は測定できないということを仮定したものであった．言い換えれば，電子の速度を正確に記述しようとすればするほど，その位置はあいまいなものになるのである．それゆえ，**量子力学**は，より柔軟な数学的モデルを要請した．最近になると，ファジー論理は，**人工知能研究**にその居場所をみいだしてきた．誤ることのない正確さでコンピュータが人工知能研究を損なうことになるどころか，ニューラル・ネット（訳注：脳の神経回路を模した人工回路もしくは同様の計算をするプログラム）が，ファジーなデータからファジーな諸規則を「育てて」いるのである．ファジー論理によって，コンピュータは，プログラムされた指示に単に反応することではなく，人間が現実世界のファジーなコンテクストのなかで学んでゆくのと同じ方法で学んでゆくことができるようになる．人間というものは，形式的諸規則に従って行動するというよりは，どんぶり勘定と調整によって行動するものなのである．それゆえ，バート・コスコ（訳注：アメリカの電気工学者）の『ファジー思考（*Fuzzy Thinking*）』は，人工的で白か黒か，1か0かの二進法世界（これは長らく科学と哲学によって至高のものとされてきた）を日常生活のファジーさと対比する．それどころかさらに，彼は，ファジーさはアリストテレス以来西洋科学において揺らぎない権威を保ってきた正確さの権化たちによって抑圧されてきた歴史を持つと示唆する．科学的確実性（「真か偽か」のどちらかであり両方ではない）のような諸モデルの論理的な基盤は，アリストテレスによって紀元前4世紀に排中律として定式化された．その排中律によれば，ある事柄 x は，x かつ同時に非 x ではありえないのである．しかし，現実の物事は，ひんぱんに x かつ同時に非 x である（たとえば半分食べかけのリンゴ）．正確にはどの点において，たとえばリンゴは赤であることをやめて非赤になるのか．それゆえ，ファジー論理は，排中律の二価的抽象要素（白か黒か，x か非 x か）を，多価的な「x でもありかつ同時に非 x である」という「ファジーな」原則に置き換える．これが実際に意味するものは，正確で量的な諸地点が質的諸変化に取って代わられるということである．この現象は，多くの数学者たちによると，例えば**フラクタル**な諸対象に関する新しい数学とファジーを同列に置くものである．

【訳注】

☆ジャン・ルカシェーヴィチと多値論理学：本国での発音はヤン・ウカシェーヴィチ。ワルシャワ大学学長などを経て第二次世界大戦後はアイルランドのダブリン大学で教鞭をとる。1956年にダブリンにて没。記号論理学すなわち数理論理学の権威。ある命題に関して真か偽かの2値の論理値を前提とする2値論理学に対し，真と偽の間に第3もしくはそれ以上の無限の値を帰属させる多値論理学の諸体系を創始。すなわち真か偽かという二つの異なった状態の間に，無限に連続する値を措定した。（ウカシェーヴィチ『数理論理学原論』［高松鶴吉訳，文化書房博文社］の本文・日本語版訳者後記など参照）

フィットキン，グレアム　　Fitkin, Graham　　1963-　　作曲家

フィットキンは，1960年代にライヒとグラスによってもたらされたミニマリズム的伝統を継承し発展させてきた。彼の音楽は，ミニマリズムの特徴的側面の多くを含んでいる（例えば，拍子，調性，反復，リズムの複雑さ）。その音楽は，過程（process）あるいは大規模な円環的諸構造に依存しない。その代わりにフィットキンは，過程と曲の物語性を断片化しつつ，それらと戯れるのを好み，そして，表向きは全く異質な音楽的諸要素を並置することを好む。

　ノッティンガム大学を卒業後，彼はハーグでオランダ人作曲家ルイ・アンドリーセンの下で学び，1986年に英国に帰国した。オーケストラのための曲（リヴァプール交響楽団と共同で働いていたときに作曲された『レンクス［*Length*］』のような曲）や大きなアンサンブルのための曲（ジョン・ハール・バンドのために書かれた『カッド［*Cud*］』のような曲）を書く一方で，フィットキンは，ピアノやピアノのアンサンブルによってつねに魅惑されてきた。彼が信じていることには，ピアノやピアノ・アンサンブルの音色の中立性によって，作曲家は，オーケストラの色調の散漫さから逃れることができ，より重要なリズムと構造という音楽的なパラメーターに集中できる。『ソシオフォニー（*Sociophy*）』のような曲は，彼自身のアンサンブル，ザ・ナンクィッドノ・グループ（二つの鍵盤に4人のピアニストが坐る）のために書かれたが，その一方『ログ（*Log*）』，『ライン（*Line*）』，『ラウド（*Loud*）』は，6台のピアノ・アンサンブル，ピアノ・サーカスに作曲を依頼されたものであった。フィットキンの音楽においては，ライヒ，グラス，アンドリーセンの影響が明らかな一方，ロック，ジャズ，ラテンアメリカの音楽の影響もまた明らかである。

フィリップス，トム　　Phillips, Tom　　1937-　　アーティスト

トム・フィリップスは，まだ小さな子どもだった頃にフランスを訪れ，その際に古い骨を持ち帰った。このことは，後年の死と崩壊に対する関心の前触れとなっている。死と崩壊は，画家として，版画家として，作曲家として，そして映画制作者としての彼の制作に綿々と流れているテーマである。たとえば，「ベンチ（Benches）」は普通のベンチを特徴とする一連の「トリートメントされた（処理された）」ハガ

キである。そのベンチは死すべき運命を象徴するが、そのイメージはでたらめに集められたものである（偶然は、彼がとりつかれたもう一つのものである）。1960年代半ばに、彼は、「カット・アップ」技法に関するウィリアム・バロウズのインタビューを読んだ。「カット・アップ」技法とは、テクストから言葉を引き抜き、シャッフルし、そして、通常とは異なる配置にすることである。大いに感化を受けたフィリップスは、基となる本をでたらめに見つけようと考え、「3ペンスで買える最初に見つけた（首尾一貫性のある）本なら（中略）だいじょうぶだ」と心に決めた。このようにして、W・H・マロックの忘れられた三部作小説『ヒューマン・ドキュメント（*A Human Document*）』(1982) が彼のバイブルになった。通常とは異なる意味を引き出すためにその小説の文をより分けながら、そのテクストをめぐって絵を描き始め、このプロジェクトの完成版『ヒュームメント（*Humument*）』を1980年に刊行した。ミュージカル・オペラ『アーマ（*Irma*）』もこの技法を用いて作曲され、ブライアン・イーノのオブスキュア・レコードからリリースされた。アーマは、マロックのたくましいヒロインであるが、フィリップスの手にかかると、ぼんやりした儚い人物になってしまう。いわば、ワーズワースのルーシーのポストモダニズム版である。彼女は、togetherあるいはaltogetherという言葉がマロックのテクストに出てくるたびに現れる、ビル・トーゲのプラトニックな愛の対象である。『アーマ』と『ヒュームメント』は、フィリップスが1990年にピーター・グリーナウェイといっしょに監督したかなり重々しい映画『ＴＶダンテ（*A TV Dante*）』よりは知られてしかるべきであろう。

フェダマン，レイモンド　　Federerman, Raymond　　1928-　　小説家
レイモンド・フェダマンは、フランスに生まれた。1940年、彼の家族のほぼ全員が強制収容所に送られた。彼だけがきわどく難を逃れたが、それはナチが来る前に母が彼をクローゼットへ放り込んだからだった。終戦後アメリカに移民し、1970年代にポストモダニズム作家としての地位を不動のものとした。彼の驚くべき諸作、『倍にならなきゃ何にもなし（*Double or Nothing*）』(1971)、『嫌ならやめとけ（*Take it or Leave it*）』(1976) は、「コンクリート・プロウズ（concrete prose）」の例である。「コンクリート・プロウズ」とは、印刷上の見た目が述べてある内容と同じくらい重要な小説である。

『倍にならなきゃ何にもなし』では、多くのイコン的図案が使用されている。そこでは、ページの単語は、単語が描写しているものの形を真似るように配されている。PLUNGINGという単語は、ページを落っこちている。ROLLSという単語は、文字と文字の間を離して丸パンのようになっている。さらにTHE CALL OF THE OCEANとATLANTICPACIFICに使われている単語を接合して、船がつくられている。フェダマンはまた抽象的な諸図形も使う。そこにおいては、図案とそれを作り

上げている諸単語の間に必然的な関係はない。全てのページが,砂時計,ジグザグ,L字形をなして配置されるようにタイプされている。フェダマンの「空間的な諸単語の配置転換」は,『嫌ならやめとけ』においても続いている。こうした言語遊戯は,音と意味,**テクスト**とサブテクスト,その本の物質性と本の意味の間の分離を強要する。これらの本の中心には(そして『クローゼットの中の声 [*The Voice in the Closet*]』[1979],『関係者各位 [*To Whom it May Concern*]』[1990] などのようなほかの諸作にも),沈黙,すなわち,語ることのできない彼自身の個人的なホロコーストの経験がある。

　フェダマンはまた,自らの文学的実践を理論化してきている。そして1991年のカルチュラル・スタディーズに関するシュトゥットガルト・セミナーにおいて,彼は(ずうずうしくも)ポストモダニズムの死を宣した。

【参考文献】
・フェダマン『嫌ならやめとけ ― 立つか坐るかして声を出して読まれるべき誇張されたまた聞きの物語』今村楯夫訳,水声社。
・フェダマン『ワシントン広場で微笑んで ― ある愛の物語』今村楯夫訳,本の友社。

複雑系理論　　complexity theory

世界は,単細胞組織の内部構造から株式取引にいたるまで,複雑系で満ちあふれている。複雑系理論は,複雑系に関する統一化された法則をつくり出すという目的を持って,「自己組織化する」諸体系を定義し,それらの体系の基礎となる一般原則を見つけようと試みる。統一化された法則の探求は根深い還元主義的傾向のあらわれであるが,複雑系の振る舞いがその諸要素から単純に演繹されえないので,還元主義と対抗する全体論(holism)もまた存在する。したがって,複雑系は,新しい原則,新しい分析方法を要する。

　研究者の間で意見の一致はないのだが,複雑系の共通定義に最も近いものには,「**カオスの縁**」という仮説が含まれる。この見解によると,複雑系の顕著な特色は,高度な情報内容であり,情報内容は高度に安定した状態(水晶の構造,惑星の規則的な軌道)とカオスの間にある境界に存在する諸体系において最大になる。

　複雑系の理論家たちにありがちなことだが,彼らは自然界の諸作用のコンピュータ・モデルを作ることに時間を費やしている。コンピュータ・スクリーン上をさまざまな形が,バクテリアやアンテロープの**シミュレーション**として,うごめいたりのたくったりする。それらの形は,生存を懸けて苦闘し,厳しい環境で資源を求めて競い,進化し,死んでゆく。この「**人工生命**」研究は,複雑系と発生秩序の両方を生み出す単純な規則を見つけようと試みる。わずかな数の単純な法則からコンピュータで複雑な作用を作り出すことができるのなら,「現実」世界においてそれと対応する諸作用は等しくわずかな数の単純な規則の産物であるに違いないと研究者た

ちは論ずる。もし現実世界の諸組織とコンピュータ・スクリーン上の像の間に根本的な差異があるということが覆されるのなら，相似があまりに著しいので，「仮想の」諸組織に生物と同じ状態が与えられている，と複雑系の理論家たちは示唆する傾向にある。現実と仮想の世界の境界をこのようにぼかすことは，もちろんポストモダニズム的である。

【参考文献】
・ワイルドロップ『複雑系―科学革命の震源地・サンタフェ研究所の天才たち』田中三彦ほか訳，新潮文庫。

フクヤマ，フランシス　　Fukuyama, Francis　　1952-　　政治理論家

フクヤマは，著書『歴史の終わり（*The End of History and the Last Man*）』（1992）に関する論争によって有名になった。この著作は，1989年のソビエト型共産主義の崩壊に関する哲学的野心を持つ初めての解釈のうちの一つであった。不運にも，フクヤマの哲学的力量は，こうした野心に見合うものではなかった。だが，評論家たちは，フクヤマのテーゼの大胆さに驚愕した。そのテーゼとは以下である。ベルリンの壁の崩壊とともに，歴史の論理が最終的に解明された。歴史は，リベラル・デモクラシーと市場経済という対原理の勝利において論理的結論に至った。

　フクヤマは，アメリカ行政府の地方支部の役人となる前は，パリでジャック・デリダの下で研究した。彼の著作は，歴史には諸原理あるいは諸観念が作用しているという（ヘーゲル的）考えをかなり陳腐にかつ表層的に扱っている。世界史のガイスト（Geist　精神あるいは知性）を素描しようという**ヘーゲル**の試みにおいて，鍵となる原動力は自由と認識の諸原理を宥和させる闘争である。1930年代のパリにおける一連の講義において，アレクサンドル・コジェーヴ（訳注：1902-68　ロシア生まれのヘーゲル学者）は，ヘーゲルが主人と奴隷の弁証法を詳述している一節に基づいて，『精神の現象学（*Phenomenology of Mind*）』のラディカルな読みを提供した。フクヤマの1992年の本は，歴史の論理は原理的に終焉に至ったのだというコジェーヴの結論をリサイクルしたというわけなのだ。コジェーヴよりも半世紀相当のさらなる事例と歴史的発展を引き合いにだす（そして説明する）ことができたにもかかわらず，彼の論は，がっかりするほど皮相的に歴史を取り扱っている。しかし，この本の刊行のタイミングのために，彼がその悪名をとどろかせることは避けられないこととなった。一方の超大国（ＵＳＳＲ［ソビエト社会主義連邦共和国］だったもの）における危機のおかげで，フクヤマは，もう一方の超大国の視座によって完全に囲い込まれた歴史的視座を構築できたのだった。必然的に，フクヤマは，米国-西欧枢軸にヘーゲル的で後付け的な正当化を与えるものとして味方にも敵にも読まれた。無数のインタビューと論評においてフクヤマは，自分の説明は世界中で現に進行中の痛々しい歴史的な諸闘争にあてはまるのではなく，先進もしくは工業化された世界の歴史において今まで重要な役割を果たしてきた諸観念の論理にだ

けにあてはまるのだ，と説明しなければならなかった。

フクヤマの次の主要な出版は『「信」無くば立たず（*Truth*）』であり，これは重要な時事テーマに対しての発言である。しかし，『歴史の終わり』ほどの圧倒的な話題性はなく，反響はほとんどない。

【参考文献】
・フクヤマ『歴史の終わり』（上）（中）（下）渡部昇一訳・特別解説，三笠書房．
・フクヤマ『「信」無くば立たず』加藤寛訳，三笠書房．
・ヘーゲル『歴史哲学講義』（上）（下）長谷川宏訳，岩波文庫．『歴史哲学』（上）（下）武市健人訳，ヘーゲル全集10・10b巻（岩波書店）．
・ヘーゲル『精神の現象学』（上）（下）金子武蔵訳，ヘーゲル全集4・5（岩波書店）所収．『精神現象学』長谷川宏訳，作品社．『精神現象学』樫山欽四郎訳，世界の大思想（河出書房新社），など．
・コジェーヴ『ヘーゲル読解入門 ── 『精神現象学』を読む』上妻精・今野雅方訳，国文社．

フーコー，ミシェル　Foucault, Michel　1926-84　哲学者・歴史家・文化批評家
ミシェル・フーコーは，おそらく単独で最も影響力のある理論家であり，戦後の大運動であった**構造主義**が変容してゆくころからその姿を現し，**ポストモダニズム**の理論的世界へと参入した．フーコーは，同時代人であるロラン・バルトやジャック・デリダよりも多くのインスピレーションを思想諸派に与えてきており，**言説分析**の彼一流の独特な形によって科学哲学者たち，文化批評家たち，社会学者たち，文化歴史家たちに強い影響を与えた．言説（ディスクール）という用語が述べられるときはつねに，管理あるいは強制の対象として「身体」への言及がなされるときはつねに，われわれはフーコーが幽霊ように現前しているのを見出す．

　フーコーの著作は，特定の諸体制すなわち「諸言説」への一連の歴史的調査から成り立っている．フーコーにとって，言説とは，もろもろの**テクスト**の基盤であり，特化された諸言語であり，ある領域において作用しかつその分野を定義する権力諸関係のネットワークである．彼はつねに，権力と知との関係に立ち戻る．権力と知とは，フーコーにとってほとんど同じものなのである．

　フーコーの主要著作の最初である『狂気の歴史（*Madness and Civilization*）』(1961) は，中世の終わり（比較的自由な時代）から理性の時代の「大いなる監禁」を経て，表面的にはより啓蒙的な諸施策が当時は精神的に病んでいると考えられていた人々に適用されたフランス革命以降に至るまで，狂気がどう扱われてきたかを精査している．『臨床医学の誕生（*The Birth of the Clinic*）』(1963) も同様の「考古学的」なプロジェクトであり，最初の近代的な（臨床医が通う）医学教育機関において始まった新しいタイプの監視，すなわち「まなざし」に焦点をあてている．国家は，その臨床医の目を通して臣民たちの健康を管理監督したのである．フーコーの批評的名声を確立しフランスでベストセラーとなった『言葉と物（*The Order of*

Things)』(1966) は，より広範な研究である。精神医学，医学，生物学，言語学，経済学といった学問の諸領域が，17世紀から，どのように自らの領域の「固有な」諸対象を決定し，世界を秩序立った管理可能な諸構成単位へと切り分け，それぞれの単位をしっかりした構造へと固定することとなったかを扱った。

　フーコーは，このような初期の著作を統べる方法論を『知の考古学（*The Archaeology of Knowledge*)』(1969) において定義した。自分のアプローチと伝統的歴史家たちのアプローチとの距離をとりつつ，フーコーは非連続性の概念へと深く傾倒する。歴史家にとって，非連続性とは「所与でもあれば思惟不可能なもの」でもあった。過去は「決断，偶発性，発意，発見」といったものの無数の例から成っている。歴史家は，連続的物語という型にはめることによって，それらを完全に損なってしまうに違いないのである。対照的に，フーコーが強調するのは，知のある特定の諸形態（人間の精神と身体についての知，生物的・政治的あるいは言語についての知）が，ある言説の原理的な諸過程の多くが問われぬままにあるような安定期の後，急速な諸変容をこうむるという事実である。このような諸変容に際しては，(それはトマス・クーンの「パラダイム・シフト」のごとく不気味に響くが）ある言説の中身における変化だけでなく，知それ自体とみなされるかもしれない何かにおいても原理的変化が起こるのである。

　フーコーの主張のうちで最もラディカルで人をいらいらさせるのは，「人間」というまさにその概念が歴史的偶発事件の特別な組み合わせによる創造物，ある権力関係の結果，言説による絵空事であった，という主張である。「人間」によってフーコーが意味するところは（彼の説明によると），自己抑制的な理性的行為体 (agent) としての人間，合理主義者たちによって仮定されフランス革命において勝利をおさめた知識を有する**主体**としての人間，という比較的近代の概念なのである。そしてもし彼が主張するように「人間」が存在するようになったその瞬間を追うことができるなら，われわれは人間の終焉も予見することができるだろう。人間という考えから派生し，われわれの近代における大混乱を引き起こしてきた衝動，分類し支配し排除し搾取する衝動は，**人間の死**とともに消滅するかもしれないのである。

　『監獄の誕生 — 監視と処罰（*Discipline and Punish: The Birth of the Prison*)』(1975) において，フーコーは，封建体制下の犯罪者たちへの荒っぽい取り扱いから，近代社会における緩やかだが効率的な社会的管理の諸形態への変遷を記述する。ジェレミー・ベンサム（訳注：1748-1832　イギリス功利主義哲学者）の一望監視装置，パノプティコン（監房が中央の監視塔の周囲に配された刑罰施設のための構想）が，このような狡猾な監視の諸形態のメタファー（隠喩）になる。いついかなるときでも自分たちが看守の貫くような視線の対象になっているかどうかはっきりとわからないがために，囚人たちは，自らの行動を律してゆくようになるのである。

フーコーの最後の大きなプロジェクト（死のために未完となった）は，『性の歴史（*The History of Sexuality*）』だった．出版された3冊のうちの第1作において求められているのは，「抑圧の仮説」を崩壊させることである．その仮説とは，近代における性についての議論の自由は抑圧と沈黙のヴィクトリア時代的世界からのラディカルで積極的な離脱を表象しているという通念である．反対に，フーコーの議論によれば，ヴィクトリア時代には，性行動を描写し説明し究極的には管理することを目的とする諸言説の加速度的増殖がみられたのである．精神分析を含む近代「性科学」は，知ることを要求する形態をとって権力への意志が単に継続しているだけなのである．第2，第3巻の『快楽の活用（*The Use of Pleasure*）』と『自己への配慮（*The Care of the Self*）』（どちらも出版は1984年）が提示するのは，一連の魅力的なケース・スタディーであり，少年愛への古典時代の執着から結婚と異性関係への初期キリスト教の関心へと性行動がどのように展開したかを示している．フーコーが第1巻の議論をほとんど進展させなかったにしても，少なくとも，いかなる特定の性交渉の形態に関しても内在的に何か「自然な」ものがあるという見方に反対する彼の研究事例を立証するのに十分な証拠を提示してはいるであろう．すなわち，性的関係とは，複雑な諸コード（何をしていいか何をしてはいけないかということに関する厳格な諸規則）によってつねに支配されているのである．

フーコー流の政治的アクティヴィズム（積極的活動）は，彼の知的立場と密接に絡み合っている．始めに正統的**マルクス主義**に手を出した後，フーコーは，フランスの伝統的左派が主張していた大いなる主義主張ならびに階級に根差した政治活動は彼らが転覆しようと願っていたブルジョアの体制と同じくらい抑圧的である，と信じるようになった．こうした大きな問題の代わりに，フーコーは，局地的で小規模だが粘り強い権力への反抗を擁護した．ひょっとすると，フーコーの政治姿勢の精神は，今日のエコ（環境）闘士たちによって最もよく理解されているかも知れない．なぜなら，彼らは，分裂を引き起こすことを頼りにして国家と巨大ビジネスの権力に挑み，石もて追われながらも政治的議論の伝統的諸形態を拒否するからである．

【参考文献】
- フーコー『狂気の歴史 ─ 古典主義時代における』田村俶訳，新潮社．
- フーコー『臨床医学の誕生』神谷美恵子訳，みすず書房．
- フーコー『言葉と物 ─ 人文科学の考古学』渡辺一民・佐々木明訳，新潮社．
- フーコー『知の考古学』中村雄二郎訳，河出書房新社．
- フーコー『監獄の誕生 ─ 監視と処罰』田村俶訳，新潮社．
- フーコー『性の歴史Ⅰ ─ 知への意志』渡辺守章訳，新潮社．
- フーコー『性の歴史Ⅱ ─ 快楽の活用』田村俶訳，新潮社．
- フーコー『性の歴史Ⅲ ─ 自己への配慮』田村俶訳，新潮社．

フックス，ベル　　hooks, bell　　1952-　　批評家

母方の曾祖母に因んで自分のペンネームをベル・フックスとつけたグロリア・ワトキンズは，多作な著作家であり，主要な黒人女性文化評論家・解説者である。最初の著書『私は女ではないというのか（*Ain't I a Woman*）』（1981）によって評価を得て以来彼女は多くの著作を著しており，その多くは，小説，映画，フェミニズム，文化理論に関する論文のコレクションという形をとっている。その後の仕事のなかで最も傑出したものとしては，『ブラック・フェミニストの主張 — 周縁から中心へ（*Feminist Theory*）』（1984），『言い返す（*Talking Back*）』（1989），『切なる思い（*Yearning*）』（1990），『黒い容貌（*Black Looks*）』（1992），『無法文化（*Outlaw Culture*）』（1994）などがあげられる。彼女は自伝『ボーン・ブラック（*Bone Black*）』（1997）を出版したが，実は，自伝的考察は，彼女が論文を始める際によく用いる手段である。彼女は，**反本質主義的諸方法**によって「黒人性（blackness）」を語ることを可能にする言説（discourse）として主体性に関するポストモダニズムの理論を使用するだけではなく，その使用を支持する数少ないアフリカ系アメリカ人女性理論家の一人である。フックス自身の労働者階級の経験から生まれた著書『私は女ではないというのか』は，彼女が最もこだわり続けるテーマの一つを紹介している。それは，フェミニズムにおける黒人女性の周縁化である。この著書の題名は，元奴隷ソジャーナ・トゥルースの1850年の有名な演説からとったものであり，彼女はこの演説のなかで自らのアイデンティティに対する権利を主張する。そして，多くの点において『私は女ではないというのか』そのものが，歴史的回復の行為なのである。

　フックスは社会主義者である。したがって，彼女にとってのフェミニズムは，抑圧に対する一般的な闘争の一部をなすものであり，男性優位主義を終わらせ女性に同等の権利を与えるためだけではなく，「西洋文化に浸透している支配のイデオロギー」を撲滅するためのものである。それゆえに彼女は，人種と階級の問題を無視し自分たちの（大抵の場合は裕福な白人の）経験を全ての女性のものとして扱うフェミニストたち（たとえば，ベティ・フリーダンやナオミ・ウルフ）に対する批判においても断固とした姿勢を崩さない。フリーダンもウルフも，資本主義が出世した女性たちに与える機会を享受しているのである。カミール・パーリアとケイティ・ロイフとともに，この二人も黒人女性を排除する，あるいは恩着せがましい態度で庇護するとして激しい批判に晒されている。実際，中流階級の白人女性による「フェミニズム」という用語の「排他的使用」のために，フックスは，「私はフェミニストである」という表現を止めて「私はフェミニズムを支持する」という表現を使うようになった。なぜなら，そうすることによって「その他の政治活動と同じくフェミニズムにも関心のある女性たちは，ある特定のグループを優位にする言語的構造を避けて，自らの支持を表明することができる」からなのである。

近年では、アフリカ系アメリカ人の文化批評家たちが、黒人文化にとってのポストモダニズムの理論の価値と適正さについて激しく議論している。反対派のなかで際立つ人物としてあげられるのが、影響力のあるエッセイ「理論のための競争＝人種（The Race for Theory）」（1987）を書いたバーバラ・クリスチャン（訳注：黒人女性文学史について一冊の本を初めて書いた黒人フェミニスト批評家）である。『切なる思い』のなかでフックスは、クリスチャンとは正反対の意見を力強く述べたが、白人批評家たちがポストモダニズム文化における黒人の貢献を無視してきたことを指摘する。ポストモダニズムの批評家たちが、帝国主義、人種差別、性差別に対する闘争を犠牲にして「言説」や「差異」に固執することと、彼らの「他者性」という用語のひどく抽象的な使い方に批判的でありながらも、フックスは、「黒人性」の本質主義的かつ限定的な定義を放棄し、黒人のアイデンティティの多様性と「反体制的であり解放的な」自己の構築を許すポストモダニズムを支持するのである。明白なことは、フックスにとってのポストモダニズムがポストモダニズムという名を用いた大量の理論とはそりが合わず、彼女の解放の政治学に結びつけられて、それを活気づけるということである。

【参考文献】
・フックス『ブラック・フェミニストの主張——周縁から中心へ』清水久美訳、勁草書房。

フッサール，エドムント　　Husserl, Edmund　　1859-1938　　哲学者

ポストモダニズムの思想にとってフッサールが重要なのは、特に**大陸哲学**の発展に多大な影響を及ぼした哲学運動である現象学の創始者としてである。フッサールの現象学は、特に意識の構造に関心を持ち、そしてまた、哲学的言説のための問題のない出発点あるいは基礎を見つけることの必要性に関心を持ち続けてきた。それは、他の哲学者たちから異議を申し立てられるような形而上学的前提（あるいは仮定）をまったく持たない。このような基礎が与えられれば、人は認識論の構築に着手できる。

「無前提の分析」を始めるにあたっての望ましい出発点は、意識そして現象的体験（これは疑うことのできないものと理解されている）に立ち戻ることによって、すなわちフッサールがエポケー（現象学的判断停止）あるいは「現象学的還元」と呼ぶ方法によって得られるのである。この現象学的還元とは、世界と世界に関する先入観を一時的に宙づりにすることによって、すなわち「括弧に入れる」ことによって、自分の理論に対する通常の哲学的異議申し立てを全て回避するテクニックなのである。しかしながら、批評家たちは、エポケーは議論をほとんど不可能にしてしまうと論じ、エポケーを哲学的なイカサマに相当するものとして扱う傾向にある。

ポスト構造主義の哲学者たちは、「無前提の分析」の形式を見つけ出すことにフッサールと同じくらい熱心だが、実際にフッサールがその形式をもたらしたかどう

かに関してはずっと疑いを持っている。例えばジャック・**デリダ**の批判によれば，フッサールの現象学そのものが，認識論が依然として可能であるというような形而上学的前提によって支えられているのである。デリダにしてみれば，認識論という考え方そのものが，古代ギリシャに始まる西洋哲学の最も初期の時代にまで遡る疑わしい形而上学的仮定の上に成り立っている。一般的に言って，ポスト構造主義者やポストモダニズムの理論家たちは，フッサール自身よりもその弟子マルティン・**ハイデガー**のラディカルな現象学的教義に多くの影響を受けてきたのである。

ブライアーズ，ギャヴィン　　Bryars, Gavin　　1943-　　作曲家

ブライアーズは，シェフィールド大学で哲学を学ぶかたわら，余暇にジャズのダブル・ベースを演奏し自由な即興を探求していた。ジャズ演奏家としてかなりの評価を受け，またポーツマス・シンフォニアの創立メンバーでもあった。オーケストラのスタンダードなコンサート曲の無秩序な再解釈に取り掛かったこの実験的アンサンブルは，主にアマチュアで構成されており，ある種カルト的地位を獲得した。

『キリストの血はまだわれを見捨てていなかった（*Jesus' Blood Never Failed Me Yet*）』などの初期の諸作品は，**ライヒ**や**グラス**といったアメリカの作曲家たちのミニマリズムの反復的な諸技法に負っていることを示している。ブライアーズはさまざまな楽器編成に対して曲を書いている。彼は数々のオーケストラの曲（たとえば，『緑の光［*The Green Ray*］』［1991］)，合唱曲（『写真について［*On Photography*］』［1983］)，彼自身のアンサンブルのための多くの曲（例えば，『海峡フェリー［*The Cross Channel Ferry*］』［1979］，『ファースト・ヴィエネーズ・ダンス「マタ・ハリ」［*Viennese Dance No.1*］』［1985］）を作曲した。このアンサンブルは1979年に結成され，演奏ツアーでいたるところをまわっている。

彼の最初のオペラ『メディア（*Medea*）』は五幕からなり，ロバート・ウィルソン（訳注：1941-　アメリカの前衛劇作家・演出家）が企画・演出を手掛け，1984年にリヨンのオペラ座で初演された。また，ブライアーズの音楽は，振付師たちによっても使われている。ウィリアム・フォーサイス（訳注：1955-　フランクフルト・バレエ団の芸術監督・振付師）は『スブ・ロサ（*Sub Rosa*）』（1986）をフランクフルト・バレエ団の「スリンガーランド（Slingerland）」で使用し，ランベルト・ダンス・カンパニーはルシンダ・チャイルズ（訳注参照）のバレエのために『四大元素（*Four Elements*）』（1990）の製作を依頼した。また，ブライアーズは，レスターにあるドゥ・モンフォール大学の音楽科の教授であり，レスター・ヘイマーケット・シアターの音楽顧問でもある。

【訳注】

☆ルシンダ・チャイルズ：ロバート・ウィルソンの代表作『浜辺のアインシュタイン』(1976年初演)のリーディング・ダンサー。ミニマリスト・ダンスで有名。

ブライドッチ，ロッシ　　Braidotti, Rosi　1954-　フェミニスト哲学者・文化理論家
ブライドッチは，イタリアで生まれ，オーストラリアで育ち，ソルボンヌ大学で博士号論文を書き，現在ユトレヒト大学の女性学の教授である。最初に出版された著書『不協和のパターン（*Patterns of Dissonance*）』（1991）は，フランス語で書かれたが，英語に翻訳される際に大幅に書き直されたので「オリジナルなき翻訳」になった。「変遷する主体（subject in transit）」，「母国語を持たず，持つのは諸翻訳と諸置換の連続だけの」思想家というこの自己解説は，ブライドッチの**ポストモダニズム的フェミニズム**の表明において非常に重要である。

　哲学とフェミニズム理論との関係を分析した『不協和のパターン』によれば，**フーコー**，**デリダ**，**ドゥルーズ**らのポストモダニズムのフランスの哲学者たちは，「女性的なもの（the feminine）」を取り入れることによって理性的な主体の現代的「危機」に対処した。しかし，この比喩的取り込みは，哲学言説から女性を新たに排除することと同一の歩調を取っている。ブライドッチはこれに対し，合理性とその性的差異との関係に対するフェミニズム批判を突きつける。彼女の主張によれば，フェミニズム理論は，身体化されているがゆえに性的に差異化されるという**主体性**の性質を強調する。フェミニズムの理論家は女性として発言するのであり，その理論化は，身体と欲望における理論化の諸根源に再び結び付き，倫理と政治学を統合するのである。しかし，身体化は，「本質主義（essentialism）」を意味しない。ブライドッチの身体化された女性の主体は，固定化された単一的な本質ではなく，多様で複雑で潜在的に矛盾する経験の諸集合のための場所なのである。女性の知識は状況的なものであり，部分的である。そして，女性のアイデンティティは，単に彼女がすでに行ったことのある場所の地図である。したがって，女性は「ノマド（遊牧民）的」である。それは，彼女の著作『ノマド的主体（*Nomadic Subjects*）』（1994）のなかで作り出された概念である。遊牧民は，併合させられることに抵抗する批判的意識を持ち，ある状況におかれた（これゆえに，相互に結び付けられている）存在であり，同時に移動する存在でもある。このようにノマドは，ブラドイッチのポストモダニズム的フェミニズムのヴィジョンのメタファー（隠喩）となる。そのヴィジョンは，ポストモダニズム哲学のペシミズムに逆らうことができる。というのは，性差の政治学と倫理を保持する一方で，ポストモダニズム哲学がアイデンティティの断片的な性質を強調することをも取り込んでいるからである。

【参考文献】
・ブライドッチ／ホイスラー『グローバル・フェミニズム ── 女性・環境・持続可能な開発』寿福真実訳，青木書店．

フラクタル　　fractal
フラクタル幾何学は，ベノア・マンデルブロによって創出された分野であり，前世

紀(訳注:19世紀のこと)末にフランスの数学者たち(アンリ・ポアンカレ,ピエール・ファトゥー,ガストン・ジュリア)によって始められながらも継続されなかった仕事のうえに創られた。マンデルブロとジュリアはどちらも,フラクタル集合を自分たちにちなんで名づけた。そのような集合は,カオス(**カオス理論**を参照のこと)の文化的イコンとして機能してきた。フラクタルには三つの基本的なタイプがある。線形に自己相似的な(すなわち「自己反復している」)タイプ,ランダムに自己相似的なタイプ,フラクタルあるいは「カオス的な」諸アトラクターである。最初のタイプのフラクタルを最もよく例示する現象は,「シェルピンスキーのガスケット(詰め物)」として知られている。ある三角形を,より小さな三角形となるように区画分けする。この最初の分割に続き,その作業をそこの小さくなった三角形にくり返す(反復する)。そしてそれを無限に続ける。そのような図形は,線形に自己相似的である。というのもその対象のそれぞれの部分は,正確に,それが派生させられた全体に相似だからである。ランダム・フラクタルは,海岸線,山々,雲といったような自然の諸現象に見出される。マンデルブロが当時は「断片的次元」と呼んだものに関する彼の最初期の考察のうちの一つは,「イギリスの海岸線の長さはどれくらいか(How Long is the Coastline of Britain?)」(1967)である。その論文における彼の逆説的論題は,以下のようなものである。海岸線は純粋な湾曲ではなく,でっぱりとへこみのランダムな連続であるので,海岸線は計測しうるような一本の線を有していない。そうではなくて,海岸線が有しているのは,最終的には計測不可能で断片的な諸次元の無限の連続である。もしわれわれが空中から海岸線を注視するなら,それはギザギザでランダムに見える。地表のレベルからは,異なった次元のランダム性があきらかにされる。微視的には,ランダム性はまたも異なる,などなど。それゆえ,海岸線,雲,山を調査することによって暴かれるランダム性のさまざまな次元は,ランダムに自己相似的なのである。というのも,それぞれの次元がランダム性をくり返しながらも,異なった形でそれをくり返すからである。第三の,マンデルブロ集合そのもののようなカオス・フラクタルは,複雑系(**複雑系理論**を参照のこと)のさまざまなシステムの動きをモデルとする。そのようなシステムは,自己相似的というよりむしろ本当にカオス的である。なぜならそれぞれの反復は,そのひとつ前の反復に作用し合う終わりのない分岐点を生み出すからである。マンデルブロ集合によって生み出された図形(カオスの最も親しみあるイメージ)は,一連の「ブロップ(インク染み)」から成る。ブロップそれぞれが,集合がそこから始まるコアとなるブロップをくり返している。ところが,それぞれのブロップのフラクタル反復によって,新しいフラクタル次元が生み出される。その新しい次元は,その全体とは似ていない。このシステムはそれゆえ複雑であり,この非線形的ダイナミカル・システム(訳注:世の中の時間とともに変化するあらゆるプロセスのこと)のどのフラクタル次元が観察されるか次第であり,線形的に

自己相似的でもランダムでもあるのである。
【参考文献】
・マンデルブロ『フラクタル幾何学』広中平祐監訳，日経サイエンス社。

ブラックホール　　black hole
全く仮説上もしくは理論上の存在であるにもかかわらず，ブラックホールは，スティーヴン・ホーキングとロジャー・ペンローズのような宇宙論者たちや天体物理学者たちにとって相変わらず大いに魅力的なものである。理論上，ブラックホールの核心にある複数の時空**特異点**に遭遇するために，ホーキングは，日常的にそのような異常に遭遇する（『スター・トレック（*Star Trek*)』のなかの）宇宙船ＵＳＳエンタープライズ号の架空の一団に加わらなければならなかった。その理論は，いまだに人の心をひきつける。一般相対性を基礎とする全ての天体物理学（実際，すべてがそれを基礎としている)にとって，光は宇宙のなかでの限界速度である。言い換えると，光よりも早く動くものはないのである。ブラックホールの最初の理論的説明は，1939年にＪ・Ｒ・オッペンハイマーとＨ・シュナイダーが一般相対性理論の諸原則を恒星のライフ・サイクルへと応用したことに由来する。一つのブラックホールは，その重力場から脱出するのに要する速度が光の速度を超えなければならないほどの質量をもつ死滅しつつある恒星である。だが，光の速度を超えることは，一般相対性理論によれば不可能なのである。したがって，ブラックホールは，光を発さないのでブラック（黒）なのであり，そのなかでは全ての物質と時空さえも破壊されているのでホール（穴）なのである。ブラックホールは，中性子星（全ての恒星が中性子星のような激しい終わり方をするわけではなく，例えば太陽は違う）の集団が非常に強力な重力場を作り出すほどの高密度に達する時に発生すると「予想」されている。その重力はあまりに大きいので，恒星を構成する物質エネルギーは，それ自体の重力で崩壊することになる。ブラックホールの多くの特性は，このことに由来する。一つの特性は，ブラックホールの「事象の地平線（event horizon）」という考え，すなわちブラックホールの重力場の限界点である。この事象の地平線が接近すると，光はそこから逃れられないので，そのなかでは何も起こらなくなるまで無限に時の流れが遅くなる。物質も，そして時空すらもブラックホールの事象の地平線を生き延びることはない。以下のような仮説を立てる宇宙論者もいる。ブラックホールの孤立した時空は，ブラックホールをほとんど個別の宇宙に変える。恒星にはライフ・サイクルがあるという事実によって暗示される進化に基づいて「可能な世界全てのなかでも最良の世界」を実現するために，それぞれの宇宙は，資源をめぐって互いに強烈な重力を用いて他の宇宙と競争する，と。ブラックホールの理論上の物理的現象，つまり時間もなく空間もなく非物質化されながらも物理的であり互いが超えることのできない事象の地平線によって隔たれている諸不在か

ら成る多元的宇宙（multiverse）は，ポストモダニズム的条件の純粋に物理的な実例となっている，と考えることは魅力的であると同時にもっともなことなのである。

フランクフルト学派　　Frankfurt School

フランクフルト社会研究所（マックス・ホルクハイマーによってフランクフルト大学に創設された）の構成メンバーには，ホルクハイマー自身とともに，テオドール・アドルノ，ヘルベルト・マルクーゼといった有名どころが名を連ね，学派の周辺には文化批評家ヴァルター・ベンヤミンの姿もあった。1937年にナチが政権を奪った後，学派はアメリカに拠点を移し，学派のメンバーたち（基本的に**マルクス主義**的な傾向があった）はドイツを離れることとなった。第二次世界大戦後，アドルノはドイツに戻ったが，マルクーゼはアメリカに残り1960年代の学生抗議運動に理論的影響を与える人物となった。学派は「**批判理論**」と呼ばれる分析方法を発展させたことで有名である。その方法は，1950年代と60年代において**構造主義**的マルクス主義が隆盛となるまでの間，異論はあるものの西側マルクス主義として知られたものにおける批評の支配的形態であった。西側マルクス主義（これはフランクフルト学派のメンバーの仕事から派生したものである）は，経済的問題よりも哲学的・美学的問題に興味を持つ傾向があった。経済的な問題は，ソビエトの理論家たちの領分だったのだ。批判理論は，文化的現象のなかに存在する隠された権力の諸関係を暴こうとする。例えば，『啓蒙の弁証法（*Dialectic of Enlightenment*）』（1947）のような著作におけるアドルノとホルクハイマーの論によれば，いわゆる「**啓蒙のプロジェクト**」（物質的欠乏と政治的圧迫から人間を解放することに力を注ぐこと）は，文化的体制を維持する神話となり，抑圧的大衆文化のなかで個人を服従させるに至ったのである。

「**否定弁証法**」（弁証法的諸過程は諸問題が完全に解決されるような最終的ジンテーゼに至ることは決してない，という主張）を強調するアドルノの後期の著作は，**ポストマルクス主義**だけでなくディコンストラクション（脱構築）をも先取りしているとしばしば考えられている。結局マルクーゼもまた，晩年は，古典的マルクス主義の諸原理から離れ，1960年代に生じた新しい社会運動の大立者となっていたのだった。

【参考文献】
・ホルクハイマー／アドルノ『啓蒙の弁証法 — 哲学的断想』徳永恂訳，岩波書店。
・アドルノ『否定弁証法』木田元ほか訳，作品社。

プラント，セイディ　　Plant, Sadie　　1964-　　著述家・フェミニスト

ウォリック大学（英国）のサイバネティック・カルチャー専攻のリサーチ・フェローを現在はつとめている（訳注：1997年に辞した）学者であるプラントは，「サイ

バネティック・フェミニズム」の提案者である。彼女によれば，サイバネティック・フェミニズムとは，「家父長制の表れである物や物質による反乱であり，女性同士，女性とコンピュータ，コンピュータとコミュニケーション・リンク，コネクションとコネクショニストとのつながりによって構成されている」。この引用が示すように，プラントは，テクノロジーと女性の問題は相対立するものであるという考えに挑戦する。それどころか，彼女によれば，テクノロジーの発達と女性の解放はいつもいっしょになって前進してきたのであり，われわれは，女性と機械との同盟が家父長制支配の歴史全体をおびやかす状況に20世紀の終わりになって到達した。

　『0と1 ― デジタル・ウーマンとニュー・テクノロジー（*Zeroes and Ones: Digital Women and the New Technologies*）』（1997）などの最近の著作において，プラントは，このテクノロジーと女性の関係を二つのレベルにおいて明らかにする。彼女の関心の一つは社会的なものである。また，女性の作者性［authorship］（**ガイノクリティシズム**を参照のこと）の隠された歴史に関するエレイン・ショーウォーターの研究に匹敵する方法によって，ＩＴ（情報技術）の発達と女性のかかわりの忘れられた歴史を明らかにする。この試みが扱う中心的な人物は，エイダ・ラヴレース（訳注：詩人バイロンの娘であり，世界最初のプログラマーと言われる）とグレース・マレー・ホッパー大尉（訳注：彼女は最初ヴァッサー・カレッジで数学を教えたが，その後アメリカ海軍に長く勤務した）である。ラヴレースは，1840年代にプログラム可能な世界初の機械であるアナリティカル・エンジン（訳注参照）を開発したチャールズ・バベッジを補助した女性である。ホッパーは，第二次世界大戦中にアメリカが開発したアナリティカル・エンジンの後継機マーク１（訳注参照）のチーフ・プログラマーである。

　しかし，プラントは，より理論的なレベルにおいて女性とテクノロジーとのさらに深い関係を考察する。アナリティカル・エンジンは，パンチカードによってプログラムされたが，そのパンチカードは機械化されたジャカード織機から採られた方法である。プラントは，織物が伝統的に女性の技術であるという事実を重視する。彼女は，織るという営みが女性の性器的「欠落」を隠蔽する陰毛の交差とメトニミー（換喩）的関係にあるという**フロイト**の説に執拗に立ち返り，また，その説を劇的に逆転する。フロイトの理論，フェミニズム理論，歴史，ＳＦを自らも織り合わせるプラントの説では，家父長制の利益に仕えるように創られたコンピュータは，今や人間のコントロールをはるかに超えてしまったのである。情報を散乱させ非ヒエラルキー的性質を持つ**インターネット**のような情報システムは，上から課される権威によって抑制されることはない。したがって，プラントによれば，**サイバースペース**（電脳空間）は，非現実的な空間ではなく，女性の身体および女性的諸形態と緊密な関係がある空間なのである。ちゃんと隠蔽しないといけない穴すなわち空

所とフロイトが考えたものをプラントは，ゼロすなわち二進法機械言語の基礎中の基礎と解釈するのである。

【訳注】

☆アナリティカル・エンジン（解析機関 Analytical Engine）：今日のコンピュータの原型とされる。

☆マーク 1（Mark 1）：初めての自動汎用デジタルコンピュータとされる。自動逐次制御を行うので，今日のコンピュータの基本的な考え方を含んでいる。

フランプトン，ケネス　　Frampton, Kenneth　1930-　建築理論家・批評家・歴史家

フランプトンは，間違いなく同世代の主要建築評論家の一人である。建築関係の専門書の序文をいくつとなく書いた彼は，以下の二つの刊行物によって最もよく知られている。『モダン・アーキテクチャー，批評史（*Modern Architecture, a Critical History*）』は，おそらく現在刊行されている本の中で最もよく読まれている建築学関係の学生向け入門書である。そして論文「批判的地域主義に向けて（Critical Regionalism）」（はじめは『反美学（*The Anti Aesthetic*）』［ハル・フォスター編，1983年］に収められて刊行され，『モダン・アーキテクチャー』の後の版に再録された）は，おそらく彼の最も影響力ある建築理論への貢献である。

　フランプトンが共感を持つ建築は，本質的には**モダニズム**的である。しかしながら，彼の「未完のモダニズム的プロジェクト」支持は，建築モダニズムの実証主義的主流派が行ったある批判によって方向が変わってしまった（その建築モダニズムの実証主義的主流派は，**ハイデガー**とリクール［訳注：1913-2005　フランスの哲学者］の実存主義的現象学派から派生したものであった）。この方向転換が最も明確に表れているのは，フランプトンが建築構造学を推進したことである。建築構造学は，実際の建築物の詩学を見たり触ったりして知覚できる形で表し，建築の真正な意味を開示する第一の方法である。また，フランプトンの方向転換は，ユートピア的モダニズムが暗示する普遍的文化の拒絶にも表れている。その拒絶は，彼の批判的地域主義理論の基礎を形成する。それは，モダニズム的美学を支持しながら，各地方の諸伝統の発展に頼ることによって後期資本主義文化に内在する均質化に逆らおうとする主義である。したがって，彼は，**ポストモダニズム**の建築的諸形態に断固として反対する。建築のポストモダニズム的諸形態は，記号論や他の二次的意味作用の諸形態に関わることを通してイメージ喚起性を優先することによって，フランプトンが推進する基本的な構造学的建築文化に反対の立場を取っているのである。

【参考文献】

・フランプトン「批判的地域主義に向けて ― 抵抗の建築に関する六つの考察」吉岡洋訳（フォスター編『反美学 ― ポストモダンの諸相』室井尚・吉岡洋訳，勁草書房）所収。

・フランプトン『近代建築の黎明 1920-1919』二川幸夫（企画撮影）/香山壽夫訳，エーディーエー・エディ

・フランプトン『現代建築の開花 1920-1945』二川幸夫（企画撮影）/三宅理一・青木淳訳，エーディーエー・エディタ・トーキョー．
・フランプトンほか『ミース再考――その今日的意味』沢村明ほか訳，鹿島出版会．
・フランプトンほか『教育建築』二川幸夫（企画撮影），エーディーエー・エディタ・トーキョー．
・フランプトンほか『20世紀の都市と建築――ニューヨーク』中村敏男編，『a＋u』1994年12月臨時増刊号．

プリンス，ジ・アーティスト・フォーマリィ・ノウン・アズ
　　　　　Prince, The Artist Formerly Known as　　1958-　ポップミュージシャン

アメリカのミネソタ州ミネアポリスに生まれたプリンス・ロジャーズ・ネルソンは，同世代の中で最も多作で有名なミュージシャンの一人になった。彼は，ステージを離れると内気で引っ込み思案だが，多才で物議をかもす史上最高の伝説的演奏家の一人であるという名声を得ている。彼を取り巻く快楽の政治学は，ポストモダニズムをめぐる議論に直接結びついている。特に意義があるのは，彼の主張の性質である。すなわち，彼は，社会組織の本質主義的前提を不鮮明にすることによって，ジェンダー，セクシュアリティ，アイデンティティという社会的構築物の中心にある二項対立を破壊してしまっているということである。『サイン・オブ・ザ・タイムズ（*Sign O' The Times*）』の「もし僕が君のガールフレンドだったなら（If I was Your Girlfriend）」などの歌において，プリンスは，ホモフォビア（同性愛嫌悪），ミソジニー（女嫌い）そしてガイノフォビア（女性恐怖）の複雑さをほじくり出すことによって，男性的なものよりも女性的なものをあからさまに特権化する。結局，最も物議をかもしたのは，ジェンダー，人種，性の境界を横断して彼が自らを作り直したことである。発音できないシンボル（これは男性と女性のジェンダーのシンボルの統一を表している）を自分の名前の代わりに用いることは，自らのアイデンティティに関する最も説得力のある表現である。このシンボルは，書かれた言葉の代わりに用いることによって自らのペルソナ（人格）を再構築する働きをする。したがって，これは，支配的な文化の厳しい強制を消滅させる機能を果たす。人格と同じく，彼の音楽は重層的であり，断片的なスタイルを持っており，複雑である。彼が20世紀末の現代文化において中心的な役割を果たしているのは，その**テクスト**と人格の**ポリセミー**的性質のためである。

ブルデュー，ピエール　　Bourdieu, Pierre　　1930-2002　社会学者

ポストモダニズムをめぐる議論における重要な主張の一つは，高級文化（high culture）と低級文化（low culture）の間の区別がますます曖昧になっているということである。文化的に確かだったことがこのように崩壊することは，文化的価値と

いう伝統的な諸観念の再考をもたらした。価値に関する諸問題への方向転換によって，フランスの社会学者ピエール・ブルデューの作品に対する関心が増大していった。ブルデューは，「文化」（テクストとして理解されていようと，慣習行為として，または生活様式として理解されていようと）の諸区分（distinction）は社会内の支配階級と被支配階級が闘争している重要な局面である，と論ずる。彼は，恣意的な趣味や生活様式が正統な（正統化を参照のこと）趣味，そして唯一の正統な生活様式へといかにして絶えず変わるのかを示す。「『自然な区分＝卓越化（natural distinction）』という幻想は，高貴で卓越したものに関する定義をまさに自らの存在そのものによって押し付けようとする支配者たちの権力に結局基づいているが，その定義とは支配者自身の生活様式に他ならない」のである。ブルデューにとって，「趣味は階級分けをし，また，階級分けする者を階級分けする」。われわれはわれわれが作った階級区分によって階級分けされ，他人を他人が作った階級区分で階級分けする。このような分類の戦略は，それだけでは社会にある数々の不平等を生み出さない。だが，それらの戦略を作り，印を付け，維持することがそのような不平等を正統化する働きをする。趣味は，たいへんイデオロギー的な言説（ディスクール）である。それは「階級」（この言葉は社会・経済のカテゴリーとある特定のレベルの質の二重の意味に使われている）の印として機能する。文化の消費は結局，「社会的差異の正統化という社会的機能を果たす傾向をもっている」と彼は主張する。

　文化に関するブルデューの研究は，教育に関する彼の考察によって補強されている。彼は，教育システムは極めて明確な機能を果たすと主張する。それは，教育システムの作用前に存在する社会的不平等を正統化することである。支配者諸階級の文化的諸志向は制度的な形式を与えられ，そして，この制度化された文化（すなわち支配者階級自身の文化）への志向は，イデオロギーの手際の良い巧妙な技によって彼らの文化的（そしてつまるところ社会的）優越性の証拠として擁護される。卓越化は，「自然な」文化的志向として内面化された文化消費の既習得パターンによって生み出され，「自然な」文化的能力として解釈され世間に広まる。この文化的能力は，階級支配の諸形式を正当化することに結局は使われるのである。このことを十分に理解するには，われわれは，ブルデューがどのように資本を三つのタイプに区別しているかを理解する必要がある。資本主義社会において，金銭，所有物などの形をとる経済資本は，文化的・社会的資本を入手する方法を買うことができる。経済的資本の蓄積に公然と基づいているヒエラルキー（階層序列）は批判を受けやすい。文化的・社会的資本は，文化的・社会的ヒエラルキーの形式において経済的支配を再生産することによって，経済的支配を隠蔽し正統化することができる。

　ブルデューの目的は，階級が違えば生活様式も異なり文化の趣味も異なるという自明なことを明らかにすることではなく，結局は経済的不平等に根ざしている権力と支配の形態が，文化的卓越性が形成されることによって安定化され正統化される

プロセスを探究することである。彼は，実際にあるもろもろの差異よりも，どのようにしてこれらの差異が社会的再生産の一つの手段として支配者階級によって使われているかということに興味がある。彼のプロジェクトは，日常の経験の世界に「価値」を（再）配置することである。すなわち，私が休日の旅行先やある特定の洋服のスタイルを「評価する」時と同じようなことが，私がＴ・Ｓ・エリオットの詩やオアシスの歌やシンディー・シャーマンの写真やフィリップ・グラスの曲を「評価する」時にも起こるということを示すことである。このようなさまざまな評価は，個人的趣味の単純な問題では決してないのである。文化的価値は，社会的差異を確認し維持するために機能し，また社会的敬意＝服従（deference）を支えもする。この見方からすれば，いわゆる「上質の」メディアで（ほとんど毎週）くり返し提示されてきた諸基準の多くがポストモダニズム的な崩壊を予告されているということは，社会的区分を作り印を付け維持するために文化を使う機会がますます見つけにくくなっていることが感じ取られていることを示すに他ならないだろう。というのは，パヴァロッティ（訳注：1935- イタリア人テノール歌手）がヒット・チャートの１位を取り，グレツキ（訳注：1933- ポーランド人作曲家）の演奏会が，『トップ・オブ・ザ・ポップス』（訳注：イギリスＢＢＣの音楽ヒット・チャート番組であり2006年終了）に登場するほとんどのミュージシャンのライヴよりも客を集め，サッカーのプレミア・リーグの観戦が多くの例においてバレエやオペラと同じくらい高い値をつけているからである。

【参考文献】
・ブルデュー『ディスタンクシオン ― 社会的判断力批判』（Ⅰ）（Ⅱ）石井洋二郎訳，藤原書店。

ブルーム，ハロルド　　Bloom, Harold　　1930-　　理論家・批評家

ハロルド・ブルームは，1951年にコーネル大学を卒業し，イェール大学で博士号を得た。1955年以来イェール大学で教鞭を執っている。現代批評家のなかで最も多作の批評家の一人である。著作には，『誤読の地図（*A Map of Misreading*）』（1975），『カバラと批評（*Kabbalah and Criticism*）』（1975），『詩と抑圧（*Poetry and Repression*）』（1976），『アゴーン（*Agon*）』（1982），『Ｊの書（*The Book of J*）』（1991），『西洋のカノン（*The Western Canon*）』（1994）などがある。加えて，チェルシー・ハウスから出版されている文学批評シリーズに350以上の序文を書いた。

　ブルームの初期の本のうちの３冊は，彼自身のイメージによってロマン主義を再構築している。『シェリーの神話形成（*Shelley's Mythmaking*）』（1959）において，彼は，ニュー・クリティシズムの批評家たちによる酷評に対してシェリーを弁護する。『幻視の詩人たち（*The Visionary Company*）』（1961）と『ブレイクの黙示（*Blake's Apocalypse*）』（1963）は，ミルトンとブレイクの重要性と想像力の自律性を主張する。これらの研究は，当時の文学・批評界におけるＴ・Ｓ・エリオットの

完全支配に対抗するものである。ブルームは、エリオットの徹底的な印象主義を拒絶し、そのかわりに文学ジャンルの分類への体系的なアプローチを採用したノースロップ・フライのような人々と同じ立場を採ったのだった。

こうした初期の作品の結果の一つとして、作者と**テクスト**が時間を通して互いにいかに影響しあうのかということをブルームが説明しようと努めたことが挙げられる。最も広く読まれている研究書である『影響の不安 (*The Anxiety of Influence*)』(1973) では、全ての詩人はその文学的先祖たちに対するアゴーン (訳注：「葛藤」を意味するギリシャ語) 的な闘争に参加する、とブルームは論じる。**フロイト**的精神分析では、被分析者は、息子の父に対する**エディプス**的愛憎関係と折り合わなくてはならない。同様に、詩人は、その先行詩人 (先行者 precursor) によって行使される重力のような引力から逃れようとしなければならない。この戦いの間に、もともとの詩 (一次資料) は後発詩人によって誤読され修正される。

ブルームは、詩人がその先行詩人に反抗する際に使う手段であるさまざまな心理的防御を詳述するために「修正比率 (revisionary ratio)」という彼自身の格言的な語彙を発明した。例を挙げると、クリーナメン (clinamen) は先行作品の意図的な誤読であり、テッセラ (tessera) は異なった方向性で先行詩を完成することであり、ケノーシス (kenosis) は先行者との断絶であり、デモナイゼーション (daemonization) は反崇高の形成であり、アスケーシス (askesis) は先行者からの自己浄化であり、アポプラデース (apophrades) は「後発詩人自身が先行者の特徴的な作品を書いてしまったように見える」状態である。

この分類法は、文学的過程一般の典型となるように意図されているが、**ポストモダニズム**の諸テクストの創造に特に応用可能である。キャシー・アッカー、ジョン・バース、イタロ・**カルヴィーノ**、ウンベルト・エーコなどの多岐にわたる作家たちは、全ては彼ら以前に既に書かれてしまったことを非常によく意識している。事実、バースは、「使い古し (used-upness)」という状態を示すために「尽きの文学 (literature of exhaustion)」という言葉を造った。この遅きに失した状態に直面して、ポストモダニズムの小説は、典型的に以前の小説の一つもしくは複数の小説を誤読する。アッカーの『大いなる遺産 (*Great Expectations*)』(1978)、バースの『酔いどれ草の仲買人 (*Sot-Weed Factor*)』(1960)、カルヴィーノの『マルコ・ポーロの見えない都市 (*Invisible Cities*)』(1972)、エーコの『薔薇の名前 (*The Name of the Rose*)』(1984) は全て、先行テクストとの関係において良い研究がなされうる。

誤読に対するブルームの強調は、ジェフリー・ハートマン、ジャック・デリダ、J・ヒリス・ミラーなどのイェール学派のディコンストラクション (脱構築) のメンバーたちと同性質のものであった。

【参考文献】

・ブルーム『カバラと批評』島弘之訳、国書刊行会.

・ブルーム『アゴーン ― 逆構築批評の超克』高市順一郎訳,晶文社。
・ブルーム『聖なる真理の破壊 ― 旧約から現代にいたる文学と信』山形和美訳,法政大学出版局。

フロイト,ジークムント　　Freud, Sigmund　　1856-1939　　精神分析医

ジークムント・フロイトは,フライベルクのユダヤ人家庭に生まれたが,彼が3才の時に家族はウィーンに移った。そのため,フロイトは残りの人生のほとんどをそこで過ごし,1938年にウィーンから避難して間もなく,ロンドンで亡くなった。はじめは神経科医として,しかし最終的には心理学者として,フロイトは,人間の動機付け(motivation)を研究した。彼の精神分析的著作は,神経症的行動に適用されるだけでなく,全ての人間的営為に適用されている。フロイトの見解の変遷が触媒となって,彼のさまざまな考えは,複雑な受容のされ方をした。その変遷のために,近代の理論家たちと**ポストモダニズム**の理論家たちは,フロイト的な諸概念の遺産をさまざまな方法で展開してきたのである。無意識というフロイトの最も中心的な概念は,メタ心理学(すなわち心的現実の構造に関する理論)とともに変化した。いかなるときも,フロイト的メタ心理学は,無意識を描写し解釈するために使用される諸モデル,すなわち「局所論(精神構造論)」に影響を与えたのである。

フロイトの無意識の概念は,精神分析を他の心理学から区別している。無意識は,それ自身のエネルギーと論理と倫理を持ち,意識の内容と根源的に一致しない。無意識は,公然と明言できず実際明言されない諸欲望に根ざしている。その欲望は,欲望の内容が意識から切り離されたままになるほどに抑圧を受ける。意識は,そのような諸欲望の知識と記憶を自らの中に入れないようにエネルギーを費やす。第一次,第二次の局所論には,フロイトの概念の複雑さが最大限に表れている。この局所論は,空間的・時間的諸区分の観点から無意識と抑圧を位置付けるための記述的諸モデルを形成する。この両方の局所論に現れる区分は,意識および意識が知ることを許されているものと無意識との間の区分である。

1895年にフロイトは,三つの系(system)を含む第一次局所論を発展させた。その三つの系とは,意識・前意識・無意識である。検閲が,意識と前意識,前意識と無意識,無意識と意識の間に存在する。この検閲のために,ある系の諸想念は,もう一つの別の系に,あるいは残り二つの系に移動できない。1923年にフロイトは,心的装置のなかで機能する間主観的諸関係のモデルとしての第二次局所論を導入した。すなわち,自我・エス(イド)・超自我は,お互いに干渉し合う。超自我は抑圧の諸力となり,エスは抑圧された諸欲望の場所となり,自我は外的現実を引き受け他の二つからの諸要求間のバランスをとるのである。

これら二つの局所論は,無意識への障壁を構成する検閲を特徴としている。幼児の近親相姦的諸欲望への最初の検閲(すなわち抑圧)は,無意識の構成に重要な役割を持つ。この原初的抑圧の対象は,**エディプス・コンプレックス**である。そして

その後の派生的諸抑圧は，その最初の検閲の諸イメージと諸欲望をある意味で基礎としており，無意識の幼児期の性質を説明している。抑圧されたものは，ある程度の量のエネルギーを備給された想念のままである。すなわち抑圧という行為は，想念からそのエネルギーを切り離すのである。

また，フロイトの最初の局所論は，「エネルギー論」と呼ばれる解釈モデルを使用する。この解釈モデルは，第二次局所論の「解釈学」と対立するものである。そのエネルギー論は，解剖学的・量的モデルのフロイト的使用法を指す。これに対して，彼の後の解釈学は，解釈の象徴的・質的モデルを基礎としている。エネルギー論は，フロイトのプロジェクトに科学的特性を与えつつ，諸エネルギーすなわち有機的諸力に関して写実的（naturalistic）言語を用いる。対照的に，第二次局所論は，解釈体系を二重の意味を持つ象徴的言語を読むために使用する。したがって，欲望と性（sexuality）に関するフロイトの説明は，写実的な言葉と象徴的な言葉の両方の言語を扱うこととなる。もし前者の用語が使われるならば，性的欲望の諸表現は，直接的に精神的諸力に言及するものとして読まれるべきである。もし後者の用語が使用されるならば，被分析者の諸陳述は無意識の意味を隠蔽してしまう。したがって，分析者は，その無意識の意味を欲望の二重性を表象している象徴として解釈しなければならない。このように異なった解釈の諸モデルがほのめかすのは，無意識は意識の潜在的意味だと単純に考えることはできない，ということである。

フロイトは，エネルギー論を解釈学と置き換えはしない。その代わりに，フロイトは，象徴の二重の意味を解釈することと並行して，物理学のような自然科学として組織化された諸エネルギーの観点から，諸情動（怒り，妬み，愛，憎しみという情動）を論じつづける。こうした諸エネルギーは，単純にも，欲望の諸象徴とは別のレベルの心的組織上にある。エネルギー論が継続して有効であることが意味するのは，心的現実がエネルギーと力との物質的現実と結びついたままであるということである。

フロイト的発見に関してはいかなる合意も存在しないにもかかわらず，フロイトの影響は計り知れない。彼の現代理論へのインパクトは，ポストモダニズム的な不確実性と両価性という大きな風潮の一部である。フロイトの思想に関する見解の不一致にもかかわらず，無意識に関するフロイトの諸理論は，ポストモダニズムの理論，特に欲望の諸理論に対して根本的な影響をおよぼしてきた。

【参考文献】
・フロイト『精神分析入門（正・続）』懸田克躬・高橋義孝訳，フロイト著作集1（人文書院）所収。『精神分析入門』（上）（下）丸井清泰訳，フロイド選集1・2（日本教文社）所収。（上）（下）高橋義孝・下坂幸三，新潮文庫。『続精神分析入門』古澤平作訳，フロイド選集（日本教文社）所収，など。
・フロイト「精神分析における無意識の概念に関する二，三の覚書」小此木啓吾訳，フロイト著作集6（人文書院）所収。

・フロイト「自我とエス」井村恒郎訳, フロイト著作集 6 (人文書院) 所収. 中山元訳, 『自我論集』竹田青嗣編 (ちくま学芸文庫) 所収. 井村恒郎訳, フロイド選集 4 (日本教文社) 所収. メタサイコロジー序論の一部としてフロイトが構想していた諸論
・「無意識について」「抑圧」「悲哀とメランコリー」以上井村恒郎訳「本能とその運命」小此木啓吾訳, フロイト著作集6 (人文書院) 所収.「無意識について」井村恒郎訳, フロイド選集4 (日本教文社) 所収. 「抑圧」「悲哀とメランコリー」井村恒郎・加藤正明訳, フロイド選集10 (日本教文社) 所収.「抑圧」「欲動とその運命」中山元訳, 『自我論集』竹田青嗣編 (ちくま学芸文庫) 所収.
＊『自我論・不安本能論』フロイト著作集 (人文書院) 6に, メタ心理学関連の論が集成されている.

文　phrase
ジャン＝フランソワ・リオタールの著作において, 文は言説 (ディスクール) の基本的要素を構成する. そして, 文は「開かれている」必要がある. なぜなら, 文は他の文とつながり, ものごとの新しい状態を創り出すからである. したがって, 文 (訳注：仏語原語でも英訳でもスペルは同じphrase) は, またsentenceという英語に訳すこともできる. 文は, ポストモダニズムの思想の土台である. なぜなら, 文は, 未来と予期せぬものに開かれているからである. 文によって, 言説は, 例えばほとんどの**大きな物語**が持っているような予め決定された計画の遂行ではなく, 発見のプロセスであり続けることができる. つながりを促進することが, 特に哲学者の仕事なのである.

【参考文献】
・リオタール『文の抗争』陸井三郎ほか訳, 法政大学出版局.

文化相対主義　cultural relativism
ひょっとすると, 文化相対主義の概念が最初に明白な言葉となって現れるのは, ヘロドトスの『歴史 (*The Histories*)』の第三巻かもしれない. そこで, ヘロドトスは, われわれはみな自分が生まれた社会の習慣に従っているのでそのような習慣は全て尊重されるべきである, と述べている. その後の二千年間, 残念なことにその原則は無視された. 他の諸文化には異なる価値体系があるということは認められたかもしれないが, 異文化 (アフリカ, 東洋, アメリカ先住民の文化) は「合理性」という西洋にとって有利な観点から評価されうるという考えが, 古代末期から19世紀までは西洋文化の中の正統な見解であり続けた.

　文化相対主義が十分に発展した理論になるのに, われわれは20世紀初頭の近代的な文化人類学の勃興まで待たなければならなかった. 多くのアメリカ人文化人類学者は非西洋文化を「内側から」理解しようとし始めた. 他の諸文化に対する適切な調査は, それらの文化にある価値観, 伝統, 信仰に徹頭徹尾没入することを必要とするようになった. そうすることによって, 他の社会は, 独立しておりかつ自ら妥

当性を持った「有機的な」形式として見られるようになった。この当然の結果が徹底的な道徳的相対主義であった。つまり，何が正しくて何が間違っているのかは各々の文化の中で決定され，二つの異なる文化／道徳の体系が評価される客観的立場などない，ということなのである。

【参考文献】
・ヘロドトス『歴史』(上)(下)，松平千秋訳，岩波書店。中公バックス世界の名著5（中央公論社）所収。

文化唯物論　　cultural materialism

文化唯物論は，批評家ジョナサン・ドリモアとアラン・シンフィールドが自らの研究（加えて，同意見を持つ批評家たちの研究）を呼ぶために使う用語である。彼らは，文化は歴史における生産と受容の諸条件と不可分の関係にあると論ずる。もともとこの文化唯物論という言葉は，1980年代初頭に，レイモンド・ウィリアムズが「生産の実際の方法と条件のなかにおける（中略）意味作用のすべての形式の分析」を指すために造った言葉であった。シンフィールドによれば，文化唯物論の「鍵となる原理」は，「文化は政治的である」ということである。ドリモアにとっては，「文化的実践には必ず政治的意義が伴う」のである。彼らの分析方法は，政治との関連を意識しまた理論に基づきながら，例えばシェイクスピアの戯曲を精読するという形を採る。その読みは，シェイクスピア劇を普遍的で永遠の価値が詰まった器にしてしまう保守的な読みに必ず異議を唱える。この点において，文化唯物論は，アメリカのニュー・ヒストリシズムに類似している。しかし，マルクスというよりはフーコーに依存したより悲観的な分析方法であるニュー・ヒストリシズムは，多くのポストモダニズムの批評家の指摘と同様に，ルネッサンス演劇における「転覆（subversion）」は最終的には封じ込められるのであり初めから権力を強化する権力自体の策略だったかもしれない，と指摘する。ドリモアは，このニュー・ヒストリシズムの指摘が「有益」であることは認めつつ，脅威を封じ込めるためにリハーサルを行えば，その脅威に少なくとも一つの発言力を与えてしまうことになる，と論じている。

【参考文献】
・ウィリアムズ『文化と社会』若松繁信・長谷川光昭訳，ミネルヴァ書房。

へ

ベイカー，ニコルソン　Baker, Nicholson　1957-　小説家

ポストモダニズムの小説家たちの多くは，過度の描写を話に盛り込むことによって直線的な物語を撹乱(かくらん)している。ニコルソン・ベーカーの小説もこのような小説の古典的な例である。『中二階（*The Mezzanine*）』(1990) という小説では，都市近郊のオフィス総合ビルで，ある男の靴紐が昼休みの間に切れる。こんな時にこのようなことがなぜ起こったのか思いを巡らせながら，彼の思考はあらゆる方向へと脇道に逸れる。例えば，牛乳の紙容器の内側に折り畳まれた注ぎ口になる部分をなかの牛乳をはね散らすことなく開ける方法，靴下を履くのに「あらかじめじゃばら寄せ方式」は非効率的なのはなぜかなどであり，他にも些細なことの謎へと脱線し続ける。結局，彼は，ポーランドの学術誌『織物技術者（*Technik Wlokienniczy*）』にＺ・チャプリツキーという人が発表した「靴紐の摩擦耐性および結び目のスリップ率の測定方法」という題の論文を発見し，それに啓発されるのである。

　ベイカーの次の作品，『室温（*Room Temperature*）』(1990) の話もまた食事の時間に起こる。水曜日の午後三時十五分，語り手であるマイクは妻のパティが仕事で外出中に，虫と呼んでいる彼の六ヶ月になる赤ん坊に食事をさせている。子供に食事をさせながら，彼はぼんやりと，鼻をほじること，枕の中身を抜き出すこと，ビック社製のペン先を吸うこと，コンマの歴史といったばらばらのことについて考える。『もしもし（*Vox*）』(1992)，は４時間続く電話でのエロティックな会話の形をとっている。その会話中，男と女はうんざりするほどの長さにわたり，心の最も奥底にある空想を語り合う。『フェルマータ（*The Fermata*）』(1994) も，主人公のアルノ・ストラインが時間を止めて好みの女性を愛撫する能力が自分に備わっていることに気づく時，ほとんどポルノグラフィーの域に達する。ただ，これら最近の二作品はどちらも最初の二作品ほど革新的ではない。

【参考文献】
・ベイカー『中二階』岸本佐知子訳，白水ｕブックス。
・ベイカー『室温』岸本佐知子訳，白水社。
・ベイカー『もしもし』岸本佐知子訳，白水ｕブックス。
・ベイカー『フェルマータ』岸本佐知子訳，白水ｕブックス。

ヘゲモニー　hegemony

ヘゲモニーの概念は，資本主義社会における支配階級がいかにそのイデオロギーを

一般大衆にまんまと（ほとんどの場合，暴力に頼らずに）押しつけることになったかを説明する方法として，とりわけイタリア人のマルクス主義理論家のアントニオ・グラムシによって使用された。例えば，ブルジョア資本主義の信条体系は，芸術やメディアを通して伝達することができた。芸術やメディアは，そのイデオロギーの諸原理を一般大衆が憧れるべき理想として，またはもっと単純に万物の「自然」の理として（たとえば，人間が競争することは「自然」なことであるなどと），紹介することができたのである。

後に，構造主義的マルクス主義理論家ルイ・アルチュセールは，グラムシの理論を土台にして，西欧社会がさまざまな「国家のイデオロギー装置（Ideological State Apparatuses [ISAs]）」と「国家の抑圧装置（Repressive State Apparatus [RSA]）」によって構成されているということを示した。大衆の大半にとって日常の一部となり吹き込まれたものであることさえも意識されなくなる程度にまで支配階級のイデオロギー的諸原理を広めるのは，ＩＳＡ（例えば，教育システム，芸術そしてメディア）の役割である。ＲＳＡ（政府，警察，そして軍隊）は，ＩＳＡが目標を達成出来なかったとき，暴力的な方法で秩序を強要するためにある。

ポストモダニズムの思想におけるヘゲモニーの概念は，ラクラウとムフによって改訂された。彼らは『ポストマルクス主義と政治 ─ 根源的民主主義のために (*Hegemony and Socialist Strategy*)』（1985）のなかで，ヘゲモニーがマルクス主義の明白な欠点のいくつかを（少々その場しのぎ的な方法によって）言葉巧みに釈明するために編み出されたということを指摘し，その偶発的な本質を強調した。古典的マルクス主義の基礎概念の一つである歴史的必然が指し示したのは，労働者階級は自分たちの搾取者たちに対して最終的には立ち上がるべきであったということであった。ヘゲモニーは，大抵の場合なぜそういうことが起きなかったかを説明したが，その説明によって歴史的必然という古典的マルクス主義の概念そのものの妥当性に疑問を投げかける結果になったのである。ラクラウもムフも，労働者階級を古典的マルクス主義流に均質な「全体」であるという風には信じていないどころか，むしろ断片化しやすいものとして見なしていた。彼らは，ヘゲモニーが示したことは**多元主義的マルクス主義**を発展させる必要性であったという結論に達した。その多元主義的マルクス主義は，20世紀後半に台頭した多くの新しい社会運動（たとえば，様々な人種的かつ性的少数派とともに，**緑の党**など）と関わりを持つこととなった。

【参考文献】
・ラクラウ／ムフ『ポスト・マルクス主義と政治 ─ 根源的民主主義のために』山崎カヲル・石澤武訳，大村書店。

ヘーゲル，ゲオルク・ヴィルヘルム・フリードリッヒ

Hegel, Georg Wilhelm Friedrich　　1770-1831　　哲学者

ヘーゲルの評価は，20世紀の流れのなかで盛衰を辿ってきた。近代の弁証法的哲学の創始者であり，カール・マルクスの思想に重大な影響を与えたヘーゲルの哲学的評価は，英語圏ではそう高いものではなかったが，ヨーロッパ大陸の伝統においては高かった。1930年代以降，例えばフランスにおいては，ヘーゲルは**フッサール**や**ハイデガー**とともに長期に渡って持続的な影響力を及ぼし，**ポスト構造主義**と**ポストモダニズム**の出現までの間フランス哲学における重要な課題を設定する助けとなった。一般的にマルクス主義の伝統のなかでは，ヘーゲルは論争の主題であり続けた。

ヘーゲルの弁証法は，正・反・合（thesis – antithesis – synthesis）というトリアード（三つ一組）で作動し，それが生じさせる定立と反定立の矛盾が自ずと新しい状態あるいは総合へと巡っていき，やがて新しいサイクルの誕生へと至る。ヘーゲルによれば（例えば，『歴史哲学（*The Philosophy of History*）』を参照のこと），この仕組みは，歴史全体を通じて作動している法則であり，ヘーゲル自身が「世界精神」と呼ぶものの究極的な実現を目指す方向へと向かう歴史的発展の連続的段階を伴っている。全体として，この思想は非常に抽象的であり，また多くの人々にとってはこの上なく決定論的である。マルクスは，この思想を過剰に観念論的であると見なし，ヘーゲルの弁証法を「逆立ちさせた」。つまり，唯物的世界における特定の諸発展（たとえば階級闘争）と結びつけたのである。

マルクス主義の伝統は，ヘーゲルと愛憎関係ともいうべきものを結んできた。とはいえ，近代マルクス主義の思想のなかにも，ヘーゲル的な傾向が見られてきたのである（おそらく，もっとも際立ってそれが見受けられるのが，ハンガリー人の哲学者で文芸批評家のジェルジ・ルカーチの著作であろう）。さらに最近になると，マルクス主義哲学を再構成したり，あるいは，マルクス主義が進みつつあると思われる方向性に対する不満を発散させるための試みとして，ヘーゲルに目を向ける傾向も出てきた。ポスト構造主義者やポストモダニズムの理論家とヘーゲルとの関係はさらに曖昧である。ジャック・デリダは，「われわれは，ヘーゲルを読み終えることもなければ，再読し終えることもないであろう」と述べている（ところが，彼はマルクスについても同じことを述べているのである）。その一方で，他のポスト構造主義者やポストモダニズムの理論家（例えばジル・ドゥルーズなど）は，さらに批判的であり，ヘーゲル哲学における全体化命法はポストモダニズム思想の本来あるべき姿に真っ向から反対するものである，という論を唱えている。近年のフランス哲学の多くは，フランスの知的世界において以前は支配的だったヘーゲルに対する反発と見なすこともできる。ポストモダンの世の中では，「全てを包含する哲学」（ヘーゲルの思想に劣らずマルクスの思想もそうである）を提供しようとする試みがたいていは認められないという点は否定できない。ポストモダンの世の中で

は，このような体系を構築する諸企図を権威主義的とみなす。とはいえ，そのことが，**大陸哲学界においてヘーゲルが重要な存在であり続けることを妨げてきたわけではない。**

【参考文献】

・ヘーゲル『歴史哲学講義』（上）（下），長谷川宏訳，岩波文庫。『歴史哲学』武市健人訳，ヘーゲル全集（岩波書店）10-a・10-b巻所収。

ベル，ダニエル　　Bell, Daniel　　1919-　　社会学者

ベルはハーバード大学教授であり，米国芸術科学アカデミー（訳注参照）のなかで際立った人物でもある。彼は，**ポストモダニズム思想において相当な衝撃となった一つの考えである「ポスト工業主義」**の理論家の一人として最もよく知られている。ベルの最も有名な著作は『イデオロギーの終焉（*The End of Ideology*）』（1960）と『ポスト工業社会の到来（*The Coming of Post-Industrial Society*）』（1973）〔訳注：邦訳タイトルは『脱工業社会の到来』〕である。『イデオロギーの終焉』は，「終焉主義」と呼ばれているものの展開において大きな影響力を与えたテクストとなった。「終焉主義」とは，西洋の民主主義政治とそれを支える経済システムである資本主義の二つの勝利のおかげで，歴史とイデオロギーは終焉を迎えるという考えである。ベルの「終焉主義」に関する研究は，特にフランシス・フクヤマのような思想家たちに影響を与えた。終焉主義は，過去十年位の間，ソビエト連邦とその東欧の追従諸国の崩壊によって非常に人気を博した一つの理論である。ベル自身，後に「終焉主義的」理論の多くが右傾化したことにいくぶん懸念を示すこともあった。『イデオロギーの終焉』が，その最盛期に左翼の批評家たち（例えば，著名なアメリカの社会学者，チャールズ・ライト・ミルズなど）から激しい批判を受けていたことを指摘することは重要である。彼らが主張したのは，『イデオロギーの終焉』は第三世界の生活の現実を無視し，政治の現状維持の助けになったということである。このような批評家たちにとっては，終焉主義は，また別のイデオロギー，つまり西洋の政治的リベラリズムのイデオロギーにすぎなかった。そのリベラリズムのイデオロギーの関心事は，対立が存在しうるという見解を挫くことであった。

『社会予測の一つの試み』という副題の付いた『ポスト工業社会の到来』は，19世紀と20世紀の西洋において支配的だった工業基本モデルに取って代わる新種の，情報主導でサービス産業志向の社会の到来間際にわれわれがいるということを示唆した。ベルによれば，ポスト工業社会は三つの主要構成要素を持つ。その三つとは，「製造業からサービス産業への移行」，「科学を基にした新しい産業が中心であること」，「新しい技術者エリートたちの繁栄と社会階層化の新原則の出現」である。『ポスト工業社会の到来』が出版されてから，ベルが予測したことの多くが西洋の「大衆消費（mass consumption）」社会において本当に起こっている。がしかし，多

くの批評家たちが素早く指摘した通り，失業と雇用不安に関してかなりの社会的犠牲を払った上でのことであった。ベルは西洋文化が向かう方向を明確に予見しており，彼の研究は今や多くのポストモダニズム思想を予示しているように見える。ポストモダニズム思想も同様に，ＩＴ（情報技術）の社会変革力を強調している（例えば，ジャン＝フランソワ・リオタールの『ポストモダンの条件（*The Postmodern Condition*）』を参照のこと）。物質社会の産業の発展と搾取に対する無批判的信仰を内包したモダニズムの旧式な物語との断絶の必要性は広く認められるようになり，進んだ西洋経済のほとんどが本当の意味において少なくともある程度はポスト工業化していると説明されうる。確かに，富をもたらすことに関して，特にサービス産業と知識産業とＩＴは，西洋の生活のますます重要な部分を形成している。ベル流のヴィジョンに賛成しようとしまいと，多くのポストモダニストたちが心に描いた理想の社会は，間違いなくポスト工業社会の類なのである。

【訳注】
☆米国芸術科学アカデミー：1780年設立の研究機関。世界各地から芸術・科学・人文・ビジネスなどの分野の優れた人材を集め，さまざまなプロジェクトや研究が行われている。

【参考文献】
・ベル『イデオロギーの終焉――1950年代における政治思想の涸渇について』岡田直之訳，東京創元新社。
・ベル『脱工業社会の到来――社会予測の一つの試み』（上）（下）内田忠夫ほか訳，ダイヤモンド社。
・リオタール『ポスト・モダンの条件――知・社会・言語ゲーム』小林康夫訳，水声社。

ベルシー，キャサリン　Belsey, Catherine　1940-　批評家

キャサリン・ベルシーは，1975年から教鞭をとっているウェールズ大カーディフ校の英文学教授であり，1989年には同大学に批評理論センターを設立し自らセンター長を務めている。ベルシーの批評的著作は，特に文学教育において標榜されているリベラル・ヒューマニズムが支配者階級の利益を保護する方法を暴き批判し突き崩すことに特に力を注いでいる。ベルシーは，文学研究に政治的・社会的闘争を融合し，したがって，急進的な政治的課題を抱える**ポスト構造主義**的実践を必要とするのである。

　ベルシーの最初の主著『批評的実践（*Critical Practice*）』（1980）は，大学の学部の文学研究の一連の理論的課題を変更することにおいて大きな影響力を持った入門テクストである。この力強くまた非常に理解しやすい本において，彼女は精力的に文学に対するF・R・リーヴィス（訳注：第二次世界大戦前後に活躍したイギリスの学者・作家であり，マシュー・アーノルド的なエリート文化観を基本的に継承した）的な文学へのアプローチの誤謬を示して見せ，また，バルトとアルセチュールから影響を受けて，**テクストの潜在的多元性**と意味の生産における読者の役割を強調している。ベルシーの批評的態度における**マルクス**主義的要素は，学術誌『文学

と歴史 (*Literature and History*)』(1983) に最初に掲載された「文学，歴史，政治 (Literature, History, Politics)」という影響力の大きな論文においていっそう明白に強調されている。この論文は，『現代批評と理論読本 (*Modern Criticism and Theory: a Reader*)』(デイヴィッド・ロッジ編，1988) と『批評のコンテクスト (*Contexts for Criticism*)』(ドナルド・キージー編，1994) に再録されている。この論文において，彼女は，文学カノン（正典）を研究対象とし続けることに賛成の論を唱え，また変化の政策を積極的に擁護する一連の課題と結び付かない時のポスト構造主義理論の貧弱さとその潜在的に自滅的な本質を論証している。

ベルシーは『悲劇の主体 (*The Subject of Tragedy*)』(1985) において，フーコーとデリダの思想を基にして，近代初期におけるブルジョア的主体の出現と，この新しい主体性のなかでの男性と女性の構築を研究している。ベルシーは「言説（ディスクール）的」知を持つ主体としての封建的主体と「経験的」知を持つ主体としてのブルジョア的主体の違いを詳細に説明している。このブルジョア的主体は作者 (author) であり，自らの（主観的）真理の保証となる。ベルシーは女性の主体に適用される時のブルジョア的主体を問題視する。女性の主体は，このような主体性を割り当てられると同時に否定され，絶対主義政治的婚姻内では従属者として構築されるのだが他の社会的諸関係においては従属的ではない。「主体としての」女性は，「自分たちについての，そして自分たちに向けられた言説のなかに場所を見つける。その結果，彼女たちは声を発することができるようになる。しかし，彼女たちの声は一つの不在に基づいている。リベラル・ヒューマニズム的な自己実現の諸方法を拒否するフェミニズムの一派は，この不在というものを政治的に利用できるのである」とベルシーは結論づける。

ベルシーは高級文化 (high culture) とポピュラー・カルチャーの区別を拒否しており，それゆえ，扱うテクストの種類も『エヴリマン (*Everyman*)』(訳注：1500年頃のイギリスの道徳劇) からジェイムズ時代の家族の肖像まで広範囲にわたる。『欲望 ― 西洋文化のラブストーリー (*Desire: Love Stories in Western Culture*)』(1994) において，ベルシーは，特にラカンとデリダの理論に依拠して，主体の構築から**欲望**の**表象**へと研究の中心を変えている。ベルシーは，マロリーから**フロイト**そしてミルズ・アンド・ブーン（訳注：ハーレクインロマンスのサブジャンル）に至るまでの広範囲のテクストとジャンルを研究対象として選択し，**ポストモダニズム**の下で恋愛と欲望がどのように成就するのかを詳しく調べ，中世，近代初期，ポストモダニズム，ユートピアのそれぞれのテクストの間にある歴史的差異を研究している。彼女は，欲望と読むことならびに書くこと双方との間の関係を探究し，欲望は自然と文化の間に作られた因習的区別に異議を申し立てるということを究極的には論じている。

ベンヤミン，ヴァルター　　Benjamin, Walter　　1892-1940　　文化批評家

ヴァルター・ベンヤミンは，ベルリンの裕福なユダヤ人家庭に生まれた。彼は，ドイツ・バロック劇に関する論文で大学での職を得ることができなかったため，文学評論家になった。エルンスト・ブロッホとジェルジ・ルカーチの影響を受け，ベルトルト・ブレヒトの友人になり彼の仕事を支持した。ナチスの政権掌握後，1933年，ドイツを離れフランスへ渡った。パリでは，ベンヤミン自身最高の作品とみなした「パサージュ論（Arcades Project）」（訳注を参照のこと）と呼ばれる研究に取り組んだが，未完に終わった。ベンヤミンはテオドール・アドルノの親友であり，アドルノに影響を与えたが，ベンヤミンの著作は**フランクフルト学派**の著作と複雑な関係にあった。ベンヤミンは，フランクフルト学派とは定期的に交流があった（特に『ボードレール [*Charles Boudelaire: A Lyric Poet in the Era of High Capitalism*]』として後に出版されたボードレール研究を執筆中）。生前出版されたベンヤミンの本は，『ドイツ悲劇の根源（*The Origin of German Tragic Drama*）』と『ドイツ・ロマン主義（*The Concept of Art Criticism in German Romanticism*）』のわずかに 2 冊である。1940年にナチスを逃れてパリを去り，スペイン国境へと向かい，そこで自ら命を絶った。享年48歳であった。

　ベンヤミンの1936年の論文「複製技術時代の芸術作品（The Work of Art in the Age of Mechanical Reproduction）」（論集『イルミネーションズ [*Illuminations*]』所収）は，空間と時間における特定の場所から得られる儀式的・宗教的価値を持つものとしての芸術作品と，そのような価値を持ちえない機械的に再生産された作品との間の区別を提示する。機械的再生産の時代において，芸術作品は，「**アウラ**」，すなわちオリジナルであることから生まれ感知される本物らしさ（authenticity）を失ってしまったとベンヤミンは主張する。写真や映画のような技術的再現のモダン（**モダニズムとモダニティ**を参照のこと）な諸形式によって，作品は永久に再生可能になるだけでなく，そもそもオリジナルのことを口にする意味もなくなる。この状況は，反動的もしくは進歩的な諸方法を使った搾取に無防備であり，政治の美化（ファシズム）か美の政治化（共産主義）かのどちらかに繋がる。このテクストにおいてベンヤミンは，政治的そして美的表象に対するさまざまな新技術の諸影響に対して相反する感情を見せている。このことゆえに，このテクストは，美学と政治と技術の関係を研究する後の**ポストモダニズム**的探究にとって重要になった。

　また別の両価性も，ベンヤミンの仕事全体の特徴になっている。彼の諸著作は，弁証法的唯物論と謎めいた形式のユダヤ神秘主義の両極の間を揺れ動く（そしてその両極は和合するようには見えない）。これら彼の知的態度の二重の忠誠は，後期の論文「歴史哲学テーゼ（Theses on the History of Philosophy）」において最も明確に結び付けられている。ベンヤミンにとって，この二つの極には，進歩的直線状連続体として歴史を考えることによって消し去られてしまう今（Jetztzeit）つまり

「現在という時間（now-time）」という概念を救う試みであるという共通項がある。ベンヤミンにとって，歴史家または批評家の仕事とは，「過去そうであった通りの」歴史的瞬間ではなく，歴史の連続体から外に出された危機や危険の瞬間という最大限の潜在力が発揮される歴史的瞬間を見ることである。このことによって，ベンヤミンは，時間性と歴史性を再考することへのポストモダニズム的関心を先取りしているのである。

【訳注】

☆パサージュ論（Arcades Project）：19世紀のパリを取り巻くトロープ（転義,言い回し）の分析によってパリという都市の根源的歴史を捕らえようとした研究。

【参考文献】

・ベンヤミン『ボードレール』川村二郎ほか訳,『ヴァルター・ベンヤミン著作集6』（晶文社）所収。「ボードレールにおける第二帝政期のパリ」[『ボードレール』第1論文] 野村修訳,『ボードレール他五篇 ベンヤミンの仕事2』野村修編訳（岩波文庫,以下『仕事2』と略記）所収。「ボードレールにおけるいくつかのモティーフについて」[『ボードレール』第2論文] 久保哲司訳,『ベンヤミン・コレクションI 近代の意味』（浅井健二郎編訳,ちくま学芸文庫,以下『コレクションI』と略記）所収。「パリ — 十九世紀の首都」[『ボードレール』第3論文] 久保哲司訳,『コレクションI』所収，今村仁司ほか訳『パサージュ論I』（岩波書店）所収。

・ベンヤミン『ドイツ悲劇の根源』川村二郎・三城満禧訳，法政大学出版局，（上）（下）浅井健二郎訳（ちくま学芸文庫）。『ドイツ悲劇の根源』岡部仁訳，講談社文芸文庫。

・ベンヤミン『ドイツ・ロマン主義』大峯顕ほか訳，『ヴァルター・ベンヤミン著作集4』（晶文社）所収。

・ベンヤミン「複製技術時代の芸術作品」久保哲司訳，『コレクション1』所収。「複製技術の時代における芸術作品」野村修訳，『仕事2』所収，高木久雄・高原宏平訳，『ヴァルター・ベンヤミン著作集2』（晶文社）所収。多木浩二『ベンヤミン「複製技術時代の芸術作品」精読』岩波現代文庫（岩波文庫と同じ野村修訳の「複製技術時代の芸術作品」[改題]を含む）。

・ベンヤミン「歴史哲学テーゼ」野村修訳，『暴力批判論 ヴァルター・ベンヤミン著作集1』（晶文社）所収。「歴史の概念について」浅井健二郎訳，『ベンヤミン・コレクション1 近代の意味』（ちくま学芸文庫）所収。野村修訳，今村仁司『ベンヤミン「歴史哲学テーゼ」精読』（岩波現代文庫）・『ボードレール他五篇 ベンヤミンの仕事2』（岩波文庫）所収。

ペンローズ，ロジャー　　Penrose, Roger　　1931-　　数学者・理論物理学者

ロジャー・ペンローズの最近の哲学的著作における大きく統合的で思索的な進展は，懐疑的なポストモダニズム的感受性とは大いに位相を異にしているように見える。最近の著作『大と小と人間の心（*The Large, the Small and the Human Mind*）』が示しているように，大（ビッグバンとブラックホール）と小（原子内部の粒子）と人間の心（あるいは意識）に関心を持つペンローズの仕事の原動力は，われわれが現実そのものを研究する際に理論物理学の数学的形式主義の制約から決して逃れ

ることができないということが理論と観察に関する量子力学的なパラドックスの意味である，という考えを拒絶することである。ペンローズによれば，実験の面では成功をおさめ続けているので，むしろ**量子力学**は，諸パラドックスを生み出すにもかかわらず自然に生起する諸現象の現実モデルと考えられなければならない。言い換えると，量子論的世界と古典物理学的世界との間には架橋不能な溝はなく，両者は，一つの現実の異なるアスペクト（相）をモデル化しているだけなのである。したがって，量子の状態の観察が実際パラドックスを生み出すという事実にしても，われわれの諸理論が単に量子的な現実を構築することに関わっているというよりは，われわれの意識が量子論的な現実の一部であることを示唆しているのである。ペンローズは，量子力学を単に福音と考えるのではなく，古典物理学的世界と架橋するために量子力学にはどのような修正が必要かに関心を持っている。また，修正量子力学という考えは，ペンローズの**人工知能**に対する批判を裏書きしている。ペンローズによれば，生物学的ではなく機械的な「ハードウェア」によって知能をシミュレートしようとするその時期尚早な要求は，コンピュータが依然として物理学的に古典的なシステムであるという事実によって挫かれている。このことは，また，意識という問題に対してペンローズが提案する思索的解決を示している。すなわち，量子の諸過程が脳の活動に関係しているとしたならどうか。あるいは量子の諸過程が観察における量子論的現実と古典物理学的現実の間の「飛躍」に匹敵するとしたらどうであろうか。量子的現実と古典物理学的現実との間に渡される橋を理解することは，意識の物理学への手がかりとなるばかりでなく，ひょっとすると人工知能を「量子コンピュータ」の方向へと向かわせるかもしれない。

ほ

ボイス，ヨーゼフ　Beuys, Joseph　1921-86　芸術家

1960年代前半フルクサス（訳注参照）の著名な一員であったボイスは，ハイ・モダニズムという公式の場のいつも外側にいた。ハイ・モダニズムは，芸術と生活を熾烈に対立させた。しかし，ボイスは，その対立を乗り越えたいと願ったのである。パフォーマンス・アートとダダと心理劇の入り混じった彼の仕事は，すべての人々は潜在的な芸術的衝動を持ち，文化的表現は社会的存在の最も純粋な形であり，芸術は仕事と遊びと日常生活の見慣れた儀式に組み込まれている，という彼の信念の表れであった。たとえば，彼の「社会的彫刻（social sculpture）」は，社会活動のあらゆる形式が美的な諸特質を表現するように，芸術は財産の一形式というよりむしろプロセスとして見られるべきであるということを示すよう意図された。これらの考えが彼の行う教育の基礎を成した。デュッセルドルフ芸術アカデミーで11年間彫刻科の教授を務め，その間，彼は反モダニズムの急進主義と徐々に交流を深めてゆき，1972年，アカデミーへの自由入学の計画を奨励したために解雇された。

芸術は人間の生命の根本のエネルギーから発するものとするボイスの構想，つまり，芸術を神話的で原型的な方向へと推し進めることにつながった構想は，彼の優れた生徒であったアンセルム・キーファーが発展させた。キーファーは，**トランスアヴァンギャルド**として知られる**ポストモダニズム**のヨーロッパ的形式における重要人物の一人である。

【訳注】

☆フルクサス（Fluxus）：フルクサスとは「流動」や「変転」といった意味を持つ，1960年代にニューヨークを中心にヨーロッパ各地で活動した芸術家グループ。彼らはアクション，イベント，ハプニングといった行為によって活動を行った。

ホーキング，スティーヴン　Hawking, Stephen　1942-　科学者

スティーヴン・ホーキングは少なくとも二人いる。一人は，重要かつ尊敬されている理論物理学者であり，その研究は，**ブラックホール**，宇宙の起源，空間と時間の関係についての他の科学者の考え方の形成を助けた。もう一方のスティーヴン・ホーキングは，まれにみるメディア上の現象である。電子車椅子に乗り，史上最も良く売れた科学書『ホーキング，宇宙を語る ── ビッグバンからブラックホールまで（*A Brief History of Time*）』の著者でもあり，『スター・トレック』のエピソード（訳注：第152話「ボーグ変質の謎 ── パート 1 ［Descent］」）にアイザック・ニュー

トン，アインシュタインと共に登場し，一般大衆の心のなかにおいては科学の天才を体現するものとしてアインシュタインを越えた人物でもある。**ポストモダニズム**研究者にとって特に興味深いのは，神の御心を知ることについての深淵をもっともらしく語る，不気味で身体から分離したコンピュータ音声を持つこの二人目の人物である。

スティーヴン・ホーキングは，ガリレオの死後ちょうど300年後の1942年1月8日に生まれた。学部生としてオックスフォード大学で物理学を勉強した後，1962年にケンブリッジ大学へ移った。折々のアメリカ滞在を含め，彼はここで研究者としての人生の全てを過ごしている。1979年以来，彼は，かつてアイザック・ニュートンが務めたルーカス記念講座数学教授という地位に就いている。

ホーキングは博士号取得のための研究で，ライバルの「定常宇宙論」（訳注参照）に対抗して宇宙の起源のビッグバン理論を証拠立てるために，ロジャー・ペンローズの位相幾何学に関する数学的研究を用いた。ホーキングは，宇宙が**特異点**から始まっていることを論じた。物理学の法則が支配しない特異点は，一般相対性理論によって推測されてはいたものの完全には説明されていなかった。時間と空間はビッグバンと共に出現し，ビッグバン以前のことについて論じることを愚かなこととした。なぜなら，「以前」という概念そのものが存在していなかったのだから。

ホーキングの次の主な仕事は，ブラックホールに関するものであった。ブラックホールの存在は1939年にJ・ロバート・オッペンハイマーによって推測されている。星が燃料切れを起こしてしまうと，その星の大きさに準じて次の三つのうち一つが起こる。質量が太陽の1.4倍に満たない場合，その星は白色矮星になる。それよりも少し大きめ（太陽の質量の1.4倍から3倍まで）なら，それは中性子星を形成する。大変大きなもの（太陽の質量の3倍以上）として初めからあるのであれば，その崩壊は，あまりに強力な重力場をもつ領域を作り出すので，何ものも，光でさえもそこから抜け出すことが出来なくなるのである。

光より早く移動できるものはないため，ブラックホールから何かが放射されることは全く不可能のように思えた。ホーキングは，ブラックホールが熱を放射するに違いないということを実証するために，**量子力学**をハッとさせるような独創的な方法で一般相対性理論と組み合わせた。ホーキングはブラックホールを，極度に真空化した空間というよりも，一つの物体として（熱力学の法則に従う物体として）捉え直した。

「ホーキング放射」の存在自体が説得力を持ちつつも証明できない推論であり続ける，つまり放射されたほんの微少な熱が測定し得るであろうと主張するものは誰もいないという事実から，われわれは，ホーキング一流の宇宙論の極めて理論的な本質を引き出すことができる。ホーキングの仮説は，観察や慎重な観測（われわれが天文学の基礎と思いがちなもの）には何一つ基づいておらず，むしろ，量子力学

と一般相対性理論の論理を用いて導き出した結論なのである。

　ホーキングにとって，ブラックホールの創生過程は，宇宙の創生過程を逆にしたようなものである。前者は巨大な物質が特異点の状態へと崩壊することを示し，後者は特異点の爆発から分散し宇宙の物体へと組織される過程を示している。彼のその後の研究分野は，宇宙創生の初期の瞬間へと戻っていった。宇宙論におけるホーキングの二つ目の貢献である無境界提案は，空間と時間の間には厳密な意味での境界線が存在しないこと，それらは第四次元で共に存在していることを仮定した。われわれの宇宙は，空間と時間の有限な端のない球体なのである。この仮説は，宇宙の起源の初期段階で急激ではあるものの組織的な膨張の時期，つまり「インフレーション」が，「熱い」ビッグバンに先立ってあったことを仮定する。インフレーションの段階は，空間におけるさざ波の形で，宇宙にその形跡を遺している。それらは，ホーキングの仮説を説得力のある方法で証明する形で，1992年に行われた宇宙背景輻射探査機プロジェクト（COBE［Cosmic Background Explorer Satellite］project）において探知された。

　しかしながら，理論物理学や宇宙論における彼の価値ある貢献にもかかわらず，ホーキングが真の重要性を獲得するのは，文化的イコンとして，また科学の不可解な複雑さを説く人物として，なのである。彼は，科学の神秘的な雰囲気を保持しつつも，科学が人間の仕事であるということをわれわれに再認識させてくれるのである。

【訳注】

☆定常宇宙論：または，定常理論。いま存在している銀河のあいだの膨張している空間中で，新しい物質が絶えず産み出されていると主張する宇宙論で，現在ではほとんど放棄されている。（『「ホーキング，宇宙を語る」ガイドブック』［ホーキング編，ハヤカワ文庫］より）

【参考文献】

・ホーキング『ホーキング，宇宙を語る ― ビッグバンからブラックホールまで』林一訳，ハヤカワ文庫。

ポスト工業主義　　post-industrialism

ポスト工業（脱工業）社会は，産業革命以降の西洋のほとんどの社会と同様に重工業生産に頼って富を生みだすのではなく，サービスと知識生産とＩＴ（情報技術）に頼って富を生み出す社会のことである。社会の進歩の名の下に環境の利己的な利用に深く関わった工業主義がモダニズムと結びつくことがあるのに大いに似て，ポスト工業主義はポストモダン的なもの（ポストモダニズムを参照のこと）に結びつくことがある。実際，知識生産への関心は，今やポストモダン社会の特徴の一つと見なされている。ポスト工業主義という考えの偉大な提唱者の一人は，アメリカの社会学者ダニエル・ベルである。ベルの『ポスト工業社会の到来（*The Coming of Post-Industrial Society*)』（1973　訳注：邦訳タイトルは少し異なる）は，ポスト工

業社会のもっともらしい性質の概略を示す。ベルが描く社会では，工業生産からサービスへの劇的な変換が起き，科学に基づく諸産業が中心的な役割を果たし，サービスと科学に基づく産業を基盤とするエリートが登場し社会の権力バランスを変える。西洋の先進経済諸国は，サービスと知識と情報が貿易のための最も価値ある商品になるという意義深い変化をとげたので，今やある意味でポスト工業的と呼びうるのである。

【参考文献】
・ベル『脱工業化社会の到来 ― 社会予測の一つの試み』(上)(下)内田忠夫訳，ダイヤモンド社．

ポスト構造主義　　poststructuralism

ポスト構造主義とは，1950年代から1970年代にかけてフランスの知的探究のパラダイムを支配した**構造主義**の主要諸原理を拒絶するに至った全ての理論を指す総称的な用語である。構造主義のパラダイムという抑圧に挑んだ理論には，**ディコンストラクション**（脱構築），フェミニズム，**ポストモダニズム**がある。これらの全ては，構造主義の基礎となる諸前提に挑んだので，ポスト構造主義的と呼びうるだろう。構造主義者たちは，全ての現象の下にはそれらの展開を支配する深層構造（deep structure）があると考え（深層構造を自然の中にある遺伝プログラム的な何かと考えても良いだろう），また，世界は組織化され一連の連動的体系になっており，それぞれの体系は作用のための独自の「文法」を持っていると考える。全ての体系の文法が同様な仕方で作用していると考えるとすれば，全ての体系は構造主義的分析が容易になる。そして，構造主義は，全ての体系を包括的に記述することを目標とする分類訓練となる。したがって，少なくとも原則的には，世界はその諸体系と諸文法の分析によって完全に認識可能なものなのである。

　ポスト構造主義者にとって，これは，あまりにきちんとしていると同時に抑圧的である。なぜなら，構造主義は，人間という行為体 [agency]（個人は，深層構造が作用を及ぼすための単なる手段にすぎないと考えられている）にも偶然の作用（これは20世紀末の科学的探究においてますます重要さを増す要素である）にも余地を認めないからである。この構造主義の本質的に秩序立った世界像に対して，ディコンストラクショニストたちは，よりずっとアナキスト的な世界像を提示した。その世界像では，共通性（similarity）よりも差異が体系内のあり方を決定づける特徴であり，また，体系の諸作用には空隙（gap）や自己矛盾（paradox）があると考えられる。すなわち，体系の諸作用は，構造主義者たちがわれわれに信じ込ませようとしたほどには予測可能でないのである。ジャック・デリダは，構造パターンの予め決定された作用ではなく，「生成の無垢（innocence of becoming）」（訳注：ニーチェが最初に用いた言葉）について述べる。「生成の無垢」とは，未来はつねに開かれており未知のものであるということを意味する。ディコンストラクショニス

トの観点から見れば，構造主義は，諸体系がどのように作用するかを厳密に規定するので権威主義的である。また，ポストモダニストたちも，構造主義的なモデルの硬直性と明白な権威主義に反抗し，ディコンストラクショニストたちと同様な意見，すなわち，文化的諸過程の無制約性（open-endedness）と「生成の無垢」という考えに対する支持を表明している。最後に再びくりかえそう。ポスト構造主義の批判は，諸現象の普遍的説明を行うことを主張する諸理論に向かっており，全体化傾向のある理論に対するこの嫌悪は，ポスト構造主義的見地の恒常的な特徴なのである。

ポスト植民地主義　postcolonialism

「植民地主義（コロニアリズム）」とは，他民族の土地を征服し直接支配することであり，16世紀以降の資本主義的生産様式のグローバリゼーションである帝国主義の歴史の一段階である。文化生産のコンテクストにおいては，「ポスト・コロニアリズム」は，「帝国の後に書くこと（帝国以後のエクリチュール）」，すなわち植民地的な言説（ディスクール）と脱植民地的な著作の両方の分析である。イギリスの帝国主義との関係においては，こういった著作はかつては「コモンウェルス文学」と呼ばれただろう。しかし，その領域は，言語，ジェンダー，**主体性**，人種に関するさまざまな**ポストモダニズム**思想の使用によって変貌をとげた。その主題に関する本格的な研究や研究会さらには読者の急増は，文化研究全般にとってのポスト植民地主義の重要性の証拠である。ポスト植民地主義研究の最も重要な二つの年は，1947年と1978年である。1947年は，大英帝国の大規模な脱植民地化の始まりを示す年である（訳注：インドとパキスタンが独立）。1978年は，ポスト植民地主義研究を創始した本であるエドワード・サイードの『**オリエンタリズム**（*Orientalism*）』が刊行された年である。フーコーその他の著作を援用しながら，サイードは，西洋の言説における**他者**表象を検討し，そのなかに「ヨーロッパのもっとも奥深いところからくり返し立ち現れる他者のイメージ（中略）オリエントを支配し再構成し威圧するための西洋のスタイル」を見いだした。大いに批判を受けたものの，この本は，アフリカからカリブ海，南アジア，東南アジアにいたるポスト・独立（独立以後）の国々の文化の研究にはずみをつけた。この本は，植民地の葛藤とナショナリズムの文学，特にフランツ・ファノンの著作がポストモダニズム的視点から読み直される時代の先駆けとなった。また，最近では，「ポスト・植民地主義的（post-colonial）」という言葉は，「ポスト・独立（post-independent）」とは別の意味を持ち始め，植民地主義に抵抗するあらゆる形態の著作に適用されるようになった。これによって，ポスト植民地主義の批評家たちは，ファノンなどの反植民地主義者の著作，また，植民地化の瞬間から現在に至るまでの帝国主義的過程に影響を受けた文化の膨大な総体を研究できるようになった。

【参考文献】
・サイード『オリエンタリズム』（上）（下）板垣雄三・杉田英明監修，今沢紀子訳，平凡社ライブラリー．

ポスト哲学　　post-philosophy

哲学の未来の方向に関する考察は，ソクラテスの時代以来ずっと哲学的言説の基本であり続けてきた．しかし，**ニーチェ**から**ハイデガー**や**リオタール**に至る哲学者によってくりかえされる哲学の終焉宣言には尋常でないほどに威嚇的な**アウラ**がともなっており，そのアウラが最終的にはまさに**ポストモダニズム**の哲学的言説の可能性を疑わしいものにしてしまう．少なくとも，ポスト哲学は，自律的合理性，歴史的進歩，形而上学的真理といった諸理念にしたがって考えられた哲学の後の哲学を意味する．また，ポスト哲学は，これらの啓蒙主義（**啓蒙のプロジェクト**を参照のこと）の理念が批判されるようになったポストモダニズム的状況を指している．しかし，このポストモダニズム的状況には，さまざまに異なる反応がありうるだろう．ポスト哲学者たちは問う．哲学は終焉をむかえたのか，それとも，変容したのか，と．この問いに対する二者択一の答えは，哲学の後に何が来るのかに関する強弱両方の見解をもたらす．

　哲学を変容させようと努める人々は，自律的で十分透明な理性的主体というものは最早批判するまでもなくありえないこと，啓蒙主義哲学の指導の下において望まれた歴史の進行は失敗という結果に終わったこと，また，形而上学的考察の結果としての大きな真理は賢明にも真理の「局所的」性格にとって変られていることを受け入れている．ただ，以上であげたような形而上学的理念は，すでに**カント**などの啓蒙主義の哲学者が問題にしていた．このために，カントの諸批判は，ポスト哲学の諸論争の多くに有用な枠組みをもたらしているのである．

　哲学の決定的終焉を強く主張する人々は，カント的理性の特徴，すなわち必然性に対するラディカルな批判を援用する．これらのポスト哲学者たちは，所与の時空において理性的思考・行為と見なされるものの法則，基準，結果の偶然性を主張する．彼らは，アプリオリ（先天的）で確実なものよりも経験的で可謬（かびゅう）なものを優先し，統一性よりも異種混交性（heterogeneity）を優先し，全体的なものよりも断片的なものを優先し，哲学的言説の普遍性よりも通約不可能な（**通約不可能性**を参照のこと）言語ゲームの還元不可能な多元性（**多元主義**を参照のこと）を優先する．

ポストヒューマニズム　　posthumanism

ポストモダニズム思想の含意の一つは，今われわれはポストヒューマニズム時代にも生きていると考えられるということである．ヒューマニズムは，権威失墜した**啓蒙のプロジェクト**，特にそのプロジェクトが個人の文化的重要性を強調することと同一視される．個々の**主体**は，独自の本質を持つ存在であり，その目的は自己実現

であると考えられた。適切な（政治，法，教育などの）制度的構造の確立を通して個人の自由を保証することによって，そのような自己実現の基盤を供給することが文化の主目的の一つだと考えられた。**クロード・レヴィ＝ストロース**とロラン・バルトとミシェル・フーコーは，この主体の概念に異を唱え，それぞれの仕方でそのヒューマニズム的理想の解体に貢献したと考えられるだろう。**構造主義的マルクス主義哲学者**のルイ・アルチュセールは，自らのことを公然と反ヒューマニストである，すなわち世界の中心としての人間という啓蒙主義的な関係に反対であると宣言することによって，ポストヒューマニズム的意識の発展を後押しした。

最近では，**リオタール**や**ドゥルーズとガタリ**などの**ポスト構造主義・ポストモダニズム**的思想家たちもまた，ヒューマニスト的な思想の伝統から意識的に距離を置いている。それを**モダニティ**（近代性）の不可欠な構成要素であると考えるからである。また，差異のフェミニスト（**差異のフェミニズム**を参照のこと）たちも距離を置いている。なぜなら，彼女たちにとってヒューマニズムは，自分たちが積極的に断ち切ろうとしている家父長制的なイデオロギーの一部だからである。

ポストフェミニズム　post-feminism

ポストフェミニズムは，フェミニズムを時代遅れで悪いものだと貶す巧妙な戦略の結果として登場した。ポストフェミニストの主張によれば，フェミニズムがもたらす危険と損害は，女性が男性の世界において平等を求めるのは間違っていることを「証明している」。とりわけ，マス・メディアは，女性の公的平等をはっきりと表明すると同時に，この平等がもたらす害悪の目録を作成している。メディアにおいて，ポストフェミニズムの主張は，自分たちが平等のために疲弊し平等に幻滅していることの責任をフェミニズムに問うように女性たちにけしかけている。たとえば，女性雑誌は，以下のようなポストフェミニズム的主張を行う。フェミニズムは，女性が性的魅力を持ち，男性と戯れ，家庭の幸福を享受する権利を奪ってしまった。フェミニズムは，子供を放ったらかしにし正しい道徳基準を持たずに育つようにしてしまい，家庭をダメにしてしまった。フェミニズムは，女性に対する暴力ならびに女性による暴力という結果に至った。しかし，このような主張を一般の人々が受け入れることは，まさしくそういった主張が助長するさまざまな不平等から利益を得る政治構造があることを認識しそこなっていることを示す。

ポストフェミニズムは，「新しいもの」たとえば新しい女性性あるいは新しい一夫一婦制を推進することもありえるかに見えるだろう。しかし，実態はそうではない。ポストフェミニズムは，反家族的な立場であるフェミニズムは健康的で正しい社会の本質的基礎であるとほとんどの人々が見なすものを破壊してしまったと主張し，伝統的な価値への回帰を支持する。また，フェミニズムを「末期的で救いがたい独身女」の病気と見なし，また，ウーマン・リブ（女性解放）を現代の個人的・

社会的・経済的な悪の源泉と見なすポストフェミニズムは，バックラッシュ（反動）を行っているのである。ポストフェミニズムは，女性抑圧の非難から男性を擁護し，自由と正義の逆転判決を下す。すなわち，ウーマン・リブ運動は専制的であり女性の要求を代表していないとされる。ポストフェミニズムから学ぶものが何かあるとすれば，それは，**ポストモダニズム的相対主義**の寛大さとその相対主義の賞賛は，正反対，すなわち無批判的で絶対主義的な立場に取り込まれること（co-option）がありうるということである。

【参考文献】
・ファルーディ『バックラッシュ ― 逆襲される女たち』伊藤由紀子・加藤真樹子訳，新潮社。

ポストマルクス主義　post-Marxism

「ポストマルクス主義者」という言葉は，二つの具体的な対象に適用される。一つは，**マルクス主義**の信条を拒絶する人々に対してである。また，もう一つは，**ポスト構造主義**や**ポストモダニズム**やさまざまな新しい社会運動（たとえば緑の党）など20世紀の後半に目立つようになった最近の理論的展開にマルクス主義を開こうと試みている人々に対してである。議論の余地はあろうがポストマルクス主義の指導的理論家であると思われるエルネスト・ラクラウとシャンタル・ムフの用語法においては，この二つの区別は，ポ・ス・ト・マルクス主義者であるかポストマ・ル・ク・ス・主義者であるかということと一致するだろう。そのどちらの意味においても，ポストマルクス主義は，自らの発展の触媒となった1968年の**事件**や1980年代のソビエト圏の崩壊などの重要な事件によって，20世紀後半においてますます重要な理論的位置をしめるようになった。ジャン＝フランソワ・リオタール，ジル・ドゥルーズ，ミシェル・フーコーなど人々の注目を集める人物を含むフランスの一世代の知識人全体は，先に述べた事件の結果，ポストマルクス主義的転回をし，そして，それまで戦後フランス思想の主要パラダイムの一つであったものに激しく反論するようになった。『**リビドー経済**（*Libidinal Economy*）』（1974）において，リオタールは，マルクス主義の理論に悪意に満ちた攻撃を爆発させた。この攻撃は，多くの点において，フランスの知識人の活動の主要因としてのマルクス主義理論に対する弔鐘のように聞こえた。ドゥルーズと**ガタリ**の『**アンチ・オイディプス**（*Anti-Oedipus*）』（1972）もまた，その時期の無批判的なマルクス主義の受容からの非常に象徴的な離脱を代表している。マルクス主義の主要原理の多くを時代遅れであると否定するだけでなく，新しい社会運動の目的に基づいて構築された新しい種類の政治を求めるラクラウとムフの『**ポストマルクス主義と政治 ― 根源的民主主義のために**（*Hegemony and Socialist Strategy*）』（**ヘゲモニー**を参照のこと）は，出版当時，マルクス主義者の周辺でかなりの論争を巻き起こした。マルクス主義の体制派は，他の思想を取り入れることはマルクス主義そのものの完全性と権威を傷つけることであると主張し

がちである。

【参考文献】
・リオタール『リビドー経済』杉山吉弘・吉谷啓次訳，法政大学出版局.
・ドゥルーズ／ガタリ『アンチ・オイディプス ― 資本主義と分裂症』市倉宏祐訳，河出書房新社.
・ラクラウ／ムフ『ポスト・マルクス主義と政治 ― 根源的民主主義のために』山崎カヲル・石澤武訳，大村書店.

ポストモダニズム　　postmodernism

ポストモダニズムは，過去数世紀間にわたって西洋思想と社会生活を支え続けてきた諸原理や諸前提に懐疑的な態度をとる広範な文化運動である。これらの諸前提は，われわれが**モダニズム**と呼ぶものの中核を成すものであり，思想と芸術表現の両方の領域におけるオリジナリティの信奉ばかりでなく，人間の行動のすべての領域における進化の不可避性ならびに理性の力への信仰を含んでいる。文化的エートスとしての**モダニズム**は，妥協を許さないくらいに前向きであり，現在の文明はその知識の範囲と技術の洗練においては過去の文明よりも優れていると見なされるべきである，と少なくとも暗に前提としていた。美学的エートスとしてのモダニズムは，オリジナリティが芸術的行動の最高の状態であり，これは形式の実験によって最も見事に達成されうるという見解を奨励した。ポストモダニズムは，モダニズムの進歩信奉ばかりでなくそれを支えるイデオロギーを疑問に付すことによって，また，思想と芸術における過去と現在との対話を推進することによって，そういったモダニズムの考えを逆さにする。したがって，ポストモダニズムは，実験とオリジナリティに対するモダニズムの信奉を否定し，また，たとえアイロニック（**アイロニー**を参照のこと）に行うにしても古いスタイルと芸術方法の使用へと回帰する。典型的なポストモダニズムのスタイルはパスティーシュであり，**作者**はリアリズム的な小説作法に戻り，芸術家は抽象から離れ具象的な絵に戻り，建築家は古いスタイルと新しいスタイルを自由に混合した。チャールズ・**ジェンクス**は，このポストモダニズム的実践を「**二重コード化**」と呼び，モダニズム建築の多くが持つ異化効果（これは一般人ではなくプロを対象としたものである）を克服する方法だと見なしている。ジャン＝フランソワ・**リオタール**は，ポストモダニズムを（**マルクス**主義のような）すべてを包括するような文化諸理論の否定だと考えることを奨励するとともに，政治生活と芸術表現に対しては，**大きな物語**によって定められた抑圧的なルールをあっさりと無視するもっとプラグマティックな姿勢をとることを支持している。したがって，ポストモダニズムは，当然，ある特定の理論的立場であるだけでなく，精神の姿勢なのである。一般的に，ポストモダニズムは，懐疑主義という長い歴史を持つ哲学的伝統の一部であると見なされうる。懐疑主義は，本質的に，姿勢は反権威主義的であり，論調は否定的である。また，他の諸理論をどこか肯定

するというよりは，その主張の基盤を揺るがすことに関心がある。リオタール自身によれば，ポストモダニズムとモダニズムは，歴史の過程を通して交互に現われる周期的な運動である。

【参考文献】
・ジェンクス『ポストモダニズムの建築言語』竹山実訳（1978年版の第二版の訳），『a＋u』1978年10月臨時増刊号，エー・アンド・ユー．
・リオタール『ポスト・モダンの条件 ― 知・社会・言語ゲーム』小林康夫訳，水声社．

ポストモダニティ　　postmodernity

ポストモダニティは，文化的エートスとしてのモダニティが崩壊した後でわれわれが置かれていると考えられる文化的状況を指す。モダニティは，西洋文化のいくつかの傾向が最高潮に達したことを表しており，その傾向には，経済的・社会的進歩に対する信仰，そして，一般的な進歩すなわち人間的事象の進歩の不可避性（ある世代は，前の世代より多くの知識を持ち，テクノロジー面でも勝っているということ）が含まれる。進歩に対する信奉は，資本主義であろうが社会主義であろうがモダニティの政治に組み込まれており，その前提は，生活の質は無限に改善でき，科学とテクノロジーはこれを保証するために活用されるだろうということである。実際，進歩のイデオロギー（あるいは**大きな物語**）は，貧しい第三世界の国々を含むほとんどの国々によって受け入れられた。他方，ポストモダニティというのは，進歩の不可避的進行，長期にわたる影響を考慮しない搾取を続けることの必然性といった諸観念に疑義が表明される状態である（この観点から考えると，**緑の党運動**は**ポストモダニズム**的運動と見なすことができる）。普遍的な諸理論に対する信仰が弱まり，また，政治事象においてプラグマティズムへの傾倒が強まるということが，ポストモダニティの特徴の一つである。これには，権威とその大きな物語に対する懐疑の広まり，そして多様性と文化的差異の奨励に対する意欲が付随している。しかし，これに対して，大きな物語は，ポストモダン社会においても宗教的原理主義という形をとって依然として大いにわれわれとともにあるという反論もありうるだろう。どのくらいポストモダニティは続くのか，というのは未解決の問題である。ジャン＝フランソワ・**リオタール**などの理論家によれば，モダンとポストモダンは時が経てば交替するものであり，現在のわれわれのポストモダニティ段階は，モダニティの新たな勃発の前の一時的な小休止にすぎないだろう。

【参考文献】
・リオタール『ポスト・モダンの条件 ― 知・社会・言語ゲーム』小林康夫訳，水声社．

ポストモダン科学　　postmodern science

ジャン＝フランソワ・**リオタール**によれば，ポストモダン科学（**ポストモダニズム**

を参照のこと）とは，既知のものよりむしろ未知のものを探そうと努める形式の科学であり，また，問題を解決することよりは未知の領域を明らかにすることに関心がある。この種の科学的実践の最たる例は，**カタストロフィー理論**（最も有名な著作『ポストモダンの条件』[1979]でリオタールはこの理論に多くを負っている），**カオス理論，複雑系理論**である。こういった理論は，ストレンジアトラクター（訳注：数学用語。非周期的軌道を持つアトラクター），ダークマター（訳注：通常の観測方法では観測できない星間物質），**ブラックホール**など，（もちろん，いつもそうだとは証明できないが）いかなる合理的説明をも許さないように思われる多くの不可解な存在を扱うことを特徴としている。

【参考文献】

・リオタール『ポスト・モダンの条件 ― 知・社会・言語ゲーム』小林康夫訳，水声社。

ボードリヤール，ジャン　　Baudrillard, Jean　　1929-2007　　社会学者

ボードリヤールは，ドイツの社会政策と文学を専門とする中等教育の教師として最初は社会に出た。彼の初期の出版物は，左翼雑誌に掲載された論文や書評，そしてペーター・バイスとベルトルト・ブレヒトの戯曲のドイツ語からフランス語への翻訳であった。1966年パリ大学ナンテール校で社会学を教え始め，20年以上勤めた。この間彼は革命的左翼と関わり合いを持ち，後期資本主義社会を**マルクス**主義的に批判することが彼の仕事であった。『物の体系（*Le Systéme des objets*）』（1968），『消費社会の神話と構造（*Le société de consommation*）』（1970），『記号の経済学批判（*For a Critique of a Political Economy of the Sign*）』といった初期の著作において，ボードリヤールは，資本主義の維持のために消費主義が果たす役割を研究し始め，**記号**として再登場するために商品化の過程を経ている諸物には体系が存在するということを論じている。これらの「記号としての価値（sign-values）」は，消費社会の必要を満たすだけでなく，そもそも必要という認識自体をまず最初に作り出す大量生産と複製の過程へと吸収される。

しかし，1973年の『生産の鏡（*The Mirror of Production*）』の出版を機に，ボードリヤールは，マルクス主義的立場から離れ始めた。彼の見解によれば，マルクス主義は，資本主義に対して十分に徹底的な批判を行うことができず，マルクス主義自体が抵抗するブルジョア的秩序に吸収されてしまった。ボードリヤール自身，『象徴交換と死（*Symbolic Exchange and Death*）』（1976）において，経済，生産，歴史そのものの「終焉」の預言者としての自ら定めた役割を発展させる過程で，マルクス主義との決定的な決別を試みている。ボードリヤールは「『想像解をもつ科学（science of imaginary solutions）』」（訳注：これは仏劇作家アルフレット・ジャリの言葉である），すなわち，究極のレベルのシミュレーション，換言すれば，死と破壊の超論理において反転しうるシミュレーションにおけるシステムの自己転覆とい

うサイエンス・フィクション」を提案する。このことによって，永遠に複製し続ける記号体系の戯れのなかに起源という感覚すべてが失われてしまう社会的な再生産，つまり「シミュレーション」に没頭する**ポストモダニズム**的社会を描いている。

ボードリヤールのシミュレーションに関するさまざまな考えは，1967年にマーシャル・マクルーハンの『メディア論（*Understanding Media*）』の書評を書いた時にテクノロジーとテクノロジーの諸作用に魅惑されたことから生じている。ボードリヤールにとって，テクノロジーはそっくりそのままポストモダン社会のパラダイムなのである。その社会では，『コミュニケーションのエクスタシー（*The Ecstasy of Communication*）』（1983）において彼が言うように，「光景と鏡はスクリーンとネットワークに道を譲ってしまった」のである。

このような考え方は，『アメリカ（*America*）』（1988）においてはテクノロジー賛美にまで至る。『アメリカ』は，ポストモダニズムを理論化する大胆不敵な著作であり，アメリカの「意味」に対するボードリヤールの思索と観光旅行で撮ったような写真との組み合わせによって半分紀行文で半分文化批評になっている。彼はアメリカを「**ハイパーリアリティ**」の一つの未来モデルとして表す。そこではリアリティは，シミュレーションのもっともらしい誘惑的な表層の背後に消えてしまっている。ボードリヤールは「あなたは都市から始めてスクリーンへと進むべきではない。スクリーンから始めて都市へと進むべきなのだ」と言う。しかし，最後にポストモダン状況の究極の象徴としてこの本のなかに現れるのは，都市ではなく，砂漠なのである。「そこでは深さというものがすべて分解されているからである —— 輝かしくて不安定でかつ表面的な中立性，感覚と深さとへの挑戦，自然と文化とに対する挑戦であり，今や起源を持たず，参照基準を持たない，彼方のハイパー空間なのだ。」

したがって，また，『アメリカ』は，ボードリヤールが自分の考えを表す手段である意図的に挑発的なアイロニーの適切な例として存在する。自らに課す「知的テロリスト」としての役割において彼が行う諸声明の多くにあるアヴァンギャルド性は，それらの声明を真剣に受けとめにくいものにしている。とはいえ，ボードリヤール自身のポストモダニズムのコンテクストの定義によれば，理論家たちの所説がどのような類のものであっても，「真理」を打ち立てることは無論不可能なのである。なぜなら，その理論家の考え自体が終わりなき自己言及的シミュレーション・ゲームに参加していることになるからである。したがって，ボードリヤールに対する反応が，彼を急進的**ポストモダニティ**のグル（教祖）であると主張するものから，ずさんで不正確な思想の持ち主と酷評するものまでさまざまであるのは，驚くにはあたらない。

ボードリヤールの意識的挑発と半分ヴェールに隠されたようなアイロニーの傾向

は,『誘惑の戦略 (*Seduction*)』(1989) において最も顕著になっている。この本のなかで,彼は,社会的・政治的領域への女性の参加を増やそうとするフェミニズムの計画に反対している。「単純な仮象や純粋な不在」ではなく「存在が欠けて行くこと」である誘惑は,女性原理に等しく,男性的な生産言説に女性が入ろうとするときに破壊される危険にさらされるのである。このように,女性に対するボードリヤールの概念は,女性性に対する彼自身の単純な考えと女性の「リアルな」特質を混ぜ合わせてしまう男性哲学者としての彼の姿を浮き彫りにする。しかし,この論議のどのくらいがフェミニズムに対する本気の批判として意図されているのか,そしてどのくらいが意味を弄ぶポストモダニズム的ゲームなのかを判断するのは,またしても不可能なのである。

【参考文献】
・ボードリヤール『物の体系——記号の消費』宇波彰訳,法政大学出版局.
・ボードリヤール『消費社会の神話と構造』今村仁司ほか訳,紀伊国屋書店.
・ボードリヤール『記号の経済学批判』今村仁司ほか訳,法政大学出版局.
・ボードリヤール『生産の鏡』宇波彰ほか訳,法政大学出版局.
・ボードリヤール『象徴交換と死』今村仁司ほか訳,筑摩書房.
・ボードリヤール『アメリカ——砂漠よ永遠に』田中正人訳,法政大学出版局.
・ボードリヤール『誘惑の戦略』宇波彰訳,法政大学出版局.
・マクルーハン『メディア論——人間拡張の諸相』栗原裕ほか訳,みすず書房.

ボフィール,リカルド　　Bofill, Ricardo　　1939-　　建築家

ボフィールは,建築家としてまだ駆け出しの頃に自らを「建築界のジミ・ヘンドリックス」と呼んでいたが,サイケデリックな幻想的音楽のアルバム・ジャケット・アートとの方が共通点が多い。彼の風変わりな建築は,ステロイドで膨れ上がった筋肉のようなコリント式の円柱といった,奇妙な発育過剰のクラシックなインクラステーション (encrustation　訳注:外皮はめ込み装飾) である。壮大なほどスケールを大きくした列柱が備え付けられた記念碑的なファサードは現代的な集合住宅を覆い隠し,その美学はまさしくグロテスクでシュールである。ナポレオン,ヒトラー,フランコと関連するファシズム建築のヨーロッパ的伝統や威厳,そして誠実な「狂気の天才」で同郷カタロニア人のガウディ,ダリとの類似性を想起させるので,ボフィールは,フランスの不動産開発者たちによって崇拝されている。高級集合住宅を収容する彼の英雄的で堂々たる建物は,コンクリート製のバロック調の外皮はめ込み装飾が施されており,**モダニズム**の建築家たちが出来なかった仕方でフランスの住宅所有者たちの想像力に訴えかけたのだった。彼の建築計画にかかれば,パリ郊外にあるアブラクサス宮殿 (訳注:フランスのマルヌ=ラ=ヴァレにある大規模な公共住宅群) は10階建ての円形劇場になる。公共の場所の一画を囲い込む一

方で，その内壁は，反対側からは透けている溝のついた鏡張りに上から下までなっている。湖のアーケードというパリの別の住宅計画では，階段室やバス・ルームの区画などの新しい計画を収容するドーリア式の円柱の奇妙な諸解釈が呼び物となっている。

ボフィールによる古典的図像学の自由自在な使用は，**アイロニー**の欠如によってより一層奇妙になる。彼の建築物は，自らの不条理さと関わることに失敗している。彼の建築は，矛盾と複雑さで満ちていながらも，自らの壮麗さに完全に夢中になりかつ魅了されているのである。

- ボフィール『空間を生きる』太田泰人訳，鹿島出版会．
- ボフィール『リカルド・ボフィール ― 建築を語る』石神申八郎訳，鹿島出版会．
- アルキテクトゥラ／ノルベルク=シュルツ『リカルド・ボフィル』三宅理一訳，エーディーエー・エディタ・トーキョー．

ポリセミー　　polysemy

ポリセミー（多義性）は，最初は，複数の意味をもつ一つの単語（例えばコンテクストによって「筆記用具の一つ」あるいは「家畜のための小さな囲い地」を意味しうるpenという単語）を指した。最近では，文学理論家たちが，その言葉の外延を拡げ，たとえば小説全体などという大きな意味の単位に適用した。この適用の古典的な例は，**ポスト構造主義者**ロラン・バルトの『Ｓ／Ｚ（S/Z）』である。この本のなかで，バルトは，バルザックの短編小説「サラジーヌ（Sarrasine）」を512の断片すなわちレクシ（lexia, 仏lexie）に分解し，次に，それぞれの断片において5つの任意のコード（解釈のコード，行為のコード，意味素のコード，文化のコード，象徴のコード）が意味を多重化するさまを示している。

【参考文献】
- バルト『Ｓ／Ｚ ― バルザック「サラジーヌ」の構造分析』沢崎浩平訳，みすず書房．

ホルクハイマー，マックス　　Horkheimer, Max　1895-1973　哲学者・文化評論家

ホルクハイマーは，テオドール・アドルノやヘルベルト・マルクーゼと共に，社会研究所（または**フランクフルト学派**）と関係の深い**批判理論**を代表する最も重要な人物であった。ホルクハイマーは，1930年に同研究所の所長となり，研究所のナチス・ドイツからの亡命を組織し，1949年に研究所がフランクフルトにて再開する際にも指揮をとった。

ホルクハイマーの思想の基礎となる論文「伝統的理論と批判理論（Traditional and Critical Theory）」（1937）は，社会研究所の大望を正式に表明したものであった。それは，哲学と社会科学の統合，そして，批評理論と政治的実践の誠実な関係の発展の必要性を説いた。後年，ホルクハイマーの展望はだんだんと暗く陰鬱にな

っていった。彼の後期の著作は、フランクフルト学派本来の大望とプログラムを実現することの難しさ、さらには、その不可能性すら明示するようになった。その結果、「啓蒙された」理性と西洋の合理性に対する批判が激しくなった。テオドール・W・アドルノとの共著『啓蒙の弁証法（*Dialectic of Enlightenment*）』（1947）は、断片的ではありながらも、このテーマに関する最初にして最も強力な声明書であった。

戦後、ホルクハイマーの政治姿勢はよりリベラルになるが、彼の社会に対する見解はさらに悲観的になっていった（ショーペンハウアーによる影響がますます顕著になっていったのである）。『啓蒙の弁証法』のなかで、**啓蒙のプロジェクト**の問題がある暗い側面を明らかにした一方で、ホルクハイマーは、啓蒙の遺産が後期資本主義のもとで腐食していくのを防がなければならないとますます感じるに至った。啓蒙主義の理性概念の大切な要素を形作る批判的推進力が腐食されていたのである。理性は、道具的理性へと成り下がり、手段を（たいていは吟味されることもない）目的に結びつけるというたくらみにすっかり利用されるようになっていた。実証主義と科学的理性に対する社会の無批判な承認が、ホルクハイマーとアドルノが「同一性思考」と呼ぶものの兆しの一つであった。もう一つ兆しは、商業主義の勝利と、その結果引き起こされた（抽象的）交換価値が具体的使用価値にまさるという現象である。これら二つの要素が、差異と個別性の抑圧を招いたのであった。

ホルクハイマーの生涯の仕事に一貫して流れているのは、苦しみを認識しつつ理性の批判を維持しようとする試みである。それは、同一性思考の体制に支配され抑圧された全てのものを認識しつつ、全き「**他者**」の名においてなされる批判なのである。

【参考文献】
・ホルクハイマー／アドルノ『啓蒙の弁証法 — 哲学的断想』徳永恂訳、岩波書店。
・ホルクハイマー「伝統的理論と批判理論」、『哲学の社会的機能』（久野収訳、晶文社）所収。

ま

マクルーハン，マーシャル　McLuhan, Marshall　1911-80　文化理論家

マーシャル・マクルーハンは，ウディ・アレンの映画『アニー・ホール（*Annie Hall*）』（1977）に端役で登場する。マクルーハンは，映画館の人の列にひょっこり現れ，ガール・フレンドの気をひこうと主人公が述べた意見を後押しする。しかしながら，マクルーハンの名声は，この映画に登場した15秒間よりもはるかに大きい。1960年代と1970年代に，トロント大学の文化技術研究所の創設者・所長であったマクルーハンは，ほとんど独力でメディアとコミュニケーション研究の科目を創出した。

マクルーハンの最初の著書『機械の花嫁（*The Mechanical Bride*）』（1951）は，59の短い断章から成り立っており，広告，連載マンガ，新聞の第一面を綿密に調べ，それらをマクルーハンの言う西洋社会の「交換可能な部分」力学（'replaceable parts' dynamics）の証左としている。マクルーハンの中心的主張は，産業社会人にとって，すべては機械化可能であり，特に性ですらそうであるということである（この著書のタイトルは，胴体から切り離された二本の女性の脚が台座の上に展示されている肌着類の広告に由来する）。マクルーハンは，ポピュラー・カルチャーのなかの不条理で異種混交的な結びつきに目を光らせている。たとえば，「科学者たち，数学の問題を解決するために牛の死を待つ」という新聞の見出しがそれである。

『グーテンベルクの銀河系（*The Gutenberg Galaxy*）』（1962）は，学術研究に特有の公平で固定化した観点を捨てて，そのかわり「モザイク的な方法または場の観念による方法」を採用している。したがって，この著書は，印刷術の発明による結果と「活字人間（Typographic Man）」の出現についての310の短い省察を提示している。それぞれの節の前には，読者を挑発するような注解が添えられている。「電子技術による新しい相互依存は，グローバル・ビレッジというイメージによって世界を再創造する」，「ハイデガーは，デカルトが機械主義の波乗り遊技を楽しんだように，電子時代の波乗り遊技を楽しむ」はその例である。われわれは，この両方の言表（一方は機知に溢れ，もう一方は陳腐であるが）から**ポストモダニズム**文化の兆候を見て取れる。**インターネット**は実際にグローバル・ビレッジを創っており，世界中で少なくとも4千万の人々が定期的に電子の波をサーフィンしているのである。

『メディア論（*Understanding Media*）』（1964）においてマクルーハンが見ているのは，新しい電子メディアが機械化された印刷中心の体制に対してもたらした脅威

である。電話，レコードプレイヤー，テレビについて別々に論じた章は，それぞれの機器の発達がいかに人間の神経系の能力を拡張し，われわれが知覚する「五感の均衡比率（sense-ratio）」を変えてしまうかを論証している。さらに言えば，マクルーハンの見解の多くは，特にジャン・ボードリヤールやポール・ヴィリリオの著作に見られる，機械，ならびに肉体の歪曲に対するポストモダニズム的な強迫観念を先取りしている。『メディア論』の出版後，マクルーハン自身の人生が彼の考えの実例となった。マクルーハンの名声は，彼自らが礼賛したメディアそのものによって大きくなった。短期間であったが，マクルーハンは，かなり激しい知的論争の主題であったばかりでなく（レイモンド・ウィリアムズ，スーザン・ソンタグ，ジョージ・スタイナーなどが論評），新しい物好きや流行に敏感な者たちにとって一種のグル（教祖）となった。マクルーハンは，テレビに登場した最初の正真正銘の話し手（talking head）と呼ぶに値する人物である。

しかし，マクルーハンを批判する者もいた。ドワイト・マクドナルドは，マクルーハンには文化規範に対する関心が欠けていると不平を述べ，クリストファー・リックスは，マクルーハンのスタイルを「人を当惑させるメタファーが姿を現す粘性の霧」と酷評した。しかしながら，一般大衆にマクルーハンを真摯に受け止めさせたのは，多くの点で，彼の普遍性［catholicness］（ただし彼のカトリック性［Catholicness］ではないだろう）である。アンディ・ウォーホルやビートルズがそれぞれの分野でそうしたように，マクルーハンは高級文化（high culture）と低級文化（low culture）の区別の崩壊を支持したのである。それは，フレドリック・ジェイムソンのような理論家に言わせれば，ポストモダン的なものの兆候なのである。

マクルーハンの『メディアはマッサージである（*The Medium is the Massage*）』(1967)，『グローバル・ビレッジの戦争と平和（*War and Peace in the Global Village*）』(1968)［訳注：邦訳タイトルは 『地球村の戦争と平和』］，『猛烈な抗議（*Counterblast*）』(1969) は，祭りのような視覚効果を狙った写真，マンガ，スローガン，ジョークのコラージュである。どのページをめくっても，偶像的イメージと神託のような警句が見られる。『メディアはマッサージである』のページを無作為にめくってみると，ボブ・ディランの影のかかった横顔が掲載され，ディランの歌詞の数行がキャプションについている。「何かが起こっているのだけれど／それが何か分からないでしょうね／ミスター・ジョーンズ。」同書は1966年に『ニューヨーカー』に掲載されたマンガで終わっている。そこでは，（ジョーンズ氏と思われる）スーツを着た沈んだ表情の紳士が書斎で座っており，格子縞のシャツを着たギター少年の息子から説明を受けている。「分かるかな，お父さん。マクルーハン教授は，人間の作った環境がその中での人間の役割を決めてしまうようなメディアになると言っているんだよ。活字の発明によって，直線的・連続的な思考が生み出さ

れ，思考と行為が分離してしまったんだ。ところが，テレビとフォークソングは，思考と行為を近づけ，社会参加を大きくするんだって。僕たちはまた村に住むことになるんだよ。分かったかな。」 表情から察するに，ジョーンズ氏は理解していない。何かが起こっていたが，ジョーンズ氏はそれが何か分からなかったのである。マクルーハンはもちろん理解したし，それが何か分かっていた。それは他でもない「全く新しい，すべてが同時に起こること（allatonceness）の世界」，ポストモダニズムとも呼ばれる世界である。

【参考文献・フィルモグラフィ】
・アレン『アニー・ホール』，VHS（20世紀フォックス・ホーム・エンターテインメント・ジャパン）。
・マクルーハン『機械の花嫁 — 産業社会のフォークロア』井坂学訳，竹内書店新社。
・マクルーハン『グーテンベルクの銀河系 — 活字人間の形成』森常治訳，みすず書房。
・マクルーハン『メディア論 — 人間拡張の諸相』栗原裕・河本仲聖訳，みすず書房。
・マクルーハン／フィオーレ『メディアはマッサージである』南博訳，河出書房新社。
・マクルーハン／フィオーレ『地球村の戦争と平和』広瀬英彦訳，番町書房。

魔術的リアリズム　　magic realism

この用語そのものが示唆しているように，魔術的リアリズム（マジック・リアリズム）という形式は，普通は相反して存在する二つの**表象**様式の並置，つまりリアリズムと幻想的なるもの（fantastic）の並置に基づいている。魔術的リアリズムと言うと，今ではほとんどの場合，文学と結びつけられてしまう。だが，元をたどればこの言葉は，美術の一形式，つまり線描や輪郭の線の表現力を強調したドキュメンタリータッチの絵画技法を用いて幻想と想像の情景を描く形式を指すために1925年にフランツ・ローが造った言葉であった。しかし今では，魔術的リアリズムは，ガブリエル・ガルシア・マルケス，カルロス・フエンテス，オクタビオ・パスといったラテンアメリカの作家たちの著作を主に指している。これらラテンアメリカの作家たちの物語では，**テクスト**の持つリアリスティックな要素が，とても信じがたい説明不可能な出来事の侵入によって継続的に蝕（むしば）まれていく。このラテンアメリカ文学のコンテクストにおいては，魔術的リアリズムは政治化された用語でもある。なぜなら，魔術的リアリズムは，失われた過去を取り戻すという過程に取り組んでいるものの植民地としての最近の歴史の長引く影響から完全には脱することができないままでいるというポスト植民地文化（**ポスト植民地主義**を参照のこと）の相反する反応を表現しているからである。

しかし，1970年代以来，魔術的リアリズムという用語は，リアリズムへの期待を転覆させるあらゆる著作を指すための流行のレッテルになっており，特に連想されるのはサルマン・ラシュディ，アンジェラ・カーター，ジャネット・ウィンターソンといった作家たちの作品である。彼らはみな，ファンタジーの潜在的撹乱（かくらん）力を活

用して,「正常であること（normality）」についての文化的認識に対して異議申し立てを行っている。

抹消　　erasure

抹消は,ディコンストラクション（脱構築）的技法である。その抹消技法を用いて語（word）あるいは用語（term）が使用されると,その語あるいは用語が関わりを持つもの（その意味,ならびに,その背後に横たわる意味理論）は否定される。すなわち,ジャック・デリダが言うように「抹消の下（under erasure [sous rature]）」に置かれるのだ。この抹消という技法のおかげでデリダは,以下のように主張できる。西洋哲学の諸概念あるいは諸原理のいかなるものをも信ずることなく,西洋哲学の言語を使用できるのだ,と。この実践は,マルティン・ハイデガーに由来する。ハイデガーは『存在の問によせて（*Zur Seinsfrage*）』（訳注：邦訳の題名は異なる）において,「存在」という語をそれを貫く線を引いて使用した。それは,存在の概念に関する議論に引き込まれることを防ぎたいと願っていることを示すためである。というのは,そのような存在に関する議論に引き込まれてしまうことは,西洋哲学の存在に関する形而上学的諸仮定を自分が受け入れていることを暗にほのめかしてしまうかもしれないからである。抹消は,デリダの仕事への標準的な批判となってきたものに対するデリダ自身の回答方法の一つである。その標準的批判とは,言語が不安定で意味が非決定的であると主張しているのに,言語に頼って自分の議論を人に分からせようとしている,というものである。批評家たちは,デリダの言語批判は言語と意味が少なくとも比較的安定していると仮定しない限り理解され得ないだろう,と指摘してきた。この指摘から考えれば,抹消の技法は人の弱みにつけこむ信用詐欺のようなものである。

【参考文献】
・デリダ『根源の彼方に —— グラマトロジーについて』（上）（下），足立和浩訳，現代思潮社。
・デリダ「ラ・ディフェランス」高橋允昭訳，『理想』1984年11月号（特集　デリダ）所収。
・ハイデガー『有の問いへ』柿原篤弥訳，ハイデガー選集22（理想社）所収。

マドンナ　　Madonna　　1958-

ポップシンガー・パフォーマンスアーティスト・女優マドンナは,1980年代の10年間に伝統的な意味でのスターダムの絶頂に到達したが,現在では文化的イコンの地位を獲得するにまで至っている。しかしながら,マドンナの場合は極めて多くの問題を孕んでいる。というのは,マドンナは,文化が規定する女性性のステレオタイプを自ら好んで再現すると同時にそのステレオタイプを逸脱するので,類別することが非常に困難だからである。処女と娼婦,マテリアル・ガール（訳注参照）と雑誌の綴じ込みのポルノ写真など,マドンナは変幻自在

にあらゆる偽装をして絶えず自己を複製するが，それは見方によっては慣習的に女性を性の対象として対象化してきた男性の空想に迎合していると見ることもできるし，そのような男性の態度をアイロニカル（アイロニーを参照のこと）に転覆させている，特に黒人，レズビアン，ゲイのスタイルを自家薬籠中のものにすることによって転覆させていると見ることもできるのである。

マドンナがフェミニズムのイコンであると考えられるか否かに関する議論は，今なお継続している。この点に関するマドンナの熱烈な擁護者のひとりとして，カミール・パーリアの名前が挙げられる。パーリアは，すべての性的役割を単なるパフォーマンスとして公然と表明するポストモダン・フェミニズム（ポストモダニズムを参照のこと）の完全なる見本だとマドンナを解釈する。パーリアの主張によれば，伝統的なフェミニズムが「『仮面はもういらない（No more masks）』と言う」のに対し，マドンナの公の顔を構成する多様なペルソナは「われわれは仮面でしかないと言う」のである。仮装（masquerade）としての女性性というこの考え方自体には，女性解放をもたらすものは何もない。だが，その仮装としての女性性は，マドンナ現象というコンテクストにおいてみると，マドンナ自身が自己形成のコントロールを取り戻していく進行中の過程と考えられるのである。

【訳注】

☆マテリアル・ガール（material girl）：1985年のマドンナの大ヒット曲。「誰だって物質社会に生きているの。だから私だって物欲に支配された女の子なの（'Cause we're living in a material world and I am a material girl)」という歌詞によって，1980年代半ばのアメリカ社会における，あるいは20世紀の世界を席巻した拝金・拝物主義を象徴的に取り上げた。

【参考文献】

・パーリア『セックス，アート，アメリカンカルチャー』野中邦子訳，河出書房新社。
・パーリア（文）『マドンナ／メガスター　Photographs 1988-1993』落石八月ほか訳，ＰＡＲＣＯ出版。

マルクス，カール・ハインリッヒ　Marx, Karl Heinrich　1818-83

哲学者・文化理論家

マルクスが非常に多くのモダニスト（モダニズムを参照のこと）たちと共有しているのは，歴史に対する嫌悪である。マルクスが生涯を捧げたのは，歴史をしっかり御する政治的・知的手段を探求することであり，それまでつねに存在していたような形での歴史（マルクスによればそれまでの歴史は終わりなき階級闘争の歴史であった）を終焉させることであった。マルクスが実現しようと努力した階級のない（そして国家のない）社会においては，歴史はもはや悪魔的な力ではないとされる。歴史の代わりに社会編成が，個々人への権限付与，つまり個々人の多面的な開花を可能にするのである。

生涯を通じてマルクスが軽蔑の眼差しを送ったのは，マルクスの言う「空想的

（utopian）」社会主義者たち，つまり，より良い社会の未来像を入念に創り上げることに精魂を傾け，物事の現状の分析と現状を変えるための政治的闘争を怠っている者たちに対してであった。「マルクス主義」以来一世紀半が経過した現在では，このように未来を想像することを禁じていたにもかかわらず，マルクス自身の思想が徹頭徹尾空想的なことは明らかなのである。

　マルクスが法律と哲学を研究したのはボンとベルリンであったが，そこでマルクスはヘーゲル哲学の遺産に関する激しい論争に従事した。1843年，生涯続くことになるマルクスとフリードリッヒ・エンゲルスとの間の交友と共同作業が始まった。1847年，マルクスとエンゲルスは共産主義同盟創設を援助し，同盟のために『共産党宣言（*Communist Manifesto*）』を書いた。1848年の武装蜂起（訳注：三月革命のこと）失敗の後に，マルクスは国外追放となり，ロンドンに亡命した。

　ロンドンでの貧困生活の間，マルクスは資本主義の理論体系を構築する仕事に打ち込んだ。その結果が『資本論（*Das Kapital*）』（第1巻は1867年，それ以降の巻はマルクスの死後の出版）である。マルクスがしばらくの間煽動的指導者であった国際労働者協会（第1インターナショナル，1864-72）は，資本主義に対抗する共産主義的運動を後押しした。

　マルクスは，労働者階級の政治闘争に確かな理論的枠組みを与えるために，政治経済学分野に抜本的変革をもたらす仕事に着手した。マルクスは，アダム・スミスやデイヴィッド・リカードの経済理論の大要を引き継いだが，資本家による利益の蓄積の核心にある搾取関係を暴くために，スミスとリカードの理論を完全に書き直すことになった。

　マルクスは，経済分析だけではなく，社会と歴史に関する完全なる「科学」と自らが考えたものを世に広めようとした。マルクスの言う唯物論的な歴史観は，経済要因がすべての社会的関係形態の形成において基本的役割を果たしているという見方だけでなく，人間の歴史の全過程が時代区分されるという見方をも含んでいる。この史的唯物論こそ，マルクス主義という**大きな**物語の基本を構成しているものであり，**リオタール**のようなポストモダニスト（**ポストモダニズム**を参照のこと）が否定したものなのである。

　マルクスの思想が含意していたもののなかで最も広く応用のきくものは，イデオロギー批判の展開である。思想とイデオロギーの起源が人間生活の物質的基礎にあるという信念のために，マルクスは，**ニーチェ**や**フロイト**と共に，**リクール**（訳注：フランスの哲学者）の用語を使えば「懐疑の解釈学」の先駆者となる。ここで言う「懐疑の解釈学」とは，すべての思想や言表を，それらが明らかにしている（あるいは隠蔽している）利益（経済的・政治的・性的な利益）と関連させて読解することである。

　マルクスの思想は，死後百年の間，西欧の資本主義国において，労働組合機関と

革命集団の思想双方に流入してきた。今世紀中ずっと，ほとんどすべての真面目な社会理論家たちは，シンパであろうとなかろうと，マルクスによる異議申し立てに影響を受けてきた。マルクス思想の遺産は莫大かつ複雑すぎて，われわれはバランス・シートを作成し始めることすらできない。しかし，多くの知識人にとって，ソビエト型共産主義の崩壊とグローバル・システムとしての消費資本主義の勝利は，マルクスのインスピレーションが今までになく意義があるということを意味している。デリダの『マルクスの亡霊（*Specters of Marx*）』（1994）は，熱烈に（しかし，哲学的な冷静さを持って）次のように訴えている。われわれは，同時代に起こる出来事の意義と本当に折り合いをつけるために，複雑で両面価値的なマルクスの遺産について注意深く責任を持って考えなければならない。

【参考文献】

・マルクス／エンゲルス『共産党宣言』大内兵衛・向坂逸郎訳，岩波文庫。村田陽一訳，大月書店。服部文男訳，新日本出版文庫（新日本出版社）。都留大次郎訳，マルクス・エンゲルス5所収，新潮社。『共産主義者宣言』金塚貞文訳，太田出版，など。

・マルクス『資本論』向坂逸郎訳（岩波文庫，全9冊）。鈴木鴻一郎・日高晋・長坂聡・塚本健訳（中公バックス世界の名著54・55）。岡崎二郎訳，国民文庫（大月書店），（全9冊）。資本論翻訳委員会訳（新日本出版社，全6冊）。長谷部文雄訳，世界の大思想（河出書房新社）21所収，など。

マルクーゼ，ヘルベルト　　Marcuse, Herbert　　1898-1979　　哲学者

マルクーゼは，ワイマール共和国時代のドイツで哲学者・学者として頭角を現した。1917年の社会民主主義革命計画に参加し，また**マルクス**の著作に通じるようになった後，1928年にフライブルク大学へ赴き**ハイデガー**の下で研究を始めた。マルクーゼは，哲学が根本的な再出発をすること（ならびに，実存主義とマルクス主義を統合すること）を希望していたが，これによって彼は**ヘーゲル**へと立ち返ることとなった。マルクーゼは1932年にヘーゲルに関する重要な研究書を出版し，1933年には再発見されたマルクスの1844年の草稿について最初の本格的な論評を世に出している。1934年にはナチズムを逃れてアメリカに移住し，それ以後亡くなるまでアメリカで暮らすこととなった。

『理性と革命（*Reason and Revolution*）』（1941）は，ヘーゲル思想の発生についての考察であり，自分たちが属する社会における革命の可能性（と社会運動）に取り組んだ社会哲学者という観点からヘーゲルとマルクス両者を論じている。マルクーゼの考え方と密接に関係しているのは，ヘーゲル的マルクス主義，すなわち，**ホルクハイマー**，**アドルノ**の指導の下で**フランクフルト学派**（社会研究所）のメンバーが展開した**批判理論**である。『エロス的文明（*Eros and Civilization*）』（1955）では**フロイト**読解が行われているが，マルクーゼ自身の実存主義に傾いたマルクス主義が色濃く出ている。『エロス的文明』においてマルクーゼは，フロイトが自我形

成の本質と見なし、それゆえに文明にはつきものだと見なした抑圧は、社会の解放のためには、克服するか少なくとも変容させる必要があるだろう、という考えを支持した。マルクーゼは1958年には、『ソビエト・マルクス主義（Soviet Marxism）』を上梓し、東欧圏における展開を批判した。『一次元的人間（One-Dimensional Man）』（1964）では、高度資本主義下の産業化・官僚主義化した社会とソビエト共産主義との類似点が指摘されている。『一次元的人間』の主張によれば、テクノロジーと官僚制はそれ自体で力を持つようになっており、無思慮な科学的（あるいは科学万能主義的）合理性に裏打ちされて、独自な形態の制度的支配を押しつけているのである。革命の可能性は複雑な近代化された管理社会からは排除されている、というマルクーゼの主要命題が有する悲観主義にもかかわらず、マルクーゼは1960年代の学生反乱のときに新左翼（ニュー・レフト）の注目の的となった。よく引き合いに出される左翼に関する論文「抑圧的な寛容（Repressive Tolerance）」において、マルクーゼは、西洋先進国社会（ソビエト国家の専制政治と対照区別される社会）を特徴づけているように見える、体制反対者に対するリベラル（自由主義）側の寛容をディコンストラクション（脱構築）した。ポストモダニズム的な相対主義と方向性のなさが支配的な雰囲気のなかで、リベラル的寛容が有する抑圧機能をマルクーゼが示したことには、痛烈な批判力がある。

　マルクーゼは、最も影響力のある論文の一つにおいては、そのタイトルが示す「文化の肯定的性格（The Affirmative Character of Culture）」（1937）に対して異議申し立てを行っている。マルクーゼの「文化の肯定的性格」とは、「生存のための日常的闘争の事実の世界とは本質的に異なるが、事実のありさまを変えることなく各個人が独力で『内側から』創り出せる世界」として文化を見る傾向である。マルクーゼは、「大いなる拒絶」という考え方を推進し、抑圧的な消費文化とマスメディアの操作の枠内に自由と幸福への人間的要求を「封じ込める」「肯定的文化」の策略に対して異議申し立てを止めることはなかった。それにもかかわらず、マルクーゼは、われわれの「一次元的」社会の諸傾向に対抗して、最後の著書のタイトルでもある『美的次元（The Aesthetic Dimension）』（1977）への信念を終生持ち続けてもいる。『美的次元』において、マルクーゼは、芸術の「現実からの距離」を擁護し、美は直ちに所有できるものではなく「幸福の約束」であるというスタンダールの定義を引き合いに出している。「芸術が世界を変革する一要因にならなければならないという基本命題は、もしも芸術と急進的な実践との緊張関係が平板化され、変化のための芸術独自の次元が失われてしまったら、簡単にその反対物に転化してしまう」のである。

【参考文献】
・マルクーゼ『理性と革命——ヘーゲルと社会理論の興隆』桝田啓三郎ほか訳、岩波書店。
・マルクーゼ『エロス的文明』南博訳、紀伊國屋書店。

・マルクーゼ『ソビエト・マルクス主義 — 抑圧的工業社会のイデオロギー批判』片岡啓治訳，サイマル出版会。
・マルクーゼ『一次元的人間』生松敬三ほか訳，河出書房新社。
・マルクーゼ『美的次元』生松敬三訳，河出書房新社。

マルチカルチュラリズム　　multiculturalism

今日ヨーロッパあるいは北アメリカの主要都市に居住する者なら誰でも，多文化的な社会の一員であるとはどういうことか知っている。われわれの食べる物，音楽，われわれが発する言葉，われわれの文学やテレビ番組のほとんどには，非西洋の伝統や民族集団が西洋の文化風土に侵入した跡が見られる。

　マルチカルチュラリズム（多文化主義）とは，このような文化**多元主義**を賞賛することであり，社会が多様な民族・文化集団から構成されることを歓迎することである。マルチカルチュラリズムは，流入する集団は争いを回避するために受け入れ側の社会の慣習や価値観や信仰を採り入れなければならないという意見に反対する。かつて，さまざまな集団を一緒くたに抱えた社会は，共通の価値観なしでは崩壊してしまうと広く信じられていたが，この際の共通の価値とは受け入れ国の価値を意味したものだった。民族的に異なる起源を持つ者にとって受け入れ国の価値に融和することは，今日より困難であったろうし，実際に宥和政策は人種差別的な移民政策を正当化するために頻繁に使われてきたのである。

　争いが回避されれば，多文化社会を作り上げている諸要素がそれぞれの個性を失ってしまう危険が出てくる。真に多文化的な社会に要求されることは，さまざまな伝統の特異性を保持しながら，同時に，それらの伝統が共存する新しい存在様式を創造することなのである。

マンデルブロ，ベノア　　Mandelbrot, Benoit　　1924-　　数学者・科学者

大学の内でも外（ＩＢＭ）でも仕事をし，純粋科学および応用科学，生理学，経済学などさまざまな学問分野で研究を行ったマンデルブロが知的地歩を固めたのは，1963年，フラクタル幾何学という「新しい科学分野」と彼が控えめに称した分野を創ったことによってだった。フラクタル幾何学は，伝統的なユークリッド幾何学が自ら理想とする直線と完璧な曲線から成る世界から排除したものの形状を研究する。つまり，山の「病的に混沌とした」形態，海岸線や雲などの正確な測定である。『自然のフラクタル幾何学（*The Fractal Geometry of Nature*）』（1977）に詳述されているマンデルブロの研究は，自然の規範はフラクタルであり，一方，完璧な曲線は限りなくまれであることを明らかにすることによって，長く続いたユークリッド幾何学のパラダイムにおける理想主義的偏見が現実的に見れば誤りであることを示すのである。

この幾何学における「革命」のために，**リオタール**は，マンデルブロを**ポストモダン科学**の典型として，またさらに，ポストモダニズム的実践の模範を提供する者として選んだのである。リオタールが言うように，ポストモダン科学の目的がもはや既知なるものを探求することではなく，未知なるものを探求することにあるならば，フラクタル幾何学はその目的に合致している。それは，フラクタル幾何学が伝統的な幾何学の原理を転倒させ，かつて物事が首尾よく安定していると考えられていたところへ新たに無知の領域を創造するという意味においてそうなのである。フラクタル幾何学は湾岸線などの現象を幾何学図形へあまりに見事に表現できるのだが，逆説的にも科学学界は，当初フラクタルを理論的理由から病的だと見なし受容しなかった。その一方で，フラクタルは，コンピュータ画像で未知の惑星をリアリスティックに描く世代のなかに適所を見つけたのだった。例えば，『スタートレック II（*Star Trek II*）』の惑星ジェネシスや『スターウォーズ／ジェダイの帰還（*Return of the Jedi*）』のダメージを受けた死の星がそうである。

　ルネ・トムと同様，マンデルブロは，形態の数学であるトポロジー（位相数学）に興味を持っている。しかしながら，トムが傲然として抽象的・観念的であり，彼の**カタストロフィー理論**が分析対象とする局所的出来事から抽象化しているのに対し，マンデルブロは，自然の諸形状を現実に則した幾何学の核として重んじている。しかし，フラクタル次元は分析的なだけでなく，生成的でもある。したがって，フラクタル幾何学は決定論的カオス（**カオス理論**を参照のこと）を示すダイナミカル・システム（訳注：世の中の時間とともに変化するあらゆるプロセスのこと）をもその対象としている。そして，皮肉にも，マンデルブロの仕事が最もよく知られるようになったのは，彼が自然の形状の幾何学に焦点を置いたこととの関連による。経済学，生理学，数学などの学問分野の範囲内だけでなく，それらを越えてレイヴ文化（訳注参照）を連想させるマンデロブロ集合（訳注：マンデルブロが1980年に発見したものであり，いくら拡大しても次々に複雑な模様が現れてくるフラクタル図形）の偏在するイメージ群を通して，彼の仕事は知られるようになったのである。マンデルブロはレイヴ文化を蔑視するどころか，フラクタルによって生まれた「純粋で，形成力のある美」によって数学の冷たい形式主義を軽減するカオスの「美学」として称賛している。

【訳注】

☆レイヴ文化：欧米の都市部において80年代に開花したテクノなどのダンス音楽を中心とした若者文化・クラブ文化の一種であり，特にイギリスで発達した形態である。主に郊外の空いた建物を利用するアシッド・ハウス・パーティーと呼ばれる集まりでは，ディスク・ジョッキー（DJ）により，幻惑的なシンセサイザーと地鳴りのするベースを特徴とする単純ビートの音楽空間が演出された。反体制運動の要素を含み，強烈な愛と共同意識が唱えられ，また，幻覚剤の使用も見られた。

【参考文献・フィルモグラフィ】

・マンデルブロ『フラクタル幾何学』広中平祐監訳，日経サイエンス社。
・リオタール『ポスト・モダンの条件 ― 知・社会・言語ゲーム』小林康夫訳，水声社。
・『スタートレックII』，VHS（CICビクター），DVD（パラマウント・ホーム・エンタテインメント・ジャパン）。
・『スターウォーズ／ジェダイの帰環』，VHS（20世紀フォックス），DVD（20世紀フォックス）。

み

ミザナビーム　mise-en-abyme
本来は，紋章学の用語であり，中央部にそれ自体を小型にしたレプリカを配するエスカッシャン（訳注：実戦用の盾であるシールドと区別される紋章用盾）を指した。アンドレ・ジイドは，このミザナビーム（紋中紋手法，入れ子構造）という言葉を，文学的物語のなかで使われる同様の技巧を指すために用いた。現代批評においては，1950年代以来より一般的な意味で用いられ，フィクションの自己省察性あるいは自意識性を指すために使われてきた。この用語が最初に流通したのは，フランスのヌーヴォー・ロマン（新小説）に関する著述，特にリュシアン・デーレンバックやジャン・リカルドゥーによる批評においてである。

　ミザナビームの手法のよい例が，ジョン・バースの短編集『びっくりハウスの迷子（*Lost in the Funhouse*）』に見られる。『びっくりハウスの迷子』所収の「びっくりハウスの迷子」という短編では，語り手であるアンブローズが，アンブローズという名の登場人物がお化け屋敷で迷うという筋書きの「びっくりハウスの迷子」という物語を書くことの難しさについて語っている。他にも，ナボコフの『セバスチャン・ナイトの真実の生涯（*The Real Life of Sebastian Knight*）』のなかのいくつかの小説，フラン・オブライエンの『スウィム・トゥ・バーズにて（*At Swim-Two-Birds*）』やイタロ・カルヴィーノの『冬の夜ひとりの旅人が（*If on a Winter's Night a Traveller*）』の小説内小説などがある。ミザナビームは，20世紀フィクションにだけ見られる手法ではない。セルバンテスやスターンの小説には，早くもこのミザナビームの使用が見られる。ミザナビームが**ポストモダニズム**にとって重要な手法となったのは，**表象**一般の自己省察的な性質を示す方法としてであり，正確かどうかは分からないが，そのような自己省察的な性質は**ディコンストラクション**（脱構築）やポストモダン哲学の方法の中心にあるものと見なされたからであった。

【参考文献】
・ナボコフ『セバスチャン・ナイトの真実の生涯』富士川義之訳，講談社文芸文庫．
・オブライエン『スウィム・トゥ・バーズにて』大澤正佳訳，筑摩世界文学体系『ジョイス２／オブライエン』（筑摩書房）所収．
・カルヴィーノ『冬の夜ひとりの旅人が』脇功訳，ちくま文庫．

緑の党（緑の党運動）　Greens（Green Movement）
現代の工業的および科学技術的過程（その結果の一例が，オゾン・ホールの出現で

ある）が環境に対する脅威を増大させた結果，このような文化的傾向に抵抗し，できれば歯止めをかけようとする圧力団体が生まれた。このような諸団体は，ひとまとめにして「緑の党」と呼ばれ，西側文化に多大なインパクトを与えてきた。緑の党は，工業化の過程だけではなく，その過程の原因となる科学技術の進歩と消費レベルの絶え間ない上昇を追い求めるように見える西側の社会経済的・政治的システムも問題視してきた。緑の党は，西側ヨーロッパ諸国の地方選挙と国政選挙において一定の成功をおさめてきており，圧力団体として最も効果的に機能している。圧力団体としての緑の党は，大陸の主要な政党や公的機関の大半に，少なくとも口先だけは緑の党の主義主張（例えば，自動車の使用規制や産業廃棄物の取り締まりによる環境保護の必要など）に注意を払うようにさせてきた。緑の党運動は，以下の二点においてポストモダン（ポストモダニズムを参照のこと）と見なしうる。一つは，進歩に対してたいてい懐疑的な姿勢をとっている点である。もう一つは，既成政党路線とまっ向から対立し，西洋社会における支配的権力構造に異議申し立てを行っている点である。

ミニマリズム　　minimalism

音楽の分野においてミニマリズムに向かう運動が始まったのは，1960年代初頭のアメリカだった。この運動は，テリー・ライリー，スティーヴ・ライヒ，フィリップ・グラスが先駆けとなって瞬く間にヨーロッパに広がり，マイケル・ナイマンやグラハム・フィットキンといった作曲家たちによってさらに発展した。

　ミニマリズムは，モダニズム美学への反動，つまり1960年代と1970年代の「まじめな」コンサート音楽における規範となった戦後アヴァンギャルドのモダニズム美学への反動と見なすことができる。ミニマリストたちがモダニズム音楽を拒絶するのは以下の理由からであった。（a）モダニズム音楽は，複雑さが自己目的化することがしばしばあり，表面的なレベルでとっつきやすさをを欠いていた（したがって，モダニズムの作曲家は，しばしば，聴衆を疎外することによってエリート主義の姿勢をとり，普通の聞き手に対しては軽蔑しか示さない）。（b）あいかわらず「高級」芸術と「低級」芸術を区別し，ポピュラー音楽，ジャズ，フォーク音楽の役割を愚かな娯楽にすぎないと決めつけ，鼻であしらう。（c）不協和音・無調性を強調し標準的な拍子を欠くため，音楽の基本的原理を否定し，この点でもまた聴衆を疎外している。

　ミニマリズム音楽は，ほとんどの場合，「古典」音楽の体制側から「陳腐」「退行的」「真剣に吟味する価値がない」というレッテルを貼られ，無視され，中傷された。今日でさえ，大多数のヨーロッパの大学にある音楽学部では，ミニマリズム音楽は真面目に学問研究する価値はないとされて，学部生の学習単位に組み込まれていない。

ミニマリズムというジャンルは、過去40年にわたって、多様化し発展してきた（ごく最近の作品について述べる際には、しばしばポストミニマリズムという用語が使用される）。しかし、もともとのミニマリズム音楽の特徴は以下のものである。反復（しばしば、一小節か二小節の短い音楽断章が長い時間にわたってくり返され［そして展開され］る）。静止した和声（静止感は、ひとつのキー［調］やモード［旋法］のなかにだけとどまることではなく、長い時間にわたってひとつのコード［和音］の上にとどまることによってしばしば獲得される［訳注参照］）。複雑なリズム（和声の単純さは、複雑な多重リズム・多重拍子構造としばしば対比される）。過程（process）と非個性（作曲家は自己表現や感情主義を故意に避け、音楽の流れと構造を生み出している諸過程を設定することによって音楽から離れた状態を維持する。これは、スティーヴ・ライヒの1960年代の音楽に最も顕著である）。文化的折衷主義（伝統的芸術だけを端緒とするのには飽き足らない作曲家たちは、ジャズ、ロック、非西洋音楽をよく研究し、その内容を自身の作品に取り込んだ）。

【訳注】
☆静止した和声（static harmony）：同時に二つ以上の音塊が鳴り響く和音に対し、和声は和音が連続して流れる状態。よって静止することは本来ありえないが、そこから静止感を生み出そうとする手法。

ミラー，J・ヒリス　Miller, J. Hillis　1928-　批評家

元イェール大学英文科教授であり、カリフォルニア大学アーヴァイン校の英文学・比較文学の特別顕彰教授であるミラーは、ブルーム、ド・マン、ハートマンと共に、イェール学派批評と関連づけられてきた。『ディコンストラクションと批評（*Deconstruction and Criticism*）』（1979）のなかで、ハートマンは、ミラーをボア蛇的ディコンストラクター（boa-deconstructor 訳注：boa constrictor という、獲物をその胴体を使って絞め殺してしまう熱帯アメリカの大蛇と掛けている）と称している。『ディコンストラクションと批評』には、ミラーも自らのおそらく最も有名な論文「寄主としての批評家（The Critic as Host）」を寄稿しているが、ミラーが関心を示しているのは、ハートマンと同様に、批評と文学の関係についてである。ミラーは、とりわけディコンストラクション（脱構築）が扱うとされる批評の文学に対する一見寄生的な関係に特に関心を示している。実際に、「寄主としての批評家」において、ミラーは、ディコンストラクション的な読みは故意に文学テクストを食い物にすることによって疑うことを知らない寄主を殺してしまっているという非難に対して、寄生者（parasite）と寄主（host）という二つの言葉は正反対な意味を持つのでも敵対するのでもなく語源的に関連していることを例証することによって反論を展開している。ミラーは、ギリシャ語のparasitosという語は、もともと主人（寄主）の食物を分かつために招待された「客人」を意味し、「主人（host）」という語それ自体は「客（guest）」や「見知らぬ人（stranger）」と同様にラテン語の

hospesから派生していることを示した。この語源の例証によって，ミラーは，「主人は客であり，客は主人である」という結論，つまり，批評家とテクスト，批評と文学との間の遭遇全てにおいて反復される構造があるという結論を可能にしたのである。

したがって，ミラーの読みの方法は，丹念な語源分析という形式をとり，ひとつの単語がもつ複数の起源や予測もつかない派生語を徹底的に調査する。それは，例えば「寄生（parasite）」という語を分析する場合のように，唯一本当の意味を探すのではなく，語の決定不能な構造を明らかにすることなのである。ミラーによると，決定不能な構造は，「単独の」語あるいは単独のテクストのなかに封じこめておくことができないものであり，文学的であるか否かを問わず全ての言語の特徴なのである。したがって，批判的分析にとっても，あるいはディコンストラクション的分析にとっても，ひとつの意味に限定する仕方でテクストについて語ったり，テクストがもつ多様な声を余すところなく述べるということは不可能なことになる。それだけでなく，文学は，修辞性（rhetoricity）や比喩装置を誇示するので，単独の批評的声によって語り直されることに対する抵抗があまりに強いために，今度はそれが批評に寄生し，自らをディコンストラクトするのである。すなわち，文学は批評の役割を包含しているということになる。というのは，「ディコンストラクショニストをディコンストラクトする（Deconstructing the Deconstructor）」（1975）に書かれているように，ド・マンと同じくミラーにとっても，偉大な文学作品は批評家に先行しており批評家が成すであろうディコンストラクションをすでに予見しているからである。「テクストは，批評家の助けなしに，自らに対しディコンストラクションの行為を遂行する」のである。

そこで，批評家に残されているのは，テクストがつねにすでに自らをディコンストラクトする方法を発見し特定することである。これは，文学作品は，意味の両義性や決定不能性の刻印を押され批評家による完結的な解釈に強く抵抗するために，ひとつの定まった解釈に限定されえない理由でもある。ミラーによると，この点は偉大な文学に特に当てはまる。ニュー・クリティックス（新批評家）を含めた伝統的な批評家たちは，偉大な文学作品を統一性や有機的形式といった基準にしたがって定義する。だが，ミラーはこれらの基準を逆さにし，作品の偉大さを統一性ではなく異種混交性（heterogeneity）と内部の差異によって判断する。しかし，**モダニズムやポストモダニズムを連想させる書きうるテクスト**，つまり差異や多様性の戯れが即座に期待されるテクストに飛びつくのではなく，ミラーは，ハーディ，ディケンズ，ジョージ・エリオットなどの通常はリアリズムのカノン（正典）と考えられている作家たちによる**読みうるテクスト**を精読の対象に据えている。

む

ムフ，シャンタル　Mouffe, Chantal　1943-　政治哲学者

ムフは，ベルギーで生まれ，ベルギー，フランス，イギリス，ラテンアメリカの大学で研究と教職に勤しんだ。単独でも幅広い出版活動を行っているが，同僚の政治哲学者エルネスト・ラクラウとの共著によって最もよく知られており，ポストマルクス主義運動の指導者の一人である。

　ポストマルクス主義は，20世紀後半にますます重要な理論運動となり（少なくとも部分的には，政治力としての共産主義が西洋世界において崩壊したことがその引き金となった），ラクラウやムフのように新しい文化的・理論的発展の観点からマルクス主義の再編を望む者だけでなく，自らのマルクス主義者としての過去を否定した者をも取り込んでいる。

　ムフが単独で書いた著書にはイタリアのマルクス主義理論家アントニオ・グラムシに関するものなどがあるが，彼女の名声は主にラクラウとの共著『ポストマルクス主義と政治 ── 根源的マルクス主義のために（*Hegemony and Socialist Strategy: Towards a Radical Democratic Politics*）』(1985)（訳注：原題の直訳は『ヘゲモニーと社会主義者の戦略』）による。より開かれたマルクス主義を呼びかけ，（特に1960年代以来）生起したさまざまな新しい社会運動と共感的に対話することを求めるこの著作は，ポストマルクス主義を論じた最も重要な書物の一つであり，左翼についての熱い論争の源泉となってきた。『ポストマルクス主義と政治』は，マルクス主義の遺産に対する裏切りの典型だと中傷された。だが，ラクラウとムフは，マルクス主義は時代とともに変わらなければならない，さもなければ死んでしまう，という自分たちの主張を堂々と擁護してきたのである。

【参考文献】
・ムフ／ラクラウ『ポスト・マルクス主義と政治 ── 根源的マルクス主義のために』山崎カヲル・石澤武訳，大村書店．

め

メタ物語　　metanarrative

ジャン＝フランソワ・リオタールの用語（**大きな物語**と同じ意味で使われる）であり，普遍的な説明をもたらし普遍的に有効であると主張する全ての理論を指す。マルクス主義はその現象の顕著な例であろう。リオタールは，メタ物語の有効性について断固として反対しており，メタ物語は権威主義的で個人の創造性を抑圧すると考えている（**大きな物語**も参照のこと）。

も

モダニズム　　modernism

モダニズムと言うと，普通は，19世紀中頃に現れた知的運動，とくに芸術運動の華々しい一群を指す。ボードレールは，早い時期にだが，明確で遠大なモダニズムの思想の定式化を行った。プロレタリアート革命によって資本主義が世界的に廃止されるという**マルクス**の夢は，ある意味で，モダニズム的なヴィジョンである。モダニズム運動は，印象主義，象徴主義，キュビスム，未来派，アール・ヌーヴォー，イマジズムなどを包含する。今世紀の初頭までに，モダニズムの思想は，文学と美術の風土全体を支配し規定するようになった。さらに特定して言えば（さらに漠然としてしまうかもしれないが），モダニズムは，美術界・文学界のなかのある心的推進力を指す。「モダンなもの（近代的なもの　the modern）」が突きつけるものに対してどう反応するかは，モダニズムにとって根本的な問題となった。われわれの用語法の混乱は，**モダニティ**の歴史においてモダニズムが比較的遅い時期に発達したという事実に起因する。19世紀中頃までにモダニティは完全に自らを確立してしまったために，モダニティがかつて持っていた暴露的で挑戦的な感覚は，かなりの程度まで進歩と発展への信念に置き換えられてしまったのである。モダニズムは，このような経過への応答であり，モダニティや近代化（modernization）に含まれた争い，動乱，そして破壊をも絶えず意識しているのである。モダニズムの台頭と共に，モダニティは，葛藤を孕み自らを強く意識する新段階に入った。モダニズムと**ポストモダニズム**は，モダニティの危機と親密な相互関係を持つ反応である。モダニズムは，そのさまざまな形態のほとんどにおいて，「モダンなもの」を高めていっそう過激な（さらに絶対的・理想志向的な）形態にすることによってモダニティの諸問題を解決しようという（しばしば見込みのない）希望をその特徴としていた。しばしば，モダニズムは，歴史あるいはモダニティの諸問題に「最終解決」をもたらすというヴィジョンに惹かれてきた。ポストモダニズムによるさらに最終的な解決は，最終という希望そのものを捨て去ることである。したがって，ポストモダニズムは，モダニズム思想を厳密に論理的に継続したものであり，モダニズム思想を徹底的に修正あるいは転倒したものでもある。

モダニティ　　modernity

ポストモダニズムを定義する際には必然的に混乱が見られる。それは，ポストモダニズムが言ってみれば過去およそ500年ほどの間に連続して現れた全ての衝動と野

心と同じ天秤のもう一方に置かれるからである。ポストモダニズム，**ポストモダニティ**，ポストモダンなもの（the postmodern）。これらは，しばしば同意語として扱われる。だが，これらに相当する「モダニズム」「モダニティ」「モダンなもの（近代的なもの）」の三語を同意語として扱うことは不可能である。歴史家は，通例，「初期モダン（early modern）」という言葉によって，資本主義・科学・テクノロジーの勃興を含む歴史上のかなり長い期間を指す。これらの力がもつ新しい表現それぞれは，伝統的で比較的固定された生活様式への異議申し立てを意味した。さらに，資本主義，科学，テクノロジーは，キリスト教教会の伝統的権威と政治権力の正統性に反旗を翻した。この意味で，モダニティは，リベラリズム（自由主義）理論の前提条件であるだけでなく，比較的リベラルな政体の登場の前提条件でもある。

しかしながら，モダニティの特徴として同じように挙げることができるのは，近代国家の出現，さらにそれと同時に現れたいっそう効率的で時にはいっそう無慈悲な政治権力の行使である。イングランドやオランダなどのプロテスタント国は，17世紀には政治動乱や宗教戦争を経験したが，それと同時に，資本主義の拡張と帝国主義的領土拡大に成功し，モダニティの陣頭に自らを置いた。啓蒙主義（**啓蒙のプロジェクトを参照のこと**）の時代には，モダニティは，ほとんど全ての重要な思想家たちが追求する明確で中心的な主題となった。言い換えれば，モダニティが自らを意識するようになったのである。覚えておかなければならないのは，18世紀の偉大なプロジェクトである啓蒙は，歴史上続いてきた伝統的な生活様式とつねに対照されて定義されてきたということである。啓蒙は，政権支配者が有する専断的で個人的な権威や，教会が教義上（時には横暴なやり方で）守る迷信や神秘的儀式に対して反対の立場をとる。自然やがては社会（そして歴史）に関する視野が開け，それらは人間の支配下に置かれた。啓蒙は，近代化（modernaization）への一つの（世俗主義的で自由主義的な）道筋を提案したのである。もう一つの近代化の形態を象徴するのは，フランス王ルイ14世，15世，16世らによる絶対主義である。

19世紀を迎えるまでに，変化・変質・周期的な大変動は，標準的なものと考えられるようにますますなっていた。進歩や発展に関する教えは，革命を予見する者や社会危機や動乱に関する理論家たちの矢面に立つことになり，今もなお同じ状態が続いている。産業資本主義とそれに引き続く（完全に対立的な立場にある）共産主義は共に，モダニティの歴史上の運動を象徴していると見ることができる。ごく最近に至るまで，依然として，「モダンなもの」（新しいテクノロジー，新しい科学的発見，新しい行動様式，という形のモダンなもの）は，膨大に膨れあがった希望の源泉と一般的に見られてきた。近年，少なくとも1974年の石油危機以来，われわれは，モダニティにかかる代価と負担をいっそう意識するようになってきた。この意味において，ポストモダニティは，「モダンなもの」とはわれわれが運命づけられている悪い何かであるという意識の増大であると見なすことができるだろう。

モリス，ミーガン　　Morris, Meagan　　1950-　　フェミニスト・文化批評家

　ミーガン・モリスは，オーストラリアの最も著名なフェミニストであり，文化批評家でもある。モリスの著作が焦点とするのは，フェミニズム文化政治学である。モリスは現在進行中である**カルチュラル・スタディーズ**という脱学問領域（postdisciplinary）の国際的発展に多大な貢献をしている。彼女の著作が扱うのは，例えば，知識人，**マルクス**主義，写真，ポピュラー映画，ジャン・ボードリヤールのポストモダン（**ポストモダニズムを参照のこと**）分析，デイヴィッド・ハーヴィー（訳注：社会学者），フレドリック・ジェイムソン，ジャン＝フランソワ・リオタール，権力，ショッピングセンター，観光事業などである。

　モリスは，多くの点においてポストモダニズムそのものに対して気乗り薄なポストモダニストであるが，フェミニズムに傾倒することによってポストモダニズムに関する論争に関わることになった。モリスは，多くのポストモダニズム的分析の包括的単純化に対して批判的である。だが，ポストモダニズムが，現代の文化と政治についての論争が今起きている場であることは認めている。さらに，モリスは，ポストモダニズムが論争の地勢を変化させ，以前の文化政治学の様式を完全に無効にしてしまったことを認識している。したがって，モリス自身は自分の仕事をポストモダンと定義づけはしないが，他者からみれば，確実にポストモダニズムの論争に属すものと定義されるのである。

　モリスがこの論争に最も貢献した点は，フェミニズムとポストモダニズムの結びつきに焦点を当てたことである。一方で，フェミニズム的文化政治学による影響がなかったらポストモダニズムは考えられなかっただろうと主張しながら，もう一方では，ポストモダニズムの論争にフェミニストからのインプットはほとんどない，あるいは全くない，と主張する考え方の矛盾をモリスは批判する。モリスは，このような考え方に対する最良の反応は，「ひとりよがりのパラノイア（妄想症）的な姿勢を採り，ポストモダニズムという男性によるパンテオン（汎神殿）は神々の黄昏にすぎないと考えること，つまり，自らの衰退の意味を固定化し，その衰退による損害に対する抑制力を獲得しようという家父長制大学による最後の策略にすぎないと考えること」ではないかと考えている。しかし，それほどひとりよがりにではなく，妄想的にでもなく，モリスは，女性たちは依然として男性たちが女性の書いたものを読んでいるかどうかと尋ねなければならないのだろうか，と疑問を投げかけている。

・モリス「グローバリゼーションとその不満」大久保桂子訳，『世界』2001年4月号所収。

や

ヤング，アイリス・マリオン　　Young, Iris Marion　　1949-2006

哲学者・フェミニズム理論家

政治活動家，現代哲学者，フェミニズムの学者であるヤングは，民主主義理論，フェミニズム社会理論，女性の身体的経験，差異の政治学などに関する執筆活動をしてきた。とりわけ，ヤングは，分配的正義（distributive justice）についての自由主義的な理論に異論を唱える。それは，その理論が形式的な平等と個人の自由という抽象的な理想に訴えながら「所有権の公平な分配とは何だろうか」「個人はどのような権利を持つべきか」といった問題に答えるからである。具体化に関するヤングの研究は，人々の間にある差異に関係する具体的な諸問題点を認識し，自由主義的な理論に代えて「正義」という問題に具体的な内容を与えるような新しい理論を編み出した。すなわち，正義とは分配に関する問題であるという前提に疑問を呈示したのである。ヤングの哲学は，J・S・ミルの自由主義的伝統と異なるだけでなく，抑圧と支配に関する根本的な問題を提起する点においてドイツ哲学の啓蒙（**啓蒙のプロジェクトを参照のこと**）以降の伝統とも異なっている。これらの問題に答えて，自由民主主義の政治理論は差別のない直接参加の枠組みという問題に取り組む必要がある。ヤングは，民主主義の理論家たちの言う「公衆（public）」という考えからは，概して，理性を持っているか，ちゃんとした人間であるかということに関するヨーロッパ系白人男性の規準に文化的に合致しない人々が除外されている，と断言している。

ヤングの方法はドイツの**批判理論**から影響を受けているが，彼女は同質的な「公衆」への近代の肩入れに抵抗する。その代わりにヤングが行う提案によれば，規範的な理論や公共政策は，社会集団の差異を抑圧するのではなく肯定することによって，集団を基礎とする抑圧を弱めることが可能なのである。彼女の考える良い社会とは，現代都市生活の差異化され複数文化から成るネットワークである。また彼女が目標とするのは，集団に応じて分化した政策とととともに，民主的な公衆を基礎とする集団代表制の原理である。ヤングは，具体化に関するフェミニズム的理論に抵抗する。なぜなら，その理論は，複数の主体やそのさまざまな**欲望**の持つ基本的な不透明性や不均整を低く評価し，共有された一つの主体性と統一された諸欲望という理想を持ち続けているからである。彼女は，差異と具体的な**他者性**とが抑圧されてしまうことを恐れているのである。

ポストモダン的なもの（**ポストモダニズムを参照のこと**）に対する際立った情熱

を抱くヤングから見れば，共同体を持ちたいというラディカルな組織のメンバーたちの間に存在する欲望は危険なものである。共同体は，同質性を産み差異を排除するような派閥的雰囲気をつくり出して，政治的目標からエネルギーをそらしてしまうのである。代わりに彼女が提案するのは，公正に考案され分配され施行されるサービスを供給することによって多様性と協力をはぐくむような都市生活という理想である。批評家たちは，ヤングが友情関係に反対しているのではないかと当惑する。しかし，議論の余地はあるが，人と人とが直接向かい合うような関係の透明性と愛情に対してヤングは現実的な疑いを抱いているのだ。皮肉にも，ヤングの問題点とされるものこそ，彼女の独自性を形成しているのである。彼女が差異と多様性のためにアイデンティティや共同体を拒否することは，高く評価されもするが，それと同じぐらい批判の対象にもなっている。アイデンティティよりも差異，統一性より多様性，同質性より異種混交性を重視するヤングのポストモダニズム的な理論について，現代のフェミニストたちは共鳴しはするものの究極的には批判的である。おそらく自分の主張を誇張しているのだろうが，ヤングは，近代的自我のアイデンティティを欲望の統一された中心と見なす考えは単なる虚構にすぎないと主張する。しかしまた彼女は，子どもが言語を使うようになり自我を持つようになるためには，母なるものとの喜びに満ちた連続状態からの分離が必要だということは認めている。この分離の結果として，個々の人間のアイデンティティと差異が生ずるのである。簡単に言えば，（アイデンティティと統一性を温存するような）ケアの社会倫理と差異の政治学との両方を実現するのは困難だということである。

【参考文献】

・ヤング「政治体と集団の差異 ── 普遍的シティズンシップの理念に対する批判」施光恒訳，『思想』1996年9月号所収。

ゆ

誘惑　seduction

ジャン・ボードリヤールの概念である誘惑は，直接的な暴力ではなく繊細で巧妙な手段を用いて，いかにしてシステムを攻撃しその力を弱めうるかを示すものである。ボードリヤールによれば，システムは「騙(だま)して」服従させることが実際に可能なので，伝統的モデルに基づいた革命的行為は不要となる。つまり，システムがごまかしに対してこれほど無防備であれば，直接対決や暴力に訴える必要はないのである。フェミニズムの理論家たちは，当然ながら，この考えは暗に女性差別的であるとして異議を唱えてきた。また，この誘惑の理論は男性と女性に関する性差別的なステレオタイプを強化するものだとして，ボードリヤールはフェミニズムの理論家から厳しい批判を受けてきた。

【参考文献】
・ボードリヤール『誘惑の戦略』宇波彰訳，法政大学出版局。
・ボードリヤール『誘惑論序説 ― フーコーを忘れよう』田中正人訳，法政大学出版局。

よ

欲望　desire

ポストモダニズム思想において，欲望は，個人の理性の力を転倒させるような全てのリビドー的欲動を表象＝代表する。欲望の概念化は**フロイト**から始まる。フロイトの研究は，潜在意識における人間の性質の隠された部分を強調した。そうした部分の働きは，せいぜいおぼろげに気づかれていただけだったが，われわれの意識的すなわち合理的意志にしばしば勝りうるものだと見なされた。

　ポストモダニズム思想家の大部分にとって，欲望とは，西洋文化がここ数世紀の間抑圧しようと腐心してきたものであった。欲望が，社会秩序と制度上の構造を脅かすものを表象＝代表しているからである。それゆえ，ドゥルーズとガタリにとって，近代精神分析とは社会管理の実践であり，その目的は，欲望を抑制し権威主義的社会システムに個人を従わせることであった。精神分裂症である人々，すなわち精神分析者の応対処置が効かない人々は，結果として**ドゥルーズ**と**ガタリ**にとって理想的なタイプとなった。フーコーの論によれば，近代世界における性的欲望は，社会的に受け入れ可能かつ厳重に管理されている一つのタイプに限定されていた。その一つのタイプとは，婚姻関係内での異性愛であり，他のほとんどの性表現の形態を周縁化し場合によっては犯罪としてしまった社会的傾向である。**フーコー**の論においても，そういった抑圧の目標は，基本的なレベルにおける個人の行動の管理であった。**リオタール**は，欲望のための領域（彼が名づけたところによると「リビドー経済」）を認めなかった**マルクス**主義などの合理主義志向の諸理論を攻撃した。われわれがそのなかで生活している文化は権威主義的な行動規範の名によって欲望の自由な表現を限定することに一般的に関心があるということを考えると，どの場合においても，欲望を擁護することは文化を批判することなのである。

　ポストモダニズム思想に共通する理性からの逸脱は，欲望に対する傾倒を含むことにおいて一致してきた。そして，このことは，**モダニティ**とその権威主義的なシステムを転覆させる戦略の鍵となった。欲望は，ポストモダニズム的運動にとって，反権威主義的とされる力を暗に表象しているのである。

・ドゥルーズ／ガタリ『アンチ・オィディプス ── 資本主義と分裂症』市倉宏祐訳，河出書房新社。宇野邦一訳，河出文庫。
・リオタール『リビドー経済』杉山吉弘・吉谷啓次訳，法政大学出版局。
・フーコー『性の歴史Ⅰ ── 知への意志』渡辺守章訳，新潮社。

欲望する機械　　desiring-machine

個人は，ドゥルーズとガタリの用語法における欲望する機械を構成する。『アンチ・オイディプス』(1972)におけるドゥルーズとガタリの論によれば，われわれは，人間や自然（nature）などの伝統的範疇を超越し，今やさまざまな種類の「機械」（例えば，欲望する機械，生産する機械，分裂症の機械）によって構成される社会にいる。欲望する機械そして実際のところ欲望の表現全般を抑圧することは，（エディプスという包括的な標題の下にまとめられた）近代精神分析の核心であった。欲望する機械は，理性よりむしろリビドー的エネルギーによって突き動かされ，西洋文化における個人のアイデンティティにふつうは必ず伴う統一性を欠いている。それゆえ，欲望する機械は，支配する側からは社会秩序に対する脅威とみなされる。

【参考文献】
・ドゥルーズ／ガタリ『アンチ・オィディプス ― 資本主義と分裂症』市倉宏祐訳，河出書房新社。宇野邦一訳，河出文庫。

読みうるテクスト　　readerly text

ロラン・バルトは，彼のキャリアの後期すなわちポスト構造主義の時期（大まかに言って1970年の『Ｓ／Ｚ［S/Z］』の刊行以降）に，読みうるテクストと書きうるテクストを区別した。前者が読者に意味を押しつけるのに対して，後者はテクストの意味の生産に読者を参加させるように誘うと考えられる。バルトの『Ｓ／Ｚ』によれば，読みうるテクストは，読者の想像力の運動を抑制しようとする受動的な消費を奨励する。そういったテクストの場合は，作者は読者に対して権力を行使し，したがって，読みうるテクストは文化の現状を維持する役割を果たすのである。何が読みうるテクストを構成するかを正確に言い当てるのは難しい。しかし，丹念につくられたプロット，全知の語り手，明白な道徳的意図をそなえた19世紀のリアリズム小説がおそらく良い候補になるだろう。バルトによれば，そういったテクストの場合は，読者は予め決められた仕方で反応することを強制され，作者の世界観を物語によって表現された世界観として受け入れるように強制される。読むことは，受動的な消費，しかも，特定の社会政治的な構造に仕える受動的消費になるのである。したがって，書きうるテクスト（ここでは，読者はテクストの意味の生産に積極的に関与すると考えられている）を支持することは，優勢な政治的・知的秩序に反対する立場をとることになる。

【参考文献】
・バルト『Ｓ／Ｚ ― バルザック「サラジーヌ」の構造分析』沢崎浩平訳，みすず書房。

ら

ライヒ、スティーヴ　　Reich, Steve　　1936-　　作曲家

ミニマリズム音楽のパイオニアであるライヒの音楽言語は，多くを非西洋的な音楽（西アフリカのドラムやバリ島のガムラン［訳注：木琴に似た楽器の名］など），中世音楽，20世紀初期のスタイルに負っている。ライヒは，音楽一家の出であり，ピアノ・レッスンや西洋の打楽器やドラムなどによって初期の音楽教育を受けた。コーネル大学で哲学を勉強しているとき（1953-7）に，多くの音楽のクラスに登録し，地域のダンス・バンドでドラムを叩いて暮らしを立てた。その後，ニューヨークのジュリアード音楽学院（1958-61）とカリフォルニア州のミルズ・カレッジ（1961-63）でダリユス・ミヨー（訳注：1892-1974「6人組」の一人であり，ユダヤ人であるためにアメリカへ亡命したフランスの作曲家）とルチャーノ・ベリオ（訳注：1925-　イタリア生まれの作曲家）の下で作曲を学んだ。

　ライヒは，正規の作曲教育を受けているときに，20世紀の音楽芸術を支配するようになっていたセリー主義（訳注参照）と無調性といったモダニズムの美学と技法をすぐに否定した。いわゆるアヴァンギャルド作曲家は，音楽にとって不可欠な構成要素（たとえば，拍子，リズム，調的方向性）との関わりを失っているだけではなく，数学的で過度に知的で構造にとりつかれた音楽によって聴衆を遠ざけてしまっている，とライヒは感じたからである。ライヒの初期の作品（1963-71）は，過程，反復そして徐々に変化させることに関心があり，「漸次位相変位（gradual phase shifting）」技法を用いた。この技法は，テープ・レコーダーで二つの同じエンドレス・テープを再生し，一方をもう一方よりもわずかに早く再生するものである。その結果，その二つのテープは，次第に同調しなくなってくる。後に，この過程をライブでミュージシャンが実演した。

　1960年代はじめ以来ずっと伝統的アフリカ音楽にますます大きな関心を持ち続けているライヒは，エイウエイ族の名ドラマーの下で勉強するために1970年の夏にガーナへ渡った。また，後に，シアトルのワシントン大学で客員教授として滞在していたバリの音楽家からガムランを習った。1970年代と80年代の彼の作曲は，この二つの非西洋的なジャンルから顕著な影響を受けており，リズムの面では複雑だが，ハーモニー（和声）の面では比較的シンプルなままである。自分のアンサンブル（1966年創設）のために書いた『6台のピアノ（*Six Pianos*）』（1973）や『18人の音楽家のための音楽（*Music for Eighteen Musicians*）』（1976）のような曲は，何楽節ものあいだ動きのないハーモニーと結びついたリズムの強さと複雑さを示してい

る。また，この時期には，対位法（多くの独立したメロディ・ライン[旋律]を重ねたり組み合わせたりする技法）が，ライヒの基本的な技法の一つとして登場している。『ディファレント・トレインズ（*Different Trains*）』(1987)，『ザ・ケイヴ（*The Cave*）』，『シティ・ライフ（*City Life*）』(1995) は，物語への強い志向を持ち，人間が発声した言葉を録音したものを活用してその音楽の構成を生み出している。このことは，物語あるいは自己表現を音楽という形式と相克させることを差し控えた初期の作品とは著しい対照をなしている。

　ライヒの音楽は，アカデミックな世界からはつい最近まで無視され続け，また，モダニズム的な音楽の体制派からは概して拒否され続けてきた。1960年代と70年代の間，自分のアンサンブルのためにだけ書かれたと言ってよい彼の音楽は，「クラシック」リサイタルよりは劇場やアート・ギャラリーやロック・コンサートの方に慣れているだろう聴衆をひきつけるギャラリーやロフトで（すなわち体制的なコンサート・ホールから遠く離れて）しばしば演奏された。しかし，ライヒは，20世紀末の最も有力な作曲家の一人であり，ジョン・アダムズやマイケル・ナイマンやグレアム・フィットキンなどの多くの年少の作曲家たちにインスピレーションを与えたばかりでなく，彼らに道を開いたのである。

【訳注】
☆セリー主義（serialism）：クロマチック・スケール（半音階）の12個の音をそれぞれ等しく偏らぬように扱うことによって，楽曲がいかなる単一の「調」にも落ち着くことがないようにする技法。

ライリー，テリー　　Riley, Terry 1935-　　作曲家

ミニマリズム音楽の初期のパイオニアであるライリーは，ミニマリズム美学の中心となった技法（反復，調性，わずか二，三の音楽的セルあるいはモティーフ[音楽的動機]から音のコラージュを組み立てる技法など）を最初に用いた人物の一人である。ジャズ・ピアニストとして自活しながら，サンフランシスコ州立大学で作曲を，そして後にサンフランシスコ音楽学院でピアノを学んだ。また，彼は，友人でもあり師でもあるパンディット・プラン・ネスの下でインドの古典音楽を学んだ。

　ライリーの初期の作品はストックハウゼンなどの**モダニズム作曲家**に影響を受けているが，反復，重層化，小さなリズム・セルのスーパーインポーズ（重ね合わせること）を用いた実験を始めたのは1960年代だった。彼は，エンドレス・テープとテープの遅延を利用してこのような実験を実現し，『5本足のイス（*The Five Legged Stool*）』(1961) や『ドリアン・リーズ（*Dorian Reeds*）』を生み出した。名ピアニストである彼は，他のミニマリストたちよりも即興に重きを置き，また，多くのピアノ独奏曲を書いた。独奏のための『キーボード・スタディーズ（*The Keyboard Studies*）』では，しばしば譜面に書かれていないか，できうる限り簡潔な形で記譜されているかしている。

史上初のミニマリズム曲とみなされ，また，ひょっとするとライリーの最も有名な曲は，『インC（*In C*）』（訳注：「ハ調で」の意）(1964)である。この曲は，どんな楽器で何人の演奏家で演奏してもよく，53の短いモティーフによって構成されている。安定したパルス，高音のC（ハ）音の持続的反復によって確立されるが，次のモティーフに移る前にそれぞれのモティーフを好きなだけ何回くりかえすかは演奏家に任されている。したがって，わずか二，三の短いモティーフから，複雑で重層的でポリリズミックな（多リズムの）音の織物が織り上げられるのである。

ライリーの音楽は，ミニマリズムの技法と美学をさらに発展させた**ライヒ**と**グラス**の両者に大きなインスピレーションを与え続けている。

ラカン，ジャック　Lacan, Jacques　1901-81　精神分析学者

精神分析学者であり哲学者であるジャック・ラカンは，クロード・**レヴィ＝ストロース**，ミシェル・**フーコー**，ロラン・**バルト**と共に，フランスの「高度な」**構造主義**の中心人物の一人であった。フーコーやバルトと同様に，ラカンの著作の適応性と有用性は現在では明白であり，**ポスト構造主義**思想家やポストモダニスト（**ポストモダニズム**を参照のこと）に影響を与え続けている。実際のところ，ラカンはポストモダニズムの始祖の一人であり，言葉遊びを差しはさみほのめかしを多用した密度の濃い難解で複雑な文章，めまぐるしく飛翔する空想，頻用される黙示録的文体などはすべて，ポストモダニストたちの言説（ディスクール）に影響を与えた。ラカンは，1966年に出版された『エクリ（*Ecrits*）』によって著名人の仲間入りを果たした。精神分析家の訓練のために毎週開かれたセミネールの講義録は，今もなお刊行中である。

ラカンの著作はジークムント・**フロイト**の著作を拡張した理論と見ることもできようが，**ヘーゲル**，シュルレアリスム，構造主義言語学，レヴィ＝ストロースの人類学などを換骨奪胎することによって飾り立てられた理論なのである。レヴィ＝ストロースは，ソシュールの構造主義的方法が血族関係や原始神話の理解にいかに有効であるかをすでに証明していた。ラカンは，1950年代初頭から死去する1981年まで，それと同じ方法を用いて人間の精神の隠れた構造をいわば図表化しようとしたのである。

他の偉大な構造主義者と同様，ラカンは言語の分析から出発した。多くの点において，ラカンの著作は，ソシュールによる言語への洞察を拡大し，精神の働きの分野に応用したものである。おそらく，ラカンの主張のなかで最も有名なのは，無意識は言語のように構造化されている，という主張である。これは，無意識は言語と同じ道具を用いることによって機能し，言語によってはじめて無意識は存在するようになる，という主張である。ソシュールの論によれば，言語に意味する能力を付与するのは，言語の全体的な構造，すなわち差異の体系である。ソシュールにとっ

て，シニフィアン（記号表現）と，それが運ぶ概念つまりシニフィエ（記号内容）の結びつきは純粋に恣意的である。しかし，この主張にもかかわらず，ソシュールは，両者の関係にはある種の安定があるとも主張している。ラカンは，ジャック・デリダと同じく，シニフィアンとシニフィエの座りのいい関係に異論を唱える。ラカンにとって，語（word）はつねに他の語に言及するものである。つまり，シニフィアンは鎖のごときものを形成し，われわれはその鎖に沿って横滑りし，固定された決定的な意味にたどり着くことはできないのである。また，文（sentence）はつねに付け加えられうるものであり，その付加は意味を完全に転倒させうる。メタファー（隠喩）とメトニミー（換喩）はどちらも，シニフィアン同士がお互いに代理しあうという性質を含んでいるが，シニフィアンとシニフィエの結びつきをさらに破壊する。

　ラカンが言語を強調したのには，アメリカのフロイト追随者のうちで広く行われていたフロイトの還元主義的・生物学的読解に対する反発という側面もある。ラカンの「フロイトへの回帰」は，実際は，巨匠の初期の著作への回帰，例えば『夢判断（*The Interpretation of Dreams*）』『日常生活の精神病理学（*Psychopathology of Everyday Life*）』のようにわれわれの思考・感情・行動の起源を生物学的に捉えるよりもむしろ社会的・文化的要因に重きを置く著作への回帰である。ラカンはこうした非生物学的諸動因の適用範囲を広げ，例えば，**エディプス・コンプレックス**を言語的現象と解釈する。つまり，近親相姦のタブーは「父親」「母親」という言語的範疇に依拠する文化的現象なのであり，生物学的本能や欲求とはまったく関係ないとするのである。実際，ラカンにとって，欲求という生物学的概念は，大部分**欲望**という概念で置き換えられている。欲求は充足させることができるが欲望は抑制できない。子供は母親の乳を欲求しその欲求は充足させられるが，子供が母親の愛を欲望してもその欲望は満足させられることはない。

　ラカンによる人間の成長過程のモデルは，相互関連する3つの「界（order）」，想像界（imaginary）・象徴界（symbolic）・現実界（real）を含んでいる。想像界段階では，子どもは鏡に映った自分を認識する。この時子どもは生まれてはじめて自分を，断片的で寄せ集めにすぎない身体のがらくたとしてでなく，首尾一貫した実体として見るのである。しかし，自己の統合は幻想であり，自己統一という理想にすぎない。想像界を経て，子どもは象徴界（文化，言語，そして特にシニフィアンの世界）に入っていく。象徴界は，人間の主体が存在するようになる文化的な領域であり，安定を実行する者そして法の言葉として作用する象徴的な「父の名（name of the Father）」に支配された世界である。現実界はいかなる意味でも「現実の世界」ではなく，像や象徴を回避する世界であり，神経症の徴候の背後に潜む脅迫的な不在である。ラカンは，文学研究，特にフェミニズム理論に大きな影響を与えた。フェミニストたちは，ジェンダー（性差）の区別の文化的・言語的起源を

ラカンが強調したことに価値を見出した。フェミニストは，ラカンの理論が性差を人間の獣性を前提とする生物学的観点からは捉えていないと見たのである。しかしながら，フェミニストたちは，ラカンの言説に深く組み込まれている家父長的前提には断固として批判的である。

【参考文献】
・ラカン『エクリ』宮本忠雄・佐々木孝次ほか訳，弘文堂（全3冊）。
・フロイト『夢判断』高橋義孝訳，新潮社。
・フロイト『日常生活の精神病理学』池見酉次郎・高橋義孝訳，フロイト著作集（人文書院）4所収。

ラクラウ，エルネスト　　Laclau, Ernesto　　1935-　　政治理論家
ポストマルクス主義の分野ではラクラウは著名人の一人であるが，特に政治哲学者シャンタル・ムフとの共著で知られている（単独の著作も多く出版している）。アルゼンチンで生まれ，教育を受け，現在に至るまで英国や北アメリカのさまざまな大学で教鞭を執ってきた。ラクラウとムフの代表的共著『ポストマルクス主義と政治 ― 根源的マルクス主義のために (*Hegemony and Socialist Strategy: Towards a Radical Democratic Politics*)』(1985)（訳注：原題の直訳は『ヘゲモニーと社会主義者の戦略』）は今では，それ自体独自の理論的立場を保持しているポストマルクス主義の発展に最も貢献した書物の一つと考えられている。

　理論運動としてのポストマルクス主義は，マルクス主義の信条を完全に拒否した者と，**ディコンストラクション**（脱構築），フェミニズム，**ポストモダニズム**といった最近の文化・哲学諸理論とマルクス主義の総合を目指す者とが，不安定ながらも連携しているとみるのが妥当であろう。前者では，ジャン＝フランソワ・リオタール，ミシェル・フーコー，ジャン・ボードリヤールなど，経歴の比較的後半にそれぞれの仕方でマルクス主義に背を向けた人物たちの名が挙げられるだろう。後者では，ラクラウとムフの名が挙げられる。彼らは，急速に変化する文化状況を考慮に入れるために，マルクス主義の伝統の再活性化を目標に据えたのである。したがって，ポストマルクス主義は，マルクス主義の遺産に対してどういった姿勢をとるかの問題に他ならない。『ポストマルクス主義と政治』は，マルクス主義が権威主義的なイメージから脱皮し，普遍的で万能な理論という考えに対して懐疑的な新しい読者にも訴えるくらいに修正されることを大胆に求めた。ラクラウとムフは，マルクス主義思想の危機がどこにあるのかを特定し，20世紀に起きたあまりに急速な文化状況の変化のために，古典的マルクス主義が前提にした「明らかな真実」，例えば社会階級（労働者階級など）の均質性という信念や社会主義の歴史的必然性などはもはや厳密な吟味に堪えないものであると主張した。率直に言えば，マルクス主義は，現在，自発的に方向転換しなければならないか，あるいは衰退の最終段階に入らなければならないということなのである。ラクラウとムフは「**ラディカル・**

デモクラシー政策」という概念を広めた。「ラディカル・デモクラシー」とは，理論の分野での新しい展開のみならず，マルクス主義と近年生起したさまざまな新しい社会運動（フェミニズム，**緑の党**，民族的・性的少数派）両方を包含しようとする概念である。ラクラウとムフは，マルクス主義思想の不安定さと矛盾を指摘しようとしている点，それによってマルクス主義の権威を転覆しようとしている点において，自分たちの方法はディコンストラクション的であると述べている。実際，ラクラウとムフは，マルクス主義は時代錯誤という危機に瀕しており，内容を時代に則するものにすることが必要だと主張している。つまり，新しいマルクス主義は，政治的**多元主義**を取り入れなければならず，他の全ての理論を終焉させると自己認識し多元主義への傾倒を異端としてしか見なしえない古典的マルクス主義思想の独断主義を排除しなければならないというのである。それゆえに，ラクラウとムフは「民主的革命」を唱道する。「民主的革命」とは，左派が新しい社会運動との連携をできるだけ多くの面で意識的に確立することであり，従来よくあったように独自のイデオロギーをすべての政治闘争に権威主義的な仕方によって押しつけようとすることではない。ラクラウとムフが見たいのはまさにこの権威主義が根絶される姿なのである。

　ラクラウとムフの思想は，かなりの論争，とりわけ，マルクス主義は何らかの「改良」を必要としディコンストラクションなどの理論から学ぶべきことがあるという考えを一蹴する伝統主義的なマルクス主義者たちと激しい議論を巻き起こした。伝統に傾倒したマルクス主義者にとっては，マルクス主義を越えて行くことは，マルクス主義の遺産への裏切りであり活性化などではないのである。ラクラウとムフは，批判者たち（ラクラウとムフは，マルクス主義者の伝統における「かつての輝きが消えてしまったエピゴーネン[模倣者]たち」と軽蔑的に呼んでいる）に対して断固とした応戦を行い，新しい思想をもっと受容するような方向で社会主義計画を再定義することが必要だという考えをくり返し訴える。だが，多くの左派にとっては，新しい思想は社会主義と相容れないものなのである。また，ラクラウとムフの思想は，動機が誠実であることは疑いえないが，マルクス主義の残留物にすぎないという見方もできるのである。

　ポストモダニストの観点からすると，ラクラウとムフは，「**大きな物語**」（ラクラウとムフは，絶対的真理を持つ普遍理論であるというマルクス主義の主張を擁護しはしない）としてのマルクス主義の衰退を代表する者，「**大きな物語**」一般に取って代わった多元主義の波の一部と見なされる。ラクラウとムフがリオタール，フーコー，ボードリヤールなどのポストマルクス主義者と異なる点は，厳密にマルクス主義思想を固守するつもりはないにしても，その精神のいくらかを保守しようと望んでいることである。

【参考文献】

・ラクラウ／ムフ『ポスト・マルクス主義と政治——根源的民主主義のために』山崎カヲル・石澤武訳，大村書店。

ラシュディ，サルマン　　Rushdie, Salman　　1947-　　小説家

サルマン・ラシュディは，自らの小説に登場する最も有名な二つのものよりも数カ月早くボンベイ（訳注：インド西部の港湾都市であり，1997年に古来の名称ムンバイに変わった）のイスラム教の家庭に生まれた。その二つのものとは，最良の作品『真夜中の子供たち（*Midnight's Children*）』（1980）の語り手サリーム・シナイとインド（訳注：1947年8月15日に，2世紀に及んだイギリスの支配から独立）である。『真夜中の子供たち』は，魅惑的ではあるが信頼できない語り手シナイの目と感覚を通して現代インドの物語を伝えている。ラシュディには政治的メッセージがあるが，そのメッセージは，最初から最後まで錯綜したプロットならびに感動的で喜劇的かつ悲劇的な登場人物たちと読者との間に入って邪魔をすることは決してない。彼の他の小説すべてと同様に，この小説もやや強めのポストモダニズム的色彩を帯びている。すなわち，「現実」は見せかけ，より正確に言えば，構築物だと考えるのである（真の現実は，物語，すなわち，われわれがそれによって生き，そのために生きる物語なのである）。『真夜中の子供たち』は，ラシュディに成功の道を開いた。ベストセラーとなり，1981年のブッカー賞をもたらしたのである。

ラシュディの3番目の小説『恥（*Shame*）』は，『真夜中の子供たち』と同じ要素をいくつか含んでいる。その要素とは，東洋（この場合は，1950年代から1970年代にかけてのパキスタン）における尋常でない人間と尋常な人間の交流，物語のトリック，華麗な散文である。この小説は，ブットーとズィヤー（訳注：ともにパキスタンの指導者。ブットーの側近であったズィヤーは1977年にクーデターを起こして権力を握った）の確執を明快に物語化したものであり，デカダンなブットーと腹黒いズィヤーのどちらが最終的にベストかを決めるのは困難である。『恥』におけるイスラム原理主義に対する公然たる軽蔑に満ちた姿勢は，『悪魔の詩（*The Satanic Verses*）』（1989）において，イスラム世界のまさに基盤に対する猥褻でスカトロジー的な攻撃になった。この小説は預言者ムハンマドのもう一つの人生といったものを描いており，そのなかでムハンマドは余りに人間的に描写されている。他のすべてのラシュディの小説同様，この小説は事実と空想の間の境界をあいまいにする。また，その正にポストモダニズム的なスタイルにおいて，現代世界の日常のリアリティが空想ならびに超自然と途方もなく混交してしまうのである。

『悪魔の詩』の出版は，ラシュディの人生を永遠に変えてしまった。アーヤトッラー・ホメイニーが出したファトワ（訳注：宗教問題に関する法律的命令であり，ラシュディは死刑宣告を受けた）は，ラシュディが祖国の通りを二度と再び大手を振って歩けなくなるかもしれないということを意味するからである。イラン，インド，イギリスで数多くのデモを引き起こしたこの事件は，西洋とイスラム社会の間

の相互理解の溝を示すとともに，ポストモダニズム的なアイロニーとデタッチメント（超然とした姿勢）にもかかわらず，文学が「リアルな（現実の）」社会に命がけのインパクトを与えうることを示した。

『ムーア人の最後のため息（The Moor's Last Sigh）』は，ムーライシュ・ソゴイビーの物語である。ラシュディの奇怪な語り手の一人であるソゴイビーは，普通の二倍の早さで年を取る罰をうけており，自分の家族，とくに芸術家の母のさまざまな話を物語る。その母は，キリスト教徒であり，ヴァスコ・ダ・ガマ（訳注：1469頃 - 1524　ポルトガルの大航海者であり，喜望峰回りのインド航路開拓者として有名）の末裔の可能性があり，ユダヤ人と結婚していた。この滝のようにほとばしる物語のモデルは，ポストモダニズム作家の永遠のお気に入り，『千夜一夜物語（The One Thousand and One Nights）』である。

ラシュディを批判する批評家がすべて怒れる宗教家であるとは限らない。あるインドの宗教家でない批評家は，ラシュディのなかに西洋の影響を受けた恩着せがましいリベラリズムがあるとして，それを批判する。ラシュディが描くインド人は西洋のステレオタイプ（紋切り型）だと批難されて来たし，また，インド英語の話し言葉の語法に対する彼の扱いは激しく批判されてきた。多くの東洋ならびに西洋の批評家たちは，『真夜中の子供たち』以後の彼の小説は退屈で読むにたえないと評している。

【参考文献】
・ラシュディ『真夜中の子供たち』（上）（下）寺門泰彦訳，早川書房。
・ラシュディ『悪魔の詩』（上）（下）五十嵐一訳，プロモーションズ・ジャンニ。
・ラシュディ『恥』栗原行雄訳，早川書房。

ラディカル・デモクラシー　　radical democracy

ポストマルクス主義の理論家エルネスト・ラクラウとシャンタル・ムフが，古典的マルクス主義に取って代わって欲しいと望む新しい左翼政治に付けた名称である。大いに影響力のあった『ポストマルクス主義と政治 ── ラディカル・デモクラシーのために（Hegemony and Socialist Strategy: Toward a Radical Democratic Politics）』（1985）（**ヘゲモニー**を参照のこと）において，ラクラウとムフは，地球上で新たに起こってきたさまざまな社会抗議運動（たとえば，**緑の党運動**，性的マイノリティ[少数者]など）を考慮に入れるためにマルクス主義の改訂に取りかかった。彼らの最終的な目標は，**ポストモダニズム理論**，**ポスト構造主義理論**，**フェミニズム理論**における最近の諸展開を取り入れた**多元主義**的マルクス主義である。これらの諸理論は，社会抗議運動によりどころをもたらすであろうし，また，政治理論そして政治実践としての古典的マルクス主義と結びついた教条主義を回避する利害＝関心の新しい「分節化（articulation）」となるであろう。

【参考文献】
・ラクラウ／ムフ『ポスト・マルクス主義と政治 ― 根源的民主主義のために』山崎カヲル・石澤武訳, 大村書店.

ラディカル・フィロソフィー　　radical philosophy

ラディカル・フィロソフィーは, 同名の雑誌と関係のある言葉である。この雑誌は, イギリスの哲学読者たちの間で大陸哲学をより身近なものにしようという目的で1970年代はじめに創刊された。当時, **ヘーゲル**, **ハイデガー**, **マルクス**といった人たちは, イギリスの哲学科ではほとんど研究されておらず, 哲学の観点からは永続的関心をひく者ではないとしばしば見なされていた。それ以来, 『ラディカル・フィロソフィー』は, 現象学, **ポスト構造主義**, **ポストモダニズム**, イギリスの大陸系フェミニズムに関する論争の草分けとなり, それらの諸理論に関する議論が継続する推進力であり続けた。その結果, 今では, それらの理論は, 以前よりずっと多くのイギリスの大学のカリキュラムにおいて重要な役割を果たしている。

り

リオタール，ジャン＝フランソワ　　Lyotard, Jean-François　　1928-98　　哲学者

リオタールは，パリ第8大学ヴァンセンヌ校とカリフォルニア大学アーヴィン校の哲学教授であった。多作で多面的な著述家であるリオタールは，哲学，政治学，美術を通して行ってきた自らの途方もなく拡散的な仕事の道のりを「乱交的」と称している。英語圏では，リオタールは主に『ポストモダンの条件（*The Postmodern Condition*）』（1979）によって名声を博している。『ポストモダンの条件』は，リオタールの功績を代表する著書ではないと見られてきた。だが，そこには，リオタール初期の関心事の多くが集約されている。このあたりの事情は，『ポストモダンの条件』およびそれ以前の著作に関するリオタールとジャン・ルー・テボーとの間の長い対話（これは，『はっきり言えば［*Just Gaming*］』［1979］として出版された）および自身の思想的遍歴について回顧した『遍歴（*Peregrinations*）』（1988）から伺い知ることができる。

　リオタールの著作は，多くの点において，出発点とした諸パラダイムを離れることがなかったが，その主なものは，**フロイト**と**マルクス**を総合するという試みであった。この試みは1970年初期にアルチュセールからドゥルーズまでのフランス知識人たちを大いに悩ませた。これらの形跡は，『リビドー経済（*Libidinal Economy*）』（1974）に最も顕著であるが，『文の抗争（*The Differend*）』（1984）においても明らかに残存しており，また，1993年に再版されたリビドー，政治，ポストモダニズム，美学を扱った論文集『欲動装置（*Des dispositifs pulsionnels*［*The Drives and Their Apparatuses*］）』（1973）においても同様である。

　リオタールの思想における他の側面と同様に，彼の政治理論は，諸々の出来事を契機としている。例えば，アルジェリア独立戦争は，リオタールが最初に政治領域へ進出したきっかけとなった。当時，リオタールは，アルジェリアで教鞭を執っており，トロツキー主義を信奉する集団である「社会主義か野蛮か（Socialism or Barbarism）」のために政情を監視していたのである。この間，リオタールはマルクス主義の中心思想への信念を公言していた。だが，このマルクス主義へのコミットメントが社会主義か野蛮かの同胞たちとの別離をもたらすことになり，1964年に，リオタールは「労働者の権力（Workers' Power）」に加わった。しかし，リオタールの政治的信条は，1968年5月に起きた例の**事件**を境として完全に消えてしまうことになった。その事件とは，ほとんど活動に参加しない左翼高官や主流派に属さない左翼知識人たちから「子どもじみている」と非難されたにもかかわらず，幅広い

活動家たちの連帯がドゴール政権をもう少しで転覆するにまで至った民衆の反乱のことである。フランス共産党は事件の理論的・実践的欠陥を咎めたてた。だが，リオタールは，それになびかず，共産党のマルクス主義者たちが路上での主導に従おうとしなかったことを糾弾し，彼らとは完全に決別することになった。その事件の苦い果実は，今なお『リビドー経済』に読むことができる。

　マルクス主義という特定の**大きな物語**の崩壊は，ポスト工業主義社会の理論家ダニエル・ベル（政治的には右派である）によって提起された「イデオロギーの終焉」という考えの分析へとリオタールを向かわせた。それは，また，政治における**ポストモダニティ**の黎明をリオタールに宣言させることになった。つまり，政治およびその目的，方法，理想の首尾一貫し広範囲にわたる書き換えをリオタールは訴えたのである。それは，結果として，「マルクス以後の**カント**」およびフロイトへとリオタール自身の哲学を向かわせることになった。また，それは，政治経済学（そしてリビドー経済）の**ヘゲモニー**の拒否という結果となり，リオタールは，文のやりとりにおいて見出される社会的関係という素材によってもたらされる思想と行動の潜在力の分析を重視した。この種の哲学的「基本に返れ（back to basics）」運動は，『文の抗争』において最高の哲学的表現を与えられたが，リオタールの視野を狭くしているように見えなくもない。つまり，政治学，美学，哲学から，もう一つの非常に現代的な「言語論的転回（linguistic turn）」へという変化である。この「言語論的転回」はルトヴィッヒ・ウィトゲンシュタインの後期哲学に相当するものだが，実際，リオタールは，ウィトゲンシュタインの社会概念，つまり言語論的したがって概念的かつ実際的に「言語ゲーム」によって構成される社会という概念を『ポストモダンの条件』において援用しているのである。しかしながら，言語論的諸出来事は，ポストモダン的な諸々の出来事のフィールドを平坦にならして言語論的可能性という解放可能な地平の中に囲い込むどころか，予測不能な仕方で融合して極めて異質なものから成る一連の社会的・政治的・美学的・科学的・技術的現象へと変化する「ブラウン運動における微粒子」（訳注参照）を形成するようになる。この言語論的諸出来事という考えによって，リオタールの哲学は，現代哲学における物語的組織化の詳細からわれわれの宇宙の太陽が死んだ後の思考の運命に至るまでのありとあらゆる事象を探究することが可能になった。

　しかしながら，リオタールの思想体系に関して未解決のまま続いており，リオタール自身も常にそれに回帰している問題は，彼の分析に関する政治的な鋭さに関するものである。コンピュータ化された社会における限定された情報の流れという危機に対するリオタールの応答にあまり説得力がないことはよく知られている。データバンクへの自由なアクセスが市民に与えられるべきだというリオタールの応答は，おそらく，**モダニティ**の持つマルクス主義的物語に批判力や想像力の点において代わるものが何もないということを示唆している。またそれと同時に，おそらく

皮肉なことだが，リオタールがしばしばマルクス主義というプログラムを激しく拒絶する背景にある理由は至極もっともなのである。この二分法（分裂）が，リオタールのポストモダン性の核心にある。つまり，われわれのモダンな諸プログラムの数々に異議を唱えても，それに取って代わるものは存在しないのである。それゆえに，ポストモダニティは，プログラムのない時期のことであり，モダニティの負の蓄積を徹底的に検討しながらモダニティの根を用いて別のものを創り出そうと試みているのである。この意味において，ポストモダニティは，モダニティの終わりにではなく，始まりに位置するのである。

【訳注】
☆ブラウン運動における微粒子：一点からの粒子の移動ベクトルは等方向的である，すなわちすべての方向への移動が等しく蓋然性を持つということ。

【参考文献】
・リオタール『ポスト・モダンの条件―知・社会・言語ゲーム』小林康夫訳，水声社．
・リオタール『遍歴―法・形式・出来事』小野康男訳，法政大学出版局．
・リオタール『リビドー経済』杉山吉弘・吉谷啓次訳，法政大学出版局．
・リオタール『文の抗争』陸井四郎ほか訳，法政大学出版局．
・リオタール『こどもたちに語るポストモダン』管啓次郎訳，ちくま学芸文庫．
・『風の薔薇』4（特集　ジャン＝フランソワ・リオタール），書肆風の薔薇（現　水声社）．

リゾーム　　rhizome

『千のプラトー（*A Thousand Plateaus*）』（1980）において，ジル・ドゥルーズとフェリックス・ガタリは，ポストモダン（**ポストモダニズム**を参照のこと）的世界において諸システムがどのように機能すべきかのモデルとしてリゾーム（根茎）という考えを提示した。自然界におけるリゾームの最良の例は，塊茎あるいはコケ類であろう。ドゥルーズとガタリが述べるように，リゾーム的システムの特徴は，そのあらゆる点が（絡み合うコケのように）他の点と接続可能なことである。リゾームは，ツリー（木）とルート（根）と対照的である。ドゥルーズとガタリの主張によれば，ツリーとルートは，「秩序を固定化し」，したがって暗に制限的で権威主義的なのである。このことは，以下を暗に示している。リゾームは，ツリーとルートの直線的展開パターンを特徴としないので，より民主主義的で創造的であり，したがって，ほとんどの西洋諸社会が好む傾向があるツリー的なヒエラルキー（階層序列）よりも良いポストモダン的世界の諸システムの基礎を形成する，ということである。

　ドゥルーズとガタリは，**ポスト構造主義**ならびにポストモダニズムの同志と同じく，ヒエラルキーと権威に強固に反対し，また，ネットワークを構築するための他の方法を見出すことに関心がある。リゾームという思想とどこか似たところをイン

ターネットに見いだすことができるだろう。リゾームと同様に、インターネットは、明確な「中心」あるいは中心的権威を持たないばかりか、システム内のあらゆる二点間の接続を可能にするからである。

【参考文献】

・ドゥルーズ／ガタリ『千のプラトー ── 資本主義と分裂症』宇野邦一・小沢秋広・田中敏彦・豊崎光一・宮林寛・守中高明訳、河出書房新社。

リード、イシュメール　　Reed, Ishmael　1938-　小説家・詩人・劇作家・編集者

リードは、作品を出版し始めた1960年代半ば以来ずっと、独自のスタイルと批評的用語法を展開している。それに**ポストモダニズム**というレッテルを貼るのは彼本人ではない。「ネオ・フードゥー（neo-Hoo Doo）」と自ら呼ぶ彼の美学諸原則は、エジプトの神話と、カリブとアフリカの民間伝承で発見されたヴードゥーの宗教シンボリズムに由来する。その諸原則は混合的であり、必要なものを他の諸宗教から取り込んでいる。リードの小説も同様である。初小説『フリーランスのお棺担ぎ人（*The Freelance Pallbearers*）』(1967) から『春までに日本語を（*Japanese By Spring*）』(1993) に至るまでの彼の小説は、間テクスト的な（**間テクスト性**を参照のこと）カーニヴァル、混成小説（hybrid fiction）であり、とてつもない範囲におよぶ諸言説を利用している。『ループ・ガルー・キッドの逆襲（*Yellow Back Radio Broke-Down*）』(1970) の登場人物が言うように、「小説が一つのものでなければならないなんて誰も言わない」のである。

リードの手法の好例は、『マンボ・ジャンボ（*Mumbo Jumbo*）』(1972) である。この小説には、注もあれば、マンガもあれば、写真、イラスト、文献一覧まである。つねに議論好きな作家であるリードは、批評家に対する恨みを晴らすために自分の小説をしばしば用いる。リードは、白人至上主義に激しい憎悪を抱いている。しかし、それに対してばかりではなく、黒人であること（blackness）に関して全般的に本質主義的考えを持つブラック・ナショナリズムに対しても、そしてまた、白人人種差別主義者と結託して黒人男性を侮辱するフェミニズムに対しても、激しい憎悪を抱いている。非常に図式的な言い方をすれば、黒人の物語の伝統には二つの主な流れがある。一つの極は、奴隷物語から自己発見の物語に至る遺言的で告白的な著作である。もう一方の極は、パロディ的で「シグニファイイング的」な伝統であり、その代表は、ラルフ・エリスン、クラレンス・メイジャー、そして最も豊かだが異色のリードなのである。

【参考文献】

・リード『マンボ・ジャンボ』上岡伸雄訳、国書刊行会。
・リード『ループ・ガルー・キッドの逆襲』飯田隆昭訳、ファラオ企画。
・リード『書くこと、それは闘うこと』松渓裕子訳、中央公論社。

リビドー経済　　libidinal economy
リビドー経済とは，ジャン＝フランソワ・**リオタール**の用語であり，論理や理性の働きに抵抗する人間の多種多様な内的欲動をあらわす。これらの欲動は，**フロイト**などの精神分析理論家が無意識の欲動と考えたものと似ているという見方もできる。ただ，リオタールには，欲動が自由に表現されることを公然と好み，無政府主義的で社会的秩序を乱す効果を称揚する傾向がたいていの精神分析家よりもたぶん強い。マルクス主義に対するリオタールの主な反論の一つは，**マルクス主義**が欲動を非合理で予測不可能なもの，それゆえに抵抗すべきものとして捉え，自らの理論のなかで位置づけ損ねているということである。しかし，リオタールによれば，マルクス主義のような仕方でリビドー的欲動を否認することは，権威主義的行為であり最終的には挫折に終わるだけである。つまり，欲動は，常に何らかの表現手段を発見するものであり，永遠に抑圧することはできないということである。リオタールは，19世紀の労働者階級はリビドー的エネルギーの大規模な爆発としての産業化と一体化しており，また，マルクス主義者たちが単純に搾取と捉えるところを労働者たちは刺激・多様化・変化と捉えた，とまで示唆している。したがって，リビドー経済は，哲学そして文化両方のプロジェクトとしてのマルクス主義に対する直接的な攻撃と見られるべきであろう。また一般的な意味では，リビドー経済は，ポスト哲学的さらには反哲学的な考えだと呼ばれるほどに，哲学の合理主義的遺産を拒絶する。注意しなければならないのは，リビドー経済の理論的コンテクストである。リオタールの『リビドー経済（*Libidinal Economy*）』は，1974年，すなわち1968年事件の余波のなかで出版されたのである。それは，反国家的な大義をフランス共産党が支持しえなかったことを主な理由としてフランスの左翼知識人がマルクス主義に心底幻滅するようになった事件であった。『リビドー経済』は，当時のマルクス主義思想を最も辛辣に攻撃したものの一つであり，リオタール自身の経歴における大きな変化を記すものであった。

【参考文献】
・リオタール『リビドー経済』杉山吉弘・古谷啓次訳，法政大学出版局。

量子力学　　quantum mechanics
量子力学は，古典物理学とアインシュタインによるその修正が次々に生み出した変則から生じた。空間の3次元に時間の次元を加えた次元から構成される古典物理学の世界は，われわれが住む大規模だが観察可能な諸構造と諸事象からなる世界である。皮肉にも，量子力学の創始者の一人であるニールス・ボーアは，原子内部の粒子のレベルにおいて古典法則の物理学的限界を証明しようと意図したわけではなく，古典的リアリティのほつれた布につぎをあてようとしただけである。しかし，量子の世界に参入したボーアやその他の研究者たちは，その世界は古典的枠組みに

よっては理解できないものであることに気付いた。たとえば，ハイゼンベルクの不確定性原理によって記述されたことで有名な，量子力学の鍵となる重要な問題は，全てのわれわれの測定はマイクロスコピック（微視的）でも量子的でもなくマクロスコピック（巨視的）で古典的であるが，原子内部の事象はマクロスコピックな手段によって測定できるのか，というものである。われわれが古典的なパラメーター（媒介変数）を採用して（すなわちある古典的観測地点を採用して）原子内部の粒子を測定すると，速度などの同じく古典的なパラメーターの測定を犠牲にするばかりでなく，それら粒子の動きも実際に改変してしまうことになる（訳注：たとえば電子を観測するためにガンマ線を使用すると，ガンマ線に照射された電子ははね飛ばされてしまい，位置は測定できても，その運動は大きく狂ってしまうことになる）。しかし，粒子をこのように測定するのではないとしたら，量子の事象は，古典物理学においては両立しえないもろもろの可能性の不確定的なカタログになってしまう。すなわち，例えば，古典物理学的には生きているか死んでいるかどちらかの量子猫（訳注：いわゆるシュレジンガーの猫）は，生きた猫と死んだ猫双方の状態のまま存在している。ところが，観察者が物理的に介入すると，その猫は古典的状態に返る。しかし，同時に，その量子の諸状態に関するすべての情報は，即座に分散されるのである。

領土性　territoriality

ドゥルーズとガタリの『千のプラトー（*A Thousand Plateaus*）』(1980) では，領土性は，個人の欲望の自由な流れを抑制するあらゆる存在あるいは制度を指す。家族と国家は，領土性の主要な例と見なされる。領土性は，近代の主体の生産に協力する。リベラル・ヒューマニズムと啓蒙のプロジェクトの所産であるこの主体は，管理され，ドゥルーズとガタリによれば抑圧されている。ドゥルーズとガタリは，「固定した主体が存在することになるのは，抑圧を通じてでしかない」（訳注：『アンチ・オイディプス』より）と主張する。彼らは，欲望は「脱領土化（deterritorialized）」されなければならないと唱え，ノマド（遊牧民）的な存在を脱領土化の一種の理想として扱う。

【参考文献】
・ドゥルーズ／ガタリ『アンチ・オイディプス ― 資本主義と分裂症』市倉宏祐訳，河出書房新社。宇野邦一訳，河出文庫。
・ドゥルーズ／ガタリ『千のプラトー ― 資本主義と分裂症』宇野邦一・小沢秋広・田中敏彦・豊崎光一・宮林寛・守中高明訳，河出書房新社。

リンチ，デイヴィッド　Lynch, David　1946-　映画監督

リンチは，既成の映画を覆す異様な雰囲気を醸す映画作品において，物語に頼らな

い手法と絵画性を特徴にしている。1976年に完成したリンチ最初のメジャー映画『イレイザーヘッド（*Eraserhead*）』は，不条理なものと平凡なものを攪乱するように使うことによって，シュルレアリスム的なイメージの並置と精神の探究というリンチの趣向がすでに確立されていた。『イレイザーヘッド』に続く作品である1980年の『エレファントマン（*Elephant Man*）』は，リンチ作品のなかで最も保守的なものに仕上がっているが，前作と同様に，奇形のジョン・メリックの話を通じて奇妙で怪物的なものへの関心が示されている。ＳＦスリラーの『砂の惑星（*Dune*）』（1984）は，大々的な宣伝にもかかわらず失敗に終わった。だが，リンチは，『ブルーベルベット（*Blue Velvet*）』（1986）と，カンヌ映画祭でパルム・ドール（Palm d'Or 訳注：カンヌ映画祭における最優秀作品賞）を受賞した『ワイルド・アット・ハート（*Wild at Heart*）』（1990）という彼の映画の中で最も人気の高い２作品によって面目躍如を果たし，ハリウッド映画主流派の一員となったのである。1990年から91年にかけて，リンチは，連続テレビドラマという，映像形式のなかで最も人気のある形式に取り組み，マーク・フロストと共同執筆した『ツイン・ピークス（*Twin Peaks*）』の前例のない成功により，一躍時の人になった。このテレビドラマは『ツイン・ピークス ― ローラ・パーマー最後の7日間（*Twin Peaks: Fire Walk With Me*）』（1992）として映画化もされた。

　批評家たちは，リンチ作品が営利本位のハリウッド映画のなかで特異な位置を占めていると考えている。リンチ作品は，芸術的効果を重んじるエリート主義と興業的成功をめざすハリウッド主流派の間で微妙なバランスをとっていると考えられ，実体を欠いたショッキングなイメージの連続に仕上がっている。とりわけ，リンチは，伝統的な物語とプロットを軽視し，ハリウッド映画の慣習すべてに違犯しており，それゆえ映画界の主流のなかで異色な存在になっている。しかしながら，リンチの功績は，そのような反伝統的な特質を商業的成功に転化させたことにこそあると言えるだろう。リンチの手法の支柱は，**ポストモダニズムの美学の中心的な諸要素を利用している**。つまり，パロディやクリシェ（常套手法）の愛好，高級芸術であるフィルム・ノワールやシュルレアリスムからホラーやポルノグラフィにわたる映画ジャンルの折衷，表層的なイメージの検討，その表層的なイメージの内側を探って何も予期できぬところに隠されたアブジェクトなもの（おぞましきもの）を精神分析の使用によって明らかにすることなどである。

　リンチの持ち味は，舞台設定となっているアメリカの小さな町，彼独特の山場づくり，アメリカン・ドリームが誇張されパロディになりそして不安に変わっていく手法などにある。『ブルーベルベット』の始めの場面の郊外の芝生と杭垣のいかにも誇張された色合は，建物のファサード（前面）のように，その奥にあるさらに暗くさらに境界侵犯的な（transgressive）存在を暗示しているのである。このような境界侵犯性を補強するかのように，この危険であるが魅惑的な世界へ入っていくわ

れわれには，窃視症的視点が与えられる。われわれが『ブルーベルベット』において初めてドロシーの世界の恐怖を見るのは，洋服ダンスに隠れた何も知らないジェフリーの目を通してである。『イレイザーヘッド』においても，ヘンリーは，誘惑してくる女の様子をアパートの部屋の鍵穴からこっそりと見張っている。『ツイン・ピークス』では，オードリーは，自分の父親が行う不法取引をオフィスののぞき穴から目撃する。

　リンチの作品の世界は，つくりごとが現代の経験の現実（reality）であるというポストモダニズム的な考えを反映しており，固有の意味や解釈を指示するために存在するイメージではなく，ただそれ自体のために存在するイメージに満ちた，クリシェとパスティーシュ（模倣）の世界である。画家としての訓練を受けたリンチは，純粋に視覚的なものを表現することに優れている。登場人物の人物描写が欠けているとしてリンチ作品を批判する声は，リンチがモチーフをイコノグラフィック（図象的）に提示したり自意識的に使用している点を無視しているのである。例えば，くり返し現れるベルベットのカーテンは，表層とその表層が隠している陰謀を暗示しており，それが暴露されることを期待させるが，必ずしも確定的な意味をもたらすとはかぎらない。魅惑的で人工的なベルベットのカーテンは，『ブルーベルベット』においては精神病質者フランクのマスターベーションの夢想を喚起し，『ツイン・ピークス』においてはローラの死の言いようのない真実を含む謎の赤い部屋の布地として使用されている。リンチの作品は，隠れているものの表層化をめぐって展開している。この点において，リンチは，自らの出発点であるシュルレアリスムに忠実である。しかし，リンチの成熟したスタイルは，シュルレアリスムから受けた影響がポストモダンな経験によって変化したことを示している。

【参考フィルモグラフィ】
・リンチ『イレーザーヘッド』，VHS（コムストック／日本スカイウエイ）。
・リンチ『エレファント・マン』，DVD（パイオニアLDC），DVD（ジェネオン）。
・リンチ『ブルーベルベット』，VHS（コムストック／日本スカイウエイ），DVD（20世紀フォックス）。
・リンチ『ワイルド・アット・ハート』，VHS（日本コロムビア），DVD（日本コロムビア）。
・リンチ『ツイン・ピークス ― ローラ・パーマー最後の7日間』，VHS（日本ヘラルド），DVD（日本ヘラルド）。

れ

零度　　zero degree

この言葉は，ロラン・バルトが1953年に出版した『零度のエクリチュール (*Writing Degree Zero*)』に由来する。この本でバルトは，フランス文学史において**パラダイム・シフト**があったと想定する。彼がとりわけ重要だと考えるのは，1650年と1848年である。バルトによれば，1650年以前のフランス語は文学的な表現様式を支えられるほど十分に確立されてはいなかった。1650年から1848年の間，すなわち彼が「古典主義時代」と呼ぶ時代には，思考と言語は一体化していた。それどころか，これら二つのものは，同義であり同時に創造されるものであった。しかし1848年以降になると，フランス文学には，そのような一体化から遠ざかってゆく動きが起こる。その一体化モデルの代わりに，バルトは，対立しあう社会階級に基づく**マルクス主義**（マルクスを参照のこと）的なエクリチュールのモデルをおいた。

　この本の主張は，方法論の点では明らかにマルクス主義的である。しかし，この本が暗示的に指し示しているのは，**構造主義**および**ポスト構造主義**思想にきわめて顕著に現れる言語論争である。

【参考文献】
・バルト『エクリチュールの零度』森本和夫・林好雄訳注，ちくま学芸文庫（『零度の文学』現代思潮社の改訳）。『零度のエクリチュール』渡辺淳・沢村昂一訳，みすず書房。

レヴィ＝ストロース，クロード　　Lévi-Strauss, Claude　　1908-

　　　　　　　　　　　　　　　　　　　　　　　　　　　　　　　　人類学者・文化理論家

レヴィ＝ストロースはもともと法律と哲学を研究していたが，最終的には人類学に向かい，20世紀の人類学を先導する代表的人物の一人となった。レヴィ＝ストロースは**構造主義**運動における最重要人物の一人でもあり，彼が行ったさまざまな人類学研究は構造主義的研究方法の古典と考えられている。構造主義的研究における古典という位置づけにより，レヴィ＝ストロースは**ポスト構造主義**運動の第一の標的となり，彼の構造主義人類学の背後にある方法論，とくに体系（system）を構築する偏向に関して激しい非難が浴びせられている。

　レヴィ＝ストロースの最も重要な関心事は，数々の文化現象の根底にある構造を特定することであり，したがって彼の研究は諸文化現象に内在する数々のパターンや共通の特徴を発見することに焦点をしぼる傾向がある。そして，それらのパターンや共通の特徴は，言語の構造のような仕方で構造化されていると考えられるので

ある。レヴィ＝ストロースの研究書のなかでも最も有名な書物のひとつ『生ものと火にかけたもの（*The Raw and the Cooked*）』（1964）では，一見共通点がない南アメリカの部族神話の一群はすべてひとつの主題の変種であり，類似した下部構造とそれぞれの物語ごとの微妙な修正（あるいは「変形」）を経た同一の物語要素を有すると主張された。

　すべての構造主義理論家と同様に，レヴィ＝ストロースは，**二項対立**の概念を広範囲にわたって使用しているが，なかでも自然／文化の区別は人間の行動を分類する際にレヴィ＝ストロースが主に用いた方法のひとつである。レヴィ＝ストロースの理論は，人間の行動の諸例は全て，これら相互排他的な分類法のどちらかの項に属するとするものである。だが，レヴィ＝ストロース自身，近親相姦のタブーに関しては，自然／文化両方の項に入るようだと認めざるを得なかった。デリダは，この近親相姦の問題に関してレヴィ＝ストロースが二項対立の例外を認めたことに対しては特に批判的であり，それは構造主義の方法論一般，特に二項対立の原理に疑問を投げかけるものだと主張した。デリダにとって，前もって分類され秩序立てられた制度，すなわちデリダが権威主義と考える傾向にすべてをはめ込んで説明したいという構造主義者の願望の象徴がレヴィ＝ストロースその人なのである。

【参考文献】
・レヴィ＝ストロース「神話論『生ものと火にかけたもの』序曲」大橋保男訳，『みすず』1992年1・2月号所収。
・デリダ『根源の彼方―グラマトロジについて』（上）（下）足立和浩訳，現代思潮社。

レヴィナス，エマニュエル　　Levinas, Emmanuel　　1905-95　　哲学者
レヴィナスは，リトアニアのユダヤ人の家庭に生まれ1917年のロシア革命期をウクライナで過ごした後，フランスへ向かい哲学の勉強を始めた。1928年，エドムント・フッサールのもとで現象学を学ぶためにフライブルクに赴き，そこでマルティン・ハイデガーの研究に出会った。その後ストラスブールに帰りフランス国籍を取得したレヴィナスは，率先してドイツ現象学をフランスに紹介していった。ジャン＝ポール・サルトル，シモーヌ・ド・ボーヴォワール，ガブリエル・マルセル，ジャン・ヴァール，モーリス・メルロ＝ポンティ，モーリス・ブランショなどに影響を与えたので，レヴィナスといえば現象学分派としてのフランス実存主義と関連づけて考えられることになった。しかし，レヴィナス独自の哲学が初めて世に出たのは，『全体性と無限（*Totalité et infinité*）』が出版された1961年であった。『全体性と無限』は，西洋哲学への根本的な批判とプラトン以前のヘブライ思想の修正という二面を併せ持っており，レヴィナスの思想形成をポストモダン（**ポストモダニズム**を参照のこと）の世界に知らしめることとなった。

　レヴィナスの哲学の起源は，ユダヤ人としての生い立ちと，ドイツ現象主義に基

づく彼独特の研究にある。しかし，なにもこの二つの起源のみが，レヴィナスの55歳以降の著作が次世代の哲学者たちに与えた絶大な影響力を説明するものではない。ジャック・デリダの1964年の批評「暴力と形而上学（Violence et métaphysique: Essai sur la pensée d'Emmanuel Levinas)」は，ポストモダニズムの思想家たちによるレヴィナス思想の受容に対して国際的に大きな影響を与えた。デリダは，西洋形而上学の先へ進もうとするレヴィナスの努力を尊重し，また批判することによって，レヴィナスの名声を高めることに寄与している。1974年に出版されたレヴィナスの2番目の主著『存在の彼方へ（*Autrement qu'etrê ou Au delà de l'essence* [*Otherwise Than Being or Beyond Essence*])』は，レヴィナスの思想が新たな段階に踏み出したことを象徴するものであった。この著作において，レヴィナスは，ハイデガー以降の哲学の方法をさらに徹底して補充，修正しようとしている。レヴィナスが行った修正の核心は，ポストモダニズム思想の風土の一部として，さまざまな観点から研究がなされてきた。しかし，どの研究の観点も，レヴィナスによる他者と自己の関係に関する論に収斂しており，〈他者〉（他なるもの the other)と〈同〉（自同者 the same）を完全に一致させることなしに関連づけする外部の権威に対するレヴィナスの関心について事細かく解説している。

　レヴィナスは，他者との遭遇を「その眼が無防備に裸出している人間」との対面であると情緒的に書いた。他者とは，潜在的な脅威ではなく，「汝，殺すなかれ」という要請である。レヴィナスの全著作は，他者に対する疲弊させる愛（フィリア philia）という知恵を示すものであり，西洋哲学史を支配してきた知恵について思索するものではない。フィリアの知恵を包含し，ポストモダニズムの西洋形而上学の終焉という主張と共振するフレーズは，レヴィナスのいう「第一哲学としての倫理学」（訳注：これは，アリストテレスの「第一哲学としての形而上学」に対抗している）である。ここでいう倫理学は，根本的（radical）で原初的（originary）なものを指向している。レヴィナスは，善の理論を人間の完成の最終段階として見るのではなく，善を実践することは思索を超越していると主張する。そのような思索を超越した善の実践は，あらゆる存在論的起源に先立って全ての関係が生まれる場所を明らかにする。その場所とは，他者との倫理的関係，つまり，「**他者のための人間存在**（one's being-for-the-Other)」のなかにある。この「他者のための人間存在」を例証するために，レヴィナスは，他者の顔という概念を使用する。その他者の顔には権威があり，この死を免れ得ない他者を見捨てないようにと私に命じている。この顔の命法は普遍的な命令ではなく，他者に対する私個人の責任なのである。

　しかしながら，フェミニストの間では，レヴィナスの思想に潜在する家父長制に関する議論が続いている。レヴィナスが他者性に関して非常に影響力のある理論を展開したにもかかわらず，究極的には女性的なものを男性的なものに従属させてい

るという主張もある。レヴィナスの1947年の著作『時間と他者（Le temps et l'autre [Time and the Other]）』では，女性像は，エロスに関する議論において絶対的他者を論じる際のパラダイムであった。しかし，この初期の著作においてですら，レヴィナスは，女性性に関してある種の懐疑を示している。1961年の『全体性と無限』，また後の『存在の彼方へ』では，女性的他者は次第に母親という役割にまで縮小されている。レヴィナスがますます自己と他者の倫理的関係に関心を持つようになるにしたがい，女性的他者におけるエロスなどへの関心は減じていくのである。その代わり，レヴィナスは，父性および父と子の顔と顔を突き合わすような対面的な関係に向かっている。エロティックなものは，自己への回帰を伴うので倫理的関係にはならない。レヴィナスは，父なる神とその子との関係に照らして他者を定義しているが，一方，女性的他者は，特定の顔が付与されることなしに放置されているのである。

究極的には，レヴィナスにとって，倫理学の女性的成就とは，母親であることを意味するに他ならない。したがって，受動的身体そして男らしさ（virility）の欠如としての他者の意味は，母親から学びうるのである。それでも，ひょっとすると，女性的なるものは，他者のためのユートピア的なアイデンティティにおいて母性を超越した善と共にある存在を混乱させうるかもしれない。

【参考文献】
・レヴィナス『フッサールとハイデガー』丸山静訳，せりか書房。
・レヴィナス『フッサール現象学の直観理論』佐藤真理人・桑野耕三訳，法政大学出版局。
・レヴィナス『全体性と無限』合田正人訳，国文社。
・レヴィナス『存在の彼方へ』合田正人訳，講談社学術文庫（『存在するとは別の仕方であるいは存在することの彼方へ』朝日出版社の改訳版）。
・レヴィナス『時間と他者』原田佳彦訳，法政大学出版局。
・デリダ「暴力と形而上学」，『エクリチュールと差異』（若桑毅ほか訳，法政大学出版局）所収。

レトロ　　retro

モダニズムとモダニティへの，ならびに，それらが新しいものとオリジナルなものを崇拝することへの反対運動の一環として，ポストモダニズムは，過去との対話を奨励してきた。過去に対するこのような態度変化のおそらく最も有名なものは，チャールズ・ジェンクスの二重コード化という考えに見られるであろう。二重コード化においては，新旧の建築スタイルを一つの建築物において混合することによって専門家と一般大衆の双方にアピールすることを意図した試みが行われる。古いフォルムと古いスタイル（これらはしばしばレトロと言われる）のこのような再専有化（reappropriation）あるいは再コンテクスト化は，ポストモダニズム美学の特徴となり，美術や音楽やファッションの分野において際立った呼び物となった。たとえ

ば，ポップ・ミュージックにおいては，いわゆるレトロ・ロックという現象がある。その現象では，バンドは，1960年代から1970年代にかけてのバンドのスタイルを意図的に模倣する（たとえば，オアシス［訳注：1993年に結成されたイギリスのポップ・グループ］のビートルズ模倣，また，1990年代のギターを主体とした演奏をするグループの人気の復活）。レトロは，ポストモダニズムのエートス（特性）に歩調を合わせて，以前のスタイルに対してアイロニック（**アイロニー**を参照のこと）な態度をしばしば取る。したがって，レトロは，単なるオマージュの行為あるいは単なる模倣ではなく，むしろ，オリジナリティゆえにオリジナリティを崇拝することに対する批判的なコメントといったものなのである。

ろ

ロゴス中心性　　logocentricity

ロゴス中心性は，話し手（と同時に聞き手でもある）が意図したのと同じように聞き手あるいは読み手が意味を受け取るというように，言葉が個人の脳裏に現前する意味を何の問題もなく伝達できるという前提のことである。したがって，言葉と意味は，本質的安定性を持っていると考えられているのである。これは西洋文化の言説（ディスクール）が当然のごとくに標準化している前提だが，今では**ディコンストラクション**（脱構築）運動の攻撃の的となっている。とりわけジャック・デリダは，言葉と意味の安定性を支持する立場をとることは不可能と見なしている。その根拠は，言葉はつねに先行する意味の**痕跡**を持っているものであるし，また，その使用されている言葉と似た音をもつ言葉をも暗示してしまうというものである。

ローティ，リチャード　　Rorty, Richard　　1931-2007　哲学者

ローティは，最近の**大陸哲学**（デリダ，ディコンストラクション［脱構築］，ポスト構造主義など）を真っ先に擁護するアメリカ人の一人，また，**ポスト哲学**として知られるようになったものの重要な発言者であり続けている。

　初期のローティは，自ら意識していた通り，アメリカのプラグマティズム哲学派，特にジョン・デューイとC・S・パースの後継者である。ローティがプラグマティズムの問題を扱ったことによって最も有名な著作は，『哲学と自然の鏡（*Philosophy and the Mirror of Nature*）』（1980）と『哲学の脱構築 ── プラグマティズムの帰結（*Consequences of Pragmatism*）』（1982）である。この二書とも，たとえば真理とか善とかいった絶対的諸観念に対する西洋哲学の深い傾倒に異議をとなえている。ローティにとって，そのような諸観念は想像上のものであり，また，それらをとりまく見せかけの諸問題は実在しない問題ないのである。ローティは，真理の性質といった問題を解消することがプラグマティズムの役割だと考えた。ローティの主張によれば，プラグマティストは，そういった問題の議論に賛成反対を表明してどちらかに与したりすることに関心を持たず，もっと興味深いものに「話題を変える」ことを単に望むだけなのである。

　『哲学と自然の鏡』は，哲学の歴史において精神や知識に関して提出されたさまざまな理論を論じている。しかし，その目的は，その諸理論が扱っている諸問題は実在しないこと（すなわち，われわれが望めば変えうるような特定の世界観や歴史的要請の産物であること）を証明することだけなのである。ここでローティが問題

にしたいのは，現実＝実在（reality）の鏡としての精神という，西洋哲学が長い間とりつかれて来た考えである。そして，彼が大いに批判するのは，「現実＝実在の正確な**表象**」といったものが存在しうるという信念である。

『哲学の脱構築――プラグマティズムの帰結』が論じるのは，こういうことである。真理というのは，それに関してわれわれが哲学的に興味深い理論を持ちたいと期待すべきものではない。なぜなら，そういった理論は，われわれの世界に関してほとんど何も教えてくれないからである。ローティの見解によれば，そういった理論が何かを教えてくれる世界は，「失われてしまった世界」なのである。ローティの考えでは，理論というものは，真理であるかどうかではなくて，われわれにとって有益であるかどうかによって判断されるべきである。もう一人のアメリカのプラグマティズム哲学者ウィリアム・ジェイムズが言ったように，真理は，「われわれが信じた方が良いもの」に過ぎない。この観点から見れば，理論が真理かどうかよりも，われわれを幸福にしてくれるかどうかを問うことが道理にかなっているのである。

要するに，ローティの主な関心事は，一つの理論が物事の進行を支配することを許すことではなく，論争と議論が続くことを保証することである（彼は自らを政治的にはリベラルであると称している）。ローティによれば，そういった論争のモデルは，大学の教員談話室の会話である（また彼は，哲学を会話の一形式とほぼ同じものだと考えている）。ローティの主張によれば，そこでの会話は，最終的な結論（たとえば，真理あるいは精神の本当の［real］性質，など）に至ることよりも，できるだけ多くの角度から主題を検討することに関心がある。水も漏らさない理論を求めての実りない探求よりも，こういったことがローティの理想なのである。彼は，「体系的」哲学と「啓発的」哲学と自らが呼ぶものを区別している。啓発的哲学は，(真理あるいは精神の性質に関する論争などの)流行遅れの言説からの離脱を可能にする哲学的探究の形式である。この種の哲学は，アメリカのプラグマティストたち，マルティン・ハイデガー，ルトヴィッヒ・ウィトゲンシュタインに見いだすことができる。他方，ローティの考えによれば，体系的哲学すなわち水も漏らさぬ理論の探求は，われわれが何としても避けるべきものなのである。

ローティは，『偶然性，アイロニー，そして連帯（Contingency, Irony and Solidarity）』などの後の著作において**ポスト哲学的**としか呼べない立場をとり続けており，哲学は克服しようと努めなければならない悪習のようなものであると主張している（この主張の萌芽といったものが初期の著作にはいくつかあり，そこで彼は，哲学は自らを専門的研究領域と呼ぶ権利があるのかどうかといったことまで疑問視している）。後期のローティによれば，これまでの哲学よりも文学あるいは社会理論などの主題の方がわれわれの行動と人間的成長の導き手としてずっと価値がある。そして，ローティは，哲学に完全に背を向けたいかのような印象をしばしば与える。

西洋哲学の標準的物語を脱呪術化（訳注参照のこと）する際のローティは，確かにポストモダニズム的な意見を表明している。まさに，ローティの著作には，絶対的なものや普遍的な理論への傾倒は見出せない。彼の著作は，他のすべての知的言説の調停者という特権的立場を哲学に認めない。また，**アイロニー**（彼の言葉を使えば「リベラル・アイロニズム」）が人生に対して取るべき適当な態度であるというローティの主張もまさにポストモダニズム的である。

【訳注】
☆脱呪術化（disenchantment）：もともとは，ドイツの社会学者M・ウェーバー用語。超越性や神秘性を除いて合理化することを指す。脱魔術化とも言う。

【参考文献】
・ローティ『哲学と自然の鏡』野家啓一監訳，産業図書。
・ローティ『哲学の脱構築 ― プラグマティズムの帰結』室井尚ほか訳，御茶ノ水書房。
・ローティ『偶然性・アイロニー・連帯 ― リベラル・ユートピアの可能性』斎藤純一ほか訳，岩波書店。

訳者あとがき

　本書は、1998年にイギリスのIcon Booksより刊行された*The Icon Critical Dictionary of Postmodern Thought*のほぼ半分にあたる第Ⅱ部の全訳である。有用だと思われるので、見出し語一覧は訳者が作成し、参考文献・フィルモグラフィは訳者が付け加えた（音楽ソフトは国内外市場の区別が実質上なく動きも激しいので、煩雑さと不正確を避けるためにディスコグラフィは付け加えなかった）。第Ⅰ部（論文集）の翻訳『ポストモダニズムとは何か』は、本書に少し遅れて同じく松柏社から刊行の予定である。翻訳に際しては、イギリス版刊行の翌1999年にRoutledgeから刊行された アメリカ版*The Routledge Critical Dictionary of Postmodern Thought*を用いた（また、イギリスでは2001年に、*The Routledge Companion to Postmodern Thought*とタイトルを変えて刊行された）。分担は、各訳者がほぼ均等に担当し、監修と取りまとめは杉野と下楠が担当した。編者序その他の翻訳（編者序は、本書に関係する部分のみ訳した）と索引作成は杉野が担当し、見出し語一覧は下楠が作成した。翻訳には2000年4月から約1年をかけ、日ごろから電子メールなどで連絡を取り合い、原稿を交換してチェックや統一などを行った。原書の明らかな誤りは訳者の判断で訂正した。また、固有名詞や訳語については、同じく松柏社から刊行した『コロンビア大学　現代文学・文化批評用語辞典』『現代文学・文化理論家事典』と同じく、日本で最もよく流通しているものを使用することを原則とした。したがって、既訳書や巻末の一覧表に挙げておいた邦語の各種事典・辞典などを参考にさせていただいた。訳者が各項目に付加した参考文献・フィルモグラフィに関する情報は、訳者が所属する各大学図書館、さらにはそのWWW版の図書検索システム、とりわけ国立情報学研究所のWebcatなどを活用させていただいた。スタッフ・関係者の方々にはつつしんでここに感謝を表する。また、原稿を通読し貴重な助言をくださった丸山修氏、そして協力をいただきながらここに名前を挙げることのできない多くの方々に対しても感謝を表する。翻訳に際しては分かりやすい日本語に移すことを第一に心がけたが、「通約不可能性」＝翻訳不可能性を本書が立証していないことを祈るばかりである。いずれにせよ、原稿には入念にチェックを入れたつもりであるが、思わぬ誤訳や邦訳文献の遺漏などがあるかもしれない。読者諸氏のご教示をいただければ幸いである。

　本書の内容に関しては、冒頭で編者のスチュアート・シムが述べているので訳者が付け加える必要はないだろう。だが、これに少し付け加えるとするならば、ポストモダニズムを理解することはわれわれが生きている今を理解することでもあるこ

訳者あとがき

とを強調しておきたい。ポストモダニズムに賛成するにせよ反対するにせよ，ポストモダニズムの理解なしにわれわれの生きている世界を理解することは不可能だと思われるからである。例えば，とりわけ2000年以降の日本の政治の世界ではさまざまな新風が吹いているが，その一例である長野県知事田中康夫氏のキャッチフレーズ「しなやか（さ）」を本書に見つけて驚かれる方がおられるかもしれない。しかし，何も驚くことはないだろう。シムの言うように，「われわれはポストモダンな世界に住んでいる」のだから。

ところで，本書の形式は，百科事典啓蒙主義的な分類法に基づくリジッドで閉じられた空間になっており，ポストモダニズムと最も相容れない形式になっているように思える。また，すべてのシニフィアンの宿命なのか，本書の各項目の記述にしても対象を寸分の隙もないほど正確に伝えているとは言えないだろう。だが，太字で示された相互参照はそのリジッドな形式を緩和するためのものであろうし，また，訳者が付加した参考文献・フィルモグラフィは読者に各項目のコンテクストに直接あたっていただくためのものである。いずれにせよ，読者諸氏がこの事典を「しなやか」に使いこなし，ポストモダニズムとは何たるかに関する理解を深められることを願ってやまない。

最後に，いつもながら若輩の翻訳を暖かく見守ってくださった松柏社の森信久社長，担当の森有紀子さんにも感謝を申し上げる。この本が読者のポストモダニズムに関する理解に，ひいては，日本のポストモダニズム研究ならびに教育に少しでも役立てば幸いである。

　　　　　　　　　　　　　　2001年盛夏
　　　　　　　　　　　　　　訳者を代表して　　杉野健太郎　下楠昌哉

参考文献一覧

以下は，翻訳に際して参考にさせていただいた主な参考文献・CD-ROMやインターネットのサイトである。

アンダマール／ロヴェル／ウォルコウィッツ『現代フェミニズム思想辞典』奥田暁子監訳，明石書店。
今村仁司編『現代思想を読む事典』講談社現代新書。
今村仁司・三島憲一・野家啓一・鷲田清一編，現代思想の冒険者たち（全31巻），講談社。
石川晃弘・竹内郁郎・濱嶋朗編『社会学小辞典』有斐閣。
大塚高信・寿岳文章・菊野六夫編『固有名詞英語発音辞典』三省堂。
岡本靖正・川口喬一・外山滋比古編『現代の批評理論』全3巻（第一巻 物語と受容の理論・第二巻 構造主義とポスト構造主義・第三巻 批評とイデオロギー），研究社出版。
加藤正明ほか編『新版 精神医学事典』弘文堂。
亀井昭宏監修・電通広告用語事典プロジェクトチーム編『新 広告用語事典』電通。
亀井孝・河野六郎・千野栄一『言語学大辞典』全6巻，三省堂。
木内徹編『黒人作家事典』鷹書房弓プレス。
川口喬一・岡本靖正編『最新文学批評用語辞典』研究社出版。
木内徹編『黒人作家事典』鷹書房弓プレス。
木田元・丸山圭三郎・栗原彬・野家啓一編『コンサイス20世紀思想事典』第二版，三省堂。
クリスタル編『岩波＝ケンブリッジ人名辞典』，岩波書店。
グレイ『英米文学用語辞典』丹羽隆昭訳，ニューカレントインターナショナル。
斎藤勇・西川正身・平井正穂編『英米文学辞典』第3版，研究社出版。
佐藤信夫『レトリック感覚』講談社学術文庫。
シェママ編『精神分析事典』小出浩之ほか訳，弘文堂。
シム編『現代文学・文化理論家事典』杉野健太郎・丸山修監訳，伊藤賢一・稲垣伸一・荻野勝・小玉智治・今野晃・下楠昌哉・伝田晴美・林直生・深谷公宣・三尾満子訳，松柏社。
ジュリア『ラルース哲学事典』片山寿昭・山形頼洋・鷲田清一監訳，弘文堂。
タトル『フェミニズム事典』渡辺和子監訳，明石書店。
チルダーズ／ヘンツィ編『コロンビア大学 現代文学・文化批評用語辞典』杉野健太郎・中村裕英・丸山修訳，松柏社。

デュボワほか『ラルース言語学用語辞典』伊藤晃・木下光一・福井芳男・丸山圭三郎編訳，大修館書店．
富山太佳夫編『現代批評のプラクティス』（全5巻　1ディコンストラクション　2ニューヒストリシズム　3フェミニズム　4文学の境界線　5批評のヴィジョン），研究社．
日本フランス語フランス文学会編『フランス文学辞典』白水社．
林達夫ほか監修『哲学事典』平凡社．
ハム『フェミニズム理論辞典』木本喜美子・高橋準監訳，明石書店．
美術手帖編集部編『現代芸術事典 ― アール・デコから新表現主義まで』美術出版社．
廣松渉ほか編『岩波　哲学・思想事典』岩波書店．
プリンス『物語論辞典』遠藤健一訳，松柏社．
ボールズ／ホーヴェラー編著『フェミニズム歴史事典』水田珠枝・安川悦子監訳，明石書店．
松浪有・池上嘉彦・今行邦彦編『大修館英語学事典』大修館書店．
マルティネ編著『言語学事典』三宅徳嘉監訳，大修館書店．
見田宗介・栗原彬・田中義久『社会学事典』弘文堂．
ラプランシュ／ポンタリス『精神分析用語辞典』村上仁監訳，みすず書房．
レントリッキア／マクラフリン編『現代批評理論 22の基本概念』大橋洋一・正岡和恵・篠崎実・利根川真紀・細谷等・石塚久郎訳，平凡社．
レントリッキア／マクラフリン編『続：現代批評理論　6の基本概念』大橋洋一・正岡和恵・篠崎実・利根川真紀・細谷等・清水晶子訳，平凡社．
『イミダス』集英社．
『現代用語の基礎知識』自由国民社．
『集英社　世界文学大事典』全5巻，集英社．
『新潮世界美術辞典』新潮社．
増補改訂『新潮世界文学辞典』新潮社．
『新版　心理学事典』平凡社．
『スーパー・ニッポニカ』小学館．
『世界大百科事典』平凡社．
『知恵蔵』朝日新聞社．
『ニューグローヴ世界音楽大事典』講談社．
『ハイブリッド新辞林』，三省堂．
『ぴあ　Cinema Club』ぴあ．
『ビデオソフト総カタログ』音楽出版社．

Crowther, Jonathan, ed. *Oxford Guide to British and American Culture*. Oxford University Press.

Katz, Ephraim. *The Film Encyclopedia*. Harper Collins.
Taylor, Victor E., and Charles E. Winquist, eds. *Encyclopedia of Postmodernism*. Routledge.
Thomson, David. *A Biographical Dictionary of Film*. Alfred A. Knopf.
Encyclopedia Britannica（http://www.britannica.com/）
GO! GO!! DVD!!!（http://www.dvd.ne.jp/）
国立情報学研究所Webcat（http://webcat.nacsis.ac.jp/webcat.html）
国立国会図書館（http://www.ndl.go.jp/）
DVD＆ビデオでーたcom.（http://www.dvddata-mag.com/）
図書館流通センター［ＴＲＣ］（http://www.trc.co.jp/index.asp）
和書をさがす（http://www.books.or.jp/）

索引
(50音順)

ア

アイスキュロス　Aeschylus　→　ニーチェ
アイゼンナワー, スティーヴン　Izenour, Stephen　→　ヴェニチューリ
アイゼンマン, ピーター　Eisenman, Peter　→　アイゼンマン
ＩＴ（情報技術）　→　プラント, ポスト工業主義
アイロニー　irony　→　アイロニー, エーコ, ギデンズ, ギルバート・アンド・ジョージ, ジェネレーションＸ, バルト, 表象, ポストモダニズム, ボードリヤール, ボフィール, ローティ
アインシュタイン, アルベルト　Einstein, Albert　→　クーン, 超ひも理論, ホーキング, 量子力学
アヴァンギャルド（前衛）　avant-garde　→　アッカー, アポリア, アンダーソン, ヴァッティモ, ギルバート・アンド・ジョージ, コールハース, ハースト, 表象, ボードリヤール, ミニマリズム, ライヒ
アウエルバッハ, エーリッヒ　Auerbach, Erich　→　ジェイムソン
アウシュヴィッツ　Auschwitz　→　異教主義, 出来事
アウラ　aura　→　アウラ, クーンズ, ベンヤミン,
アクロイド, ピーター　Ackroyd, Peter　→　アクロイド
アダムズ, ジョン　Adams, John　→　アダムズ, ライヒ
アッカー, キャシー　Acker, Kathy　→　アッカー, ブルーム
アッシャー, マイケル　Asher, Michael　→　インスタレーション・アート
アドルノ, テオドール・Ｗ　Adorno, Theodor W.　→　アドルノ, クローカー, ジェイムソン, 出来事, ハーバーマス, 否定弁証法, 批判理論, フランクフルト学派, ベンヤミン, ホルクハイマー, マルクーゼ
アブジェクシオン　abjection　→　アブジェクシオン
アフリカ国民会議　African National Congress（ANC）　→　イーグルトン
アプロプリエーション・アート　appropriation art　→　アプロプリエーション・アート, シミュレーショニズム
アポリア　aporia　→　アポリア, ド・マン
アメリカ版ディコンストラクション　American deconstruction　→　アメリカ版ディコンストラクション, ド・マン, ハートマン, ミラー

アリストテレス　Aristotle　→　異教，エーコ，ファジー論理
アルチュセール，ルイ　Althusser, Louis　→　記号分析，ニュー・ヒストリシズム，ヘゲモニー，ポストヒューマニズム，リオタール
アール・ヌーヴォー　art nouveau　→　モダニズム
アルケオロジー　→　考古学を見よ
アレン，ウディ　Allen, Woody　→　マクルーハン
アロウェイ，ロレンス　Alloway, Lawrence　→　表象
アンダーソン，ローリー　Anderson, Laurie　→　アンダーソン，
アンドリーセン，ルイ　Andriessen, Louis　→　フィットキン

イ

イェイツ，W・B　Yeats, W. B.　→　サイード
イェール学派　Yale School　→　アメリカ版ディコンストラクション，イェール学派，テクスト，ド・マン，ハートマン，ブルーム，ミラー
異教　paganism　→　異教
イーグルトン，テリー　Eagleton, Terry　→　イーグルトン，バーバ
イーノ，ブライアン　Eno, Brian　→　イーノ，グラス，フィリップス
イマジズム　imagism　→　モダニズム
イリガライ，リュース　Irigaray, Luce　→　イリガライ，クリステヴァ，シクスー，ジュイサンス，バトラー，
入れ子構造　→　ミザナビームを見よ
印象主義　impressionism　→　モダニズム
インスタレーション・アート　installation art　→　インスタレーション・アート
インターテクスチュアリティ　→　間テクスト性を見よ
インターネット　Internet　→　インターネット，ヴィリリオ，サイバースペース，ザッピング，プラント，人工生命，マクルーハン，リゾーム

ウ

ヴァーチャル・リアリティ　virtual reality　→　ヴァーチャル・リアリティ，ギブスン，サイバースペース，サイバーパンク
ヴァッティモ，ジャンニ　Vattimo, Gianni　→　ヴァッティモ
ヴァール，ジャン　Wahl, Jean　→　レヴィナス
ヴァレラ，フランチェスコ　Varela, Francesco　→　ガタリ
ヴィーコ，ジャンバッティスタ　Vico, Giambattista　→　サイード，バーリン
ウィトゲンシュタイン，ルトヴィッヒ　Wittgenstein, Ludwig　→　ニーチェ，リオタール，ローティ

索引

ウィリアムズ，レイモンド　Williams, Raymond　→　ドリモア，文化唯物論，マクルーハン
ヴィリリオ，ポール　Virilio, Paul　→　ヴィリリオ，ガタリ，マクルーハン
ウィンターソン，ジャネット　Winterson, Jeanett　→　魔術的リアリズム
ヴェガ，スザンヌ　Vega, Suzanne　→　グラス
ウェストレイク，マイケル　Westlake, Michael　→　クローカー
ウェーバー，マックス　Weber, Max　→　ギデンズ
ウェルズ，H・G　Wells, H. G.　→　ヴォネガット，カート
ヴェンチューリ，ロバート　Venturi, Robert　→　ヴェンチューリ，ジェンクス
ウォーカー，マダム・C・J　Walker, Madame C. J.　→　ウルフ
ヴォナルバーグ，エリザベス　Vonarburg, Elisabeth→　サイバーパンク
ヴォネガット，カート　Vonnegut, Kurt　→　ヴォネガット
ウォーホル，アンディ　→　ハースト，マクルーハン
ウカシェーヴィチ，ヤン　→　ルカシェーヴィッチを見よ
宇宙背景輻射探査機プロジェクト　COBE project　→　ホーキング
ウルフ，ヴァージニア　Woolf, Virginia　→　ガイノクリティシズム，ジェンクス
ウルフ，ナオミ　Wolf, Naomi　→　ウルフ，フックス

エ

AI　→　人工知能を見よ
AL　→　人工生命を見よ
エイミス，マーティン　Amis, Martin　→　エイミス，
エクリチュール・フェミニン　écriture féminine　→　イリガライ，クリステヴァ，シクスー
エーコ，ウンベルト　Eco, Umberto　→　アイロニー，エーコ，ジェンクス，二重コード化，ブルーム
悦楽　→　ジュイサンスを見よ
エディプス（オイディプス）　Oedipus　→　エディプス，クリステヴァ，ドゥルーズ，ブルーム，フロイト，欲望する機械，ラカン
エマソン，ラルフ・ウォルド　Emerson, Ralph Waldo　→　ジェネレーションX
エリオット，ジョージ　Eliot, George　→　ミラー
エリオット，T・S　Eliot, T. S.　→　アクロイド
エリス，ブレット・イーストン　Ellis, Bret Easton　→　エリス
エリスン，ラルフ　Ellison, Ralph　→　リード
エンゲルス，フリードリッヒ　Engels, Friedrich　→　マルクス

オ

オアシス　Oasis　→　レトロ
オイディプス　→　エディプスを見よ
OMA　→　オフィス・オブ・メトロポリタン・アーキテクチュアを見よ
大きな物語　grand narrative　→　異教, 大きな物語, ギアーツ, グラマトロジー, ザッピング, しなやかさ, ジャーディン, 崇高, 正統化, 多元主義, 小さな物語, ノリス, ハーバーマス, ピンチョン, 文, ポストモダニズム, ポストモダニティ, マルクス, メタ物語, ラクラウ、リオタール
オースター, ポール　Auster, Paul　→　オースター
オースティン, ジェイン　Austen, Jane　→　サイード
オースティン, J・L　Austin, J. L.　→　言説分析
オズワルド, リー・ハーヴィ　Oswald, Lee Harvey　→　デリーロ
オッペンハイマー, J・ロバート　Oppenheimer, J. Robert　→　ブラックホール, ホーキング
オプ・アート　Op Art　→　ハースト
オフィス・オブ・メトロポリタン・アーキテクチュア（OMA）　→　コールハース
オブライエン, フラン　O'Brien, Flann　→　ミザナビーム
オリーヴァ, アキッレ・ボニト　Oliva, Achille Bonito　→　キーファー, トランスアヴァンギャルド
オリエンタリズム　orientalism　→　オリエンタリズム, サイード

カ

ガイノクリティシズム　gynocriticism　→　ガイノクリティシズム
ガウディ, アントニオ　Gaudi, Antonio　→　ボフィール
カオス理論　chaos theory　→　カオス理論, カタストロフィー理論, トム, 複雑系理論, フラクタル, ポストモダン科学, マンデルブロ
書きうるテクスト　writerly text　→　書きうるテクスト, バルト, ミラー
仮想現実　→　ヴァーチャル・リアリティを見よ
カーター, アンジェラ　Carter, Angela　→　カーター, 魔術的リアリズム
カタストロフィー理論　catastrophe theory　→　カタストロフィー理論, トム, ポストモダン科学, マンデルブロ
ガダマー, ハンス＝ゲオルク　Gadamer, Hans-Georg　→　ヴァッティモ
ガタリ, フェリックス　Guattari, Félix　→　エディプス, ガタリ, 器官なき身体, 主体, スキゾ分析, ドゥルーズ, ポストヒューマニズム, ポストマルクス主義, 欲望, リゾーム, 領土性
カートランド, バーバラ　Cartland, Barbara　→　エーコ

カフカ，フランツ　Kafka, Franz　→　ニーチェ，ハッサン
カルヴィーノ，イタロ　Calvino, Italo　→　カルヴィーノ，ブルーム，ミザナビーム
カルチュラル・マテリアリズム　→　文化唯物論を見よ
ガルシア・マルケス，ガブリエル　Garcia Marquez, Gabriel　→　魔術的リアリズム
カルチュラル・スタディーズ　cultural studies　→　カルチュラル・スタディーズ，ハッサン，モリス
カルチュラル・マテリアリズム　→　文化唯物論を見よ
間テクスト性（インターテクスチュアリティ）　intertextuality　→　間テクスト性，記号論，グリーナウェイ，デリダ，ハートマン，リード
カント，イマヌエル　Kant, Immanuel　→　カント，崇高，系譜学、コミュニケーション行為，大陸哲学，ハイデガー，ポスト哲学，リオタール

キ

キア，サンドロ　Chia, Sandro　→　トランスアヴァンギャルド
ギアーツ，クリフォード　Geertz, Clifford　→　ニュー・ヒストリシズム
器官なき身体　body without organs　→　器官なき身体
記号　sign　→　オースター，記号，記号分析，記号論，グラマトロジー，構造主義，痕跡，シミュラークル／シミュレーション，シミュレーショニズム，代補，ハイデガー，バルト，ボードリヤール
記号学　semiology　→　記号論を見よ
記号分析　semanalysis　→　記号分析
記号論　semiotics　→　アブジェクシオン，エーコ，カタストロフィー理論，記号分析，記号論，クリステヴァ，ジェンクス，ジャーディン，トム，バルト，フランプトン
ギデンズ，アンソニー　Giddens, Anthony　→　ギデンズ
キーファー，アンゼルム　Kiefer, Anselm　→　キーファー，トランスアヴァンギャルド，ボイス
ギブスン，ウィリアム　Gibson, William　→　アッカー，インターネット，ヴァーチャル・リアリティ，ギブスン，サイバースペース
キプリング，ラドヤード　Kipling, Rudyard　→　サイード
キャディガン，パット　Cadigan, Pat　→　サイバーパンク
キャンピオン，ジェイン　Campion, Jane　→　ナイマン
キュビスム　cubisme, cubism　→　モダニズム
共産主義，共産党　communism, communist party　→　ガタリ，事件，終焉主義，出来事，フクヤマ，マルクス，モダニティ，リオタール
共約不可能性　→　通約不可能性を見よ
ギルバート・アンド・ジョージ　Gilbert and George　→　ギルバート・アンド・ジョー

ジ
キンクス　Kinks, the　→　イーノ
近代性　→　モダニティを見よ
ク
クイア理論　queer theory　→　シンフィールド，ドリモア
クーヴァー，ロバート　Coover, Robert　→　クーヴァー
クスピット，ドナルド　Kuspit, Donald　→　表象
グハ，ラナジット　Guha, Ranajit　→　サイード，サバルタン理論
クープランド，ダグラス　Coupland, Douglas　→　クープランド，ジェネレーション X
グライス，H・P　Grice, H. P.　→　言説分析
クラインズ，マンフレッド　Clynes, Manfred　→　サイボーグ
グラス，フィリップ　Glass, Philip　→　アダムズ，イーノ，グラス，ナイマン，フィットキン，ブライアーズ，ブルデュー，ライリー
クラスター　Cluster　→　イーノ
グラハム，ダン　Graham, Dan　→　ヴェンチューリ
グラマトロジー　grammatology　→　グラマトロジー，スピヴァック
グラムシ，アントニオ　Gramsci, Antonio　→　ヘゲモニー，ムフ
クリスチャン，バーバラ　Christian, Barbara　→　フックス
クリステヴァ，ジュリア　Kristeva, Julia　→　アブジェクシオン，イリガライ，間テクスト性，記号分析，記号論，クリステヴァ，コラ，ジャーディン，シャーマン，ジュイサンス，バルト
グリーナウェイ，ピーター　Greenaway, Peter　→　グリーナウェイ，ナイマン，フィリップス
クリンプ，ダグラス　Crimp, Douglas　→　アプロプリエーション・アート，シャーマン
グリーンブラット，スティーヴン　Greenblatt, Stephen　→　ギアーツ，グリーンブラット，ニュー・ヒストリシズム
クレマン，カトリーヌ　Clément, Catherine　→　シクスー
クレメンテ，フランチェスコ　Clemente, Francesco　→　キーファー，トランスアヴァンギャルド
クローカー，アーサー　Kroker, Arthur　→　クローカー
グロース，エリザベス　Grosz, Elizabeth　→　イリガライ
クローネンバーグ，ディヴィッド　Cronenberg, David　→　ヴァーチャル・リアリティ
クワイン，ウィラード・ヴァン・オーマン　Quine, Willard van Orman　→　通約不可能性
クーン，トマス　Kuhn, Thomas　→　クーン，通約不可能性，パラダイム・シフト，バンヴィル，ファイヤアーベント，フーコー

索引

クーンズ，ジェフ　Koons, Jeff　→　クーンズ，シミュレーショニズム，ハースト

ケ

形式主義　→　フォルマリズムを見よ
ゲイツ，ヘンリー・ルイス　Gates, Henry Louis, Jr.　→　ゲイツ
系譜学　genealogy　→　グリーンブラット，系譜学
ゲイル，アディソン　Gayle, Addison　→　黒人批評
啓蒙のプロジェクト　Enlightenment project　→　アクロイド，アドルノ，イーグルトン，エイミス，啓蒙のプロジェクト，ノリス，ハーバーマス，バーリン，フランクフルト学派，ポスト哲学，ポストヒューマニズム，ホルクハイマー，モダニティ，ヤング，領土性
ケージ，ジョン　Cage, John　→　イーノ，ナイマン
ケネディ，ジョン・F　Kennedy, John F.　→　デリーロ
現実界　real　→　ラカン
現象学　phenomenology　→　フランプトン，フッサール，ラディカル・フィロソフィー，レヴィナス
言説分析（談話分析）　discourse analysis　→　言説分析，フーコー
現前　presence　→　グラマトロジー，現前，現前の形而上学，痕跡，サバルタン理論，ハイデガー
現前の形而上学　metaphysics of presence　→　現前，現前の形而上学

コ

考古学　archaeology　→　考古学，ファイヤアーベント，フーコー
抗争　differend　→　抗争，通約不可能性，リオタール
構造主義　structuralism　→　ギアーツ，記号，記号分析，記号論，グラマトロジー，クリステヴァ，構造主義，作者，ジェイムソン，主体，大陸哲学，二項対立，人間の死，バルト，フーコー，フランクフルト学派，ポスト構造主義，ポストヒューマニズム，ラカン，零度，レヴィ＝ストロース
5月革命　→　事件を見よ
黒人批評　black criticism　→　黒人批評
コジェーヴ，アレクサンドル　Kojeve, Alexandre　→　フクヤマ
コスコ，バート　Kosko, Bart　→　ファジー論理
コペルニクス，ニコラス　Copernicus, Nicolas　→　クーン，パラダイム・シフト
コミュニケーション行為　communicative action　→　コミュニケーション行為
コーラ　chora　→　コーラ
ゴルドーニ，カルロ　Goldoni, Carlo　→　ナイマン

ゴールドバーグ, ジョナサン　Goldberg, Jonathan　→　ニュー・ヒストリシズム
コールハース, レム　Koolhaas, Rem　→　コールハース
ゴーワン, ジェイムズ　Gowan, James　→　スターリング
コーン＝ベンディット, ダニエル　Cohn-Bandit, Daniel　→　事件
根茎　→　リゾームを見よ
根源的哲学　→　ラディカル・フィロソフィーを見よ
根源的民主主義　→　ラディカル・デモクラシーを見よ
痕跡　trace　→　痕跡, ディコンストラクシュン, ロゴス中心性

サ

差異　difference　→　アドルノ, イーグルトン, イリガライ, クイア理論, クリステヴァ, 構造主義, コミュニケーション行為, 痕跡, 差異, 差異のフェミニズム, ジェンクス, シクスー, シンフィールド, ディコンストラクション, ドリモア, ハイデガー, ハラウェイ, バーリン, 否定弁証法, フックス, ブライドッチ, ブルデュー, ポスト構造主義, ポストモダニティ, ホルクハイマー, ヤング, ラカン
サイト　SITE　→　サイト
サイード, エドワード　Said, Edward　→　オリエンタリズム, サイード, バーバ, ポスト植民地主義
差異のフェミニズム　difference feminism　→　差異のフェミニズム, シクスー, 大陸哲学, ディコンストラクション, ポストヒューマニズム
サイバースペース（電脳空間）　cyberspace　→　インターネット, ヴァーチャル・リアリティ, サイバースペース, サイバーパンク, プラント
サイバネティック・フェミニズム　cybernetic feminism　→　プラント
サイバーパンク　cyberpunk　→　インターネット, ギブスン, サイバースペース, サイバーパンク
サイバーフェミニズム　cyberfeminism　→　サイバネティック・フェミニズムを見よ
サイボーグ　cyborg　→　サイボーグ, ハラウェイ
サイモン, ポール　Simon, Paul　→　グラス
差延　différance　→　黒人批評, 差異, 差延, ディコンストラクション, デリダ
サド, マルキ・ド　Sade, Marquis de　→　アッカー, カーター, ハッサン, パーリア
作者　author, authorship　→　ガイノクリティシズム, 書きうるテクスト, グリーンブラット, ゲイツ, 作者, 作者の死, ディコンストラクション, ド・マン, ハートマン, バルト, プラント, 読みうるテクスト
作者の死　death of the author　→　アッカー, 黒人批評, 作者, 作者の死, 主体, バルト
ザッピング　zapping　→　ザッピング

索引

サティ，エリック　Satie Erik　→　イーノ
砂漠化　desertification　→　砂漠化
サバルタン理論　subaltern theory　→　サバルタン理論，スピヴァック，ディコンストラクション
サピーア＝ウォーフの仮説　Sapir-Whorf hypothesis　→　通約不可能性
サルトル，ジャン＝ポール　Sartre, Jean-Paul　→　ジェイムソン，レヴィナス
散種　dissemination　→　散種，デリダ

シ

ジイド，アンドレ　Gide, Andre　→　ミザナビーム
シェイクスピア，ウィリアム　Shakespeare, William　→　イーグルトン，間テクスト性，グリーンブラット，ドリモア，文化唯物論
ジェイコブズ，ジェイン　Jacobs, Jane　→　ジェンクス
ジェイムズ　James　→　イーノ
ジェイムズ，ウィリアム　James, William　→　ローティ
ジェイムソン，フレドリック　Jameson, Fredric　→　クローカー，ジェイムソン，ジェンクス，ニュー・ヒストリシズム，表象，マクルーハン，モリス
ジェネレーションＸ　Generation X　→　クープランド，ジェネレーションＸ
シェリング，フリードリッヒ　Schelling, Friedrich　→　カント
ジェンクス，チャールズ　Jencks, Charles　→　ジェンクス，二重コード化，ハースト，ポストモダニズム，レトロ
シクスー，エレーヌ　Cixous, Hélène　→　イリガライ，クリステヴァ，シクスー
事件　événements　→　ガタリ，事件，シチュアシオニスム，スペクタクル，小さな物語，出来事，ポストマルクス主義，リオタール，リビドー経済
自然保護運動　→　緑の党を見よ
シチュアシオニスム（状況主義，状況派）　Situationism　→　事件，シチュアシオニスム，スペクタクル，チュミ
実存主義　existentialism　→　フランプトン，マルクーゼ
しなやかさ　svelteness　→　しなやかさ
資本主義　capitalism　→　アドルノ，イーグルトン，ヴェンチューリ，ウルフ，ガタリ，カルチュラル・スタディーズ，器官なき身体，ギデンズ，クープランド，サイト，ジェイムソン，終焉主義，主体，シンフィールド，ドゥルーズ，ノリス，否定弁証法，批判理論，表象，フックス，ブルデュー，フランプトン，ヘゲモニー，ベル，ポスト植民地主義，ポストマルクス主義，ポストモダニティ，ボードリヤール，マルクス，マルクーゼ，モダニズム，モダニティ
シミュラークル／シミュレーション　simulacrum/simulation　→　アプロプリエーショ

ン・アート，ギブスン，クイア理論，クリステヴァ，クローカー，クーンズ，サイバースペース，サイバーパンク，シミュラークル／シミュレーション，人工生命，デリーロ，複雑系理論，ボードリヤール
シミュレーショニズム　simulationism　→　シミュレーショニズム，ネオ・ジオ，ハリー
シミュレーション　→　シミュラークル／シミュレーションを見よ
自民族中心主義　ethnocentrism　→　ギアーツ
社会主義　socialism　→　イーグルトン，ラクラウ
社会主義か野蛮か　Socialism or Barbalism　→　リオタール
ジャズ　jazz　→　フィットキン，ミニマリズム，ライヒ
ジャーディン，アリス　Jardine, Alice　→　ジャーディン
シャーマン，シンディ　Sherman, Cindy　→　アプロプリエーション・アート，シャーマン，ブルデュー
シャンカル，ラヴィ　Shankar, Ravi　→　グラス
ジュイサンス　jouissance　→　ジュイサンス，バルト
終焉主義　endism　→　終焉主義，ベル
主体　subject　→　アッカー，アブジェクシオン，イーグルトン，イリガライ，オリエンタリズム，ガイノクリティシズム，カーター，ガタリ，カント，クリステヴァ，グリーンブラット，構造主義，黒人批評，サバルタン理論，ジャーディン，主体，シンフィールド，スケニック，スピヴァック，大陸哲学，他者性，人間の死，バトラー，バーバ，ハラウェイ，バーリン，フーコー，ブライドッチ，ベルシー，ポスト植民地主義，ポストヒューマニズム，領土性
主体性　→　主体を見よ
主体の死　→　人間の死を見よ
ジュネ，ジャン　Genet, Jean　→　グラス，デリダ，ハートマン
シュミット，ピーター　Schmidt, Peter　→　イーノ
シュライエルマッハー，フリードリッヒ　Schleiermacher, Friedrich　→　ヴァッティモ
ジュリア，ガストン　Julia, Gaston　→　フラクタル
シュルレアリスム（シュールリアリズム）　surrealism　→　アダムズ，カーター，サイト，ラカン，リンチ
シュレシンガー，アーサー　Schlesinger, Arthur　→　デリーロ
ジョイス，ジェイムズ　Joyce, James　→　クリステヴァ，ピンチョン
ショーウォーター，エレイン　Showalter, Elaine　→　ガイノクリティシズム，プラント
消去　→　抹消を見よ
象徴主義　symbolism　→　モダニズム
ショーペンハウアー，アルトゥール　Shopenhauer, Arthur　→　カント，ホルクハイマー
情報技術　→　ＩＴを見よ

ジョーダン，ジューン　Jordon, June　→　アダムズ
ジョング，エリカ　Jong, Erica　→　アッカー
ジョーンズ，アン・ロザリンド　Jones, Ann Rosalind　→　イリガライ
ジョン・ハール・バンド　John Harle Band　→　フィットキン
ジョンソン，バーバラ　Johnson, Barbara　→　ディコンストラクション
象徴界　symbolic　→　ラカン
新左翼　→　ニュー・レフトを見よ
新批評　→　ニュー・クリティシズムを見よ
新歴史主義　→　ニュー・ヒストリシズムを見よ
人工生命（ＡＬ）　artificial life　→　人工生命，人工知能，複雑系理論
人工知能（ＡＩ）　artificial intelligence　→　人工知能，ファジー論理，ペンローズ
シンフィールド，アラン　Sinfield, Alan　→　シンフィールド，ドリモア，ニュー・ヒストリシズム，文化唯物論

ス

崇高　sublime　→　アポリア，砂漠化，シミュレーショニズム，終焉主義，主体，崇高，大陸哲学，特異点，ハリー，表象，ブルーム
ズィヤー・ウル・ハック　Zia ul-Haq　→　ラシュディ
スカイ，アリスン　Sky, Alison　→　サイト
スキゾ分析　schizoanalysis　→　スキゾ分析
スケニック，ロナルド　Sukenick, Ronald　→　スケニック
スーゾー，フォディ・ムーサ　Suso, Foday Musa　→　グラス
スタイナー，ジョージ　George, Steiner　→　マクルーハン
スタイネム，グロリア　Steinem, Gloria　→　パーリア
スタインバック，ハイム　Steinbach, Haim　→　クーンズ
スターリング，ジェイムズ　Stirling, James　→　ジェンクス，スターリング，二重コード化
スターリング，ブルース　Stirling, Bruce　→　ギブスン，サイバーパンク
スターン，ローレンス　Sterne, Laurence　→　間テクスト性，ミザナビーム
スタンダール（アンリ・ベール）　Stendhal (Henri Beyle)　→　しなやかさ
スーチン，ハイム　Soutine, Chaim　→　ハースト
ステラ，フランク　Stella, Frank　→　シミュレーショニズム
ストックハウゼン，カールハインツ　Stockhausen, Karlhainz　→　アダムズ，ライリー
ストーン，オリヴァー　Stone, Oliver　→　デリーロ
スピヴァック，ガヤトリ・チャクラヴォーティ　Spivak, Gayatri Chakravorty　→　記号，サバルタン理論，スピヴァック

スピノザ, バルフ・ド Spinoza, Baruch de → ドゥルーズ
スペクタクル spectacle → サイト, シチュアシオニスム, スペクタクル
スペンサー, エドマンド Spencer, Edmund → パーリア
スミス, アダム Smith, Adam → マルクス
社会主義リアリズム socialist realism → ギルバート アンド ジョージ

セ

西欧マルクス主義 Western Marxism → フランクフルト学派
正統化（正当化） legitimation → グリーンブラット, 正統化, ハーバーマス, ブルデュー
セジウィック, イヴ・コソフスキー Sedgwick, Eve Kosofsky → クイア理論, ドリモア
セラーズ, ピーター Sellars, Peter → アダムズ
セルバンテス, ミゲル・デ Cervantes, Miguel de → アッカー, ミザナビーム

ソ

争異 → 抗争を見よ
ソクラテス Socrates → 散種, ファイヤアーベント, ポスト哲学
ソシュール, フェルディナン・ド Saussure, Ferdinand de → 記号, 記号論, グラマトロジー, ゲイツ, 構造主義, 差延
ソンタグ, スーザン Sontag, Susan → マクルーハン

タ

第2次世界大戦 Second World War → カルヴィーノ, バーリン, フランクフルト学派
代補 supplement → 代補
大陸哲学 continental philosophy → ゲイツ, 作者, ジェイムソン, 大陸哲学, デリダ, ドリモア, フッサール, ヘーゲル, ローティ
ダーウィン, チャールズ Darwin, Charles → ギブスン, ファイヤアーベント
タウンゼンド, ピート Townshend, Pete → イーノ
ダ・ガマ, ヴァスコ da Gama, Vasco → ラシュディ
多義性 → ポリセミーを見よ
多元主義 pluralism → イリガライ, エーコ, ギアーツ, ジェンクス, 多元主義, 能動的解釈, バーバ, バーリン, ファイヤアーベント, ヘゲモニー, ベルシー, ポスト哲学, ポリセミー, ラクラウ, ラディカル・デモクラシー
他者 other → アッカー, アドルノ, オリエンタリズム, クリステヴァ, グリーンブラット, 黒人批評, 痕跡, サバルタン理論, スピヴァック, 他者性, ディコンストラクシ

索引　　　　　　　　　　　　　　　　　　　　　　　　　　　　　　　　　　　　　　　354

ョン，二重コード化，バーバ，ハラウェイ，ポスト植民地主義，ホルクハイマー，レヴィナス
他者性（他在性）　alterity　→　アッカー，差異，シンフィールド，他者性，フックス，ヤング
脱構築　→　ディコンストラクションを見よ
脱工業主義　→　ポスト工業主義を見よ
ターフ，フィリップ　Taaffe, Philip　→　クーンズ，シミュレーショニズム，ハースト
多文化主義　→　マルチカルチュラリズムを見よ
ダリ，サルヴァドール　Dali, Salvador　→　ボフィール
談話分析　→　言説分析を見よ

チ

小さな物語　little narrative　→　大きな物語，小さな物語
チャイルズ，ルシンダ　Childs, Lucinda　→　ブライアーズ
チャンドラー，レイモンド　Chandler, Raymond　→　ギブスン，サイバーパンク
チュミ，バーナード（ベルナール）　Tschumi, Bernard　→　チュミ
超ひも理論　superstring theory　→　超ひも理論

ツ

追補　→　代補を見よ
通約不可能性（共約不可能性）　incommensurability　→　クーン，抗争，通約不可能性，パラダイム・シフト，バーリン，ファイヤアーベント，ポスト哲学

テ

デイヴィズ，レイ　Davies, Ray　→　イーノ
ディーヴォ　Devo　→　イーノ
ディケンズ，チャールズ　Dickens, Charles　→　アクロイド，アッカー，ミラー
ディコンストラクション（脱構築）　deconstruction　→　アポリア，アメリカ版ディコンストラクション，イェール学派，イーグルトン，イリガライ，ガイノクリティシズムクィア理論，グリーンブラット，現前の形而上学，差異，差延，サバルタン理論，散種，スピヴァック，代補，他者性，ディコンストラクション，デリダ，ド・マン，ニュー・ヒストリシズム，能動的解釈，ハイデガー，ハイパーテクスト，ハートマン，否定弁証法，表象，フランクフルト学派，ブルーム，ポスト構造主義，抹消，ミザナビーム，ミラー，ラクラウ，ロゴス中心性，ローティ
ディスクール　→　言説を見よ
ディック，フィリップ・K　Dick, Philip K.　→　ギブスン，サイバーパンク

ディドロ，ドニ Diderot, Denis → 啓蒙のプロジェクト
ディレイニー，サミュエル Delany, Samuel → ギブスン，サイバーパンク
出来事 event → 構造主義，事件，しなやかさ，出来事，リオタール
テクスト text → ヴィリリオ，エーコ，オースター，ガイノクリティシズム，書きうるテクスト，間テクスト性，記号論，グラマトロジー，グリーンブラット，ゲイツ，考古学，黒人批評，差異，サイード，作者，作者の死，主体，シンフィールド，多元主義，ディコンストラクション，テクスト，デリダ，ド・マン，ドリモア，ニュー・ヒストリシズム，ハイデガー，ハートマン，バルト，フェダマン，フーコー，プリンス，ブルデュー，ベルシー，ミラー
テボー，ジャン＝ルー Thebaud, Jean-Loup → リオタール
デューイ，ジョン Dewey, John → ローティ
デュシャン，マルセル Duchamp, Marcel → クーンズ，サイト，ハースト
デュルケム，エミール Durkheim, Emile → ギデンズ
デリダ，ジャック Derrida, Jacques → アポリア，アメリカ版ディコンストラクション，イェール学派，エーコ，オリエンタリズム，記号，記号論，グラマトロジー，言説分析，現前，現前の形而上学，構造主義，痕跡，差異，サイード，差延，サバルタン理論，散種，ジャーディン，スピヴァック，代補，大陸哲学，ディコンストラクション，テクスト，デリダ，ド・マン，二項対立，ニーチェ，能動的解釈，ノリス，ハートマン，バーバ，パーリア，バルト，反基礎づけ主義，表象，フーコー，フッサール，ブライドッチ，ブルーム，ヘーゲル，ベルシー，ポスト構造主義，抹消，マルクス，ラカン，レヴィ＝ストロース，レヴィナス，ロゴス中心性，ローティ
デリーロ，ドン DeLillo, Don → オースター，デリーロ
デーレンバック，リュシアン Dallenbach, Lucian → ミザナビーム
転義 → トロープを見よ
電脳空間 → サイバースペースを見よ

ト

同性愛嫌悪 → ホモフォビアを見よ
ドウォーキン，アンドレア Dworkin, Andrea → カーター，ウルフ
ドゥボール，ギー Debord, Guy → シチュアシオニスム，スペクタクル
ドゥルーズ，ジル Deleuze, Gilles → アッカー，エディプス，ガタリ，器官なき身体，サイード，シチュアシオニスム，主体，スキゾ分析，大陸哲学，ドゥルーズ，ブライドッチ，ヘーゲル，ポストヒューマニズム，ポストマルクス主義，欲望，リオタール，リゾーム，領土性
トーキング・ヘッズ Talking Heads → イーノ
ド・ゴール，シャルル de Gaulle, Charles → 事件

特異点　singularity　→　特異点，ブラックホール，ホーキング
トマス・アクィナス　Thomas Aquinas　→　エーコ
ド・マン，ポール　De Man, Paul　→　アポリア，イェール学派，スピヴァック，ド・マン，ハートマン
トム，ルネ　Thom, René　→　カタストロフィー理論，トム，マンデルブロ
トラース　→　痕跡を見よ
トランスアヴァンギャルド　trans-avant-garde　→　キーファー，トランスアヴァンギャルド，ボイス
ドリモア，ジョナサン　Dollimore, Jonathan　→　アッカー，シンフィールド，ドリモア，ニュー・ヒストリシズム，文化唯物論
トローニ，ニエーレ　Toroni, Niele　→　ハースト
トロープ（転義）　trope　→　ド・マン

ナ

ナイマン，マイケル　Nyman, Michael　→　イーノ，グリーナウェイ，ナイマン，ライヒ
ナチズム　Nazism　→　ホルクハイマー，マルクーゼ
ナボコフ，ウラジーミル　Nabokov, Vladimir　→　ミザナビーム
ナポレオン　Napoleon　→　ボフィール
ナンクィッドノ・グループ，ザ　Nanquidono Group, the　→　フィットキン

ニ

二項対立　binary opposition　→　オリエンタリズム，カルヴィーノ，クイア理論，構造主義，スピヴァック，代補，ディコンストラクション，二項対立，バーバ，レヴィ＝ストロース
二重コード化　double coding　→　ジェンクス，二重コード化，ポストモダニズム，レトロ
ニーチェ，フリードリッヒ　Nietzsche, Friedrich　→　ヴァッティモ，クローカー，系譜学，大陸哲学，多元主義，ドゥルーズ，ニーチェ，ポスト哲学，マルクス
ニュー・クリティシズム（新批評）　New Criticism　→　グリーンブラット，ニュー・ヒストリシズム，ミラー
ニュートン，アイザック　Newton, Isaac　→　クーン，啓蒙のプロジェクト，ホーキング
ニュー・ヒストリシズム（新歴史主義）　new historicism　→　ギアーツ，グリーンブラット，ニュー・ヒストリシズム，文化唯物論
ニューマン，バーネット　Newman, Barnett　→　シミュレーショニズム
ニュー・レフト（新左翼）　New Left　→　マルクーゼ
人間の死　death of man　→　主体，人間の死，フーコー

ヌ
ヌーヴォー・ロマン　nouveau roman　→　ミザナビーム

ネ
ネオ・ジオ　neo-geo　→　シミュレーショニズム, ネオ・ジオ, ハリー,
ネグリ, アントニオ　Negri, Antonio　→　ガタリ
ネス, パンディット・プラン　Nath, Pandit Pran　→　ライリー
ネルソン, セオドア・H　Nelson, Theodore H.　→　ハイパーテクスト

ノ
能動的解釈　active interpretaion　→　能動的解釈
ノージック, ロバート　Nozick, Robert　→　バーリン
ノリス, クリストファー　Norris, Christopher　→　ノリス

ハ
ハイエク, フリードリッヒ・フォン　Hayek, Friedrich von　→　バーリン
ハイゼンベルク, ヴェルナー　Heisenberg, Werner　→　ファジー理論, 量子力学
ハイデガー, マルティン　Heidegger, Martin　→　ヴァッティモ, 大陸哲学, デリダ, ドゥルーズ, ハイデガー, フッサール, フランプトン, ラディカル・フィロソフィー, ヘーゲル, ポスト哲学, マクルーハン, 抹消, マルクーゼ, レヴィナス, ローティ
ハイパーテクスト　hypertext　→　ザッピング, デリダ, ハイパーテクスト
ハイパーリアリティ　hyperreality　→　シチュアシオニスム, シミュラークル／シミュレーション, デリーロ, ハイパーリアリティ, ボードリヤール
バイロン卿　Lord Byron　→　エリス
ハーヴィー, デイヴィッド　Harvey, David　→　モリス
バウマン, ジグムント　Bauman, Zygmunt　→　バウマン
バーク, エドマンド　Burke, Edmund　→　崇高
ハーケ, ハンス　Haacke, Hans　→　インスタレーション・アート
パス, オクタビオ　Paz, Octavio　→　魔術的リアリズム
バース, ジョン　Barth, John　→　カルヴィーノ, ジェンクス, バース, ブルーム, ミザナビーム
パース, C・S　Peirce, C. S.　→　ハーバーマス, ローティ
パスティーシュ　pastiche　→　アクロイド, ギブソン, ハースト, ポストモダニズム, リンチ
ハースト, デミアン　Hirst, Damien　→　ハースト

バゼリッツ, ゲオルク　Baselitz, Georg　→　キーファー, トランスアヴァンギャルド
パーセル, ヘンリー　Purcell, Henry　→　ナイマン
バーセルミ, ドナルド　Barthelme, Donald　→　バーセルミ
バタイユ, ジョルジュ　Bataille, Georges　→　アッカー, クローカー
発話行為　→　言語行為を見よ
ハーディ, トマス　Hardy, Thomas　→　ミラー
ハートマン, ジェフリー　Hartman, Geoffrey　→　イェール学派, テクスト, ド・マン, ハートマン, ブルーム, ミラー
バトラー, ジュディス　Butler, Judith　→　クイア理論, バトラー,
バートン, ロバート　Burton, Robert　→　間テクスト性
ハーバーマス, ユルゲン　Habermas, Jürgen　→　コミュニケーション行為, 差異, ノリス, ハーバーマス, 批判理論
バタイユ, ジョルジュ　Bataille, Georges　→　アッカー
ハッサン, イーハブ　Hassan, Ihab　→　ハッサン
ハッチオン, リンダ　Hutcheon, Linda　→　二重コード化
バーバ, ホミ・K　Bhabha, Homi K.　→　オリエンタリズム, サバルタン理論, バーバ
バベッジ, チャールズ　Babbage, Charles　→　プラント
ハラウェイ, ダナ　Haraway, Donna　→　サイボーグ, ハラウェイ
パラダイム・シフト　paradigm shift　→　クーン, パラダイム・シフト, 零度
バラード, J・G　Ballard, J. G.　→　ギブスン, サイバーパンク
ハリー, ピーター　Halley, Peter　→　クーンズ, シミュレーショニズム, シャーマン, ネオ・ジオ, ハリー
パーリア, カミール　Paglia, Camille　→　パーリア, フックス, リオタール
ハリソン, ウォレス　Harrison, Wallace　→　コールハース
バーリン, アイザイア　Berlin, Isaiah　→　バーリン
バルザック, オノレ・ド　Balzac, Honore de　→　ポリセミー
バルト, ロラン　Barthes, Roland　→　書きうるテクスト, 記号論, 構造主義, サイード, 作者, 作者の死, 主体, 多元主義, デリダ, ハイパーテクスト, バルト, ハートマン, ポストヒューマニズム, ポリセミー, 読みうるテクスト, ラカン, 零度
パルマコン　pharmakon　→　散種, デリダ
パレイゾン, ルイージ　Pareyson, Luigi　→　ヴァッティモ
バロウズ, ウィリアム　Burroughs, William　→　アッカー, アンダーソン, ギブスン, サイバーパンク, フィリップス
バーン, デイヴィッド　Byrne, David　→　グラス
バンヴィル, ジョン　Banville, John　→　バンヴィル
反基礎づけ主義　antifoundationalism　→　ニーチェ, 反基礎づけ主義

反基盤主義 → 反基礎づけ主義を見よ
ハント, ウィリアム・ホルマン Hunt, William Holman → ハースト
反本質主義 anti-essentialism → イリガライ, ゲイツ, バーバ, 反本質主義, フックス

ヒ

ピアノ・サーカス Piano Circus → フィットキン
ピエール, アベ Pierre, Abbé → ヴィリリオ
ビカートン, アシュリー Bickerton, Ashley → シミュレーショニズム
否定弁証法 negative dialectics → アドルノ, ジェイムソン, 否定弁証法, フランクフルト学派
ヒトゲノム・プロジェクト Human Genome Project → ファイヤアーベント
ヒトラー, アドルフ Hitler, Adolf → ボフィール
ビートルズ, ザ Beatles, the → イーノ, 間テクスト性, マクルーハン, レトロ
批判理論 critical theory → イーグルトン, バーバ, ハーバーマス, 批判理論, ホルクハイマー, マルクーゼ, ヤング
ヒューマニズム humanism → イーグルトン, 主体, パーリア
ヒューム, デイヴィッド Hume, David → ドゥルーズ, 反基礎づけ主義
ビュレン, ダニエル Buren, Daniel → インスタレーション・アート
表象 representation → イリガライ, ヴァッティモ, グリーンブラット, 考古学, サイード, ジェンクス, シミュレーショニズム, シャーマン, スターリング, チュミ, テクスト, デリダ, デリーロ, 二重コード化, ハリー, 表象, 魔術的リアリズム, ミザナビーム, ローティ
ピンチョン, トマス Pynchon, Thomas → ギブスン, サイバーパンク, ピンチョン

フ

フー, ザ Who, the → イーノ
ファイヤアーベント, パウル Feyerabend, Paul → ファイヤアーベント
ファシズム fascism → エディプス
ファジー理論 fuzzy logic → 人工知能, ファジー理論
ファトゥ, ピエール Fatou, Pierre → フラクタル
ファノン, フランツ Fanon, Frantz → ポスト植民地主義
ファルマコン → パルマコンを見よ
ファンタジー fantasy → 魔術的リアリズム
ファン・デル・ローエ, ミース van der Rohe, Mies → ヴェンチューリ
フィッシュ, スタンリー Fish, Stanley → ノリス
フィットキン, グレアム Fitkin, Graham → フィットキン, ライヒ

索引

フィヒテ, J・G　Fichite, J. G. → カント
フィリップス, トム　Phillips, Tom → イーノ, フィリップス
フィリップス, リサ　Phillips, Lisa → シャーマン
フェダマン, レイモンド　Federman, Raymond → フェダマン
フェミニズム　feminism → イリガライ, ウルフ, 差異のフェミニズム, シクスー, シンディ, スピヴァック, ディコンストラクション, パーリア, プラント, ポスト構造主義, ポストフェミニズム, マドンナ, モリス, ヤング, 誘惑, ラカン, ラクラウ, ラディカル・デモクラシー, ラディカル・フィロソフィー, リード
フエンテス, カルロス　Fuentes, Carlos → 魔術的リアリズム
フォスター, E・M　Forster, E. M. → エリス
フォスター, ハル　Foster, Hal → フランプトン
複雑系理論　complexity theory → 複雑系理論, フラクタル, ポストモダン科学
フクヤマ, フランシス　Fukuyama, Francis → クープランド, 終焉主義, フクヤマ, ベル
フーコー, ミシェル　Foucault, Michel → ヴィリリオ, オリエンタリズム, グリーンブラット, 系譜学, 考古学, 構造主義, サイード, シミュレーショニズム, ジャーディン, 主体, シンフィールド, 大陸哲学, 他者性, ドゥルーズ, トム, ニュー・ヒストリシズム, 人間の死, ネオ・ジオ, ハイパーテクスト, ハリー, パーリア, 表象, ファイヤーベント, フーコー, ブライドッチ, 文化唯物論, ポスト植民地主義, ポストヒューマニズム, ポストマルクス主義, 欲望, ラカン, ラクラウ
フックス, ベル　hooks, bell → ウルフ, フックス
フッサール, エドムント　Husserl, Edmund → カント, 大陸哲学, ドゥルーズ, フッサール, ヘーゲル, レヴィナス
ブッシュ, ヴァネヴァー　Bush, Vannevar → ハイパーテクスト
ブットー, ズルフィカール・アリー　Bhutto, Zulfikar Ali → ラシュディ
プトレマイオス天文学　Ptolemaic astronomy → クーン, パラダイム・シフト
ブライアーズ, ギャヴィン　Bryars, Gavin → イーノ, ブライアーズ
ブライドッチ, ロッシ　Braidotti, Rosi → ブライドッチ
ブラウン, デニーズ・スコット　Brown, Denise Scott → ヴェンチューリ
ブラウン, フォード・マダックス　Brown, Ford Madox → ハースト
フラクタル　fractal → ファジー理論, フラクタル
ブラック, ジョルジュ　Braque, Georges → ヴィリリオ
ブラックホール　black hole → 特異点, ブラックホール, ホーキング, ポストモダン科学
プラトン　Plato → コーラ, 散種, デリダ
フラナガン・アンド・アレン　Flanagan and Allen → ギルバート・アンド・ジョージ

フランクフルト学派　Frankfurt School　→　アドルノ，ハーバーマス，批判理論，フランクフルト学派，ベンヤミン，ホルクハイマー，マルクーゼ
フランコ，フランシスコ（フランコ将軍）Franco, Francisco　→　ボフィール
ブランジェ，ナディア　Boulanger, Nadia　→　グラス
ブランショ，モーリス　Blanchot, Maurice　→　レヴィナス
フランス革命　French Revolution　→　啓蒙のプロジェクト，フーコー
プラント，セイディ　Plant, Sadie　→　プラント
フランプトン，ケネス　Frampton, Kenneth　→　フランプトン
プリゴジーン，イリヤ　Prigogine, Ilya　→　ガタリ
フリーダン，ベティ　Friedan, Betty　→　フックス
フリードマン，ミルトン　Friedman, Milton　→　バーリン
プリンス，ジ・アーティスト・フォーマリィ・ノウン・アズ　Prince, The Artist Formerly Known as　→　プリンス
プルースト，マルセル　Proust, Marcel　→　ドゥルーズ
ブルデュー，ピエール　Bourdieu, Pierre　→　ブルデュー
ブルーム，ハロルド　Bloom, Harold　→　イェール学派，ド・マン，ハートマン，ブルーム，ミラー
ブレー，エチエンヌ＝ルイ　Boullee, Etienne-Louis　→　グリーナウェイ
ブレイク，ウィリアム　Blake, William　→　アクロイド，ギルバート・アンド・ジョージ
ブレイク，ピーター　Blake, Peter　→　ハースト
ブーレーズ，ピエール　Boulez, Pierre　→　アダムズ
ブレックナー，ロス　Bleckner, Ross　→　クーンズ，シミュレーショニズム
ブレヒト，ベルトルト　Brecht, Bertolt　→　批判理論，ベンヤミン，ボードリヤール
フロイト，ジークムント　Freud, Sigmund　→　イリガライ，記号分析，クーヴァー，クリステヴァ，グリーンブラット，考古学，大陸哲学，デリダ，バーバ，プラント，ブルーム，フロイト，マルクス，マルクーゼ，欲望，ラカン，リビドー経済
フロスト，マーク　Frost, Mark　→　リンチ
ブロータス，マルセル　Broodthaers, Marcel　→　インスタレーション・アート
文　phrase　→　抗争，通約不可能性，文
文化人類学　cultural anthropology　→　ギアーツ
文化相対主義　cultural relativism　→　シンフィールド，文化相対主義
文化的唯物主義　→　文化唯物論を見よ
文化唯物論　cultural materialism　→　シンフィールド，ドリモア，文化唯物論
分裂者分析　→　スキゾ分析を見よ

ヘ

ベイカー, ニコルソン　Baker, Nicholson　→　ベイカー
ベイカー, ヒューストン・A　Baker, Houston A., Jr.　→　ゲイツ
ベケット, サミュエル　Beckett, Samuel　→　ドゥルーズ, ハッサン
ヘゲモニー　hegemony　→　バーバ, 表象, ヘゲモニー, ポストマルクス主義, ラクラウ, ラディカル・デモクラシー, リオタール
ヘーゲル, ゲオルク・ヴィルヘルム・フリードリッヒ　Hegel, Georg Wilhelm Friedrich　→　アドルノ, カント, 差異, ジェイムソン, ドゥルーズ, バウマン, ハートマン, 否定弁証法, 批判理論, フクヤマ, ヘーゲル, マルクス, マルクーゼ, ラカン, ラディカル・フィロソフィー
ベリオ, ルチャーノ　Berio, Luciano　→　ライヒ
ベル, ダニエル　Bell, Daniel　→　終焉主義, ベル, ポスト工業主義, リオタール
ベルグソン, アンリ　Bergson, Henri　→　ドゥルーズ
ベルシー, キャサリン　Belsey, Catherine　→　ベルシー
ペレク, ジョルジュ　Perec, Georges　→　ヴィリリオ
ヘロドトス　Herodotus　→　文化相対主義
ペンギン・カフェ・オーケストラ　Penguin Cafe Orchestra　→　イーノ
ベンサム, ジェレミー　Bentham, Jeremy　→　フーコー
弁証法的唯物論　dialectical materialism　→　大きな物語, ベンヤミン
ヘンドリックス, ジミ　Hendrix, Jimi　→　ボフィール
ベンヤミン, ヴァルター　Benjamin, Walter　→　アウラ, ヴァッティモ, ヴィリリオ, オースター, ジェイムソン, ベンヤミン
ペンローズ, ロジャー　Penrose, Roger　→　ブラックホール, ペンローズ, ホーキング

ホ

ボーア, ニールス　Bohr, Niels　→　量子力学
ポアンカレ, アンリ　Poincare, Henri　→　フラクタル
ボイス, ヨーゼフ　Beuys, Joseph　→　キーファー, ボイス, ポストモダニズム
ホイットフォード, マーガレット　Whitford, Margaret　→　イリガライ
ボウイ, デイヴィッド　Bowie, David　→　イーノ, グラス
ボーヴォワール, シモーヌ・ド　Beauvoir, Simone de　→　レヴィナス
ホーキング, スティーヴン　Hawking, Stephen　→　ブラックホール, ホーキング
ポスト工業主義　post-industrialism　→　インターネット, クーンズ, シミュレーショニズム, 終焉主義, スターリング, ベル, ポスト工業主義, リオタール
ポスト構造主義　poststructuralism　→　書きうるテクスト, 間テクスト性, 記号, 記号

論，クリステヴァ，現前の形而上学，構造主義，黒人批評，サイード，差異，作者の死，サバルタン理論，ジェイムソン，ジェンクス，ジャーディン，主体，スピヴァック，代補，大陸哲学，多元主義，他者性，二項対立，ニュー・ヒストリシズム，人間の死，バルト，反基礎づけ主義，表象，フッサール，ヘーゲル，ベルシー，ポスト構造主義，ポストヒューマニズム，ポストマルクス主義，読みうるテクスト，ラカン，ラディカル・デモクラシー，ラディカル・フィロソフィー，リゾーム，零度，レヴィ＝ストロース，ローティ

ポストコロニアリズム → ポスト植民地主義を見よ

ポスト植民地主義（ポストコロニアリズム） postcolonialism → サイード，サバルタン理論，スピヴァック，ハートマン，バーバ，バンヴィル，ポスト植民地主義，魔術的リアリズム

ポスト哲学 post-philosophy → ポスト哲学，ローティ

ポストヒューマニズム posthumanism → ポストヒューマニズム

ポストフェミニズム post-feminism → パーリア，ポストフェミニズム

ポストマルクス主義 post-Marxism → イーグルトン，ガタリ，テクスト，フランクフルト学派，ポストマルクス主義，ポストモダニズム，マクルーハン，マドンナ，マルクーゼ，ミラー，ムフ，モダニズム，モダニティ，モリス，ラカン，ラクラウ，ラディカル・デモクラシー，リンチ，レヴィナス

ポストミニマリズム post-minimalism → アダムズ

ポストモダニズム／ポストモダニティ postmodernism/postmodernity → アイロニー，アクロイド，アッカー，アポリア，アンダーソン，イーグルトン，イリガライ，ヴァーチャル・リアリティ，ヴァッティモ，ヴィリリオ，ヴェンチューリ，ヴォネガット，エイミス，エーコ，エリス，大きな物語，オースター，カオス理論，カーター，カタストロフィー理論，ガタリ，カルヴィーノ，間テクスト性，カント，ギアーツ，記号論，ギデンズ，ギルバート・アンド・ジョージ，クイア理論，グラマトロジー，グリーナウェイ，グリーンブラット，クローカー，クーン，クーンズ，ゲイツ，啓蒙のプロジェクト，考古学，黒人批評，コミュニケーション行為，コーラ，差異，サイード，差異のモダニズム，サイバースペース，サイバーパンク，作者，ザッピング，砂漠化，ジェイムソン，ジェネレーションX，ジェンクス，事件，シチュアシオニスム，しなやかさ，シミュラークル／シミュレーション，ジャーディン，シャーマン，ジュイサンス，終焉主義，主体，シンフィールド，崇高，スキゾ分析，スケニック，スターリング，スピヴァック，正統化，大陸哲学，多元主義，他者性，通約不可能性，テクスト，デリダ，デリーロ，ドゥルーズ，特異点，トム，ドリモア，二重コード化，ニーチェ，ニュー・ヒストリシズム，人間の死，ノリス，ハイデガー，バウマン，バース，ハースト，バーセルミ，ハッサン，バーバ，ハーバーマス，ハラウェイ，パラダイム・シフト，ハリー，バーリン，バンヴィル，反基礎づけ主義，反本質主義，フェダマン，複雑系理論，フーコー，フッ

索引

クス, フッサール, ブライドッチ, ブラックホール, フランプトン, プリンス, ブルーム, ブルデュー, フロイト, 文, ベイカー, ヘゲモニー, ヘーゲル, ベル, ベルシー, ベンヤミン, ペンローズ, ボイス, ホーキング, ポスト工業主義, ポスト構造主義, ポスト植民地主義, ポストフェミニズム, ポストモダニズム, ポストモダニティ, ボードリヤール, マルクス, ミザナビーム, ヤング, ラシュディ, ラディカル・デモクラシー, ラディカル・フィロソフィー, リゾーム, リード, レトロ, ローティ

ポストモダン科学　postmodern science　→　トム, ポストモダン科学, マンデルブロ

ホッパー, グレース・マレー　Hopper, Grace Murray　→　プラント

ポップ・アート　Pop Art　→　ヴァンチューリ, ギルバート・アンド・ジョージ, ジェンクス

ボードリヤール, ジャン　Baudrillard, Jean　→　ヴィリリオ, エリス, 記号論, ギブスン, クローカー, サイバーパンク, シチュアシオニスム, シミュラークル／シミュレーション, シミュレーショニズム, 終焉主義, トム, ニーチェ, ネオ・ジオ, ノリス, ハイパーリアリティ, ハリー, バーリン, 表象, ファイヤアーベント, ボードリヤール, マクルーハン, モリス, 誘惑, ラクラウ

ボードレール, シャルル　Baudelaire, Charles　→　モダニズム

ポパー, カール　Popper, Karl　→　クーン, ファイヤアーベント

ボフィール, リカルド　Bofill, Ricardo　→　ボフィール

ホームズ, シャーロック　Holmes, Sherlock　→　エーコ

ホメイニー, アーヤトッラー　Khomeni, Ayatollah　→　ラシュディ

ホモフォビア（同性愛嫌悪）　homophobia　→　クイア理論, プリンス

ポリセミー　polysemy　→　エーコ, プリンス, ポリセミー

ホルクハイマー, マックス　Horkheimer, Max　→　アドルノ, クローカー, 啓蒙のプロジェクト, 批判理論, フランクフルト学派, ホルクハイマー, マルクーゼ

ボルター, J・デイヴィッド　Bolter, J. David　→　ハイパーテクスト

ボルヘス, ホルヘ・ルイス　Borges, Jorge Luis　→　エーコ

ホロコースト　Holocaust　→　フェダマン, バウマン

マ

マイケルズ, ウォルター・ベン　Michaels, Walter Benn　→　ニュー・ヒストリシズム

マギャン, J・J　McGann, J. J.　→　ニュー・ヒストリシズム

マクドナルド, ドワイト　Macdonald, Dwight　→　マクルーハン

マクルーハン, マーシャル　McLuhan, Marshall　→　ボードリヤール, マクルーハン

マグレガー, ユアン　McGregor, Ewan　→　グリーナウェイ

マジック・リアリズム　→　魔術的リアリズムを見よ

魔術的リアリズム（マジック・リアリズム）　magic realism　→　カーター, クーヴァー,

魔術的リアリズム
マシュレ，ピエール　Pierre, Macherey　→　ドリモア，ニュー・ヒストリシズム
マチス，アンリ　Mattisse, Henri　→　ヴィリリオ
マッキノン，キャサリン　MacKinnon, Catherine　→　ウルフ
抹消　erasure　→　抹消
マドンナ　Madonna　→　マドンナ
マラルメ，ステファヌ　Mallarme, Stephane　→　カルチュラル・スタディーズ，クリステヴァ，ハッサン
マルヴィ，ローラ　Mulvey, Laura　→　シャーマン
マルクス，カール・ハインリッヒ　Marx, Karl Heinrich　→　アドルノ，異教，オリエンタリズム，ガタリ，クローカー，ジェイムソン，シチュアシオニスム，大陸哲学，小さな物語，ニュー・ヒストリシズム，バーバ，否定弁証法，批判理論，文化唯物論，ヘーゲル，ベルシー，ポストヒューマニズム，ポストモダニズム，マルクーゼ，メタ物語，モダニズム，ラディカル・フィロソフィー，リオタール
マルクス主義　Marxism　→　イーグルトン，大きな物語，記号分析，事件，スピヴァック，正統化，小さな物語，出来事，ニュー・ヒストリシズム，人間の死，ハイパーリアリティ，バウマン，バルト，フーコー，フランクフルト学派，ヘゲモニー，ポストマルクス主義，ボードリヤール，マルクーゼ，ムフ，メタ物語，モリス，欲望，ラクラウ，ラディカル・デモクラシー，リオタール，リビドー経済，零度
マルクーゼ，ヘルベルト　Marcuse, Herbert　→　アドルノ，ジェイムソン，批判理論，フランクフルト学派，ホルクハイマー，マルクーゼ
マルセル，ガブリエル　Marcel, Gabriel　→　レヴィナス
マルチカルチュラリズム　multiculturalism　→　オリエンタリズム，ゲイツ，マルチカルチュラリズム
マレーヴィチ，カシミール　Malevich, Kazimir　→　シミュレーショニズム
マロック，W・H　Mallock, W. H.　→　フィリップス
マン，トーマス　Mann, Thomas　→　ニーチェ
マンデルブロ，ベノア　Mandelbrot, Benoit　→　フラクタル，マンデルブロ

ミ

ミケランジェロ　Michelangelo　→　ギルバート・アンド・ジョージ
ミザナビーム　mise-en-abyme　→　ミザナビーム
緑の党（緑の党運動）　Greens（Green Movement）　→　ヘゲモニー，ポストマルクス主義，ラクラウ，ラディカル・デモクラシー
ミニマリズム　minimalism　→　アダムズ，イーノ，ギルバート・アンド・ジョージ，グラス，グリーナウェイ，ナイマン，ハースト，フィットキン，ミニマリズム，ライヒ，

ライリー
ミメーシス mimesis → ニュー・ヒストリシズム
ミヨー, ダリユス Milhaud, Darius → ライヒ
ミューザック Muzak → イーノ
ミラー, J・ヒリス Miller, J. Hillis → アポリア, イェール学派, ド・マン, ハートマン, ブルーム, ミラー
ミラー, D・A Miller, D. A. → クイア理論
ミラー, ヘンリー Miller, Henry → ハッサン
未来派 futurism → モダニズム
ミル, J・S Mill, J. S. → ヤング
ミルズ, チャールズ・ライト Mills, Charles Wright → ベル

ム

ムフ, シャンタル Mouffe, Chantal → ヘゲモニー, ポストマルクス主義, ムフ, ラクラウ, ラディカル・デモクラシー
ムンク, エドヴァルド Munch, Edvard → ギルバート・アンド・ジョージ

メ

メイジャー, クラレンス Major, Clarence → リード
名誉革命 Glorious Revolution → 啓蒙のプロジェクト
メタナラティヴ → メタ物語を見よ
メタ物語 metanarrative → 大きな物語, カタストロフィー理論, ギデンズ, ジェイムソン, 正統化, バーリン, メタ物語
メルヴィル, ハーマン Melville, Herman → ドゥルーズ
メルロ=ポンティ, モーリス Merleau-Ponty, Maurice → レヴィナス

モ

モア, トマス More, Thomas → アクロイド
モイ, トリル Moi, Toril → イリガライ
モーカム・アンド・ワイズ Morecambe and Wise → ギルバート・アンド・ジョージ
モダニズム／モダニティ modernism/modernity → アイゼンマン, アクロイド, アダムズ, アドルノ, イーグルトン, ヴァッティモ, ヴィリリオ, ヴェンチューリ, オースター, 書きうるテクスト, ギデンズ, グラス, クーンズ, コールハース, ジェンクス, ジャーディン, 終焉主義, 主体, スターリング, トランスアヴァンギャルド, ナイマン, 二重コード化, ノリス, ハイデガー, バウマン, ハーバーマス, ハッサン, パラダイム・シフト, バルト, 批判理論, フランプトン, ベル, ベンヤミン, ボイス, ポスト工

業主義, ポストヒューマニズム, ポストモダニズム, ポストモダニティ, ボフィール, マルクス, ミラー, モダニズム, モダニティ, 欲望, ライヒ, リオタール, レトロ
モーツァルト, ヴォルフガング・アマデウス　Mozart, Wolfgang Amadeus　→　ナイマン
モリス, ミーガン　Morris, Meagan　→　モリス
モンドリアン, ピエト　Mondrian, Piet　→　シミュレーショニズム
紋中紋手法　→　ミザナビームを見よ
モントローズ, ルイス　Montrose, Louis　→　ニュー・ヒストリシズム

ヤ

ヤング, アイリス・マリオン　Young, Iris Marion　→　ヤング

ユ

誘惑　seduction　→　ボードリヤール, 誘惑
ユークリッド　Euclid　→　マンデルブロ
U 2　U2　→　イーノ

ヨ

欲望　desire　→　イーグルトン, イリガライ, エディプス, カーター, 器官なき身体, クイア理論, 考古学, コーラ, 砂漠化, ブライドッチ, フロイト, ベルシー, ヤング, 欲望, ラカン, 領土性
欲望する機械　desiring-machine　→　エディプス, 器官なき身体, 欲望する機械, ドゥルーズ
読みうるテクスト　readerly text　→　書きうるテクスト, バルト, ミラー, 読みうるテクスト
ヨーン, アスガー　Jorn, Asger　→　シチュアシオニスム

ラ

ライヒ, スティーヴ　Reich, Steve　→　アダムズ, グラス, ナイマン, フィットキン, ブライアーズ, ミニマリズム, ライヒ
ライマン, ロバート　Ryman, Robert　→　シミュレーショニズム
ライリー, テリー　Riley, Terry　→　アダムズ, ライリー
ラインゴールド, ハワード　Rheingold, Howard　→　インターネット
ラカン, ジャック　Lacan, Jacques　→　イリガライ, ガタリ, クリステヴァ, グリーンブラット, 構造主義, ニュー・ヒストリシズム, バーバ, パーリア, ベルシー, ラカン
ラヴクラフト, H. P.　Lovecraft, H. P.　→　ドゥルーズ
ラヴレース, エイダ　Lovelace, Ada　→　プラント
ラクラウ, エルネスト　Laclau, Ernesto　→　ヘゲモニー, ポストマルクス主義, ムフ,

ラクラウ，ラディカル・デモクラシー
ラシュディ，サルマン　Rushdie, Salman　→　カーター，クーヴァー，魔術的リアリズム，ラシュディ
ラチェンズ，サー・エドウィン　Lutyens, Sir Edwin　→　スターリング
ラディカル・デモクラシー　radical democracy　→　ラクラウ，ラディカル・デモクラシー
ラディカル・フィロソフィー　radical philosophy　→　ラディカル・フィロソフィー
ラニエ，ジャーロン　Lanier, Jaron　→　ヴァーチャル・リアリティ
ラブレー，フランソワ　Rabelais, François　→　間テクスト性
ランダ，マニュエル・ド　Landa, Manuel de　→　ドゥルーズ
ランドウ，ジョージ・P　Landow, George P.　→　ハイパーテクスト
ランボー，アルチュール　Rimbaud, Arthur　→　ハッサン

リ

リアリズム　realism　→　魔術的リアリズム
リウー，アラン　Liu, Alan　→　ニュー・ヒストリシズム
リオタール，ジャン＝フランソワ　Lyotard, Jean-François　→　アポリア，異教，インターネット，カタストロフィー理論，ギアーツ，グリーンブラット，抗争，差異，ジェイムソン，ジェンクス，事件，シチュアシオニスム，しなやかさ，崇高，正統化，大陸哲学，多元主義，小さな物語，通約不可能性，出来事，トム，ニーチェ，ニュー・ヒストリシズム，ノリス，バーバ，ハーバーマス，バーリン，表象，ファイヤアーベント，ベル，ポスト哲学，ポストヒューマニズム，ポストマルクス主義，ポストモダニズム，ポストモダニティ，ポストモダン科学，マルクス，メタ物語，モリス，欲望，ラクラウ，リオタール，リビドー経済
リカード，デイヴィッド　Ricardo, David　→　マルクス
リカルドゥー，ジャン　Ricardou, Jean　→　ミザナビーム
リキテンスタイン，ロイ　Lichtenstein, Roy　→　ハースト
リクール，ポール　Ricoeur, Paul　→　フランプトン，マルクス
リゾーム　rhizome　→　リゾーム
リチャード，ロング　Richard, Long　→　エーコ
リチャードソン，サミュエル　Richardson, Samuel　→　イーグルトン
リックス，クリストファー　Ricks, Christopher　→　マクルーハン
リッチ，アドリエンヌ　Rich, Adrienne　→　ウルフ
リード，イシュメール　Reed, Ishmael　→　リード
リビドー　libido　→　器官なき身体，リビドー経済
リビドー経済　libidinal economy　→　器官なき身体，ポストマルクス主義，欲望，欲望

する機械，リオタール，リビドー経済
リベラリズム（自由主義）　liberalism　→　モダニティ
リューペルツ，マルクス　Lupertz, Markus　→　トランスアヴァンギャルド
量子力学　quantum mechanics　→　超ひも理論，ファイヤアーベント，ファジー理論，ペンローズ，ホーキング，量子力学
領土性　territoriality　→　領土性
リンチ，デイヴィッド　Lynch, David　→　リンチ

ル
ルカシェーヴィッチ，ジャン　Lukasiewicz, Jan　→　ファジー論理
ルカーチ，ジェルジ　Lukács, Georg　→　ジェイムソン，批判理論，ヘーゲル
ル・コルビュジェ　Le Corbusier　→　コールハース，スターリング
ルソー，ジャン＝ジャック　Rousseau, Jean-Jacques　→　代補，ド・マン
ルネッサンス　Renaissance　→　グリーンブラット，ドリモア，ナイマン，ニュー・ヒストリシズム
ルフェーヴル，アンリ　Lefebvre, Henri　→　事件

レ
零度　zero degree　→　零度
レイン，R・D　Laing, R. D.　→　ガタリ
レヴィ＝ストロース，クロード　Lévi-Strauss, Claude　→　ギアーツ，構造主義，主体，二項対立，人間の死，ポストヒューマニズム，レヴィ＝ストロース，ラカン，ラクラウ
レーヴィット，カール　Löwith, Karl　→　ヴァッティモ
レヴィナス，エマニュエル　Lévinas, Emmanuel　→　痕跡，レヴィナス
レヴィーン，シェリー　Levine, Sherrie　→　クーンズ，シャーマン，シミュレーショニズム
レヴィンソン，マージョリー　Levinson, Marjorie　→　ニュー・ヒストリシズム
レトロ　retro　→　エリス，コールハース，レトロ
レノン，ジョン　Lennon, John　→　イーノ
連帯　Solidarity　→　イーグルトン
レントリッキア，フランク　Lentricchia, Frank　→　ド・マン
レンブラント　Rembrandt　→　ハースト

ロ
ロー，フランツ　Roh, Franz　→　魔術的リアリズム
ロイフ，ケイティ　Roiphe, Katie　→　フックス

ロヴァッティ, ピエール・アルド　Rovatti, Pier Aldo　→　ヴァッティモ
ロキシー・ミュージック　Roxy Music　→　イーノ
ロゴス中心性　logocentricity　→　グラマトロジー, 痕跡, 代補, 能動的解釈, ロゴス中心性
ローゼンブラム, ロバート　Rosenblum, Robert　→　ギルバート・アンド・ジョージ
ローティ, リチャード　Rorty, Richard　→　アイロニー, 大陸哲学, ノリス, ローティ
ロード, オードリ　Lorde, Audre　→　ウルフ
ローレンツ, エドワード　Lorenz, Edward　→　カオス理論
ロンギノス　Longinus　→　崇高

ワ

ワイルド, オスカー　Wilde, Oscar　→　シンフィールド
ワインズ, ジェイムズ　Wines, James　→　サイト
ワーグナー, リヒャルト　Wagner, Richard　→　ニーチェ
ワーズワース, ウィリアム　Wordsworth, William　→　フィリップス
ワディントン, C・H　Waddington, C. H.　→　トム

【編者】
スチュアート・シム（Stuart Sim）
1943年生まれ
英国気鋭の文学・文化研究者。英国イングランドのサンダーランド大学教授。大学では、文学・文化理論ならびに英語英文学（特に17・18世紀イギリスの小説）などを教えている。

［主要著編書］
Negotiations With Paradox :Narrative Practice and Narrative Form in Bunyan and Defoe, 1992.
Beyond Aesthetics : Confrontations With Postructuralism and Postmodernism, 1993
George Lukacs, 1994.
Jean-Francois Lyotard, 1995.
The A-Z Guide to Modern Literary and Cultural Theorists, 1995.（邦訳『現代文学・文化理論家事典』松柏社刊）
The A-Z Guide to Modern Social and Political Theorists, 1997.
The Icon Critical Dictionary of Postmodern Thought, 1998.（本書）
Post-Marxism: A Reader, 1998.
Derrida and the End of History, 1999.
Bunyan and Authority: The Rhetoric of Dissent and the Legitimation Crisis in Seventeenth-Century England, 2000.
Lyotard and the Inhuman, 2001.
Introducing Critical Theory, 2001.

【監修・訳者】
杉野 健太郎（すぎの　けんたろう）　　信州大学人文学部准教授
1961年岐阜県生まれ　上智大学大学院修了
専攻　アメリカ文学・文化

下楠昌哉（しもくす　まさや）　　静岡文化芸術大学文化政策学部准教授
1968年東京都生まれ　上智大学大学院修了
専攻　イギリス文学・文化

【訳者】
相原優子（あいはら　ゆうこ）　　武蔵野美術大学准教授
　　　上智大学大学院修了　　1969年大阪府生まれ　アメリカ文学・文化専攻
土井良子（どい　りょうこ）　　白百合女子大学准教授
　　　上智大学大学院修了　　1971年東京都生まれ　イギリス文学・文化専攻
西　能史（にし　たかし）　　上智大学専任講師
　　　上智大学大学院修了　　1973年岐阜県生まれ　イギリス文学・文化専攻
日臺晴子（ひだい　はるこ）　　東京海洋大学准教授
　　　上智大学大学院修了　　1965年大阪府生まれ　イギリス文学・文化専攻
山口和彦（やまぐち　かずひこ）　東京学芸大学准教授
　　　上智大学大学院修了　　1971年山梨県生まれ　アメリカ文学・文化専攻

松柏社叢書　言語科学の冒険⑰
ポストモダン事典

2001年10月25日　初版第1刷発行
2007年 8 月20日　　　第2刷発行

編　者　　スチュアート・シム
監訳者　　杉野健太郎／下楠昌哉

発行者　　森　信久
発行所　　株式会社　松 柏 社
　　　　　〒102-0072　東京都千代田区飯田橋1－6－1
　　　　　TEL　03 (3230) 4813（代表）
　　　　　FAX　03 (3230) 4857
　　　　　http://www.shohakusha.com

装画　　安藤千種
装幀　　ローテリニエ・スタジオ
組版・印刷・製本　　（株）モリモト印刷
ISBN978-4-88198-998-2

Copyright © 2001 by K. Sugino & M. Shimokusu

本書を無断で複写・複製することを禁じます。
落丁・乱丁は送料小社負担にてお取り替え致します。

松柏社叢書　言語科学の冒険①
物語論の位相
物語の形式と機能

ジェラルド・プリンス 著
遠藤健一 訳

A5判上製219頁

本書は、グレマス系とジュネット系との二つの物語論（ナラトロジー）の流れを統合するとともに、その新たな可能性を切り拓くものとして注目を浴びてきた。言語能力と一体となって獲得される物語能力を初期チョムスキーの文法理論を援用することで記述した物語の文法や、物語性という概念の精緻化は、いわゆる物語論の地平を超えた問題系を構成する。人間の物語能力を中心に据えるプリンスの物語学は、人間の学の新たな地平を拓く可能性を予感させる。

松柏社叢書　言語科学の冒険②
ポスト・モダンのD. H. ロレンス

ピーター・ウィドーソン 編
吉村宏一＋杉山　泰 ほか 訳

A5判上製470頁

D. H. ロレンスをめぐる13編の刺激的な評論を収めた。前半部には、イーグルトン、ミレットらによる70～80年代前半にかけてのマルクス主義批評やフェミニズム批評を、後半部には、それ以降の文学批評に根本的変容をもたらした、フーコー、バルト、デリダなどの思想に基づくポスト構造主義批評を収録。これらの評論は、モダン以後の新たな批評の具体的実践であり、今後文学をいかに読むかの貴重な指針となろう。

松柏社叢書　言語科学の冒険③
言語と思考

ノーム・チョムスキー 著
大石正幸 訳

A5判上製145頁

「言語と思考」、このテーマは思想史の淵源にさかのぼり、その射程は人間の本質の核心部分といえる。言語機能を人間の遺伝情報の一部とするチョムスキーに共鳴した現代言語学は、既に40年を迎えようとしている。本書は「言語とは何か」を問い続ける著者が、デカルト、フレーゲ、チューリング、ヴィトゲンシュタイン、自然淘汰、神経網モデル、人口知能、形式・自然言語、言語哲学等々を振り返りながら平易に自説を開示する前半、科学者たちとの質疑応答の後半で構成されている。今一度私たちが「言語」を問う好機となろう。

松柏社叢書　言語科学の冒険④
物語論辞典 [増補版]

ジェラルド・プリンス 著
遠藤健一 訳

A5判上製265頁

物語への関心は、文学研究の分野ばかりか、哲学、言語学、歴史学、文化人類学、精神分析学、映画学など、広範囲に亘っている。アメリカ・イギリスの小説理論、ロシア・フォルマリスム、タルトゥー記号論、フランス構造主義、ドイツ散文理論、テル・アヴィヴ詩学と、その学派もまた広範囲に亘っており、本書は、地域・分野を問わず、おびただしい数にのぼる物語研究のキーワードをほぼ網羅している。

松柏社叢書　言語科学の冒険⑤
フィクションの言語
イギリス小説の言語分析批評

デイヴィッド・ロッジ 著
笹江修＋西谷拓哉＋野谷啓二＋米本弘一 訳

A5判上製485頁

文学批評の理論と実践はテクストの「綿密かつ鋭い」読みであり、これは詩の分野では成功しているものの、こと小説の分野ではいまだその域に近づくことさえできていない。ロッジはこうした考えのもと『フィクションの言語』を著した。本書は二部構成で、その第一部が批評理論であり、そこで現代批評の流れが詳らかにされる。そして、第二部では、そうした現代批評理論を視野に入れながら、19世紀以降の主だったイギリス作家のテクスト分析を実践する。

松柏社叢書　言語科学の冒険⑥
コロンビア大学 現代文学・文化批評用語辞典

J. チルダーズ＋G. ヘンツィ 編
杉野健太郎＋中村裕英＋丸山 修 訳

A5判上製498頁

批評理論さらには文化研究を顧みることなくして、もはや文学研究は成立し得ない。本書は、難解な専門用語が氾濫するフィールドへ読者を導くガイドであると同時に本格的研究の出発点でもある。本邦初の本格的文学批評用語辞典であるばかりでなく、ジェンダー研究・マイノリティ論・メディア論・映画学などをも視野に入れた500をこえる項目からなる最新の学際的文学辞典の待望の完訳。

松柏社叢書　言語科学の冒険⑦
言説のフィクション
ポストモダンのナラトロジー

パトリック・オニール 著
遠藤健一 監訳　小野寺進＋高橋了治 訳

A5判上製272頁

本書は、フランス構造主義に淵源を有するナラトロジーを脱構築し、その果てに見えてくる物語理論の新たな領野を切り拓いた労作である。リオタールに鼓舞されつつ到達しえたインターテクスト性のナラトロジーはポスト・モダンのナラトロジーの確かな到達を示す。カフカの「判決」をめぐる英・仏・伊・西ほか8種類の翻訳とドイツ語「原典」が織り成すインターテクスト性の豊穣な意味空間を堪能されたい。

松柏社叢書　言語科学の冒険⑧
秘義の発生
物語の解釈をめぐって〈改訂新版〉

フランク・カーモード 著
山形和美 訳

A5判上製260頁

今世紀最大の批評家の一人フランク・カーモードによる大著。本書では先ず『聖書』のテクストを解釈学的に精査する。ここには、解釈あるいは批評の実践を決定するのは、テクストそのものよりも解釈を行う批評家であるという著者の確信が見て取れる。読者はカーモードの鋭い批評感覚と批評にとって多くの可能性を孕む理論に出会うことになろう。

松柏社叢書　言語科学の冒険⑨
モダニズムと神話
世界観の時代の思想と文学

マイケル・ベル 著
吉村宏一／杉山泰／浅井雅志／安尾正秋 訳

A5判上製586頁

ベルは、ポストモダンの混迷状態からの脱出の方途を探るため、ニーチェやハイデガーの哲学を背景におき、「神話」を中心軸に据え、西洋圏外にも目配りしつつ近現代文学を新たに読み解こうとする。まず、イェイツ、ジョイス、ロレンス、T.S.エリオット、パウンドを通して「神話形成」を、さらにコンラッドを通して「神話形成」の政治的側面を描き出す。次いで、トマス・マン、セルバンテス、プリーモ・レーヴィ、カルペンティエール、ガルシア＝マルケス、トマス・ピンチョン、アンジェラ・カーター等の多彩な作家を取りあげ、「神話形成」崩壊後の新局面がいかなる方向に展開するかを探り出している。

松柏社叢書　言語科学の冒険⑪
現代文学・文化理論家事典

スチュアート・シム 編
杉野健太郎＋丸山 修 監訳

A5判上製609頁

拡大し変化し続ける現代の文学・文化理論。この分野で影響力を持つ理論家の見取り図を示すのが本書のねらいである。バルト、ウィリアムズ、デリダ、サイード、フーコー、バフチンといった常日頃言及される理論家から、ここ十数年の間にインパクトのある業績を残しているギルロイ、モリス、フィスク、ジャーディンといった理論家まで、総勢百人の理論家が取り上げられ、その主要な思想、文化的インパクト、経歴などが要領よく解説されている。

松柏社叢書　言語科学の冒険⑭
ポストコロニアル理論入門

アーニャ・ルーンバ 著
吉原 ゆかり 訳

A5判上製353頁

ポストコロニアル理論とはなにか？文学と植民地支配言説との関係とは？植民地主義とポストコロニアル理論と歴史背景を解説する入門書。植民地支配、ポストコロニアル理論をめぐる論争を、数々の具体例を交え明晰に通釈する。ポストコロニアル理論で繰り広げられている論争は極めて複雑かつ難解であるが、明晰さを第一義とし、ポストコロニアル理論を概説する好著。ジェンダーや人種、階級と、植民地イデオロギーとの関係とは？グローバル化とネオ・コロニアリズムとは？ルーンバはインド出身、シェイクスピア研究・フェミニズム理論研究家。インド、ジャワハラール・ネルー大学助教授。

松柏社叢書　言語科学の冒険⑳
文化とは何か

テリー・イーグルトン 著
大橋洋一 訳

四六判上製350頁

現代文化のなかでもっとも重要になった用語「文化 culture」。曖昧なまま使われているこの用語を徹底検証。語源や多義性を、啓蒙期からポストモダンの時代にいたる歴史のなかにたどり、現代の文化論争における諸前提の衝突を整理して解説。文化概念の可能性を認めつつも、その危険性を指摘する著者は、政治性を失いつつある現代の「カルチュラル・スタディーズ」に、もっと政治的になれと警鐘を鳴らす！